KB212919

# 한국신화와 문화

이 병 찬

## 책을 펴내며

세계의 많은 민족들은 모두 자기 민족만의 신화를 전승해 왔으며, 우리 민족도 오랜 옛날부터 여러 신화들을 간직해 왔다. 우리의 신화에는 민족의 잊혀진 역사와 신앙, 세계관과 가치관, 관습과 이상 등이 아로새겨 있다. 이들 신화를 면밀히 검토하는 일은 한국 고대의 역사, 민속, 종교, 심리, 문학, 교육 등의 연구는 물론, 한국 문화의 뿌리와 원형을 탐구한다는 의미를 갖는다. 그러기 위해서는 신화가 수록되어 있는 여러 문헌을 찾아보거나 아니면 신화의 구전 현장에 일일이 참여해야 하는데, 이 책은 그와 같은 번거로움을 덜고 한국신화를 종합적으로 조망할 수 있도록 집필된 것이다.

지금까지 한국신화 전반을 아우르는 저서가 없는 것은 아니다. 그러나 신화 속에 숨겨진 의미를 찾고 신화를 공유하는 사람들의 세계관에 접근하는 길은 그리 간단한 일이 아니다. 여행에서 길을 잃지 않기 위해서는 훌륭한 안내자는 물론, 정확한 지도와 여러 가지 정보가 필수적이다. 신화는 오래된 이야기이고, 그래서 박물관에 진열되어야 할 유물처럼 보인다. 하지만 이와 달리 신화는 오늘날에도 여전히 문화의 배경과 터전으로 빛을 발하고 있다. 신화는 단순히 오래된 이야기가 아니라, 오랜 세월 동안 인류의 정신문화가 투영된 결과물이기 때문이다.

신화가 인류의 문화, 그중에서 특히 제의나 의례와 불가분의 관계에 있다는 사실은 이제 일부 학자들의 학설에 머무르지 않고, 하나의 상식으로 자리 잡았다. 또한 신화가 가장 오래된 인간 정신의 산물이며, 그것이 이야기라는 점에 대해서도 아무도 이의를 제기하지 않는다. 그렇지만 신화를 그저 이야기로만 읽으면 '신성한 이야기'거나 '황당한 이야기'로 여기게 된다. 그러므로 신화를 제대로 읽어내기 위해서는 줄거리가 아닌 다른 이해의 수단이 별도로 필요함을 보여준다.

신화를 둘러싼 기왕의 논의 중에서 19세기 다윈에 의해 촉발된 진화론은 인간의 정신도 육체처럼 부단히 진화를 거듭해 왔다는 관점에서 신화를 바라보았다. 이어 콩트에 따르면 인간 정신은 신학적 단계, 형이상학적 단계, 실증적 단계를 거쳐 온 것으로, 신화는 신학적 단계 이전의 과학적 사고방식으로 이해되었다. 즉 인간의 정신이 신화, 이성, 과학의 진화론적인 과정을 거쳐 왔다는 것이다. 이와 조금 다르지만 프레이저도 주술, 종교, 과학의 발전 단계를 설정했는데, 신화는 주술 시대의 것이 된다. 한편 프로이트는 신화를 내면의 억압된 욕망이 무의식적으로 드러나는 꿈으로 보았고, 융은 신화가 집단무의식의 소산임을 주장한 바 있다.

그런데 이와 같은 진화론과 심리학적 관점을 모두 비판하면서 신화에 대한 새로운 이해의 길을 연 것은 레비스트로스였다. 그는 신화의 사고방식이 과학처럼 사건을 통해 구조로 접근한다는 점에서 과학의 사고방식과 동일하다고 보았다. 그에 따르면 돌도끼보다 쇠도끼의 성능이 더 뛰어나기는 하지만, 구조적으로 쇠도끼가 더 훌륭하게 만들어진 게 아니라 둘다 잘 만들어졌고, 결국 둘은 구조의 차이가 아닌 돌과 쇠라는 재료의 차이를 보일 뿐이라는 것이다. 이처럼 신화와 과학 또한 형성 과정에서 동일한 구조를 갖고 있지만, 돌도끼와 쇠도끼의 차이가 있다.

레비스트로스를 통해 우리는 신화가 고대의 낡은 유물이 아니라 현대사회에서도 유용한 인간 정신의 필수적인 구조물이라는 인식이 힘을 얻었고, 인간학의 기초에 대한 새로운 탐색이 가능해지기에 이르렀다. 바야흐로 신화를 인간의 정신적 행위와 언어적 행위, 사회적 전승물의 상관적이고 복합적인 관점에서 다룰 수 있는 토대가 마련된 것이다. 이와 더불어 신화 연구에도 현장론적 방법론이 강조되고 있는 실정이다.

본서에서 한국신화와 문화를 바라보는 시각도 전적으로 여러 선학들의 업적에 힘입은 것임을 밝혀둔다. 그 결과 각 신화에 대한 단편적인 이해에 그치거나 일관성과 체계성을 제대로 갖추지 못한 점도 자인하지 않을 수 없다. 다만 필자에게 신화 해석에서 고증의 중요성을 심어주신 임하 최진원 선생님과 신화에 대한 현장론적 방법론의 이해와 실제를 깨우쳐 주신 사암 윤철중 선생님께 공연한 걱정과 심려만 끼쳐드리지나 않을까 염려가 된다. 굳이 변명을 하자면 이를 계기로 필자는 앞으로 남은 학문적 여력을 한국신화의 연구에 쏟을 것이라는 다짐으로 한 가닥 위안을 삼고자 한다.

이 책은 크게 4부로 나누어진다. 제1부와 제2부는 총론으로 제1부는 신화의 이해로 신화의 정의와 분류, 역사와 기원, 발생과 전파, 기능과 특징, 신화 연구의 흐름을 정리하였다. 제2부는 한국신화를 문헌신화와 구비신화로 나누어 각각을 개관함으로써 한국신화의 윤곽을 대략적으로 가늠할 수 있게 제시하였다. 독자들은 제1부와 제2부를 통하여 신화 일반과 한국신화 전반에 대한 기본적인 이해와 관점을 확보하게 될 것이다.

제3부는 문헌신화 자료 12편을 선정하여 한문의 번역문과 출전을 밝히고 주석을 달았으며, 마지막 부분에 각 신화에 대한 이해를 정리하여 일반인들도 쉽게 접근할 수 있게 하였다. 대상은 우선 건국신화로서 단군(고조선), 동명(부여), 주몽(고구려), 혁거세(신라), 비류와 온조(백제), 수로(가야), 삼성과 삼녀신(탐라) 신화를 실었다. 이어서 시조신화인 알지 신화와 도래신화로서 탈해, 허황옥, 사소, 만파식적 등도 함께 다루었다.

제4부는 무속신화가 주를 이루는 구전신화 자료 가운데 17편을 중심으로 문맥을 가다듬어 실었으며, 역시 출전과 주석을 달고 각 신화의 끝에 이해 부분을 추가하였다. 먼저 문헌신화에는 나타나지 않는 창세신화로서 창세가와 시루말을 싣고, 이어서 오구굿의 무속신화인 바리공주와 제석굿의 무속신화인 당곰애기를 배치하였다. 그리고 성주본가(황우양 씨), 칠성풀이(줄포), 장자풀이(줄포) 등을 차례로 제시하였으며, 마지막으로 제주도의 무속신화 10편을 선정하여 천지왕본풀이부터 설문대할망에 이르기

까지 살펴보았다.

오늘의 세계는 제4차 산업혁명이 시작되었음을 선언하기에 이르렀다. 주지하듯이 신화인들은 현대인과 다른 감각과 안목으로 세상을 느끼고, 논리는 다르지만 순박하고 순수한 상상력으로 인간과 자연을 바라보았다. 이제는 과학과 문명에 짓눌리고 정형화된 현대인의 삶에 새로운 활력소가 필요한 때이다. 필자는 그러한 계기가 바로 신화적 사유와 상상력에 대한 재인식에서부터 마련될 수 있게 되기를 희망한다. 한국 신화야말로 4차 산업혁명에 필요한 건강하고 창조적인 상상력의 보물창고이기 때문이다.

끝으로 이 책이 본격적인 한국신화의 연구서는 아니지만, 아무쪼록 한국의 신화에 관심을 가진 일반 독자들과 신화를 깊이 있게 공부하고자 하는 학생들에게 작은 도움이 되기를 바란다. 아울러 어려운 출판계의 사정에도 불구하고 선뜻 출간을 하락해주신 박문사 윤석현 대표와 편집에 애쓴 편집부의 관계자 여러분께 깊은 감사를 드린다.


2016년 11월
왕방산의 타는 단풍을 바라보며

위천(爲川) 이 병 찬 씀

# 목차

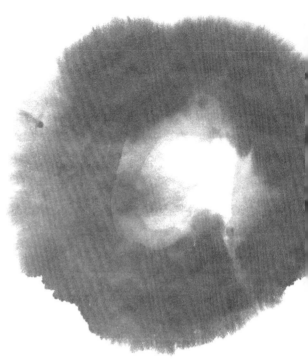

제1부

# 신화의 이해

# 제1장
# 신화의 정의와 분류

　신화는 일반적으로 이야기이지만, 연극, 제의, 그림, 종교적 조형물과 같은 형태로도 존재한다. 그 내용도 또한 복잡하고 다차원적인 것이어서 문학, 민속학, 인류학, 종교학, 역사학, 사회학, 심리학 등 다양한 학문 분야에서 관심의 대상이 되어 왔다. 그래서 신화는 때로는 역사적 사건이나 사회구조의 반영물로 이해되기도 하고, 제의 또는 종교의 상관물로 해석되었는가 하면, 인간의 잠재의식이나 꿈의 투사로 읽히기도 했다. 그 가운데서 신화를 문학으로 다루는 관점은 특히 이야기 신화의 언어와 구조가 담고 있는 우주론과 세계관, 사고와 상상력에 주목한다.

　흔히 신화적 사유를 지칭하는 '미토스(Mythos)'는 '로고스(Logos)'와는 상당히 다르다. 신화와 달리 로고스는 객관적 사실과 정확히 일치해야 한다. 로고스는 우리가 외부세계에서 어떤 일을 이루고 싶을 때, 예를 들어 사회를 구성하거나 기술을 발전시킬 때 하는 정신적 활동이다. 그래서 로고스는 실질적이다. 신화가 상상 속의 원형들의 세계 또는 잃어버린 낙원을 그리워한다면, 로고스는 새로운 것을 발견하고 지혜를 다듬고 발명품을 만들어내고 환경에 대한 지배를 강화하면서 앞으로 나아간다.

　그리스어 미토스는 '권위 있는 말', '이야기', '플롯'을 뜻한다. 신화가 이야기라는 말은 신화가 플롯을 가진 서사적 구조이며, 시작과 중간과 끝이 있다는 의미이다. 또한 이야기로서의 신화에는 플롯과 더불어 등장인물이 존재하며, 다른 이야기들과 마찬가지로 시간과 공간의 배경을 지닌다. 로고스 역시 말을 의미하는 용어인데, 오늘날 미토스는 '꾸며낸 이야기'로, 로고스는 언어·이성으로 쓰이지만 고대에는 거의 반대였다. 즉 미토스는 권위와 힘을 가진 자의 진실된 말을 의미했고, 로고스는 사회적인 지위가 낮은 자의 간교한 말이라는 의미로 사용되었다. 다시 말해서 고대 그리스에서 신화는 꾸며낸 이야기가 아니고, 권위 있고 진실된 이야기로 생각되었던 것이다. 그러던 것이 그리스 민주주의의 발달로 웅변술이 중시되고 산문의 중요성이 부각되면서, 논쟁의 언어인 로고스가 시적인 언어인 미토스보다 높은 권위를 가진 이성적이고 논리적인 언어라는 의미로 전환된 것이다.

　그러나 신화에도 로고스에도 한계는 있다. 근대 이전부터 대부분의 사람들은 이들이 상호보완적이라는 것을 깨닫고 있었다. 신화와 로고스는 서로 다른 영역이며, 각각 특정한 분야에서 능력을 발휘하기에, 인간은 두 가지 사유 방식이 모두 필요하다는 것을 알고 있었던 것이다. 신화는 사냥꾼에게 사냥감을 죽이는 방법이나 사냥 원정을 효율적으로 조직하는 방법도 가르쳐줄 수 없었지만, 동물을 죽임으로써 일어나는 복잡한 심경을 다스리도록 도와주었다. 로고스는 효율적이고 실용적이었으며 합리적이었지만, 인간 삶의 궁극적인 가치에 대한 질문에 답해주지 않았고, 인간의 고통과 슬픔을 누그러뜨려 줄 수도 없었다. 호모사피엔스는 새로운 무기를 만들어내기 위해 로고스를 사용했고, 신화와 이를 수반하는 의식을 통해 그를 압도하는 삶의 비극적 현실과 타협했다.

'신화란 무엇인가'라는 것은 어려운 문제이다. 신화(神話)는 글자 그대로 '신들의 이야기', 또는 '신성시되는 이야기'라고 정의할 수 있다. 여기서 신성성은 '영원하며 현실을 초월해서 존재하는 근원적인 무엇을 상징적으로 나타내는 현상', 또는 '현실적으로 존재했거나 존재하는 것을 포괄적, 규범적 의의를 갖도록 차원을 높여서 나타내는 현상' 등이라고 할 수 있다. 신화의 신성성은 위대하거나 숭고한 대상과 사건 및 행위로써 성립된다. 일상생활에서 흔히 일어날 수 없는 난생(卵生), 기아(棄兒), 짐승의 보호, 표류(漂流), 불가능에 가까운 시련의 극복, 거대한 승리 등은 신화에서 발견되는 특이한 요소들이다. 신화의 생활적 근거는 단순하지 않으나, 개인적인 생활보다는 집단적·공동체적인 생활에 기반을 두고 있다. 따라서 신화는 그 신화를 신성하다고 생각하는 집단의 것이다.

신화는 또한 상징의 언어를 취하는 특징이 있다. 주인공이 알로 태어났다든가, 이물(異物)과 교혼을 했다든가 등의 신화적 표현은 분명 일상의 언어가 아니다. 일상적 현실과 합리를 넘어서는 신성의 세계를 드러내는 데에는 어쩌면 상징이 필연적이다. 여기에 신화는 항상 무엇인가의 시원(始原)이나 근원에 대해 이야기한다. 신화가 전하는 시원은 우주, 자연, 인간, 문화의 비롯됨에 관한 것이다. 이처럼 신성, 상징, 시원의 세 가지 국면에서 다른 이야기들과 뚜렷이 구분되는 것이 신화이다. 그래서 신화는 일단 '신성한 창조적 시원에 대한 상징적 언술'이라 규정해 볼 수 있다. 더 구체적으로는 '신, 신인, 영웅에 의해 이루어지는 위대한 창조적 행위를 서사적 줄거리로 엮되, 그것을 상징의 언어로 들려주는 것'이 신화인

것이다.[1]

신화에 대한 정의는 학자들의 수만큼이나 많은 신화의 정의가 존재한다고 해도 과언은 아니다. 학자뿐만 아니라 민족이나 문화가 다르면 신화에 대한 개념도 크게 다른 경우가 흔히 있다. 다음에 많은 학자에 의해 이용되는 영국의 민족학자 말리노프스키(Malinovski)의 민담(tale), 전설(legend), 신화(myth)라는 세 갈래와 관련된 언급을 소개하기로 한다.

> "민담은 오락을 위해 이야기되고, 전설은 진실한 서술을 하거나 사회적인 공명심을 만족시키기 위해서 이야기된다. 이에 반하여 신화는 단순히 진실한 것일 뿐만이 아니라 외경해야 하는 것, 신성한 것으로 생각되며, 문화적인 중요한 역할도 한다.
>
> 민담은 계절에 부응하여 행하여지는 일종의 사교성의 표현이고, 전설은 이상한 현실과의 접촉에 의하여 야기된 것으로 과거의 역사적인 회상을 가리킨다. 신화는 제의나 식전(式典)이나 사회적 혹은 도덕적인 규칙이 그 정당한 권능과 전통성의 보증을 요구하거나 그 진실성과 신성성을 요구할 때 비로소 그 기능을 갖게 된다.
>
> 민담은 단순해서 사회적 맥락이 적음에 반해, 전설은 부락의 부족적인 생활 속을 더 한층 깊이 파고든다. 그러나 신화는 보다 중요한 기능을 발휘하고 있다. 요컨대 현대 생활 속에 지금도 살아있는 원시적인 현실의 서술로서, 또한 선례에 의한 정당화로서의 신화는, 도덕적인 가치나 사회적인 질서나 주술적인 신앙의 회고적인 전형을 제공하고 있다. 그렇기

---

1) 강등학 외, 『한국 구비문학의 이해』, 월인, 2005, 59쪽.

때문에 신화는 단순한 서술도 아니고 과학의 일종도 아니며, 또한 예술이나 역사의 일부분도 아니고 설명적인 이야기도 아닌 것이다.

신화는 전통의 본질, 문화의 연속성, 노소간(老少間)의 관계, 과거에 대한 이간의 태도 등에 긴밀하게 결합되어 그 기능을 다하였다. 신화의 기능은 전통을 강화하고, 그것을 만든 태초의 사건의 보다 높은, 보다 우수한, 보다 초자연적인 현실로 돌아가는 것에 의해 보다 위대한 가치와 위신(威信)을 주는 것이다. 또 신화는 모든 문화에서 뺄 수 없는 요소이고, 끊임없이 새로 생겨난다. 신화는 무엇보다도 문화 형성력인 것이다."

다음에 문제가 되는 것은 신화 자체의 분류이다. 이것도 학자에 따라 다르기는 마찬가지이다. 그것도 대부분 편의적이고 자의적인 것이 많다. 신화가 취급하고 있는 주제는 자연과 문화의 모든 분야에 걸쳐 있다. 그래서 신화를 분류하기가 더욱 어렵게 된다. 신화란 '태초에 있었던 일회적인 사건에 따라 특정한 지연현상이나 문화현상이 기원하였다는 것을 설명하고, 기초로 삼는 이야기'라고 할 수 있다. 여기에서 일회적인 사건이란 이들이 오늘날의 여러 현상의 본보기이고 선례(先例)이며, 무엇보다 그 기원이라는 것이다. 진실한 신화는 대부분 크건 작건 간에 '기원신화'의 성격을 갖추고 있다. 이러한 기원신화에는 '누가 어떻게 세계를 창조했는가?(우주기원론) 누가 어떻게 인류를 창조했는가?(인류기원론) 누가 어떻게 문화를 창조했는가?(문화기원론) 등이 포함된다. 이들 우주, 인류, 문화에 대한 기원신화는 밀접한 관계가 있다.

엘리아데(M. Eliade)는 모든 종류의 '창조'의 본보기가 되는 것은 우주기원신화라고 하였지만, 사실은 모든 문화에 이 세 가지 기원신화가 항상 있는 것은 아니다. 또한 우주기원신화에도 창조형(창조신과 적대자, 또는 협력자)과 진화형(우주의 진화와 알, 사체에서 생긴 세계 등)으로 구분될 수 있다. 뿐만 아니라 여기에는 미래의 종말론적인 신화(홍수신화 등)까지도 함께 다루어져야 한다.[2] 인류의 기원신화에도 '무(無)로부터의 창조'도 있고, 진흙, 황토에서의 창조', '식물과 알에서의 창조', '하늘로부터의 강림', '신의 사체(死體)에서', '지중(地中)에서의 출현', '견조신화(犬祖神話)' 등으로 다양하게 나타난다. 죽음의 기원에 관한 신화도 넓은 의미에서는 인류기원신화의 일부이다.

한편 문화의 기원신화도 아주 많은데, 모든 문화요소의 기원이 신화의 대상이 된다. 그 중에서도 세계적으로 넓게 분포하고 중요한 것은 불의 기원신화와 재배식물의 기원신화이다. 불의 기원에 관해서는 각양각색의 모티프가 있다. 불과 성(性) 사이의 밀접한 관계도 또한 넓게 분포하고 있고, 이는 의례의 면에서도 나타나고 있다.

신화는 담고 있는 기원(起源)의 내용, 문화권, 기능, 전승방식, 전승범위 등에 따라 여러 가지 분류가 이루어졌다. 분류란 연구 대상의 세계를 잘 이해하기 위한 통로와 같은 것이므로, 그 대상을 바라보는 관점과 주제에 따라 얼마든지 다른 분류가 가능한 것이다. 일반적으로 신화는 기준에 따라 다음과 같이 나누기도 한다. 1) 심적 반응의 대상에 따라 : 자연신화, 인문신화 2) 심적 반응의 양상에 따라 : 서술신화(설명신화), 해명신화 3) 기능에 따라 : 성성적(聖性的) 신화, 속성적(俗性的) 신화 4) 역사적 발달에 따라 : 저급신화(원시신화), 고급신화(개화신화) 5) 주제에 따라 : 세계

---

2) 大林太良, 兒玉仁夫・권태효 역, 『신화학입문』, 새문사, 1996, 71~89쪽.

기원신화, 인류기원신화, 문화기원신화, 성신(星辰)신화, 일월(日月)신화, 죽음 관련 신화 6) 신성성이 인정되는 범위에 따라 : 건국신화, 시조신화(씨족신화), 부락신화(당신화), 무속신화, 기타 신화 7) 전승 방식에 따라 : 문헌신화, 구전신화(구비신화) 등이 그것이다.

　필자는 이 책에서 한국신화를 편의상 문헌신화와 구비신화로 나누어 다루기로 한다. 이는 한국 신화가 다양한 분류를 시도할 만큼의 풍부한 자료가 축적되지 못한 탓이기도 하지만, 무엇보다 본서는 일반인과 대학생을 대상으로 하여 한국 신화에 대한 자료의 실상과 이해에 그 목적을 두었기 때문이다.

한국신화와 문화

제2장

# 신화의 역사와 기원

　신화의 역사는 곧 인간의 역사이다. 신화를 기억함으로써 우리는 인간이란 무엇인가를, 인간에게 무엇이 가능한가를 배운다. 신화를 해석함으로써 우리는 인간의 욕망과 공포를 탐구하고 우리 자신과 세계를 바꿀 영감을 획득한다. 신화를 잊어버리는 것은 우리 자신을, 우리의 모든 역사적 업적을 상실하는 것이다. 신화의 역사는 결코 짧지 않다. 인간은 인간의 모습을 갖춘 순간부터 늘 신화를 창조해왔다. 고고학자들은 네안데르탈인들의 무덤에서 무기와 연장, 제물로 바쳐진 짐승의 뼈를 발굴했다. 이 모든 것은 그들이 자신들의 세계와 흡사한 사후세계에 대해 어떤 믿음을 가지고 있었음을 보여준다. 이 원시 인간들은 생명의 유한함을 인식했고, 그 사실과 타협하기 위한 일종의 대응논리를 만든 것이다. 아주 이른 시기부터 인간에게는 일상의 경험을 넘어서는 사고력이 갖추어져 있었던 것으로 보인다. 다음에 카렌 암스트롱(Karen Armstrong)의 안내에 따라 각 시기별로 신화의 역사를 더듬어 보기로 한다.[1]

---

1) 이하는 Karen Armstrong(이다희 옮김·이윤기 감수)의 『신화의 역사』, 문학동네, 2005, 19~147쪽의 내용을 필자가 시기별로 요약·정리한 것이다.

1) 구석기시대(기원전 2만 년경~8,000년경, 수렵민의 신화)에는 수렵과 채집에 의존하는 삶을 살았다. 따라서 사냥감을 죽이고 주변 환경을 통제하기 위해 고안된 무기나 기술과 마찬가지로, 신화는 구석기인들의 생존에 필수적이었다. 고대사회의 종교와 신화의 대부분에는 잃어버린 낙원에 대한 그리움이 녹아들어 있다. 세상의 중심에는 나무나 산 또는 기둥이 있었는데, 이는 대지와 하늘을 이어주었으며 인간들이 이를 오르면 신들의 영역에 쉽게 닿을 수 있었다.

구석기시대까지 거슬러 올라가는 것으로 추정되는 초기 신화들 중에 어떤 것들은 하늘과 관련되어 있었다. 하늘은 사람들에게 신이라는 관념을 처음으로 심어주었을 것이다. 그 이후에도 하늘은 오랫동안 신성함의 상징으로 남았다. 하늘과 땅의 중간에 있는 산은 모세와 같은 이가 신을 알현할 수 있는 장소였다. 프랑스 라스코와 스페인 알타미라에 있는 구석기시대 동굴 신전에는 사냥을 묘사한 벽화가 있고, 새머리 가면을 쓴 샤먼도 등장한다. 샤먼은 수렵사회에서부터 활동하며 동물들은 샤먼의 정신세계에서 중요한 역할을 차지한다. 호모사피엔스(Homo-Sapiens)는 '사냥하는 사람'이기도 했다. 사냥꾼들은 자신과 같은 생물을 죽여야 하는 상황과 타협하기 위해 이야기를 꾸며내고 의식을 갖추었다.

2) 신석기시대(기원전 8,000년경~4,000년경, 농경민의 신화)가 시작되면서 인간은 농업을 발명했다. 이제 사냥이나 채집은 먹을 것을 얻는 주된 방법이 아니었다. 신석기시대 농업혁명만큼 인류에게 중대한 진보는 거의 없었다. 농업은 로고스의 결과물이다. 그러나 오늘날의 기술혁명과 달리, 농업은 순전히 세속적인 일로 여기지만은 않았다. 농업은 위대한 정신적 깨달음으로 이어졌고, 사람들은 자신과 세계를 전혀 새로운 관점으로 보

게 되었다. 사람들은 농업이라는 새로운 과학에 종교적 경외심을 갖고 접근했다.

구석기시대 사람들은 사냥을 신성한 활동이라고 여겼는데, 이제 농업도 더불어 신성한 것이 되었다. 농부가 밭을 갈거나 추수를 할 때는 정화의식을 거쳐야 했다. 씨앗이 땅 속 깊이 내려가는 것을 본 농부들은 그 씨앗이 어둠 속에서 갈라져 기적적으로 전혀 다른 형태의 생명을 낳는다는 것을 깨닫고, 보이지 않는 힘이 작용하고 있음을 감지했다. 농작물은 신의 '에피파니(Epiphany)' 즉 신성한 힘의 현현(顯現)이었다. 대지는 마치 살아있는 자궁처럼, 식물과 동물 그리고 인간을 포함한 모든 생명을 유지해 주는 것처럼 여겨졌다. 대지의 힘이 고갈될까 두려워서 사람들은 이를 보충하기 위한 의식을 만들었다. 그래서 첫 씨앗은 제물로서 '버려졌고' 추수철의 첫 열매는 따지 않고 내버려두었다. 이는 신성한 힘을 순환시키기 위함이었다. 때로는 인간을 제물로 바치기도 했고, 인간의 성(性, Sexuality)이 대지를 비옥하게 만드는 신성한 힘과 본질적으로 같은 것으로 여겨지기도 했다. 신을 만나기 위해 하늘로 올라가는 모습을 상상하던 인간은 이때부터 땅 속에 존재하는 신성함과 접촉하는 의식을 가지게 되었다. 따라서 인간은 대지의 자연적 변화를 존중해야 했다.

하늘에 대한 숭배가 인격을 가진 하늘신을 낳았듯이, 어머니 같고 인자한 대지는 어머니 여신이 되었다. 농업은 끊임없는 싸움이었다. 신성한 힘의 발현이기도 한 가뭄, 굶주림, 불모의 땅, 자연의 난폭한 힘에 대항한 치열한 고투였다. 창세기를 보면, 원시 낙원으로부터 쫓겨난다는 것은 곧 힘든 농사를 지어야 함을 의미한다. 죽음의 신은 대개 수확의 신이기도 한데, 이는 삶과 죽음이 한데 뒤엉켜 있음을 보여준다. 삶이 없으면 죽음도 없고 죽음이 없으면 삶도 없는 것이다. 죽었다가 다시 태어나는 신의 모습은 계절이 차고 기우는 것과 같은 보편적인 과정을 간추려서 나타낸다. 고대 그리스에서 대지와 곡식의 여신인 데메테르는 죽음의 여신이기도 하다. 신석기시대의 어머니 여신은 남자보다도 실은 여성이 더 강하고 지배력이 있음을 보여준다. 신석기시대에도 통과의례에 관한 신화와 의식은 사람들로 하여금 유한한 삶을 받아들이고 다음 단계로 넘어갈 수 있도록, 변화하고 성장할 용기를 갖도록 도와주었다.

3) 초기 문명시대(기원전 4,000년경~800년경)가 시작되는 기원전 4,000년 무렵에 인류는 또 하나의 중대한 발걸음을 내디뎠다. 처음에는 메소포타미아, 다음에는 이집트에 도시를 건설하기 시작한 것이다. 그 후로 중국, 인도, 크레타 섬이 뒤따랐다. 초기의 문명들은 거의 흔적도 없이 사라졌지만, 오늘날의 이라크에 해당하는 '비옥한 초승달 지대'에는 도시화에 대한 초기의 반응이 신화 속에 남아 있다. 사람들은 문명화된 예술을 통해 자신의 열망을 영구적인 표현물로 나타낼 수 있게 되었고, 문자의 발명 덕분에 신화를 영속적인 문학작품으로 만들어낼 수 있었다.

인류는 이제 역사시대에 들어섰고, 자연계로부터는 부쩍 멀어지고 있었다. 그러나 이런 규모의 거대한 변화는 극도의 두려움 또한 유발한다. 전쟁과 학살, 혁명과 추방이 일어났다. 새로운 도시의 신화는 질서와 혼돈을 오가는 고투에 대해 숙고하고 있었다. 신화들 중에 일부가 문명을 대재난으로 그린 것은 놀랄 일이 아니다. 처음으로 도시를 만든 사람은 최초의 살인자이기도 한 카인이었다.(거대한 지구라트－바벨탑) 신들은 도시에서 인간과 더불어 살았다. 문명을 유지하기 위해서는 자연의 변덕스럽고 파괴적인 힘에 맞서 초인적인 노력을 발휘해야 하는 듯했다. 이러한 두려움은 메소포타미아인들의 홍수신화에 특히 잘 나타나 있다. 메소포타미아의 강(티그리스강, 유프라테스강)에는 자연적인 장애물이 없기 때문에 물길이 갑자기 방향을 바꾸곤 했기 때문이다. 메소포타미아 신화에서 홍수는 신들이 인간 세상으로부터 철수하는 과정의 시작을 나타낸다.

여기에서는 우리의 현대사회와 마찬가지로, 문명과 문화가 점점 신화의 초점이 되고 동경의 대상이 되어가고 있었다. 고대 세계에서 창조신화는 대개 전례 중에, 그리고 사람들이 신성한 힘의 주입이 필요하다고 여기는 극단의 상황에 이르러 낭송되었다. 새로운 모험을 시작할 때, 가령 새해를 맞는다든가, 결혼식이나 대관식을 치를 때, 미지의 세계와 마주보아야 하는 상황 등이 바로 그것이다. 창조신화의 주목적은 정보의 전달이 아니라 치유였다. 사람들은 재난이 닥쳤을 때, 대립을 멈추고 싶을 때, 혹은 병자를 낫게 하고 싶을 때도 창조신화의 낭송을 들었다. 인간 존재를 뒷받침하는 영원한 힘을 얻자는 생각이었다. 진정한 창조력은 자기희생을 요구한다는 점을 지적하는 창조신화도 있다.

베다 시대의 인도신화에서 창조는 자기희생의 결과였다. 신이든 인간이든 자신을 버릴 준비가 되어 있지 않고서는 진정한 창조를 해낼 수 없다. 인간들의 활동이 전면으로 나왔고 신들은 점점 더 멀게 느껴졌다. 시인들은 옛이야기들을 재해석하기 시작했다. 우리는 이와 같은 변화를 길가메시 서사시라고 불리는 바빌로니아의 서사시에서 볼 수 있다. 길가메시는 기원전 2,600년경에 살았던, 역사상 실존한 인물로 추정된다. 기원전 1,300년쯤 쓰인 서사시의 최종판에서 길가메시 신화는 인간 문화의 한계와 의미를 탐구하고 있다. 문명인 길가메시는 신으로부터의 독립을 선언한다. 신들이 인간세계에서 물러나자 역사가 신화에 영향을 미치기 시작한다.

도시의 삶은 신화를 변화시켰고 문명세계의 일부에서는 옛 신앙이 힘을 잃었지만, 그 자리를 대신할 새로운 신앙은 생겨나지 않았다. 결국 이에 대한 불안감은 또 하나의 위대한 변화로 이어졌다.

4) 기축시대(機軸時代, 기원전 800년경~200년경)인 기원전 8세기에 이르자 불안감은 더 널리 퍼졌고, 서로 다른 네 지역에서 일련의 놀라운 예언자들과 현인들이 등장해 새로운 해답을 찾기 시작했다. 독일의 철학자 칼 야스퍼스(Karl Jaspers)는 이 시대를 기축시대(Axial Age)라고 불렀는데, 이때가 바로 인류 신앙의 발전에 중추가 된 시대였기 때문이다. 이 시대에 얻은 지혜는 오늘날까지도 인간을 풍요롭게 만들어주고 있다.

이 시대는 우리가 알고 있듯이 종교의 시작을 명시한다. 중국에서는 유교와 도교, 인도에서는 불교와 힌두교, 중동에서는 일신교, 유럽에서는 그리스의 합리주의가 나타났다. 이러한 기축시대의 전통은 다음과 같은 인물들과 관련이 있다. 기원전 8세기에서 6세기까지의 위대한 유대 예언자들, '우파니샤드'의 현인들, 인도의 부처(기원전 563~483년경), 중국의 공자(기원전 551~479)와 노자(기원전 7세기말~6세기), 그리스의 기원전 5세기경 비극시인들과 소크라테스(기원전 469~399), 플라톤(기원전 427~347년경), 아리스토텔레스(기원전 384~322년경) 등이 그들이다.

그런데 기축시대에 대해서는 여러 가지가 불가사의로 남아 있다. 우리는 왜 이런 변화가 중국과 인도, 그리스와 유대 사람들에게만 일어났는지, 왜 비슷한 발전이 메소포타미아나 이집트에서는 일어나지 않았는지 모른다. 기축시대로의 발전이 일어난 지역들이 모두 정치, 사회, 경제적으로 격변이 일었던 곳이라는 점은 물론 사실이다. 그러나 이러한 급격한 변화가 기축혁명을 전부 설명해주는 것은 아니다. 기축혁명은 인간이 자신과 타인, 그리고 주변 환경과 관계하는 방식에 지워지지 않는 흔적을 남겨놓았다.

기축시대의 모든 사상은 공통되는 본질적 구성 요소를 가지고 있었다. 모두 인간 조건의 피할 수 없는 일부로 보이는 고통을 심각하게 의식하고 있었다. 그리고 형식적인 의식과 의례에 과도하게 의지하지 않는, 보다 정신적으로 충만한 종교를 강조하고 있었다. 그리고 개인의 양심과 윤리에 대해 새로운 관심을 보이기도 했다. 그들이 제자들에게 말한 바에 따르면 진실을 얻기 위해서는 다른 성직자나 종교 전문가의 가르침에 의지할 것이 아니라 자기 자신을 들여다보아야 했다. 그 어떤 것도 당연하게 받아들이지 않고 먼저 의심해보아야 했으며, 당시까지는 두말할 것 없이 여겨졌던 옛 가치들도 면밀한 비판의 대상이 되었다. 재평가를 필요로 했던 여러 분야 중 하나는 신화였다. 그러나 고칠 점이 있을지는 몰라도 신화는 여전히 필요한 것으로 여겨지고 있었다.

기축시대의 현인들은 모두 세 가지 요소를 역설했다. 신화의 진정한 의미를 깨닫기 위해서는 감정적 공명을 불러일으키는 의식을 행해야 할 뿐 아니라 윤리적으로 올바른 행동을 해야 했다. 특히 노자와 부처는 모두 옛 신화의 이야기를 이용해 사람들로 하여금 새로운 관념을 깨우치도록 하는 데 적극적이었다. 동물을 제물로 바치는 것은 쓸데없는 일일 뿐 아니라 잔인하기까지 하다고 믿었던 부처는 베다 시대적 의식은 공격했지만 전통 신화에 대해서는 관대했다. 그는 또한 신들에게 새로운 상징적 의미를 부여했다. 그러나 이스라엘의 예언자들은 부처와 같이 관대한 태도를 취할 수 없었다. 수세기에 걸쳐 유대인들은 야훼와 더불어 여러 신들을 섬겼으나, 호세아와 예레미야, 에스겔과 같은 예언자들은 인간세계를 본

뜬 신화 이야기들의 대규모 수정을 감행했다. 이제는 야훼야말로 유일신이라고 말하면서 중동의 다신교를 비하하고 비판했다. 역설적이게도 유대교도들의 이러한 새로운 자기 확신은 크나큰 파국이 있은 뒤에 나타났다. 즉 기원전 586년 바빌로니아의 왕 느부갓네살은 예루살렘을 정복하고 야훼의 신전을 파괴했다. 많은 유대인들은 바빌로니아로 유배되었고, 유배자들은 높이 솟은 지구라트와 풍성한 전례로 활기찬 도시에 노출되면서 사람들은 다신교에 흥미를 잃었다.

성서의 창세기 1장은 호전적인 옛 창조신화에 대한 침착하고 균형 잡힌 논박으로 볼 수 있다. 그러나 이들은 형편에 맞기만 하면 기꺼이 중동의 신화를 활용했다. 출애굽기에서 '갈대바다'를 건너는 모습은 틀림없는 신화적 묘사이다. 길가메시 서사시를 쓴 바빌로니아의 저자들이 고대 역사와 신화를 섞었다면, 제2의 이사야(기원전 6세기 중반 바빌론에서 활동한 예언자)는 한술 더 떠 원시시대의 신의 행동과 당대의 사건을 연결한다.

그리스의 기축시대에 불을 지핀 것은 로고스(Logos), 즉 이성(理性)이었다. 이성은 신화(미토스, Mythos)와는 다른 수준의 정신적 활동이다. 신화를 이해하려면 감정적인 참여나 어떤 방식으로든 제의를 통해 재현을 해야 하는 반면, 이성은 비판적 지성에 호소하는 방식의 면밀한 탐구를 통해서만 진실을 밝힐 수 있다. 현재 터키에 속한 옛 그리스 식민지인 이오니아에서는 최초의 자연과학자들이 옛 창조신화의 이성적 근거를 찾기 위해 애쓰고 있었다. 철학에 대한 열망이 뿌리 깊이 정착한 기원전 4세기 이전에 아테네 사람들은 새로운 의식, 즉 비극의 재현(Mimesis)을 발전시켰다. 이 의식은 고대 신화를 종교 축제의 맥락 속에서 장엄하게 재현하는 동시에 치밀한 조사 대상으로 삼았다. 아이스킬로스(기원전 525년경~456년경), 소포클레스(기원전 497~405년경), 에우리피데스(기원전 480~406년) 등은 신들을 재판에 회부하고 관객을 재판관으로 삼았다. 비극은 변혁의 시기에 등장했고, 옛 신화는 폴리스의 새로운 정치적 현실 속에서 효용성을 잃어가기 시작하고 있었다.

연극은 변화의 신 디오니소스 축제 때 상연되었는데, 관객들로 하여금 말로 할 수 없는 것에 직면하게 하고 한계 상황을 체험하게 만들었다. 비극은 신에게 제물을 바치는 행위와 가까운 것으로 카타르시스, 즉 공포와 연민의 감정이 마음을 격렬하게 침범한 결과로서의 내적 정화가 일어난다. 관객들은 타인의 고통을 마치 자신의 것인 양 느끼는 법을 통해서, 동정심과 인간애의 테두리가 점점 확장되었다. 비극을 싫어했고 신화를 인정하지 않았던 플라톤도 철학적 언어의 범위 밖에 있는 관념을 탐구하는 데에는 신화를 허락했다. 그런 까닭에 서구의 사유는 모순적이었다. 그리스 합리주의가 기축시대를 맞아 대단한 성과를 이루었음에도 불구하고, 그리스의 종교는 아무 영향도 받지 않았다. 그리스 사람들은 여전히 신들에게 제물을 바쳤고 비밀의식에 참여했으며 그들만의 축제를 벌였다. 그리스의 신앙은 기원후 6세기 유스티아누스 황제에 의해 이교도의 신앙으로 몰리면서 기독교의 미토스로 대체되었다.

5) 탈기축시대(기원전 200년경~기원후 1,500년경)는 앞의 기축시대를 벗어나는 시기를 말한다. 그러나 기축시대 이후 무려 천년이 지나도록 앞의 시대에 견줄 만한 변화의 시기는 없었다. 정신적이고 종교적인 문제에 관해서는 기축시대의 현인들과 철학자들의 통찰에 의지했고, 기원후 6세기가 될 때까지 신화의 위상은 거의 그대로 유지되었다. 이 시대 신화의 역사는 서구를 중심으로 한다. 새로운 혁신의 시대가 서구에서 시작되었

고 서구 사람들은 이미 신화를 문제 삼고 있었기 때문이다.

서구의 세 일신교는 모두 부분적으로나마 신화적이 아닌 역사적 바탕을 갖고 있다고 주장한다. 다른 주요 종교들은 신화에 대해 훨씬 덜 모호한 태도를 보인다. 힌두교에서는 역사가 덧없고 불확실하기 때문에 신앙적으로 고려할 가치가 없다고 생각한다. 불교는 인간 심리에 깊이 관여하는 종교이므로 심리학의 초기 형태인 신화와 제법 잘 어울린다. 유교에서는 언제나 제의가 신화 이야기보다 더 중요했다. 그러나 유대교도들과 기독교도, 이슬람교도들은 신이 역사 속에서 활동 중이며, 이 세계에서 일어나는 실제 사건을 통해 신을 체험할 수 있다고 믿는다. 유대교는 다른 민족의 신화에 대하여 역설적인 태도를 갖고 있었다. 다른 국가들의 신화를 용납하지 않는 모습을 보이다가도 때로는 저만의 시각을 나타내기 위해 타국의 이야기를 따오기도 했다. 심지어는 계속해서 더 많은 신화를 낳게 했는데 그중 하나가 기독교이다. 제의를 통해 실행에 옮기고, 그로부터 윤리적 교훈을 얻음으로써 출애굽 이야기는 먼 옛날에 있었던 사건이 아니라 살아있는 현실이 되었다. 성 바오로는 예수를 죽었다가 다시 태어나는 영원한 신화적 영웅으로 바꾸어 놓았다.

기독교는 기축시대의 일신론을 후대에 다시 언급한 것 중의 하나이고, 이슬람교도 이에 속한다. 이슬람교도들은 예언자 마호메트(기원후 570~632년경)를 성서 예언자들과 예수의 후계자라고 믿는다. 그가 아랍인들에게 가져다준 성서인 쿠란(Quran)은 신화를 문제로 받아들이지 않았다. 모든 장들이 하나의 아야(Ayah), 즉 우화라고 불렀다. 오직 기호와 상징으로만 신에 대해 말할 수 있기 때문이다. 아랍어로 쿠란은 '낭독'이라는 뜻인데, 사적으로 읽어서는 안 되고 모스크 내의 신성한 환경 속에서 음송되어야 하며, 쿠란의 윤리적 가르침을 따르지 않는 이슬람교도에게는 자신의 진정한 의미를 드러내지 않는다.

이들 역사적 종교에 신화적 차원이 남아 있기 때문에 유대교와 기독교, 이슬람교의 신자들은 자신만의 통찰을 설명하거나 위기를 극복하기 위해 계속해서 신화를 이용한다. 11세기와 12세기에 이르러 서유럽의 기독교도들은 로마 제국의 멸망에 뒤따른 암흑시대 동안 소실되었던 플라톤과 아리스토텔레스의 작품을 다시 발견했다. 유대교도들과 이슬람교도들이 신화를 이성적으로 이해하려는 시도를 그만두려는 시점에서 서유럽의 기독교도들은 머지않아 완전히 상실하게 될 열의를 가지고 연구에 착수한 것이다. 그들은 신화의 의미에서 멀어져가기 시작했다.

6) 마지막으로 대변혁 시대는 1,500년경부터 현재까지이다. 16세기 동안 유럽과 신대륙(미국) 사람들은 시행착오를 거쳐 세계 역사상 선례가 없는 문명을 만들기 시작했다. 그리고 19세기에서 20세기에 걸쳐 그 문명은 지구 곳곳으로 퍼져나갔다. 이것은 인류 역사상 마지막의 대변혁이었다. 농업의 발견이나 도시의 발명과 마찬가지로 이 또한 중대한 타격을 가져왔는데, 우리는 이제야 그 영향을 헤아리기 시작했다. 인간의 삶은 완전히 달라졌다. 아마도 이 새로운 가장 중대하고도 가장 파괴적일 수도 있는 결과는 바로 신화의 죽음이었을 것이다.

현대 서구사회는 로고스의 소산이었다. 이는 이전의 사회들과는 다른 경제적 기초 위에 형성되었다. 새로운 서구사회들은 기술에 의한 자원의 복제, 그리고 자본의 끊임없는 재투자를 기초로 세워졌다. 이로 인해 현대 사회는 농업을 기반으로 삼았기에 아무래도 불안정했던 전통사회의 여러 제약으로부터 벗어날 수 있었다. 지난 3세기에 걸친 유럽의 현대화 과정은 일련의 중대한 변화들을 포함하고 있다. 그중에는 산업화, 농업의 발전, 새로운 환경에 맞게 사회를 재조직하기 위한 정치 사회적 개혁이 있었고, 신화를 쓸모없고 시대에 뒤떨어진 허구로 비하한 계몽운동도 있었다. 서구사회의 업적은 과학 정신과 실용주의 정신의 승리에 기대고 있었다. 이 시대의 키워드는 효율이었다.

신화와 달리 로고스는 사실에 부합해야 한다. 로고스는 본래 실용적이다. 어떤 성과를 보고 싶을 때 우리는 이 사유 방식을 이용한다. 따라서 서구사회의 새로운 영웅은 사회를 위해 위험을 무릅쓰고 미지의 영역 속으로 뛰어든 과학자 또는 발명가였다. 이 시대의 영웅들은 기축시대의 현인들과 마찬가지로, 한때 신성하게 여겨졌던 것들을 뒤엎어야 했다. 서구의 현대사회 영웅들은 미토스로부터 영감을 얻은 정신적 측면에서의 천재들이 아니라, 로고스의 기술적 과학적 천재였다. 이는 직관적이고 신화적인 사유 방식이 무시되고, 과학적 합리주의의 보다 실용적이고 논리적인 정신이 지지를 받게 되었다는 의미이다. 서구에는 새로운 낙관주의가 생겨나고 사람들은 주변 환경을 그 어느 때보다 더 잘 통제할 수 있다고 여겼다. 여러 과학적 발견 덕분에 사람들은 자연을 조작하고 운명을 개선할 수 있었다. 현대의학과 위생, 노동력 절감, 기술 분야에서 일어난 여러 발견, 그리고 운송 수단의 발전으로 인해 서구인들의 삶은 급격히 향상되었다.

그러나 로고스는 여전히 인간들이 필요로 하는 삶의 진정한 의미를 제공해줄 수 없었다. 인생에 체계와 의미를 부여해왔던 것은 다름 아닌 신화였기 때문이다. 현대화가 지속되고 로고스가 눈부신 성과를 이루어내자 신화는 신뢰를 잃었다. 16세기부터 이미 구시대의 신화적 사유 방식이 무너지고 다른 아무것도 그 자리를 채워주지 못한 결과, 사람들은 아득한 절망과 섬뜩한 정신적 마비, 그리고 무력함과 분노의 감정을 경험하고 있었다. 우리는 아직 현대화의 초기 단계에 있는 개발도상국가에서 이와 유사한 아노미 현상을 볼 수 있다.

16세기 종교지도자들은 더욱 두드러지게 신화를 멀리했다. 그들은 유럽의 종교를 더욱 합리적으로, 능률적으로, 현대적으로 만들고 싶어했다.(마르틴 루터, 1483~1546) 인쇄술의 발명과 문맹률의 대폭적인 감소는 성서에 대한 사람들의 생각을 바꾸어 놓았다. 전례 중에 낭독되던 성서는 이제 아무도 없는 자리에서 속으로 읽혀졌다. 사람들은 성서를 더 자세히 알게 되었고 자신만의 견해를 형성하기 시작했지만, 종교적 의식 속에서 성서를 접하고 있지 않았기 때문에 현대에 쓰인 책을 읽듯이 세속적인 방식으로 정보의 습득을 위해 성서에 접근했다. 한편 가톨릭의 미사는 그리스도의 헌신적인 죽음을 재연한다는 점에서 신화적이기 때문에 그 사건을 실재로 만들었다. 그러나 종교 개혁가들에게 미사는 지나간 사건의 추도에 불과했다.

세상일이 다 그렇듯 현대에 이루어진 여러 발견에도 단점은 있었다. 신화는 인간으로 하여금 자신이 우주의 본질과 밀접한 존재라고 생각하게 만들었지만, 이제 와서 보니 인간은 작은 별 주위를 공전하는 평범한 행성 위에서 별볼일없는 자리를 차지하고 살아가고 있는 것 같았다. 영국에서는 베이컨(1561~1626)이 과학을 신화의 굴레에서 해방시키고자 독립을 선언했다. 뉴턴(1642~1727)은 자신이 발견한 우주가 사실과 정확히 일치하며, 우주라는 정교한 기계를 존재하게 만든 위대한 '기술공(Mechanick)'으로서의 신의 존재를 증명한다고 생각했다. 뉴턴의 생각에 의하면 신화와 신비주의는 원시적 사유 방식에 속했다. 그러나 오늘날의 우주학자들은 우주 어디에도 뉴턴의 '기술공'이 있을 자리는 없다고 말한다. 4세기 그리스 신학자들에 의해 신화로서 꾸며진 '삼위일체설'은 사람들로 하여금 신을 단순한 인격체로 볼 수 없다는 사실을 깨닫게 만들도록 고안된 것인데, 서구의 여러 기독교도들이 뉴턴처럼 이것을 문제 삼는다는 사실은 사람들이 신화적으로 사유하는 능력을 잃어버렸다는 것을 보여준다. 독실한 신앙을 가졌던 프랑스 수학자 파스칼(1623~1662)은 현대과학이 열어젖힌 무한한 우주의 '영원한 침묵'을 고민하면서 공포에 떨었다.

이후 18세기 계몽주의의 대두로 그 구름은 걷히는 듯했다. 존 로크 (1632~1704)는 신의 존재를 증명하는 것은 불가능하다는 것을 깨달았다. 그러나 그는 신의 존재를 의심하지 않았고 인류가 보다 긍정적인 시대에 들어섰다는 것을 확신했다. 이에 비해 독일과 프랑스의 계몽주의 철학자들은 옛 신화를 마치 '로고스인 것처럼' 해석하기 시작했다. 이는 매우 참신한 발전이었으나 신화는 예나 지금이나 사실이 아니었기 때문에 좌절될 수밖에 없었다. 16세기와 17세기에 유럽의 여러 가톨릭과 개신교 국가들을 휩쓴 '마녀사냥'은 과학적 합리주의가 언제나 정신의 어두운 면을 억누를 수 있는 것은 아님을 보여주었다.

19세기에 이르자 유럽 사람들은 종교가 정말로 해롭다고 생각하기 시작했다. 포이어바흐(1804~1872)는 종교가 인간을 자신의 인간다움으로부터 소외시킨다고 했고, 마르크스(1818~1883)는 종교를 병든 사회의 증상으로 보았다. 다윈(1809~1882)의 『종의 기원』은 종교를 공격하려고 나온 것이 아니라 과학적 가설에 대한 진중한 탐구였다. 그러나 당시는 물론, 지금까지도 다수의 기독교도들은 그들의 신앙체계가 위태롭다고 생각한다. 하지만 예전부터 현재까지 창세기 같은 창조 이야기가 역사적으로 정확하다고 믿는 사람은 없었다. 창조 이야기는 치유의 목적을 가지기 때문에 창세기가 과학적으로 타당하다는 전제하에 그것을 읽는다면, 창세기는 더 이상 과학적이지도 종교적이지도 않게 된다. 연구자들에 의하면 성경의 일부 내용은 명백한 허구였다. 즉 성경 속 이야기들은 대부분 '신화'였다. 아직도 개신교근본주의자들은 성경의 구구절절이 글자 그대로 읽혀야 하며, 과학적이고 역사적인 사실이라고 주장하기도 한다.

19세기 말이 되자 로고스와 미토스의 분리가 마무리된 듯 보였다. 사람들은 신화와 합리적인 과학 중 하나를 선택해야 했고 타협이란 있을 수 없었다. 드디어 1882년, 니체(1844~1900)는 '신이 죽었다'고 선포하기에 이르렀다. 어떤 의미에서 니체의 말은 옳다. 신화와 숭배, 의식과 윤리에 근거한 삶이 없다면 신성을 알아보는 우리의 감각도 죽는다. 신을 오직 비판적 지성으로만 도달할 수 있는 관념적 진실로 만들어버린 현대사회의 사람들은 제 손으로 신을 죽인 것이다.

그리하여 20세기에는 허무주의의 수많은 상징들이 꼬리를 물고 우리 앞에 나타났다. 1912년 타이타닉호의 침몰은 기술의 취약성을 보여주었고, 1·2차 세계대전은 과학이 무기 제조에 적용되면 치명적인 결과를 가져올 수 있다는 사실을 드러냈다. 아우슈비츠와 굴라크(1830~1955, 구소련의 강제노동수용소), 보스니아는 우리가 신성함을 전혀 알아볼 수 없게 되면 무슨 일이 일어나는지 자세히 보여주었다. 히로시마와 나가사키에 처음으로 떨어진 핵폭탄들은 현대문화의 심장부에 있는 허무주의적 자멸의 싹을 드러냈다. 2001년 9월 11일의 세계무역센터 테러는 과학기술, 여행의 용이함, 범세계적 통신망 등 현대문명의 혜택이 테러의 도구가 될 수 있음을 보여주었다.

로고스는 여러 방식으로 우리들의 삶을 향상시켜주었지만 절대적인 성공을 거둔 것은 아니다. 20세기를 거치며 얻은 암울한 깨달음을 깊이 생각해 보면 현대사회의 불안이 다만 정신병적인 방종의 결과만은 아님을 알수 있다. 오늘날 우리가 물질적으로는 더 세련된 삶을 살고 있을지 몰라도 정신적으로는 기축시대를 넘어서지 못했다. 어쩌면 이러한 결과는 미토스에 대한 억압의 대가인지도 모른다. 오늘의 시대에도 우리는 여전히 영웅을 찾고 기다리고 있다. 이 시점에서 우리가 반드시 알아야 할 것은 영웅신화의 본래적 목적이 존경의 대상을 제공하는 것이 아니라 우리 내부에 있는 영웅적인 기질을 끌어내기 위한 것임을 상기할 필요가 있다.

이제 우리는 신화가 허구이며 열등한 사유 방식을 나타낸다는 19세기의 잘못된 생각으로부터 깨어나야 한다. 인간은 끊임없이 신화를 만드는 존재이다. 20세기 동안에도 우리는 대량 살육과 집단 학살로 끝난 매우 파괴적인 현대의 신화를 여럿 보았다. 이들 신화가 실패한 이유는 기축시대가 제시한 기준에 부합하지 않았기 때문이다. 이들 신화에는 연민의 정신이나 모든 생명의 신성함에 대한 경외감, 그리고 공자의 '중용' 같은 것들이 들어있지 않았다. 파괴적인 이들 신화는 인종차별과 민족주의, 파벌주의와 이기주의를 조장하는 편협한 신화였고, 타인을 악한 자로 규정함으로써 자신을 높이려는 시도였다.

인간은 의미를 추구하는 동물이다. 그래서 인간은 애초부터 이야기를 꾸며냈고, 그 이야기들은 인간으로 하여금 더 큰 시야를 갖고 삶을 바라보게 하였다. 이야기를 통해 삶의 바탕에 깔린 원형을 드러냈으며, 인생이 의미와 가치가 있음을 생각하게 해주었다. 이와 더불어 인간의 정신에는 이성적으로는 설명할 수 없는 것을 생각하고 경험할 수 있는 능력, 곧 상상력이 있다. 우리는 상상력을 동원하여 눈앞에 보이지 않는 어떤 것, 객관적인 실체가 없는 어떤 것에 대해서도 생각한다. 이러한 상상력은 종교와 신화를 만든다.

오늘날 신화적 사유는 더 이상 인정받지 못하고 있다. 비이성적인 자기 합리화의 수단으로 여겨지고 있는 것이다. 그러나 과학자들은 상상력을 이용해서 새로운 사실을 발견하고 기술을 고안하여 인간의 삶을 풍요롭고 능률적으로 만들었다. 과학자들의 상상력은 우주로 향하여 달 표면을 걷기에 이르렀다. 옛날에는 신화에서나 가능한 일이었다. 신화와 과학은 둘 다 인류의 영역을 확장시켜준다.

네안데르탈인의 무덤은 신화에 관한 중요한 다섯 가지를 말해준다. 첫째, 신화는 대부분 죽음의 경험이나 소멸의 두려움에 그 뿌리를 두고 있다. 둘째, 무덤에서 나온 동물들의 뼈로 보아 매장에 동물을 제물로 바쳤음을 알 수 있다. 신화와 제의는 대개 불가분의 관계에 있다. 셋째, 네안데르탈인의 신화는 인간 생애의 한계를 뜻하는 무덤가에서 어떻게든 되풀이되었다. 이런 신화는 우리로 하여금 경험을 초월하게 한다. 우리는 모두 언젠가, 어떤 방식으로든 한 번도 가보지 못한 곳에 가야 하거나 한 번도 해보지 못한 일을 해야 한다. 신화는 미지의 것, 우리가 미처 이름 붙이지 못한 것에 관여한다. 넷째, 신화는 재미가 아닌, 우리가 어떻게 행동해야 하는지를 보여준다. 유골 중 어떤 것은 마치 재탄생을 기다리듯 배 속 태아의 자세를 유지하고 있다. 그 다음 단계로 나아가는 것은 망자의 몫이다. 신화는 우리에게 올바른 정신적, 심리적 태도를 갖게 해서, 현재와 사후의 세상에서 적절히 처신할 수 있게 한다. 마지막으로 모든 신화는 이 세상과 더불어 존재하는 다른 어떤 세상에 대해 이야기한다. 어떤 의미에서 그 세상은 이 세상을 지탱하고 있다. 눈에 보이지는 않지만 더욱 강력한 실재, 신들의 세계라고 불리기도 하는 이 실재에 대한 믿음은 신화의 근본적인 주제이다.

신화는 사람들이 직관적으로 감지하고 있던 실재에 구체적 형태를 부여했다. 신들이 어떻게 살고 있는지를 보여준 것이다. 신화는 쓸모없는 호기심을 충족시키거나 재미있는 이야기가 아니라, 인간으로 하여금 전능한 신들을 모방함으로써 그들 스스로 신성을 경험하게 해주었다. 과학에 기반을 둔 오늘날의 문화 속에서 우리는 신에 대해 상당히 단순한 관념을 가지고 있다. 고대 세계의 신들은 우리와 전혀 다른 형이상학적 삶을 영위하는 추상적 성격의 초자연적인 존재들이 결코 아니었다.

신화란 우리가 인간으로서 겪는 곤경에서 헤어날 수 있도록 돕기 위해 만들어진 것이다. 신화는 사람들에게 세상 속 저마다의 위치와 진정한 방향을 찾아준다. 우리는 모두 인류가 어디서 왔는지 알고 싶어한다. 그러나 인류의 최초 모습은 찾을 수 없기 때문에 우리는 조상들에 대한 신화를 꾸며냈다, 역사적인 기록이 아니라, 우리가 그 당시 마주한 환경과 이웃, 관습에 대한 태도를 설명하는 데 보탬이 되기 위해 신화를 만든 것이다. 또한 우리는 우리가 어디로 가는지 알고 싶어서 사후 세계에 대한 이야기들을 꾸며냈다. 신들의 존재는 이러한 초월적 경험을 설명할 수 있게 해주었다.

신화도 역사적인 형성물이다. 오랜 인류문화사에서 주요한 여러 시기의 세계상을 나타내는 다양한 신화가 생겨나고 전개되며 전파되었던 것이다. 이러한 신화를 무시하고 우리는 과연 인류 초기의 정신사에 대해서 어느 정도나 알 수 있을까? 또 개개의 신화모티프의 분포와 이동을 추적함으로써 특정한 민족과 문화의 계통이나 구성을 해명하는 실마리를 얻을 수도 있다. 하나의 신화가 어느 민족에게서 다른 민족에게로 전파되는 경우에 크건 작건 간에 변화가 생기는 것이 보통이다. 구약성서의 '노아의 방주' 대홍수 이야기는 헤브라이인의 독창적인 것이 아니라, 바빌로니아에 기원을 두고 있다. 그리고 바빌로니아의 홍수신화도 수메르 민족의 일로 거슬러 올라간다. 그런데 크레이머(S.N. Kramer)에 따르면, 홍수신화가 수메르에서 바빌로니아에 전파·수용되었을 때에는 이미 변화가 생기고 있었다고 한다.

신화와 함께 의례도 전파과정에서 변화하여 간다. 이것도 또한 신화와 의례 사이의 차이를 만들어내는 원인의 하나이다. 신앙(신화)과 행위(의례)의 어느 쪽이 먼저 변화하는가는 문화의 전통이나 외적 사정에 따라 다르지만, 대체로 행위양식(의례) 쪽이 보다 빈번하게 변화한다고 한다. 그러나 신화의 내용에 표현되는 것은 이야기(신화)와 행위(의례)만은 아니다. 신화를 전수받은 자에게 있어서는 신화가 제의나 화상(畵像)이나 장식적인 상징의 모습을 분명하게 해준다. 예를 들면 보루네오의 누가쥬, 다야크족의 성스러운 그림은 결코 이야기된 신화의 설명이 아니라, 하나의 독립된 신화의 형태인 것이다.

오늘날 '신화'라는 말은 흔히 '사실과 무관한 이야기'라는 뜻으로 쓰이고는 한다. 18세기 이후부터 역사를 과학적 관점에서 보는 방법이 발달했고, 우리는 실제로 일어난 일에만 주로 관심을 갖게 되었다. 신화는 어떤 의미에서 한 번 일어난 사건이지만, 늘 일어나고 있는 사건이기도 하다. 신화는 역사 저편에 있는 인간 존재에 내재한 영원성을 지향하는 예술형식이다. 초월적 경험은 늘 인간 경험의 일부를 차지해왔다. 종교에서 절정을 경험하지 못하는 사람들은 예술, 음악, 시, 로큰롤, 춤, 섹스, 스포츠 등에서 절정을 찾는다. 시와 음악처럼 신화도 우리에게 환희를 불러일으켜야 한다. 신화가 환희를 동반하지 않는다면 그 신화는 죽은 신화이며 더는 유용하지 않다.

신화를 이성의 시대에 도달한 인류가 떨쳐버려야 하는 열등한 사유 방식으로 치부한다면 잘못이다. 신화는 소설이나 오페라, 무용극처럼 꾸며 낸 이야기이다. 파편적이고 비극적인 우리의 세계를 변형시켜 보는 놀이이기도 하다. 신화는 '만약 이렇다면?'이라고 물음으로써 우리에게 새로운 가능성을 어렴풋이 보여주었다. 그리고 그 물음은 철학과 과학, 기술 분야의 가장 중요한 발견 중 대다수를 가능하게 했다.

인간은 놀이하는 능력을 잃지 않은 유일한 동물이다. 성인이 되어서도 인간은 다양한 가능성을 가지고 놀이하기를 즐기며, 아이들처럼 상상의 세계를 계속 만들어낸다. 예술 안에서 이성과 논리의 제약으로부터 자유로워진 우리는 삶을 풍요롭게 해주는 여러 새로운 형태를 고안하고 또 결합시킨다. 그리고 그것이 인간에게 매우 중요하고 대단히 '진실한' 무언가를 전해준다고 믿는다. 신화는 사실에 대한 정보를 주기 때문이 아니라, 유효하기 때문에 진실인 것이다. 우리에게 삶의 의미에 대한 새로운 통찰을 주지 않는다면 그 신화는 실패작이다. 우리로 하여금 생각과 마음을 바꾸도록 요구하고, 새로운 희망을 주고, 더 알찬 삶을 살게 만든다면, 그것은 여전히 '유효한' 신화이다. 신화는 우리가 그 지침을 따르는 한에서만 우리를 변화시킨다.

제3장

# 신화의 발생과 전파

신화의 발생 시기에 대해서는 1) 동물기설 : 인간이 진화하기 이전의 유인원과 같은 고등동물기의 심리에서 신화가 발생했다는 것으로, 가장 이른 시기로 상정한 학설이다. 2) 몸짓언어 시대설 : 신화가 언어 이전에 기호나 상징이 모티프가 되어 형성되었다는 것이다. 3) 시적 표현충동기설 : 인간의 마음이 시적으로 신을 찬양하고 싶던 시기에 사제자에 의해 신화가 발생하였다는 주장이다. 4) 다신교기설(多神敎期說) : 신화의 발생 시기를 가장 늦은 시기로 설정한 것으로, 신화에 등장하는 신의 종류가 다양함을 그 증거로 들었다. 5) 애니미즘(Animism)기설 : 만물에 영혼이 깃들어 있다는 애니미즘의 기반 아래 신화가 형성되었다는 것으로, 영국의 타일러(E. B. Tylor)가 주장한 것이다. 6) 애니마티즘(Animatism)기설 : 애니마티즘은 만물 그 자체를 생명체로 보는 것으로 애니미즘보다 앞선 시기로 보는 입장이다.

신화가 '무엇으로부터 시작되었는가'에 대하여는 자연신화학파, 인류학파, 심리학파, 제의학파의 주장들이 있다.

1) 자연신화학파(Mythological school) : 19세기 중엽 독일의 쿤(A. Kunn), 뮐러(M. Muller) 등은 신화는 벼락, 해, 바람, 구름 등의 자연현상을 의인화하는 데서 시작되었다고 주장했다. 인류학파의 많은 비판을 받았다.

2) 인류학파(Anthropological school) : 영국의 타일러(E. B. Tylor)와 랭(A. Lang)에 의해 시작된 것으로, '신화는 이미 사라진 원시문화가 남긴 흔적'이라는 것이다. 이들은 유사한 설화가 세계적으로 분포되어 있는 현상은 인류의 정신적인 공통성과 문화발전 과정의 유사성 때문이라는 신화의 '다원발생설(多元發生說)'의 입장도 내세웠다. 이들의 견해는 오늘날까지도 유력한 전제로 통용되고 있다.

3) 심리학파(Psychological school, 정신분석학파) : 분트(W. Wundt)는 신화가 꿈이나 몽환상태에서 이루어졌다고 했다. 프로이트(S. Freud)는 더 나아가 억압되어 있는 성(性, Libido)의 무의식적인 발로로 신화가 생긴다고 하였다. 융(C. G. Jung)은 집단무의식 이론을 내세웠다.

4) 제의학파(Ritual school) : 프레이져(J. Frazer)에 기원을 두고 해리슨(J. Harrison) 등에 의해 확립된 것으로 인류학파의 입장을 특수하게 발전시킨 것이다. 이에 의하면 신화는 제의, 특히 풍요제나 성년식에서 행동으로 나타내던 것을 말로 옮긴, '제의의 구술상관물(口述相關物, Oral correlative)'라고 한다. 미국에 상당한 영향을 주었고, 한국의 건국신화를 이해하는 데에도 유용하게 활용된 바 있다.[1]

---

1) 김열규, 『한국민속과 문학연구』, 일조각, 1975.

신화가 '어디서 시작되었는가'에 대하여는 인구기원설(印歐起源說), 인도기원설, 역사지리학파(Historic-Geographic school)의 견해가 있다.

1) 인구기원설 : 그림(J. Grimm)은 인구(印歐)의 각국어가 인구공통조어에서 비롯된 것처럼 신화도 인구공통신화에서 유래되었다는 주장이다.
2) 인도기원설 : 독일의 벤파이(T. Benfey)는 인도기원설을 제창했다. 즉 설화는 고대 인도에서 생겨서 여러 경로를 거쳐 각국으로 전파되었다는 것으로 역사지리학파의 심각한 비판을 받았다.
3) 역사지리학파 : 일명 핀란드학파로 설화는 어느 한 시기, 어느 한 자리에서 생겨난 것이 아니고, 유형마다 다른 역사를 가지고 있다는 전제에서 출발했다. 크론(K. Krohn)과 아르네(A. Aarne)에 의해 개척되었다. 이는 어느 한 유형의 설화를 택해 가능한 모든 구전 및 문헌상의 각편을 수집, 분석하여 원형을 추정하고, 원형으로부터 각편에 이르기까지의 변화과정을 설명한다는 것이다. 그러나 설화의 원형재구(再構)가 무리이며, 설화의 다원발생의 가능성을 간과한 점이 비판되고 있다.
4) 다원발생설: 인류학파, 심리학파, 제의학파의 학자들은 인간의 공통심성이나 문화적 능력에 의한 다원발생의 입장을 보인다. 즉 신화는 지구의 어느 한 지역에서 발생, 전파된 것이 아니라 여기저기에서 동시다발적으로 생성되었을 가능성에 주목하는 입장이다.

신화는 공간적으로 전파되고, 시간적으로 전승되면서 끊임없이 변화되어 왔다. 신화가 변화하는 원리는 일반 심리적 조건에 의한 변화, 문화적·지리적 조건에 의한 변화, 민족 공동의식의 변화에 따른 변화, 화자·청자에 의한 변화 등을 생각할 수 있다. 이러한 원리에 의해 신화는 내적인 변화 또는 외적인 변화를 겪게 되는데, 부분적인 변화와 전체적인 변화를 일으켜서 장르가 변하는 경우가 있다. 이렇게 전해져온 신화는 세계 각 지역 혹은 각 민족마다 고유하고 독창적인 것도 있지만, 다른 지역 신화와 공유하는 부분도 있게 된 것이다. 그것은 인류가 보편적으로 지닌 심성 때문이기도 하고, 주변 지역의 특성이 전파되었기 때문이기도 하다. 따라서 세계의 신화를 이해하는 데에는 단일한 기원이나 단일한 문화를 상정하는 것은 주의해야 한다.

초기의 인류학자들이 거리상으로 멀리 떨어진 두 민족 간에 나타나는 신화의 비슷한 모티프를 '인간 사유의 유사성'으로 설명한 것이나, 연구의 범위를 동일한 문화권 안의 비교로만 한정하면서 그 신화에서 추출되는 문화적 특징들을 통해 나타나는 신화의 유사성을 문화의 전파로 설명하는 '문화권설' 등은 모두 신화의 공통점만을 강조하고 차이점을 간과한 결과라고 할 수 있다.

반면에 단일한 민족신화에서 각각 사회적 기능을 분석, 연구한 기능주의 학파는 개별적인 차이점에만 치중하여 신화의 공통점에 대한 논의가 부족한 결과를 낳았다. 따라서 신화의 연구는 여러 민족의 신화들 간의 공통점과 차이점을 모두 대상으로 한 균형적인 연구가 바람직할 것이다. 이러한 관점을 확장하면 어느 특정 지역의 신화를 표준으로 하여 다른 지역의 신화를 판단하는 것이 얼마나 편파적인가를 알 수 있다.

신화는 인류의 공통된 경험이 무의식에 각인되어 전수되고, 개별 문화 속에 정착된 것이다. 감성과 무의식, 환상과 심층에서 유래한 신화는 합리성, 이성, 객관성, 정밀성을 바탕으로 한 학문과 비교했을 때, 자칫 허황한 것으로 여겨질 수 있다. 오히려 신화는 언어학, 문학, 철학, 종교학, 미학, 심리학, 인류학, 사회학, 역사학, 지리학 등 인간을 이해하고자 하는 모든 학문이 녹아 있는 커다란 용광로이다.

그러므로 그 안에서 단련된 신화의 상상력은 무의식의 이미지와 의식적 논리의 언어 사이에 존재하는 간극을 메워준다. 무의식에 직접 호소하고, 직관을 통해 작용하여 사실 일변도의 설명이 지니는 협소함을 일깨우고, 지성을 향하여 적절한 이해의 필요성을 요구하는 통찰의 섬광을 던져주는 것이다.[2]

---

2) 정재서 외, 『신화적 상상력과 문화』, 이화여자대학교출판부, 2008, 16~17쪽.

한국신화와 문화

제4장
# 신화의 기능과 특징

신화의 기능 중에서 가장 중요한 것은 사회통제의 기능이다. 신화는 풍속을 고정시키고, 행위의 모범을 설정하고, 어떤 제도에 위엄과 중요성을 부여하는 규범적인 힘을 갖는다. 이와 아울러 신화는 그것을 지닌 집단으로 하여금 긍지와 자부심을 갖게 한다. 많은 민족들이 자기들만의 신화를 소중히 여기며, 이를 자랑으로 삼는 데에서도 알 수 있다. 이규보는 「동명왕편」에서 그 의도를 "우리나라는 본래 성인이 세운 나라임을 천하가 다 알게 하고자 한다."고 하였다. 씨족신화나 부족신화도 그 씨족이나 부족에게 이런 구실을 한다.

신화의 특징을 몇 가지만 열거하면 다음과 같다.

1) 초자연성 : 신화는 인간 이상의 존재, 인간 이상의 능력을 이야기하고 있다.
2) 인격화성(人格化性) : 신화는 초자연적 존재태(存在態)의 이야기를 하되, 모두 인격화되어 인격체로 등장한다.

3) 공생성(共生性) : 신화에서는 인간이 인간 이외의 존재와 생활을 함께 누리며, 서로의 생활을 구별하지 않으며, 상호의존적이다. 따라서 인간 이외의 존재도 인간과 같은 생명체로 그 의의를 인정받고 있다.

4) 종교성 : 신화는 종교를 전제로 형성되고, 신화의 원형은 종교성을 띠는 것이다.

5) 문화적 능력성 : 신화는 신화를 형성시킨 사회를 배경으로 하고 있다. 신화는 원시사회의 교훈, 도덕, 사회 제도 등을 반영한 것이므로, 문화를 형성·개조하는 능력을 갖고 있다.

6) 설명성 : 신화는 자연계 및 인문계의 여러 가지 사상(事象)을 설명하고 있다. 원인에 대한 궁금증의 설명이기도 하다.

7) 불합리성 : 신화의 내용은 문화민족의 과학적, 합리적인 사고로는 납득하기 어려운 일이 많다. 그러나 신화인(신화를 믿고 산출하는 사람)에게 있어서는 최고의 지식이고 과학이었다.

8) 주관적 사실성 : 신화인의 입장에서 신화는 합리적일 뿐만 아니라 실제 생활에서 일어나며 실제로 존재하는 사실로 믿었다.

9) 유동성(類同性) : 비슷한 내용의 신화가 세계의 많은 지역, 민족 간에 존재한다. 이는 역사적으로 설화가 지역과 민족 간에 전파되기 때문이기도 하지만, 인간의 사고력이 유사한 해석을 시도한 데에서 기인한 것이기도 하다.

10) 민족적 발생성 : 신화는 개인에 의해서 창작되기보다는 민족적 단위에서 발생되고 전승되었다.[1]

---

[1] 김태곤·최운식·김진영 편저, 『한국의 신화』, 시인사, 1988, 16~17쪽을 참고하여 정리한 것이다.

한편 신화의 구조적 원형은 신화뿐만 아니라 서사문학 일반, 나아가 문화 전반에 걸쳐서 되풀이되어 나타난다. 신화가 이렇게 반복된다는 것은 그것이 인간 행위의 실제적 모델이 됨과 동시에 인식의 기초로서 지속적인 힘을 지녀왔다는 의미이기도 하다. 신화의 서사구조가 인간의 일생의 례의 구조와 상응하는 것도 신화의 이러한 특징과 관련된다. 이렇게 신화는 문학의 원형일 뿐만 아니라 문화의 핵심적 모델이 되어왔다.

신화를 이야기하는 일은 평범한 일상적 체험과는 구별된다. 신화는 또한 정신적 심적 변화의 엄숙한 맥락 속에서만 이해될 수 있다. 신화는 우리가 한계 상황에서 필요로 하는 이야기이다. 우리는 신화가 우리를 변화시키도록 허락할 준비가 되어 있어야만 한다. 이야기와 그 이야기를 듣는 사람 사이의 벽을 무너뜨리고 신화를 제 것으로 만들게 도와주는 제의와 더불어, 신화 이야기는 익숙한 세계의 안정적인 확실성 너머의 미지의 세계로 우리를 안내해 준다. 신화에 수반되는 변화의 제의 없이 신화를 읽는다는 것은 불완전한 경험이다. 재생의 과정, 죽음과 재탄생의 과정의 일부로 받아들이지 않는 한, 신화를 이해할 수 없다.

그래서 신화의 구연 시간은 저녁이나 밤으로 한정되어 있다. 이런 금기는 미개민족이나 유럽에도 널리 분포되어 있다. 단지 밤만이 아니라 시간이 한층 더 한정되어 있는 곳도 있다. 알타이지방의 터키족이나 브리아트족은 수렵신화를 저녁, 그것도 수렵기에만 이야기하며, 이렇게 하면 숲의 정령들이 초대되어 그 보답으로 그들은 들짐승을 사냥하도록 놓아둔다는 것이다. 신화가 특정한 때에만 이야기된다는 것은 사실 깊은 의미를 지닌다. 북미의 포니족이나 위치타족에게는 기원이야기가 일정한 제의가 행하여질 때, 특히 하나의 의례와 다른 의례 사이의 시기에만 음송된다. 그때는 거짓이야기를 말해서는 안 되는 것이다. 인도네시아의 숨바섬에는 공동체 전체와 관계가 있는 여러 중요한 기회에, 아주 오랜 옛날의 사건을 언급하고 있는 이야기, 즉 신화적인 선조들의 이야기를 음송하는 것이 보통이다. 신화를 이야기하는 장소도 또한 특별한 곳으로 제한적이다.

이 의례에서 주목할 점은 음송이 두 사람 사이에 문답을 주고받는 형태로 행해진다는 사실이다. 게다가 그들은 서로 족외혼의 혼인관계를 가진 무리에서 선발된다. 이들에게 중요한 의례가 있을 때에는 이 두 사람의 이야기꾼이 사자(死者)를 포함하여 전 집단을 대표하게 되고, 따라서 부족 신화의 음송은 전체를 대표하여 그 집단에 이익을 주는 것이 된다. 신화를 이야기하는 것이 의례의 본질적인 요소가 되고 있는 실례는 허다하다. 태초의 창조적 행위가 신년제의에서 매년 되풀이되는 것은 그 신화적 창조의 시공간이 재연되는 것을 의미한다. 오늘날 개천절이 한국민 모두에게 '단군신화의 삶을 사는' 경험을 주는 것은 아니지만, 그 날을 기념일로 정한 배경은 신화적 맥락과 무관하지 않은 것이다.

신화는 그 사회의 모든 사람이 이야기하면서 전하고 있는 것은 아니다. 예를 들어 캘리포니아의 피마족은 여자가 동석하고 있을 때에는 신화를 이야기하지 않는다. 소수의 전문가만이 신화를 완전히 알고 있으며, 세계가 어떻게 만들어졌고 어디에서 피마족이 왔는가, 악마나 괴물, 맹수와의 싸움 등에 관한 신화를 이들 전문가가 4일 밤을 계속해서 소년들에게 철저히 가르치는 것이다. 이것은 세계의 미개민족들 사이에서 드문 예가 아니다.

또한 표면적인 유사성 때문에 신화를 이야기하는 것을 민담을 이야기하는 것과 비교하는 것은 잘못일 것이다. 오히려 그것은 기독교의 의식에서 성서를 읽는 것과 비교할 수 있다. 성서의 낭독은 공동체 속에 깊은 신앙심을 불러일으키게 할 수 있기 때문이다. 제의에서 체험되는 것은 평상시에 체험되는 것과는 다르기 때문이다. 신화적인 진실이란 제의의 분위기에서만 밝혀질 수 있는 종류의 것이다.

신화에서 이야기되는 원초적인 사건은 의례에 따라 극적으로 표현된다. 아프리카 서수단에 사는 도공족의 불 훔치는 신화(대장장이가 태양의 한 조각인 하늘의 불을 훔침)와 의례(불 훔치기를 도공족은 매년 수확 후에 제의적으로 반복함)가 그 좋은 예이다. 또한 그리스인들은 축제 때 횃불을 들고 달리면서 프로메테우스를 숭배하였다. 그러나 그 경우의 의례는 신화의 내용을 항상 충실히 그대로 나타낸다고 할 수 없다. 예를 들면 다야크족의 티와제 같은 대제(大祭)에서 정점을 이루고 있는 것은 창조신화를 연극의 형태로 연출하는 데 있다.

이렇게 보면 신화와 의례 사이의 밀접한 관계라는 것도 아주 미묘한 것이고, 언뜻 보아 바로 명확해지는 것은 결코 아니다. 아메리카의 민족학자 클라크혼(C. Kluckhohn, 1905~1960)의 언급이 참고가 된다.

"신화와 의례는 밀접한 관계가 있고, 어느 쪽이 원인이고 어느 쪽이 결과인지는 일반적으로 말할 수 없다. 즉 서로 공통의 심리학적 기초를 가지고 개인, 가족, 부족의 내외에 있는 긴장과 마찰을 해결하는 것이다. 또 신화와 의례는 매우 친밀하게 결합하여 서로 영향을 주고 있는 경향이 있다. 그 이유 중에서 특히 중요한 것은 다음의 사실이다. 즉 신화와 의례는 사회의 최종적인 가치태도의 공식화된 언명을 주는 것이기에, 사회의 연대성을 촉진시키고 사회의 통합성을 증진시키며, 또 그 내용을 그다지

잃는 일 없이 문화의 많은 부분을 전달하는 수단을 제공하는 것이다. 이리하여 문화의 연속성을 보호하고 사회를 안정시킨다. 이 점에 있어서 신화와 의례는 사회라는 견지에서, 그리고 동시에 적응이라고 하는 기능을 영위하고 있다."[2]

신화와 의례가 그다지 결부되어 있지 않은 경우는 세계의 다른 지역에서도 결코 드문 일이 아니다. 동북아프리카에서 그 경향은 특히 현저하다. 인도의 미개농경 여러 민족에게 있어서도 신화와 의례의 관계는 다양하게 나타난다. 여기서 흥미로운 사실은 신화와 의례의 밀접한 결합은 세계의 고문화지대에서 아주 확실히 볼 수 있다는 것이다. 거기에는 참다운 사제 계급이 부분적으로 이미 존재하고 있었던 것이다.

신화와 의례와의 관계에서 예부터 문제가 되는 것은 신화가 먼저인가, 의례가 먼저인가 하는 점이다. 이른바 제의학파들은 의례로부터의 신화 발생을 일면적으로 강조했지만, 오늘날의 여러 연구들은 신화가 의례화하는 경우도 많음이 밝혀지게 되었다. 이것은 양자의 관계로 보아 어쩌면 당연한 것이기도 하다. 가톨릭교의 미사가 성경의 신성한 이야기에 기초한 의례의 좋은 예라고 할 수 있다. 신화의 의례화는 특히 미개재배민문화에서 현저하다. 그러나 물론 모든 의례가 신화의 의례화는 아니다. 의례보다 나중에 신화가 발생하는 경우도 물론 있지만, 그 경우는 진실한 신화라기보다 오히려 설명신화인 경향이 있다. 신화를 동반하지 않고 의례가 전파되기도 하고, 반대로 의례를 동반하지 않고 신화가 전파되기도 한다.

---

2) C. Kluckhohn, 『Myth and Rituals』, Harvard Theological Riview, 1942, 45~79쪽.

다음의, 바우만(H. Baumann)이 지적한 신화의 특징을 보기로 한다.

1) 사물의 기원, 원초의 생물, 신들의 행위와 인간과의 관계에 대하여 눈에 보이는 듯이 이야기된 보고(報告)이다.

2) 진실이라고 생각되는 보고이고, 그것은 그 민족의 세계관의 확정된 여러 요소로 되어 있다. '의심할 것 없이 신화적 진실이 존재한다.'

3) 신화의 등장인물은 인간사회를 초월한 존재이며 그들 등장인물은 원초시대에 기초를 두어 행하여진 것이다. 즉 신들, 부족의 선조, 태초의 영웅, 문화영웅(태초에 인류에게 문화를 가져온 영웅), 그리고 인간의 원형이나 인간적인 사물, 인간의 환경을 창조하고 야기한 사람들이다. 행위하는 사실이나 식물·동물 등도 적어도 행위와 의도에 있어서는 완전히 인간화되어 나타난다.

4) 행위의 시간은 만물이 형성되는 태초이고, 이때에 세상의 모든 본질적인 것들이 마련되는 것이다. 즉 태초에 있었던 최초의 사건에 의해 오늘날의 사물이나 질서가 결정되었던 것이다.

5) 행위의 장소는 유달리 원초(原初)에는 지상이지만 그 다음에는 하늘 아니면 지하이다.

6) 신화의 결정적인 기능은 설명하는 기능과 증명하는 기능이다. 신화는 존재하는 것을 설명하고 이해할 수 있도록 하는 것뿐만 아니라, 동시에 일회적인 원초적 사건에 기초를 두고 증명하지 않으면 안 된다. 일상의 행동은 신화가 기초가 되어 엄숙한 것이 된다. 설명하고 증명하는 기능은 환경의 여러 현상뿐만 아니라, 인간의 사회, 문화의 창조에도 관계될 수 있는 것이다.

중요한 것은 신화에서 이야기되고 있는 태초에 완성된 사건은 오늘날에도 관심의 대상이고, 그 의미는 시간을 초월한 것이며 영원한 것이라고 하는 점이다. 신화에 기술되어 있는 진실이라는 것은 역사적 사실도 아니고 과학적 진리도 아니다. 그것은 신화적 진실이다. 신화적 진실이 믿어지기 때문에 태초의 일회적인 창조적 사건, 즉 신화적인 기원이 인간을 둘러싼 자연과 인간의 문화나 사회를 기초로 삼고, 때로는 이 신화적 사건이 의례의 모습으로 재현되는 것이다.

오늘날처럼 인간이 신화로부터 소외된 것은 인류 역사에서 선례가 없는 일이다. 근대 이전의 세계에서 신화는 없어서는 안 되는 것이었다. 신화는 사람들에게 삶의 의미를 깨우쳐주었을 뿐만 아니라, 인간 정신의 영역을 드러내주었다. 신이나 영웅이 지하세계로 내려가거나, 미로를 빠져나오거나, 괴물과 싸우거나 하는 이야기들은 인간 정신의 신비한 원리에 빛을 비추어, 사람들이 어떻게 내면의 위기를 극복할 수 있는지 보여주었다. 상황이 변함에 따라 이야기 속의 진실을 부각시키기 위해서 신화를 다른 방식으로 이야기해야 할 필요가 생겼다. 그래서 현대사회와는 다른 사회에서 만들어진 신화가 여전히 우리의 가장 본질적인 두려움과 욕망에 말을 걸게 되는 것이다.

기원전 8,000년 이전에 형성된 구석기시대의 신화가 21세기를 사는 우리에게 직접적인 도움을 주기는 어렵다. 그래서 인간은 시대에 따라 끊임없이 신화를 변형시키거나 재창조해왔다. 사람들이 부족의 영웅에 대한 이야기를 하는 것은 단지 듣는 이들을 재미있게 해주기 위해서는 아니었다. 영웅신화는 우리가 온전한 인간이 되기 위해 무엇을 해야 하는지를 말해준다. 우리 모두는 인생을 살면서 적어도 한 번쯤은 영웅이 되어야 한다. 어둠 속으로 하강하지 않으면 높이 상승할 수도 없다. 어떤 형태로든 죽지 않으면 새로운 삶도 없다. 살아가면서 누구나 미지의 것과 마주하는 상황을 맞게 되는데, 영웅신화는 그런 우리에게 어떻게 행동해야 할지를 보여준다. 그러므로 현대의 우리도 우리에게 맞는 우리만의 신화가 필요하다. 지금까지 신화는 우리를 구원해 왔지만, 이제 그 신화를 구원할 길은 우리에게 달렸다.

현대사회는 전 세계를 이웃으로 만들었고, 이 세계 속에서 사람들은 모두 같은 형편에 처해 있다. 순수한 로고스는 현대인에게 깊이 뿌리박힌, 정화되지 않은 두려움과 욕구와 정신병을 감당할 수 없다. 그것은 윤리적이고 정신적인 측면을 담당하는 신화의 몫이기 때문이다. 우리에게 필요한 신화는 모든 인간이 민족이나 국가, 이상에 따라 속한 집단에 구애받지 않은 채, 서로에게 동질감을 느낄 수 있게 도와주는 신화이다. 우리에게 필요한 신화는 실용주의적이고 합리적인 이 세상이 충분히 생산적이지도 능률적이지도 않다고 치부하는, 연민의 중요성을 깨우쳐주는 신화이다. 우리에게 필요한 신화는 우리가 정신을 중시하는 태도를 가질 수 있게 해주고, 당장의 부족함을 넘어서서 생각할 수 있게 해주며, 우리의 유아론(唯我論)적 이기주의에 이의를 제기하는 초월적 가치를 경험할 수 있게 해주는 신화이다. 우리에게 필요한 신화는 우리가 다시금 대지를 신성한 것으로 받들고, 단순한 '자원'으로 이용하지 않게 해주는 신화이다. 왜냐하면 우리가 가진 뛰어난 과학기술적 능력과 나란히 할 정신적 개혁이 어떤 식으로든 일어나지 않는 한, 우리는 지구를 살릴 수 없을 것이기 때문이다.[3]

오늘에 이르러 신화가 갖는 의미가 위축된 것은 근대 이후의 역사의식,

합리주의, 과학정신과 같은 것들이 신성의 존재를 의심하고 신화의 가치를 폄하한 때문이다. 종교 간의 충돌이 타종교의 신화를 배격하는 현상도 강해졌다. 그렇다고 해서 신화에 대한 추구 자체가 완전히 사라진 것은 아니다. 이러한 탈신화화의 시각과는 달리, 한편에서는 신화란 일상적인 삶이 줄 수 있는 어떤 것보다도 가치있는 실재이고 진실한 언술이라는 인식이 함께 공존해 온 것도 사실이다.

---

3) Karen Armstrong, 앞의 책, 146쪽.

제5장

# 신화 연구의 흐름

　신화가 대중적으로 학문적으로 크게 관심의 대상이 된 것은 비교적 최근의 일이다. 이는 과학의 발달로 인간의 정체성이 위협받는 이 시대에 우리의 원초적인 모습을 돌아보기 위함이기도 하고, 이성주의와 합리주의에 반해 감성의 세계를 동경하는 것도 요인으로 작용하였다. 그러나 현실적으로 무엇보다도 디지털 문화의 꽃이라 할 수 있는 영화, 애니메이션, 게임 등 문화산업의 주요 소재가 환상성을 바탕으로 삼고 있기 때문이기도 하다.

　신화적 상상력은 동서양 모두 시대의 변천에 따라 내용의 변모를 겪는다. 인간이 불멸의 존재로 변신하는 일, 이것은 인간의 궁극적인 욕망이자 신화적 상상력의 중요한 내용 중의 하나이다. 동양의 경우, 이러한 신화적 상상력은 고대에 이르러 단약(丹藥)이라는 불사약을 복용하면 신선이 될 수 있다는 도교의 연단술(鍊丹術)로 변모되고, 서양의 경우, 중세에 이르러 황금액인 엘릭시르(Elixir, 만능의 약, 현자의 돌－Philospher's stone)를 먹으면 불사신이 될 수 있다는 연금술(鍊金術)로 변모된다. 따라서 동양의

'신화와 도교', 서양의 '신화와 연금술'은 각자의 상상 세계에 있어서 가장 중요한 내용이 아닐 수 없다. 이들은 이중적 양상(실험실에서의 화학 실험적인 작업)을 보이면서 동시에 다른 한편으로는 정신적, 심리적인 과제이기도 하다. 그리하여 신화적 사고는 동양에서는 한의학, 서양에서는 화학이 탄생하는 계기가 되었다.

연단술사 및 연금술사들은 인간의 신체와 물체 내부에는 공통으로 완전한 우주의 씨가 존재하며, 인간은 이 씨를 합성할 수 있는 기술을 획득할 수 있다고 믿었다. 불사약인 이 우주의 씨를 합성하기 위해서는 인내와 겸허한 마음, 사물에 대한 자비가 필요하기 때문에, 고행과 시련을 통해서만 단약과 엘릭시르를 획득할 수 있다. 그러므로 양자는 많은 곳에서 차이를 보이지만 근본에서는 서로 일치한다. 인간이 찾아 헤매지만 결코 발견할 수 없었던 영원함과 완전함에 대한 갈망은 비록 연단술 혹은 연금술이 주술로 경멸되고 있지만, 합리적인 과학이 세계를 지배하는 오늘에 이르러서도 여전히 우리의 상상 세계에서 엄청난 힘을 발휘하고 있다고 할 것이다.

\* 동양의 연단술 : 기원전 3~4세기부터 발달한 중국의 경우, 연단술의 의미는 특히 정신적 수련에 있다. 음양오행설[기원전 4세기, 추연(鄒衍) - 음양오행설 제창]은 중국 연단술 이론의 기초가 된다. 중국의 신선가들이 추구한 것은 궁극적인 불사적 존재의 경지에 도달하는 것이었으며, 이러한 경지에 이르기 위해서는 구체적으로 정신 수련(명상, 정신집중, 장생불사 - 덕행과 선행 실천)과 육체 수련[방술(方術) - 복약, 호흡 수련, 방중술(房中術), 식이요법 기타]의 두 방면에서의 노력이 필요하다고 믿었다.

* 서양의 연금술 : 고대 이집트나 그리스로부터 연금술이 유래되었고, 1317년 교황 요한 22세에 의한 연금술 금지령이 내렸다. 그러나 연금술은 물질 변화의 모든 측면과 관계된 물질을 연구하는 과학으로 발전한다. 17세기 이후 대륙탐험과 더불어 망원경, 현미경, 공기펌프, 기압계 등의 발명은 서구인들로 하여금 새로운 세계에 대한 기대를 고조시켰다. 이후 연금술은 실용적인 화학으로 변모해간다.

신화의 본격적인 연구는 신화의 몰락과 함께 시작되었다. 신화와 현실 생활과의 사이에 거리가 생겨 신들과 인간의 사이가 소원하게 되고 신에 대한 신앙이 동요하게 될 때, 신화를 객관적으로 바라볼 수가 있게 된다. 기원전 6세기에 그리스의 크세노파네스(Xenophanes)는 호메로스(Homeros)나 헤시오도스(Hesiodos)가 "도둑질, 간통, 서로 속이는 일 등 인간이 행할 수 있는 가장 나쁜 행위를 신들이 하였다"라고 전하는 것을 탄식하였다. 또 신이 식인자(食人者)였다는 말을 핀다로스(Pindaros)가 되풀이하기를 거부한 것, 그리고 고대 인도에서 인드라신이 어느 브라만의 살해자였다고 하는 신화를 두고 품위있게 해설하려고 시도한 것도 신과 인간과의 간격을 나타내는 것이었다. 그러면서 신화의 세계가 점차 멀어져 갔고, 신화가 대상화되어 로고스(Logos)와 신화연구의 발판이 마련되기에 이르렀다.

그러나 하나의 학문 분야로서 신화연구를 확립하기까지는 오랜 시간이 걸렸다. 신화연구를 위해서는 비교연구를 할 만큼 충분한 양의 자료 축적이 없으면 안 되고, 또 이들 자료를 분석할 방법도 마련되어야 한다. 즉 신화 하나를 해석하는 데에는 언어학, 고전학, 민족학 등 여러 학문적 지식이 필요하고, 이러한 인접학문이 발달되어 있지 않으면, 신화의 연구 역시 충분하지 못하게 되는 것이다. 즉 신화 연구는 이미 기원전 6세기부터 그리스의 철학자들에 의해 시작되었으나, 본격적으로 신화학이 학문으로 자리잡게 된 것은 18세기 이후의 일이다. 그 이후 다른 학문과 같이 신화연구도 점차 새로운 시야가 열렸고, 새로운 문제와 그 해결의 방법이 제시되어 갔던 것이다.

특히 19세기의 제국주의를 표방한 서구 국가들은 각 식민지에서 수집한 자료들을 기초로 비교신화학적 연구를 시작했다. 20세기에는 미개사회를 대상으로 한 현지연구를 중심으로 신화의 가치와 중요성을 재인식하게 되었다. 이제는 신화가 "당대의 사회에서 자연스러운 것으로 통용되는 이데올로기적 구축물"이라는 의미로 확장되어 논의되고 있다. 주목해야 할 것은 각각의 시대에 각각의 학파가 제출한 문제나 연구법은 사실은 특정한 민족신화의 특성에 크게 의존하였다는 점이다.

역사의 이면에서 인류를 움직여 온 '신화의 힘', 신화의 작용은 양가적(兩價的)이다. 그것은 인류의 잊혀진 능력을 환기시켜 고착된 문화에 생기를 불어넣어 주기도 하지만, 적절하게 제어되지 않으면 가공할 파괴력을 발휘하기도 한다. 우리는 나치와 일본의 군국주의에서 신화적 사유의 극단적인 오용을 경험한 바 있다. 현재도 북한이나 중동의 IS(이슬람국가)에 의해 그 오용의 피해를 전 세계가 겪고 있기도 하다. 신화의 본질을 제대로 살피지 않은 채 기능만 추구할 경우에는 앞으로도 이러한 신화의 오용에서 벗어나지 못할 것임은 자명하다. 신화학의 여건은 과거와 많이 달라졌다. 지구화 추세, 자료의 증대 등으로 인해 지역별 고립된 연구는 필연적으로 비교신화학적 경향을 띠게 되었고, 문화 각 방면에서의 이미지, 상징에 대한 주목은 신화의 의미와 기능에 대한 학제적, 통합적 고찰을 필요로 하고 있다.

다음에 大林太良의 『신화학입문』을 중심으로 지금까지 진행된 신화 연구의 발자취를 따라가 보기로 한다.[1]


① 우의설(寓意說, Allegory)

고대 그리스에서 나타난 입장은 신화의 기원 혹은 본질에 관한 우의설과 유헤메리즘(Euhemerism)이다. 또 신화의 차용과 전파라는 현상의 지적도 이미 그 무렵부터 나타나 있었다. 이러한 근저에는 모두 합리주의적인 사고방식이 신화에 접하였을 때의 반응이다. 즉 신화를 한편으로는 불합리한 것으로서 배척하고, 다른 한편으로는 합리화하여 설명하려고 시도하는 것이다.

신화의 본질이 우의(寓意)라고 하는 견해는 기원전 6세기의 크세노파네스나 테아게네스(Theagenes, 기원전 525년경)가 이미 기술하고 있었다. 테아게네스는 『일리어스』에 나오는 트로이측과 그리스측으로 나눠진 신들의 전쟁을 여러 원소(元素)의 전쟁이라고 생각하였다. 그는 신들을 자연의 원리로서 뿐만 아니라, 부분적으로는 사려, 욕망과 같은 윤리적인 원리로도 해석했던 것이다. 이러한 입장은 그 후, 파르메니데스(Parmenides, 기원전 500년경), 엠페도클레스(Empedokles, 기원전 470~430년경), 아리스토텔레스(Aristoteles, 기원전 384~322)와 같은 그리스의 철학자들에서부터 스토아학파를 지나 19세기의 자연신화학파에 이르는 커다란 흐름이다.

이 우의설은 신화의 기초에 자연현상이 있다고 하는 입장이었지만, 그

---

1) 大林太良, 앞의 책, 13~49쪽을 참고로 요약하여 정리한 것이다.

것과 병행하여 에피쿠로스(Epikouros, 기원전 341~270년경)와 같이 신화를 영혼생활의 일정한 국면의 우의화라고 보는 입장도 있었다. 이것은 나중에 오토프리트 뮐러(K.O. Muller, 1797~1840)를 지나 20세기 신화의 심리학적인 해석에 이르는 흐름의 선구라고도 말할 수 있을 것이다.

그런데 우의설은 정말로 신화의 본질을 파악하고 있었던 것일까? 에렌라이히(Paul Ehrenreich, 1855~1914)는 이에 대해 다음과 같이 논하고 있다.

"우의, 즉 추상적이고 윤리적인 이념을 신화적인 외피(外皮)에 의식적으로, 그리고 의도적으로 숨기는 것은 의도하여 시작(詩作)한 결과이며, 진실한 신화가 그 기원에 있어서 우의적으로 생각되었던 적은 한 번도 없는 것이다. 그러나 상징적인 신화가 확실한 경계없이 우의로 이행하는 것은 있을 수 있다. 우주적이고 본질적인 원리 간의 투쟁이나 계절과 계절의 대립이 윤리적인 두 개의 원리, 즉 '선과 악'의 싸움이 되는 것은 이 예이다. 또 우의가 신화의 종교사적인 발전에 있어 매우 중요한 것임을 놓쳐서는 안 된다."

② 유헤메리즘(Euhemerism)

신화의 신들이 자연현상이나 윤리적 원리를 표현한 것이라고 하는 우의설에 대하여, 신들은 원래는 공적이 많은 인간이었을 것이라고 하는 특이한 합리적 해석이 있다. 이것을 그리스의 유헤메로스(Euhemeros, 기원전 300년경)에 연관시켜 말하는 것이다. 이 입장은 이미 헤로도토스(Herodotos, 기원전 484~425년경)나 플라톤(Platon, 기원전 427~347)에게도 어느 정도 보여지는 것이었다.

유헤메로스는 마케도니아의 카산드로스왕의 친구였다. 그가 『신성사(神聖史)』에서 시도한 것은, 신들의 기원에 관해서 과학적인 기술을 하는 것이 아니라 소설을 쓰는 것이었다. 그것은 바로 이전 4세기 동안 애호되었던 유토피아 이야기의 하나였다. 그에 의하면 신은 영웅이 사후에 숭배된 것이고, 신화는 그 신의 사적이 기록된 것이다.

그리스도교 호교학자(護敎學者)들이 이 유헤메리즘적 해석을 좋아했다. 즉 이 해석법은 이교(異敎)의 신들이 원래 얼마나 하찮은 것이었는가를 증명하는 데에 도움이 되었기 때문이다. 이 학설은 이후에도 이어졌고, 오늘날에도 일부의 논자 사이에서 이어지고 있다. 부족이나 씨족이나 가족의 선조, 유명한 전사(戰士)나 사냥꾼 등 공동체에 공적이 있었던 인물이 인간적인 성격을 가졌던 수호신이나 부족신, 즉 영웅이 될 수 있다는 것은 주지의 사실이다. 그렇다고 해도 신화에 나타난 모든 신들이나 영웅들이 실제로 살아있었던 인간이었다는 것을 의미하는 것은 아니다.


③ 전파론(역사지리학파)

신화의 기원이나 본질이 아니라도, 특정의 신화가 어떤 민족에게서 다른 민족에게로 전파된 사실을 확인하는 것도 신화연구의 중요한 문제이다. 이미 헤로도토스는 그리스인이 종교의 영역에 있어서 약간의 것을 이집트인에게서 차용하였다고 믿고 있었다. 그리스와 로마에 오리엔트의 여러 종교가 넘쳐흘렀을 때에는 외래의 신들과 그 제의의 수용을 보이는 명백한 실례가 있었기 때문이다.

문예부흥기와 그 이후 시대에는 구약성서의 모세와 아브라함이 그리스 신들의 원형이라고 하는 것을 증명하기 위해서 엄청난 학문과 지식을 허비하기도 하였다. 신화연구에서 대규모로 차용설이 주장되었던 것은 20세기 초두의 범(汎)바빌로니아설(說)이다.

④ 자연신화학파와 언어질병설

18세기 말에서 19세기 초는 인도게르만 비교언어학의 발흥기였다. 고대 인도의 산스크리트어가 그리스어·라틴어, 현대 유럽의 주요한 언어와 함께 같은 인도게르만어족에 속한다는 것이 확실해져 갔다. 이를 배경으로 일군의 비교언어학자들이 신화연구로 나아갔다. 특히 막스 뮐러는 태양신화설의 기초로 '언어질병설'을 주장하였다. 그에 의하면 천체현상의 신화화는 '언어의 질병'의 결과로 서서히 나타나게 되었다는 것이다. 언어의 성(性)과 동일물에 대한 다명(多名) 사용, 동의어 사용, 시적 은유와 같은 특질이 잘못 해석되면서 생기는 '언어의 질병'으로 신화가 발생하였다고 하는 것이다.

이러한 자연신화학파는 앤드류 랭(A. Lang)의 집요한 공격을 비롯하여 학계의 지독한 비판을 받았다. 그러나 그들의 다음과 같은 공헌도 무시할 수는 없다. 1)일어족(一語族)의 공통신화를 복원하고자 시도하였다. 2)결함은 많아도 언어, 특히 신의 이름은 신화연구의 중요한 실마리로 인정하였다. 3)자연신화학파가 자연신화를 너무 중요시하였던 것은 분명히 실수였으나, 민족이나 문화에 따라서는 자연신화가 꽤 중요하게 작용한 곳도 있음은 인정해야 한다.

⑤ 인류학파

지금까지의 신화이론이나 연구는 고문화(高文化, 미개문화에 대한 고도의 문화)나 발달한 문화를 가진 민족의 신화를 기초로 하여 이룩된 것이었다. 그러나 이른바 지리적 발견시대 이래 세계 각지의 미개민족에 대한 자료가 축적되어, 19세기 중반에는 민족학, 또는 인류학이라는 독립된 학문이 탄생하였다.

이러한 연구에 특히 중요한 공헌을 한 사람은 타일러(E. B. Tylor, 1982~1917)와 랭(A. Lang)이었다. 타일러는 애니미즘(Animism)을 종교의 기원이라고 생각하였다. 정령의 관념에서 신관념이 나타나게 되어 원시적인 애니미즘이 자연신화의 기초가 된다는 것이다. 그는 미개인의 신화를 본원으로 하여 문명인의 신화가 발생하였다고 하였다.

인류학파를 대표하는 랭은 『신화·의례·종교』(1887)에서 인류의 생활·사상·신앙은 진화론적으로 발달해 온 것이므로, 현존의 미개민족의 상태는 문명인도 한 번은 통과한 적이 있는 상태인 것이다. 따라서 미개인의 입장에서는 그들의 생활·사상·신앙을 구성하고 있는 것은 모두가 합리적인 요소일 뿐, 조금도 불합리한 요소를 포함하고 있지 않다. 그러나이 상태를 문명인의 입장에서 보면, 불합리한 요소가 나타나게 되는 것이다. 신화도 발생에 즈음하여서는 그 민족에게 있어 합리적인 요소뿐이었던 것이, 문화의 진화에 따라 차차 불합리한 것으로 생각하게 되었다. 문명인의 신화에 풀 수 없는 요소가 있는 것은 그 민족이 현존하는 미개민족과 같은 문화단계에 있었던 시대로부터의 잔존에 지나지 않는다. 이것이 랭의 기본적인 생각이다. 또 랭은 유사한 신화가 세계 각지에 존재하는 것은 인간의 심리가 동일한 결과라고 생각하였지만, 동시에 동일하고 복잡한 모티프의 신화가 세계 각지에서 보여지는 경우는 그것이 전파된 것이라고 설명하였다.

인류학파의 장점은 1)동일계통의 민족이나 역사적 접촉이 있었던 민족에 한하지 않고, 전세계적인 비교연구의 길을 열었다 2)언어의 질병이나 자연현상보다도 오히려 사상·신앙·습속을 신화해석의 기반으로 삼았다 3)현존 미개민족에 대한 신화연구의 중요성을 강조하였다 등이다. 그러나 다음과 같은 중요한 결점도 있었다. 1)유사점을 서둘러 좇아서, 서로 다른 점을 충분히 고려하지 않았다 2)진화론적인 입장이 강하여 개개의 신화나 민족의 역사적인 과정을 충분히 고려하지 않았다 3)미개민족의 문화 자체에 있어 신화가 어떤 기능을 하고 있는가는 등한시하고 있다 4)합리주의적인 입장 때문에 신화의 본질에 대한 이해가 지장을 받고 있다 등이다.

⑥ 천체신화학파와 범바빌로니아설

영국보다 조금 늦게 독일에서도 민족학적인 신화연구가 번성하였다. 자연신화를 필요 이상으로 거부하는 견해에 대한 반발과 메소포타미아 고대문명에 대한 연구의 발전에 힘입은 것이다. 1906년 베를린에 비교신화학회가 결성되면서 태음신화학파가 등장하고 이들에 의해 달의 신화 형성력이 크게 강조되었다. 이들은 신자연신화학파로 불리기도 한다. 신자연신화학파의 제2군은 범바빌로니아주의자들이었다. 이들에 의하면 모든 신화는 천체신화이다. 천계의 여러 현상(태양, 달, 별 등)이 지상의 사건이나 모든 관계의 기준이고 모델이다. 이러한 생각의 기원지는 바빌로니아이며, 기원전 3000년경에는 이미 충분히 발달되어 있었다.(천문학과 점성술의 발달)

이들의 성과가 천체의 신화 형성력이나 종교생활에 대한 천체의 중요성에 관한 과대평가라는 강한 비판이 제기된 것은 어쩌면 당연한 일일 것이다. 그러나 신화와 의례와의 관련, 왕이 신년제에서 행하였던 역할, 설교의 제의적인 표현 등 종교현상에 있어서의 본질적인 여러 사물이 범바빌로니아주의자들의 주의를 환기시켰고, 그것이 나중의 종교학자들에게도 영향을 미치게 했다. 이 학설은 1920년대에 번성하였던 구약성서 연구에 초점을 맞춘 이른자 제의학파(祭儀學派)에 와서 일종의 르네상스를 맞이하였다. 세계의 신화 모드를 바빌로니아 기원의 천체신화라고 생각한 것은 지나쳤지만, 오리엔트의 고문화지대로부터 미개민족을 포함한 세계의 각지에 문화의 전파가 행하여졌고, 그 영향이나 자극이 미치고 있었다는 것은 근래 더욱더 확실해진 사실이다.(바우만, Hermann Baumann, 독일의 민족학자)

⑦ 역사민족학과 신화연구

천체신화학파가 활약하고 있었던 19세기 말부터 20세기 초에는 독일의 민족학자들도 영국의 인류학파와는 다른 색채의 중요한 작업을 시작하였다. 그것은 여전히 자연신화설과 천체신화의 영향이 엿보이지만, 방대한 미개민족의 신화자료를 역사민족학적으로 정리하였던 초기의 시도였다. 겨우 25세의 프로베니우스는 『미개민족의 세계관』(1898)에서 다음과 같이 기술하고 있다.

"세계관이라는 말의 어원에는 여러 민족이 가지고 있는 지식과 신앙에 관한 모든 것이 총괄되어 있다.……미개민족의 여러 세계관 사이에는 인간의 관심, 인과관계의 문제량이 확대되며, 이렇게 되어 신화의 활동영역이 점점 확산되어 가는 동안에 중점의 추이를 관찰할 수 있다.⋯⋯신화의 가장 낮은 단계로서는 동물신화가 언급되어야 한다. 여기서는 애니멀리즘을 운운하여도 아무런 지장이 없다. 이 시대에 있어서 인간은 아직 자신을 자연의 기구에 있어 동격(同格)의 일부분에 지나지 않는다고 생각하고 있었고, 비이성적인 동물에 비해 인간이 이성적이며 또 보다 완전하고 능력이 우수하다고는 결코 생각하고 있지 않았다. 애니멀리즘에서 떨어져 나온 것으로서는 토테미즘과 동물우화를 들 수가 있다.

경우에 따라서는 이와 같이 오래된 것도 있겠지만, 이후 처음으로 개화된 세계관의 부분을 이루고 있는 것은 마니즘, 즉 선조 숭배이다.⋯⋯

마니즘의 시대는 또한 고급신화가 성장하는 선구적인 성격으로서 저급신화이다. 최초의 단계에 인간은 아직 천체의 운행이나 밤(夜)에 대해서는 주목하고 있지 않았다. 인간의 관심 범위는 동료인 인간의 운명을 초월하지 않은 채 죽음의 문제에 결부되어 있었다. 그리고 다음의 단계가 되자, 비로소 훌륭한 태양신화의 꽃이 피게 된다. 즉 생성, 성장의 상징으로서의 태양, 광선이나 생명을 떠받치는 것으로서의 태양이 온갖 시작(詩作)이나 노력의 중심이 된다. 인간의 생애와 만물의 존재가 태양과 결부된다. 태양적 세계관의 장대한 시대에 도달하게 된 것이다.

태양적 세계관에 선행하는 것이 태음적(太陰的) 세계관이다. 그것은 아직 불명료하였고, 아직 마니즘과 밀접히 엉켜 있었다. 그리고 달은 후의 신화에 나타나는 태양만큼이나 높은 지위를 아직 신화 속에서 차지하고 있지는 않았다. 이 시대에 있어서 마니즘과 태음적인 세계관의 특징적인 것은, 가는 곳마다 죽음과 삶의 기원에 관한 질문이 나타난다는 것이다. 이 시대 인간의 마음을 괴롭혔던 것은 아직 기원이 아니라 종말이고 죽음이었다."

　세계적인 규모로 미개민족의 신화를 역사민족학적으로 정리하는 시도
는 그래브너의 『미개인의 세계상』(1924)에 이어진다. 그는 인류의 문화를
모권문화와 부권문화라고 하는 커다란 군(群)으로 구별하고, 모권문화는
달신화, 부권문화는 태양신화라고 하는 구상을 전개하였다. 그에 의하면
모권문화에서는 신화가 애니미즘적인 표상, 다른 한편으로는 농경이라는
경제적 요구에 대응하게 만들어진다. 전기 모권문화의 신화에서 역할을
한 것은 달뿐이었다. 달의 차고 이지러지는 현상은 여성의 월경이나 생식
의 양식과 관계가 있다. 이렇게 달을 여러모로 의인화하여 파악하게 되었
다. 그래서 그는 쌍둥이신화와 홍수신화를 달신화로 보아 해석했다. 부권
문화에서는 태양과 같이 밝고 넓은 것이 즐거움이었다. 모든 부권문화를
일관하고 있는 것은 큰 물고기에게 삼켜졌다가 토해지는 요나 모티프이
다. 여기에 불 훔치는 신화, 무릎에서의 출생담, 난생신화, 천지 분리의
신화도 부권문화에 속하였던 것이라고 하였다. 이런 그래브너의 구상은
슈미트의 구상과 기본적으로 동일하다. 슈미트는 태양신화를 부권토테미
즘적인 고급 수렵민문화에 속한다고 보았고, 달신화는 모권재배민문화에
속한다고 생각하였다.

　역사민족학적 연구의 결과, 약간의 민족군은 천체의 운행을 신화에 가
공하는 것에 대하여 전혀 상식을 갖고 있지 않았지만, 다른 민족군은 매우
많은 상식을 갖고 있었다는 사실, 또한 약간의 민족군은 달 혹은 태양만을
중심으로 사고하고 있다는 사실이 오늘날에는 확정적인 것으로 보인다.
그러나 그래브너와 슈미트의 문화권 체계에 나타난 부권문화의 태양신화,

모권문화의 달신화라는 도식은 커다란 한계가 있는 것도 사실이다.(바우만의 비판)

　⑧ 신화의 이해와 민족학

　20세기 신화연구의 커다란 특징은 민족학의 비중이 현저하게 높아졌다는 것이다. 그 이유의 하나는 양적으로 풍부해진 세계 미개민족의 신화자료를 바탕으로 한 역사민족학적인 연구의 영향이다. 두 번째는 민족학이 미개민족을 그 주요한 연구대상으로 하는 것에서부터 고문화적인 신화의 특질을 그대로 신화의 본질로 보지 않고 미개민족의 신화에서 다른 해석을 행하는 가능성을 가졌던 것이다. 세 번째는 민족학이 인류 특히 미개민족의 문화 전체를 취급하는 데 따른 여러 이점을 가지고 있다는 것이다. 네 번째의 이유는 민족학은 살아있는 신화를 연구할 수 있다는 것이다.

　이제 20세기의 신화연구는 민족학자 측의 이론적, 실증적인 연구를 제외하고는 이야기할 수 없게 되었다. 그러나 민족학이 살아있는 신화를 연구한다고 하는 강한 의미가 있고, 한 지역에서의 신화조사가 아무리 뛰어나다고 하더라도, 신화의 일반이론을 형성함에 있어서는 커다란 한계를 가진다는 점을 명심할 필요가 있다. 깊이 있고 국지적인 연구와 함께 폭넓은 비교의 시야가 상호 수반되는 것이야말로 신화 일반의 이론 형성을 가능하게 하는 것이다.

　한편 과거 4반세기 동안 종교민족학은 큰 전환을 보였다. 그것은 옌젠, 반 델 레우, 케레니, 엘리아데, 펫타죠니 등의 중부 유럽 학자들과 결부된다. 이 새로운 발견의 중심적 사상은 유럽 여러 민족이외의 민족종교를 그 민족의 종교 자체에서 출발하여 그들의 사고체계로 이해한다는 것이다. 이러한 신화연구의 기본적인 입장을 표명하면서 뒤에 옌젠이나 엘리아데 등의 학설에 선구가 된 사람은 베를린의 민족학자 프로이스였다. 그는 멕시코와 콜롬비아의 민족학적 실지조사를 통하여 수많은 신화를 수집하였을 뿐만 아니라, 신화이론에 대한 중대한 공헌을 하였다. 『신화의 종교적 성분』(1933)에서 그는 다음과 같이 언급하고 있다.

> "의례와 신화는 원초적 사실에 기원을 두며, 또 우주와 사회의 질서유지에 결정적으로 중요하게 작용하는 행위를 되풀이하고 있다. 그러므로 이 행위는 행동으로는 의례, 이야기하는 것으로는 신화에 의해서 부단히 갱신되지 않을 수 없다. 양자는 구분이 어렵고 서로 연결되어 있다. 의례는 신화에 의해서 그 의미가 명확해지지 않으면 효력을 잃고, 신화는 의례에 의해 묘사되지 않으면 쓸모가 없는 것이다. 신화가 의례의 의미를 밝혀주는 한 신화는 의례에 해석을 부여하고 있는 것이다."

프로이스의 위와 같은 기본적인 사고는 유럽 신화연구의 기나긴 역사의 도달점이며, 앞으로의 신화연구에 있어서 기초를 제공하는 것이라고 할 수 있다.

⑨ 고전신화 연구의 진전

한편 그리스 고전의 연구자들에 의한 신화연구도 진행되었다. 영국의 해리슨(J.E. Harrison, 1850~1928)은 '신화는 의례에서 생겨나고 의례가 죽어도 신화는 문학이나 미술 속에 살아남는 것'이라고 하여 의례주의적 입장을 취하였다. 신화의 본질에 관하여 깊은 고찰을 한 사람은 칼 케레니이다. 그는 "신화가 사물을 설명하는 것이 아니라 사물을 기초삼는 것, 즉 '왜'라고 하는 질문에 대해서가 아니라 '어떤 원인에 의해'라고 하는 질문에 대하여 대답하는 것"이라고 논하였다. 이러한 고전학자 측에서도 기본적인 점에 있어서는 민족학자의 신화관과 일치하는 견해가 나왔던 것이다.

⑩ 신화를 신화 자체에서 해석한다

신화를 해석하는 방법에는 두 가지의 큰 흐름이 있다. 하나는 신화가 사회적 활동과 밀접하게 그리고 직접적으로 연관되어 있고, 특히 신화가 거기에 연관된 의례와는 동일한 것의 두 가지 측면이라고 생각하는 입장이다. 그리고 이 입장이 오늘날 주도적인 지위를 차지하고 있다. 신화를 사회적 측면에서 보려고 했던 뒤르껭이나 말리노프스키도 이 흐름에 들어간다. 그러나 이것이 신화를 해석하는 유일한 방법은 아니다. 신화를 신화 자체에서 해석하는 방법도 있다. 자연신화학파, 프레이저(J.G. Frazer, 1854~1941), 프로이드(S. Freud, 1956~1939), 초기의 카시러(E. Cassirer, 1874~1945)까지도 이 그룹에 속한다고 할 수 있다.

이들의 입장은 신화는 이른바 '사물 자체'로서, 그것이 이야기되고 있는 사회적 문맥과는 하등의 직접적인 관련이 없다고 해석하고 있다. 즉 신화의 의미는 말 자체의 고찰에서 발견할 수 있다고 하는 입장을 말하는 것이다. 이 입장은 프랑스의 민족학자 레비·스트로스(C. Levi-Strauss)에 의해 새롭게 강조되기에 이르렀다. 통상의 이야기꾼에게는 언어가 의식되고 있지 않으나, 문법이 있으며 언어의 구조가 부여되어 있다. 마찬가지로 신화는 개개의 요소가 아니라 전체 구성의 방식에 의미가 있다. 어떤 신화가 연행되던 다양한 평면, 즉 지리적인 차원이나 사회학적인 차원, 우주론적인 차원을 분리하여 서로 비교하면, 이들 모든 차원에 공통하고 있는 기본적이고도 논리적인 구성이 나타난다. 이와 같은 신화적 사고의 문법과도 같은 것을 발견하는 것이 신화의 구조 분석이다. 이런 입장에서 그는 아메리카 대륙의 다양한 신화의 분석을 시도하였다.

문제는 구조 분석을 포함한 신화를 신화 자체에서 이해하는 방식에 관한 평가이다. 이러한 방법이 신화연구 방법의 하나로서 가치를 가지고 있는 것은 확실하다. 그런데 이 방법에는 몇 가지 문제가 있다. 먼저 이 방법은 다른 방법을 배제하는 것이 아니기에, 신화의 참된 이해를 위해서는 양방(兩方)이 다 필요한 것이다. 또 이것은 다른 방법의 경우보다도 해석의 방편을 위한 것이거나, 연구자의 머릿속에 있는 도식을 신화 속에서 발견한다고 하는 함정에 빠질 위험이 크다. 즉 적당한 검증의 방법을 생각할 필요가 있는 것이다. 신화의 연구방법으로서 신화를 다른 문화의 면과 관련지어 받아들이는 방식과 신화 자체에서 연구하는 방식은 모두 필요하며 그것은 또한 동시에 각각 한계를 갖고 있는 것이다.

**참고문헌**

강등학 외, 『한국 구비문학의 이해』, 월인, 2005.
김열규, 『한국민속과 문학연구』, 일조각, 1975.
김태곤·최운식·김진영 편저, 『한국의 신화』, 시인사, 1988.
大林太良(兒玉仁夫·권태효 역), 『신화학입문』, 새문사, 1996.
정재서 외, 『신화적 상상력과 문화』, 이화여자대학교출판부, 2008.
C. Kluckhohn, 『*Myth and Rituals*』, Harvard Theological Riview, 1942.
Karen Armstrong(이다희 옮김·이윤기 감수), 『신화의 역사』, 문학동네, 2005.

제2부

# 한국신화 개관

한국신화는 문헌에 기록으로 전하는 문화신화와 구비로 전승되는 구비
신화로 대별되는데, 문헌신화는 주로 국가의 창건을 주도한 개국시조의
이야기이고, 구비신화는 무속의식에서 구연되는 서사무가가 대부분이다.
문헌신화는『삼국사기』,『삼국유사』등 주로 12세기 문헌에 기록되어 있
다. 구비신화는 현재 주로 무속신화로서 여전히 민간에 전승되고 있다.

문헌신화는 건국신화가 그 대부분으로서, 건국의 유래 설명과 왕권 통
치의 정당성을 보증하는 구실을 해 온 것들이며, 구비신화는 우주, 생사,
문화 등 광범한 사상(事象)의 설명들로서 무교(巫敎)의 경전적 기능을 해
온 것들이다. 이 둘은 주제, 기능, 시대를 달리하고 있지만, 다 같이 동일
성, 유사성, 동일 체계의 신화 여부 등에서 명백한 한국의 신화들임은 말할
것도 없다. 다음에 각각에 대하여 개괄적으로 살펴보기로 한다.

## 제1장

# 문헌신화

『삼국유사』에 전하는 신화에는 창세신화(創世神話)가 보이지 않는다. 여타의 문헌자료에도 창세신화는 거의 나타나지 않는다. 즉 한국의 문헌신화에는 창세신화가 없는 것이다. 결국 한국의 문헌신화에는 민족 이동의 기억이 반영되어 있는 신화가 압도적으로 많다. 어쩌면 빙하기가 지나간 후에 대륙의 기후 변화에 따라 아무르강(흑룡강) 중상류의 주민이 파상적으로 남하하여 이동하던 시기의 기억이 주로 신화소로 작용하고 있는 것이다. 이러한 요소는 오랜 세월이 지나면서 한국신화의 골격을 형성하게 되었다고 할 수 있다. 다시 말하면 신화의 기술자가 창세신화적인 신앙적 우주론에 관심을 두기보다 민족의 형성사적인 민족 이동의 역사에 더 관심을 기울인 결과일 것으로 추정된다.

단군 신화의 주인공은 단군보다 환웅이라 여겨지고 있으며, 환웅은 당시의 자연 환경에 따라 이동하고 있는 종족 집단의 군장으로서 문화영웅적인 면모가 강하게 부각되어 있다. 『삼국유사』의 신화에 등장하는 신들은 인간적인 활동을 더 많이 하고 있다. 그들의 출생이 태양의 아들로 형상화되어 강림하고 있다고 하더라도, 그들은 지상에서 활동하고 있는 인격신적인 존재이며, 인간의 성격을 고스란히 지니고 있는 인간적인 신격으로밖에 인식할 수 없는 것이다. 그들은 신성하다고 여겨지는 존재인 것이지, 절대신적인 권능을 행사하고 있으면서 세계와는 격절된 거리를 유지하며 인간에게 군림하는 일은 없는 것이다. 다시 말하면 시조신들이 태양신앙을 배경으로 태양의 아들로 태어나고 있지만, 그들은 여전히 인간의 성격을 지니고 있는 신성하다고 여겨지는 신인(神人)으로 존재하는 것이며, 우리들의 생활 속에서 언제나 우리 인간과 함께 활동하고 있다.

한국 고대의 신화는 초기 국가 성립기에 형성된 건국신화의 비중이 큰 편이다. 건국신화는 나라를 세운 시조의 연원을 밝히고 왕업의 신성성을 드러내 보임으로써, 국가의 권위를 확립하려는 배경에서 형성된 것이다. 건국신화는 주로 『삼국유사』(三國遺事) 등 문헌에 기록되어 있는데 단군신화·주몽신화 같은 한반도 북방의 건국신화와 혁거세 신화·수로 신화 등 남방지역의 건국신화로 나누어진다. 건국신화는 건국시조의 이야기로서 국가의 창건과정을 기술한 개국신화이면서 동시에 왕가의 성씨 시조 신화적 성격을 가진다. 개국의 시조는 아니지만 탄생에서부터 왕이 되기까지의 과정을 담고 있다는 점에서 알지 신화나 탈해 신화 등도 건국신화에 준하는 성격을 가진다.

그밖에 신성성의 농도는 고대국가의 건국신화와 차이가 있으나 새로운 왕조를 세운 개국의 주인공의 가문과 신성한 혈통의 계보를 이야기하고 있다는 점에서 고려국조신화나 「용비어천가」에 고사로 함축된 조선조 국조의 이야기도 건국신화의 범주에 드는 것들이며, 개국신화가 없다는 백제의 온조설화나 비류설화, 그리고 서동설화와 견훤설화도 건국신화의 범주에 포함시킬 수 있는 자료들이다. 그러나 '고려국조신화'는 고려의 지배층조차도 모두 신성시하는 이야기였다고 보기 어렵고, 조선조 태조 이성계를 중심으로 한 육대조 위업은 「용비어천가」에 용해되어 있을 뿐, 신화로서 독립되어 간행되지도 않았으며 구연되지도 않은 자료이기에, 건국신화라고 하기는 어렵다. 또한 서동설화나 견훤설화[1]도 신화적 성격을 내재하고 있기는 하나 문헌에 정착될 당시에 이미 신성성이 퇴색되어 전설화한 자료들이기에 현재 전하는 모습을 신화라고 하기에는 주저된다.[2]

그런가 하면 개국의 시조는 아니지만 제주도 삼성신화는 성씨의 시조신화이면서 씨족의 족원(族源)을 이야기하고 있는데, 신성성이 잘 보존되어 있다는 점에서 여타의 건국신화와 함께 다루어도 손색이 없는 자료이다.

---

1) 『삼국유사』에는 『고기』 등을 인용하여 다음과 같은 견훤 전승이 전하고 있다. "『삼국사』 본전(本傳)에 보면 이러하다. 견훤은 상주 가은현 사람으로 함통 8년 정해(丁亥)에 태어났다. 본디 성은 이씨였는데 뒤에 견으로 성씨를 고쳤다. 아버지 아자개는 농사지어 생활했는데 광계 연간에 사불성(지금의 상주)에 웅거하여 스스로 장군이라 했다. 아들이 넷이 있어 모두 세상에 이름이 알려졌는데 그 중 견훤은 남보다 뛰어나고 지략이 많았다. (중략) 또 『고기』에 이렇게 말했다. 옛날에 부자 한 사람이 있어 모양이 몹시 단정했다. 딸이 아버지께 말하기를 '밤마다 자줏빛 옷을 입은 남자가 와서 관계하고 갑니다.' 하자, 아버지는 '너는 긴 실을 바늘에 꿰어 그 남자의 옷에 꽂아두어라.' 하여, 그 말대로 시행했다. 날이 밝아 그 실이 간 곳을 찾아보니, 북쪽 담 밑에 있는 큰 지렁이 허리에 꽂혀 있었다. 이로부터 태기가 있어 사내아이를 낳았는데, 나이 15세가 되자, 스스로 견훤이라 일컬었다. 경복 원년 임자에 이르러 왕이라 일컫고 완산군에 도읍을 정했다. (중략) 처음 견훤이 나서 포대기에 싸였을 때, 아버지는 들에서 밭을 갈고 어머니는 아버지에게 밥을 가져다주려고 아이를 수풀 아래 놓아두었더니, 범이 와서 젖을 먹이니 마을 사람들은 이 말을 듣고 이상하게 여겼다. 아이가 장성하자, 몸과 모양이 기이했으며 뜻이 커서 남에게 얽매이지 않고 비범했다.("『삼국유사』 기이 제2, 후백제 견훤)

2) 견훤의 출생담은 이른바 '야래자(夜來者)'형으로 백제신화의 한 전통을 잇는 것이다. 어머니가 못 속의 용과 교접하여 낳았다는 백제 무왕(서동)의 이야기와도 상통한다. 이 계통을 마한 또는 백제의 건국신화로 보는 학자도 있으며, 지금도 논산 지역에서 전설로 채록되고 있다.

이런 점들을 고려하여 이 책의 다음 장에서 문헌신화이면서 시조신화를 중심으로 12편의 자료를 수록하였다. 여기에는 건국신화(단군, 동명, 주몽, 혁거세, 비류와 온조, 수로), 시조신화(탈해, 김알지, 삼성신화), 도래신화(사소신모, 허황옥, 만파식적) 등이 포함된다.

건국신화에 등장하는 시조들은 대부분 하늘을 부계로 하고 땅을 모계로 하는 신성한 연원을 가졌다. 때로는 모계가 수신계로도 나타나지만 대개는 상통된다. 천상적 존재가 하강하여 지상적 존재와 신성혼인을 하고 건국시조를 낳는 경우와, 천상적 존재와 지상적 존재가 직접 신성혼인을 하고 건국시조가 되는 경우를 구분하기도 하지만, 하늘과 땅의 결합 구조로 이루어진다는 점에서 양자 모두는 '천부지모(天父地母)'의 구조적 패턴에 속한다.

천부(天父)와 천강(天降)의 화소에서 보이는 하늘에 대한 신성관념은 국중대회로 행해진 제천의례와도 연결된다. 단군신화의 '홍익인간(弘益人間)', 혁거세신화의 '광명이세(光明理世)' 사상도 이를 뒷받침한다. 고구려의 주몽을 '동명(東明)'이라 한 것이라든지, 신라의 '혁거세(赫居世)'라는 이름도 '밝음'을 의미한다는 것은 태양이나 하늘에 대한 신성관념에서 비롯된 것이다.

이에 비해서 신화에 나오는 지상적 존재는 다양한 모습으로 나타난다. 단군신화의 웅녀는 '곰'의 변신으로, 혁거세신화의 알영은 '계룡(鷄龍)'의 현신으로, 수로신화의 허황옥은 바다를 건너 도래(渡來)한다. 이처럼 지상적 존재는 동물계, 산신 및 여신(수신)계, 인간계에 걸쳐 있다. 하늘과 더불어 지상의 다양한 존재들도 신성시되었음을 보여주는 사례들이다. 또한 탐라국의 건국신화처럼 지상적 존재 간에도 신성혼인이 이루어지기도 한다. 탐라국의 건국시조이자 고・양・부(高梁夫) 삼성의 시조들은 지중(地中)에서 용출(湧出)하며, 그 배우자들은 모두 바다를 건너 도래한 존재들이다.

다만 한국신화의 산신이 반드시 지상적 존재라고만 볼 수는 없다는 점을 유의해야 한다. 산은 지상에 있지만, 높은 산은 때로 하늘과 동일시되기도 하기 때문이다. 그래서 건국시조들은 죽어서 승천하기도 하지만, 단군이나 탈해처럼 산신이 되기도 하는 것이다. 여산신이 건국시조들을 출산하는 것(사소신모−혁거세−서술산신, 정견모주−수로−가야산신)도 산신에 대한 위와 같은 총체적인 신성관념이 지속되었던 결과라고 할 수 있다. 여기에 신화적 주인공들이 하늘에서 하강하는 장소가 대부분 산정(山頂)이라는 사실도 참고가 된다. 이때 단군신화의 신단수, 지금도 남아 있는 마을의 당목(堂木), 마한의 '소도(蘇塗)'에 등장하는 신간(神竿) 등은 하늘과 땅을 중개하는 상징이다.

한국의 건국신화가 보여주는 또 다른 구조적 특징은 일부이기는 하나, '영웅의 일생'이라는 유형구조를 반복한다는 점이다. 이것은 세계의 신화 및 영웅서사시에서 보편적으로 확인되는 구조이다. 고귀한 혈통의 주인공이 비정상적인 출생을 하여 시련을 겪지만, 원조자를 만나서 고난을 극복하고 영웅적 성취(건국, 왕)를 이루는 내용을 말한다. 대표적인 '영웅의 일생'은 주몽과 탈해의 신화에 나타나 있다.

뿐만 아니라 한국 건국신화들은 주인공의 '출생−입사−혼인−즉위(건국)−죽음'이라는 인간적 일생의례의 모형을 보여주기도 한다. 그 구체적인 내용은 신화나 집단의 문화적 차이에 따라 다르지만, 일생의례의 구조는 보편적이다.[3] 이것은 신화가 하나의 모델이자 모범의 기능을 한다는 사실을 입증하는 것이다.

제천의식 등의 고대 제의와 고대신화의 연구는 여러 가지 측면에서 시도되어 왔는데, 그 상호관계가 밀접한 것이 밝혀져 가고 있다. 최남선이 단군을 천군(天君)과 같은 것으로 보고 이를 다시 무당의 당골과 연결시킨 것을 비롯하여, 김택규가 단군신화에서 보이는 신정(神政)체계에서 당골 조직체계의 옛 모습을 찾음에 이르러 고대신화가 무속과 밀접한 것임이 드러나기 시작했다. 이어 장주근이 고구려의 동맹(東盟)을 가을의 수확제라고 추정하고, 김택규가 영고(迎鼓)를 오늘날의 오구굿의 원형이라 하여 제천의식이 바로 무제(巫祭)라고 논한 데 이어, 유동식은 고대신화와 제천의식의 신앙성이 일치함을 찾아 그것이 한국 무교문화의 연원임을 논했다. 거기에다 김열규의 한국 고대신화를 '통과제의의 구술적 상관물'이라고 보는 연구가 더해져서 우리 고대신화가 고대제의와 밀접한 관계의 것임이 한층 더 굳어졌다. 이와 함께 현용준이 삼승할망본풀이와 백제건국 설화의 구조적 일치성을 논했고, 서대석이 제석본풀이가 해모수신화의 잔존형태임을 찾았으며, 대림태량(大林太良)은 동맹제와 해모수신화의 구조적 대응을 밝혔다. 이런 일련의 작업들로써 한국 고대신화는 왕실 조상신의 본풀이요, 고대 무속제의에서 노래 불렸던 것임이 거의 드러나고 있다. 이로써 제천의식 등의 고대제의의 가무에는 신화가 상당한 비중으로 노래 불렸음을 알게 되고, 그 신화노래가 국문학의 연원에 큰 위치를 점하고 있었음을 인정하게 된다.[4]

단군신화의 실제 주인공은 환웅이다. 환웅은 3,000의 무리를 이끌고 신

---

3) 김열규, 『한국신화와 무속연구』, 일조각, 1977, 39~40쪽.
4) 현용준, 『무속신화와 문헌신화』, 집문당, 1992, 312쪽.

시를 개창하였고 360여 가지 법도를 제정하여 인간세계를 다스렸다. 또한 곰을 여인으로 변화시키고 잉태시켜 단군을 낳았다. 반면에 단군은 출생 과정만 나타날 뿐 즉위과정이나 혼례 등 흔히 시조왕의 행적에 포함되는 신화소가 생략되어 있다. 단군은 왕이 되어 국호를 조선이라고 고치고 도읍을 옮긴 일 이외에 신성한 위업이라 할 만한 일을 한 것이 없다. 그럼에도 불구하고 단군을 시조로 받들고 환웅을 받들지 않은 이유는 조선이란 집단이 환웅의 신시집단과는 다른 성격을 가졌기 때문일 것이다. 즉 신시는 환웅을 따라 이주한 천신을 숭배하는 단일집단이라면 단군조선은 웅녀로 대표되는 선주집단과 환웅집단의 복합집단이었고 이 두 집단이 결혼을 통해 하나의 집단으로 통합되어 새로운 국가로 탄생했다고 할 수 있다.

이러한 성격은 주몽신화에서 더욱 분명하게 나타난다. 해모수는 북부여를 개창한 시조로서 하백과 대결하고 하백녀와 결혼하여 주몽을 낳는다. 그러나 주몽은 해모수의 왕국을 계승하여 즉위한 것이 아니고 금와왕이 다스리는 동부여에서 생장하고 동부여를 이탈하여 독립왕국을 새로 세운 존재이다. 즉 주몽이 건국한 고구려는 해모수족과 하백족을 통합하여 형성된 새로운 집단이고 주몽은 투쟁을 통하여 이 집단의 최초의 통치자가 된 것이다. 이런 점에서 북방의 건국신화는 집단을 확장하면서 확장된 새로운 집단의 통치자가 된다는 내용을 담고 있다.

남방지역의 건국신화는 촌장들에 의해 새로운 인물이 왕으로 추대된다는 내용을 담고 있다. 신라가 건국되기 이전 여섯 씨족이 나누어져 있었고, 이들은 여섯 명의 촌장에 의하여 다스려지고 있었다. 그러다가 혁거세가 탄강하자 여섯 촌장이 모여 공통의 통치자로 추대함으로써 비로소 국가가 처음으로 형성된 것이다. 혁거세는 이미 살고 있던 육촌 중에서 태어난 인물이 아니라 외지에서 온 존재였고, 그의 부인 알영도 육촌 출신이 아닌 다른 곳에서 도래한 존재였다. 이들이 육촌민들에게 성인으로 존경을 받고 통치권을 행사한 것은 육촌민보다 문화수준이 높았음을 말해 준다.

혁거세는 죽을 때 시신이 하늘로 올라갔다가 다섯 조각으로 나뉘어 지상으로 떨어졌다고 했다. 이는 분명 곡신으로서의 모습을 나타낸 것이며 혁거세 집단이 농경문화를 가진 집단임을 말해 주는 근거가 된다. 그렇다면 육촌인들은 아직 본격적인 농경을 행하지 않고 수렵과 어로를 주로 했던 집단으로 추정할 수 있다. 농경생활을 했더라도 그들의 근거지가 대부분 산중이라는 점을 고려한다면 농경의 수준이 물을 별로 필요로 하지 않는 조나 기장, 수수 등과 같은 산간지역 농업이었을 가능성이 크다. 이에 비해 혁거세와 알영으로 대표되는 집단은 물을 많이 필요로 하는 야지 농경을 했을 가능성이 크다. 혁거세 집단은 비단의 직조기술과 염색 기술을 전파하고, 육촌인들을 벌판으로 나와 살게 하면서 육촌을 통합하여 새로운 나라를 건국했던 것이다.

수로 신화도 혁거세 신화와 같은 성격을 보여 준다. 아홉 씨족이 나뉘어져 각자의 족장이 다스리는 곳에, 수로족이 이동하여 이들을 통합하고 새로운 통치자를 세워 국가를 창건한다는 내용을 보여 준다. 아유타국 공주 허황옥과 김수로의 혼례는 태양신 신앙과 수신신앙이 결합되어 가락국의 신성체계가 구축되었음을 보여준다. 여기에 수로집단은 철을 다룰 수 있는 능력을 지녔다는 사실도 참고할 필요가 있다.

제주도의 삼성신화는 남성들이 땅속으로부터 솟아났고 여성들이 배를 타고 들어왔다는 점에서 본토의 건국신화와 다른 특이한 성격을 보여준다. 남자들이 땅에서 솟아났다는 것은 부계혈통의 근원을 대지에 두었다는 것으로서 이는 부계혈통을 하늘에 둔 본토의 건국신화와는 대조되는 사고의 표현이며, 여자들이 물길을 따라 배를 타고 도래하였다는 것은 수로신화와 같은 것으로서 여성문화가 전래되는 상황이 드러나 있다. 다만 삼성신화에서는 남성이 토착적 존재이고 여성이 도래한 존재로 설정되어 있는 차이를 보인다. 대지를 상징하는 존재는 토착적 존재이고 하늘이나 물과 관련된 존재는 이주한다는 사실이 확인된다. 삼성신화에서 남성들은 활을 사용하고 도래한 여성들이 오곡의 씨를 가지고 왔다는 점에서 남성들이 수렵문화를 나타낸다면 여성들은 농경문화를 나타낸다고 할 것이다. 이는 남성으로 대표되는 수렵문화 다음에 여성으로 대표되는 농경문화가 외지로부터 전래되었음을 형상화한 것이라고 생각된다.

신화의 발생은 독립발생설로 설명되기도 하고 전파설로 설명되기도 한다. 우리의 고대신화 연구는 거의 후자의 입장에서 논의되어 왔다. 최남선, 김정학 등이 단군신화를 살피는 데 있어 만주·몽고 등지에 널리 분포되어 있는 천신숭배·곰토템 사상 등을 배경으로 한 신화로 본 것도 북방으로부터의 전파를 전제한 것이고, 김재원이 단군신화를 중국 산동반도를 위시한 동북아시아 일대에 퍼져 있는 신화유형이라 본 것도 북방전파론에 입각한 것이 된다. 우리의 고대신화 연구는 국사학에서의 민족기원과도 관련된 탓도 있어서 거의 북방으로부터의 민족 이동과 더불어 전파된 것이라는 전제 아래에서 진행되어 왔다. 여기에는 단군신화에 연구가 집중된 탓도 또한 있다.

한국의 고대신화는 단군, 해모수, 해부루, 주몽, 혁거세, 탈해, 김알지, 수로왕, 삼을라 등의 이야기가 건국 왕권신화로서 문헌에 정착되어 있다. 신화연구의 진전은 이들 신화들이 모두 같은 유형이 아님에 착안하게 되었다. 그래서 조지훈은 단군·주몽 등의 신화를 부여계, 혁거세·김알지·수로왕 등의 신화를 변진계라 하고 전자를 북방계, 후자를 남방계 신화라 하여 그 비교를 시도했다. 이에 앞서 삼품창영(三品彰英)은 비교신화학적 연구를 통해 한국 고대신화의 화소를 남방계와 북방계 요소로 나누었다. 그래서 혁거세·수로 신화 등의 난생화소나 허왕후·탈해 신화 등의 상주표류(箱舟漂流) 화소는 남방계 신화요소라 하고, 단군·주몽 신화의 일광감정(日光感精) 화소 등은 북방계 신화요소라 분석했다. 그리고는 한국 고대신화는 남방계 요소를 기조로 하고 만주·몽고 요소와 불전설화(佛典說話), 신선사상을 수용하여 복합적으로 구성되었다는 결론을 내렸다. 이 연구는 일제 식민 정책하의 것이어서 해방 후 백안시되어 왔다. 그러다가 장주근이 건국신화나 구전신화의 분석을 통해 한국신화는 북방계 요소뿐 아니라 남방계 요소도 많음을 지적함으로써 다시 남방계론이 대두되었고, 김재학은 이에 이어 난생신화의 분포권을 검증하여 한국의 난생신화가 남방계임을 재차 밝히기에 이르렀다. 사실 한국의 고대신화를 분석해 보면 남방계 요소가 한국신화의 기조가 되어 있다는 것은 지나친 주장이지만, 남방계 요소 그 자체를 전연 배제할 수 없음이 드러난다.[5]

문헌신화에서 신들의 출현 형식은 1)하늘로부터의 강림, 2)바다 건너 먼 나라로부터의 표착, 3)땅속에서의 용출, 4)난생, 5)일광감정(日光感精), 6)동물로부터의 변신 등으로 분류된다. 단군신화는 1)과 6), 해모수신화는 1), 주몽신화는 4)와 5), 혁거세신화는 1)과 4), 수로신화는 1)과 2)와 4), 탈해신화는 2)와 4), 삼성신화는 2)와 3)의 화소를 가지고 있다. 1), 6)은

5) 현용준, 앞의 책, 312~314쪽.

북방 지역의 보편적 화소이고, 2), 3)은 남방 지역에 흔하다. 이를 바탕으로 학자에 따라서 한국의 고대신화는 북방계 문화를 주축으로 하여 남방계 문화를 포용함으로써 이루어졌다고 보기도 하는 것이다.

한편 다른 시각에서 살펴보면 문헌신화의 남성신격은 주로 천강(天降, 천손강림)신화로 나타난다. 그것도 단군을 제외하면 모두(주몽, 혁거세, 수로, 탈해, 알지 등)가 난생(卵生)이라는 점도 고려할 만하다. 이에 비해 여성신격(사소신모, 허황옥, 제주도 삼여신 등)은 대체로 물과 관련된 도래(渡來)신화로 형상화된다. 웅녀와 유화, 알영 등에서 도래신의 형상은 보이지 않지만, 이들도 물과 밀접하게 연관된 존재들이라는 점이 주목된다. 다만 남성신격 가운데 탈해(용자, 龍子)나 만파식적에 나오는 용(龍), 처용(용자)처럼 용신(龍神)들도 물을 거쳐 도래하는 신격(神格)들이어서 도래신화가 반드시 여성신격에게만 적용되는 것은 아니라고 할 수 있다. 그러나 천강하는 신격과 도래하는 신격은 한국 신화를 가름하는 중요한 지표가 된다는 점은 눈여겨 볼만한 할 부분이다.

단군과 주몽 신화는 천강신화의 기본적인 모형을 잘 보여준다. 단군의 아버지인 환웅은 천제(天帝)의 명을 받고 태백산정에 내려와 그곳에 선주하던 웅녀와 혼인한다. 주몽의 아버지인 해모수는 천제의 명을 받고 웅신산정에 내려와 그곳에 선주하던 유화와 혼인한다. 단군과 주몽 신화는 신앙적으로는 환웅과 해모수가 하늘에서 지상으로 내려왔다고 하는 천신강림의 주지를 담고 있지만, 역사 문맥적으로 파악한다면 북방에서 남쪽으로 이동하고 있는 민족이 움직이고 있는 모습을 담아 놓고 있다.

해모수가 하강한 웅신산에는 환웅이 하강한 태백산 정상처럼 신단수가 있을 수 있다. 탈해가 7일 동안 머물렀던 토함산의 석총 같은 동굴이 있을 수 있고, 요내정 같은 우물도 있을 수 있다. 웅천의 웅산처럼 선돌이 우뚝이 서 있을 수도 있다. 아울러 이런 것들이 모두 다 구비되어 있을 수도 있다. 해모수가 웅신산에 머물렀던 10여 일은 그 자체가 제의(祭儀)의 기간임을 의미한다. 그것은 천제자(天帝子)가 되기 위한 부활제의를 치루는 기간이다. 이 웅신산 정상은 떠오르는 아침 해가 막 바로 내리쬐는 곳이라야 더욱 좋다. 해모수는 웅신산 정상의 곧바로 아침 햇살을 받는 동굴에서 천제자의 자격을 획득하는 부활제의를 치렀을 것이다.

수로와 혁거세 신화는 천강신화의 틀을 지니고 있으면서도 선대(先代)의 이동하는 모습을 보여주기보다는, 수로와 혁거세 자신들의 탄생제의의 모습을 강하게 보여주고 있다. 그러나 혁거세 신화는 어머니 사소신모의 도래를 전제로 하고 있다. 이 점에서 혁거세와 탈해 신화는 도래신화의 모습을 담고 있다. 사소신화는 혁거세의 어머니가 도래한다는 사실을 내용으로 하는 신화이다. 탈해 신화는 탈해가 도래하여 신라 석씨 왕조의 시조가 되는 도래신화이다. 사소신화는 신모(神母)가 도래하는 신화이고, 탈해 신화는 신동(神童)이 도래하는 신화이다.[6]

---

6) 윤철중, 『한국의 시조신화』, 보고사, 1997, 333-334쪽

# 제2장
# 구비신화

　다음으로 한국신화에서 큰 비중을 차지하는 자료가 구비신화로서 그 대부분은 무속신화이다. 무속신화는 무속의례(굿)에서 무당이 노래로 부르는 무신(巫神)의 일생담이다. 갈래상으로 서사무가 또는 구비서사시에 해당된다. 실제 굿의 현장에서는 '본풀이(제주도)', '풀이', '거리' 등으로 불린다. 예를 들면 제석신의 신화는 지역에 따라 제석풀이, 제석본풀이, 제석거리, 세존굿, 초공본풀이, 당금애기 등과 같은 다양한 명칭으로 불리는 것이다. '풀이'와 '본풀이'는 '신의 본(本)을 푼다'는 의미이다. 이것은 일차적으로 무당이 무신의 근본과 정체를 분명히 하여 굿판에 불러내기(請神) 위한 것이다.

　굿은 굿의 목적에 따라 1)개인굿 ①살아 있는 사람을 위한 굿(재수굿, 병굿) ②죽은 사람을 위한 굿－망자천도굿(오구굿－중서부 지역, 씻김굿－전라도 지역, 다리굿－평안도 지역, 망묵굿－함경도 지역) 2)공동체굿－집단을 위한 굿(마을굿, 별신굿, 서낭굿, 당굿, 당제－서낭당이나 국사당 등지에서 집단제례를 행한 후 마을 사람 모두가 참여한 가운데 벌어지는 굿) 등으로 나누어진다.

굿의 기본 구조는 부정(不淨)거리－청신(請神)－오신(娛神)－공수－송신(送神) 등으로 공통된다. 무당이 모시는 신격은 무신(巫神－바리공주, 거북이, 군웅, 칠성), 당신(堂神－토산당, 서귀본향당, 신중, 황천혼시) 가신(家神－성주, 황우양씨, 남선비, 삼신할망, 당곰애기), 일반신(一般神－할락궁이, 도랑선비, 자청비－농경의 신) 등이 있다.

무속신화는 처음으로 채록되어 출간된 시기가 1930년이다. 이런 점에서 한문으로 문헌에 기록된 건국신화와는 문자로 고정된 시기가 약 천 년의 거리가 있는 셈이다. 그러나 건국신화도 『삼국유사』가 편찬되기 훨씬 이전에 형성된 것이고, 무속신화 또한 그 형성연대는 채록시기와는 무관하게 매우 오랜 기간 소급되리라고 본다. 하지만 자료마다 형성과정이 다르고 신화로서 구조를 갖추고 기능을 발휘한 연대 또한 같지 않기 때문에, 무속신화 전반을 대상으로 연대를 추정하기는 쉽지 않다. 무속신화는 고대 무속 제전에서 형성된 이래 전승되면서 부단히 생성과 소멸을 거듭했다. 오늘날까지 전해지는 자료 중에는 고대의 무속제전에서 형성된 자료도 있고 후대에 불교설화나 역사적 인물의 실담, 그리고 기타 소설이나 설화의 자료가 수용되어 만들어진 것도 있다.

이 책에서 살펴본 구비신화는 모두 17편이다.[1] 그 중에서 전국적으로 전승되는 창세신화와 제석본풀이는 고대의 건국신화와 신화적 성격이 다르지 않다. 천지창조를 노래하는 창세신화로 알려진 천지왕본풀이와 시루말은 천신계의 부친과 지신계의 모친 사이에서 아들 형제가 출생하여 형

---

1) 이하 구비신화의 개괄은 주로 서대석의 『한국의 신화』(집문당, 1997, 10~13쪽)를 참고로 정리한 것이다.

은 저승을 맡고 아우는 이승을 맡아 다스리는 존재가 되었다는 내용이다. 제석본풀이는 스님과 당금아기 사이에서 출생한 아들 삼형제가 신으로 좌정한다는 내용을 담고 있다. 그런데 이들 신화는 모두 남녀신의 결합과 정을 통한 신의 탄생과 신으로 좌정한 경위를 핵심 신화소로 하고 있다는 점에서 북방지역의 건국신화와 일치한다. 시루말과 천지왕본풀이는 부계 혈통이 천신이고 모계는 지신이며, 천신인 부친이 아들을 잉태시키고는 사라지고, 아들이 장성하여 부친을 찾아간다는 점 등에서 특히 주몽신화와 매우 유사하다. 조지프 캠벨은 '천의 얼굴을 가진 영웅'에서 동서고금의 영웅신화들이 모두 동일한 스토리를 토대로 무한한 변용을 이루면서 끝없이 반복됨을 확인하였다.[2]

　제석본풀이는 부계가 천신이 아니고 불승으로 되어 있고, 태어난 아들 숫자가 3형제로 되어 있다는 점에서 건국신화와는 별개의 신화로 생각하기 쉽다. 그러나 불교적 변모를 제거하면 핵심적인 신화소가 해모수·주몽·유리 신화를 합친 고구려의 건국신화와 닮아 있다. 즉 천신인 남성과 지신인 여성 사이에서 탄생한 존재(3형제)가 제석이라는 농경생산신이 된다는 것이다. 이것이 재수굿과 별신굿의 중요한 제차에서 불리는 것은 제석신이 출산(당금애기)과 생산(3형제)에 대한 권능을 가졌기 때문이다. 혼인과 출산, 아버지 찾기 등의 화소가 이 신화의 근간을 이루고 있다.

　바리공주(바리데기)는 망자의 영혼을 천도하는 오구굿(오귀굿, 진오귀굿-사령제 무의)에서 구연되는 무속신화로, '이계(저승)의 여행과 귀환'을 그 구조적 근간으로 한다. 일곱째 공주로 태어나 부왕에게 버림을 받았

---

2) Joseph Campbell, 『세계의 영웅신화』, 이윤기역, 대원사, 1994.

던 바리공주가 부왕이 죽을병이 들자, 저승에 가서 만난을 무릅쓰고 신령한 약수와 약꽃을 구해다가 부친을 살려낸다는 이야기이다. 바리공주는 저승세계를 여행하면서 원령들의 비참한 모습도 구경하고, 약수를 관리하는 신선(무장승 혹은 동수자)과 결혼생활을 하면서 신선계에서 가정을 이루기도 한다. 이야기의 전개 과정을 보면 무속 고유의 사상에 유교의 효 윤리와 도교적 세계관이 개입되어 이루어진 것으로 추정된다.

제석본풀이와 바리공주는 우리의 삶에서 가장 기본적인 '태어남'과 '죽음'을 관장하는 신격의 신화이다. 무속신화들은 창세, 삶, 죽음, 혼인, 가옥 등 인간의 생활과 관련된 일반적인 주제가 많은 편이다. 제주도 무가 천지왕본풀이에 나타나는 천지왕과 바지왕의 신성혼인, 제석본풀이에서 당금애기의 혼인 등은 건국신화들이 보여주는 '천부지모'의 신성혼인과 동일한 구조적 패턴에 속한다. '유리가 시험을 거쳐 주몽을 찾는 이야기'는 '당금애기의 세 아들이 아버지에게 친자 확인을 거치는 이야기'와 상통한다. 이러한 유사성들로 미루어 보면, 건국신화도 원래는 고대 제천 의식에서 불리던 시조본풀이였을 가능성이 크다. 어쩌면 이를 포함하는 일군의 무속신화들이 나라굿의 현장에서 노래되었을지도 모른다. 이 신화들은 지역마다 그 전승의 상황이나 명칭, 내용이 조금씩 다르지만, 대체로 전국적으로 광범위한 분포를 보이는 경우가 많은 것도 참고가 된다.

한편 한국 무속에서 가족의 보호신은 성주와 조상이다. 가족의 삶의 공간인 가옥을 축조하고 관장하며 가정의 번영과 행복을 관장하는 신을 성주라고 하는데, 성주신에 관한 무속신화는 두 가지 유형이 채록되어 있다. 경남 동래의 성조풀이와 중부지역의 성주본가가 그것이다. 동래본은 인도의 왕자로 출생한 성조가 결혼 후 아내를 구박하고 방탕한 생활을 하다가 무인도로 귀양을 가서 고초를 겪은 후 환궁하여 새로운 인물로 변하여 부부가 화목하여 오남 오녀를 출산하고 어려서 심었던 소나무를 베어 새롭게 궁궐을 축조하는 등 업적을 쌓아 성조신이 된다는 내용이다. 중부지역에서 전승되는 성주본가는 황우양 씨 부부의 수난과 수난을 극복하고 부부가 행복한 삶을 되찾는 이야기이다. 성주신화의 특징은 부부의 사랑을 중심으로 한 가정의 수난과 행복을 다루고 있다는 점에서 가정의 중심은 부자가 아니라 부부라는 점을 보여 준다. 이러한 무속신화의 특징은 건국신화에서 보여 주는 부자 중심의 사고와는 다른 것이어서 주목된다.

특정한 마을의 수호신에 관련된 당신본풀이나 조상신에 관한 조상신본풀이도 있었지만, 지금은 제주도에만 그 편린이 남아 있는 정도이다. 한국의 농어촌 마을들은 생업, 혈연, 지연을 중심으로 공동체적인 동질성을 유지해 왔기 때문에, 자연스럽게 마을공동체는 그들 나름대로의 신을 범주화하고 그 신에 대한 신앙을 공유하게 되었을 것이다. 마을 자연물의 시원(始原), 개촌(開村)의 신성한 역사, 마을 수호신의 신화 및 신앙과 관련된 이야기들이 그 마을의 신화적 정체성을 형성하고 강화하는 기능을 했다. 국가 단위의 건국신화가 있고, 가문 단위의 가문신화가 있듯이 마을 단위의 마을신화가 있는 것이다.

마을신화의 다른 사례로 마을을 수호하는 당신(堂神)의 좌정 유래와 그 영험을 전하는 이야기들이 동해안과 제주도에 집중적으로 남아 있다.[3]

3) 다음에 동해안 안인진의 당신화를 소개한다. "강릉 동쪽의 안인진이라는 어촌에 해랑 당이 있다. 옛날 이 마을의 어부에게 과년한 딸이 하나 있었는데, 어느 날 바닷가에서 만난 한 청년을 사모하여 청혼하고자 했더니, 청년은 출어를 위해 떠나버렸다. 그 청년을 볼 수 없게 된 처녀가 병들어 죽고말았다. 처녀가 죽은 후 이 마을에는 고기가 잡히지 않고 갖가지 재앙이 잇달았다. 어느 날 마을 사람의 꿈에 나타나 말하기를 '시집도 못가고 죽어 원혼이 되었으니 마을 높은 곳에다 나를 위하여 사당을 짓고

역사적 인물이 당신이 된 경우로는 김유신장군, 최영장군, 공민왕, 단종, 금성대군, 임경업장군 등이 있다. 대체로 억울한 죽음에 대한 신원(伸寃)을 배경으로 한 신격화가 압도적이다.

영남지역과 중부지역을 제외한 한반도 전 지역에서 전승되는 칠성풀이 유형은 가족의 문제를 다루고 있으면서 전승지역이 성조풀이와 보합관계를 이루고 있다는 점에서, 성주신화의 다른 유형이라고 생각되는 무속신화이다. 칠성풀이는 칠성님의 혼례와 아들 칠형제의 수난, 칠성님의 부인 소박과 다른 여성과의 재혼, 그리고 전실 소생의 아들과 후실부인과의 갈등이 중심화소로 되어 있다. 칠성풀이는 한 남성과 두 여성이 부부가 됨으로써 버림받은 여성의 고통과 모계의 혈통이 다른 자녀가 한 가족이 되면서 야기되는 후실과 전실 아들의 갈등을 전실의 편에서 다루고 있다. '한 가장이 후실의 꾀병에 속아서 전실 아들 일곱을 살해하여 그들의 간으로 후실을 치료하려 하였으나, 전실의 화신인 금사슴의 희생으로 후실의 간계가 드러나고 장원급제한 전실의 아들들이 후실을 심판한다'는 내용은 일부이처의 불합리를 비판함과 동시에 남성 중심의 가문의식의 문제점을 제기한 것으로 볼 수 있다.

장자풀이는 호남지역 일원에서만 전승되는 무속신화이다. 악을 일삼던 한 장자가 효성이 지극한 며느리의 덕분으로 저승사자를 후히 대접하여 수명을 연장한다는 내용으로서 저승의 사자라 하더라도 인정에는 약하고 수명까지도 인간의 정성으로 좌우할 수 있다는 무속적 사고를 잘 보여주

남자의 신(腎)을 걸어주면 고기가 많이 잡힐 것이라고 했다. 촌민이 처녀가 말한 대로 사당을 짓고 나무로 신(腎)을 만들어 걸었더니 과연 고기가 많이 잡혔다. 그래서 그 후로도 많이 만들어 걸었다고 한다."(최상수, 『한국민간전설집』, 통문관, 1958, 435~436쪽)

는 신화이다.

제주도의 무속신화는 매우 다양한 내용을 담고 있다. 특히 천지왕본풀이는 창세신화로서 주목된다. 초공본풀이는 본토의 제석본풀이와 같은 유형이고, 이공본풀이는 『석보상절』에 들어 있는 「안락국태자경」을 신화로 변용한 것이며, 삼공본풀이는 「내복에 산다」라는 설화 유형과 같은 것으로 『삼국유사』의 서동설화와 동궤의 무속신화이다. 세경본풀이는 제주도의 농경기원신화로서 자청비와 문도령의 사랑 이야기이기도 한데 중국의 '축영대와 양산백'의 고사가 수용되어 있다.

제주도의 당신화는 매우 종류가 많고 내용도 다양하다. 서귀포본향당본풀이는 한라산의 바람의 신인 일문관 바람운과 고산국 자매의 사랑과 갈등을 그린 신화로서, 무속의 신들도 보통의 인간과 같이 사랑을 위해 배신하고 자매 간의 혈육의 정보다도 남녀 간의 정이 우선함을 보여 주고 있다. 토산당본풀이는 서련이라는 목사에 의해 살해된 뱀신이 토산당의 당신으로 다시 좌정한다는 이야기인데, 중앙정부 관료의 위민의식과 제주 향민들의 전통신앙관이 차이가 있음을 말하고 있다. 괴네깃당본풀이는 괴네깃도라는 남성영웅의 활약상을 그린 신화로 본토에서는 찾기 힘든 영웅신화이다. 즉 '괴네깃도가 부친과 대결하다가 가정에서 추방당하고, 힘으로 용왕국과 중국에 가서 싸워 승리하고, 그 보상으로 결혼을 하고 다시 고향으로 돌아와 당신으로 좌정한다'는 내용은 고대 영웅신화의 보편적 요소를 두루 갖추고 있다는 점에서 주목할 만하다.

이상에서 본 책에 수록된 자료를 중심으로 문헌신화와 구비신화로 나누어서 한국신화의 면면을 개괄적으로 검토하였다. 신화는 개인뿐만 아니라 사회와 문화에서도 중요한 기능을 한다. 그중에서도 가장 중요한 것은 공동체를 통합하는 기능이다. 다시 말하면 공동체에 속하는 사람들의 긍지와 자부심, 소속감과 결속력을 높여주는 것이다. 신화는 역사적으로 공동체를 묶어주는 구실과 제의를 강화하고 그 제의와 더불어 공동체적 삶의 가치를 구현하는 기능을 해왔다. 따라서 한국의 신화는 한국민족의 의식과 규범을 함축하고 있는 언어물로서 현대까지도 그 기능이 살아 있다는 점에서 한국 문화를 이해하는 데 중요한 자료임을 거듭 말해 둔다. 뿐만 아니라 전통에 기반한 새로운 한국 문화 창출의 모태(母胎)이고 보고(寶庫)인 것이다.

## 참고문헌

1. 자료
김부식, 『삼국사기』
일　연, 『삼국유사』
최상수, 『한국민간전설집』, 통문관, 1958.

2. 단행본
권태효, 『한국 구전신화의 세계』, 지식산업사, 2005.
김열규, 『한국신화와 무속연구』, 일조각, 1977.
서대석, 『한국의 신화』, 집문당, 1997.
_____, 『한국신화의 연구』, 집문당, 2002.
윤철중, 『한국도래신화 연구』, 백산자료원. 1997.
_____, 『한국의 시조신화』, 보고사, 1998.
이복규, 『부여·고구려 건국신화 연구』, 집문당, 1998.
이지영, 『한국 건국신화의 실상과 이해』, 월인, 2000.
현용준, 『무속신화와 문헌신화』, 집문당, 1992.
홍태한, 『한국 서사무가의 연구』, 민속원, 2002.
황패강, 『한국신화의 연구』, 새문사, 2006.
Joseph Campbell, 『세계의 영웅신화』, 이윤기역, 대원사, 1994.

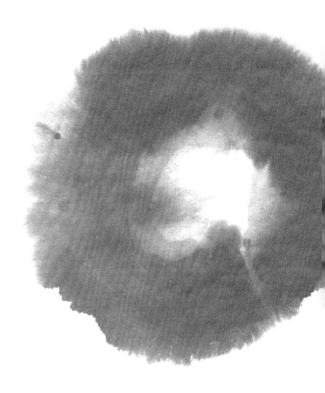

한국신화와 문화

제3부

# 문헌신화

# 제1장

# 단군(檀君) 신화(고조선)

## 1. 『삼국유사(三國遺事)』(일연, 1275년~1281년 사이)

### 고조선(古朝鮮)[1]

위서(魏書)[2]에 이르기를, 지금부터 이천년 전에 단군왕검(檀君王儉)[3]이 있었는데, 아사달(阿斯達)[4][경(經)에는 무엽산(無葉山)이라 하고, 또는 백악(白岳)이라고도 하니 백주(白州) 땅에 있다. 혹은 개성 동쪽에 있다고 하는데 지금의 백악궁(白岳宮)이 그것이다.]에 나라를 열어 이름을 조선(朝鮮)이라고 불렀다. 요(堯)[5]임금과 같은 때였다.

---

1) 이것은 일연(一然)의 『삼국유사』 기이(紀異) 제일(第一)의 자료이다.
2) 일반적으로 북제의 위수가 지은 북위의 정사(正史)를 이르는데, 여기에서 위서는 어느 때 누가 지은 것인지 불분명하다. 현전하는 위서에는 단군에 관한 기사가 없다고 한다.
3) 『삼국유사』에는 '壇君'으로 기록하고 있다. 이에 따르면 표제도 '壇君神話'로 적어야 한다. 그러나 다른 문헌(이승휴의 『제왕운기』, 『세종실록지리지』, 『동국여지승람』)에 '檀君'의 표기가 압도적으로 많고, 현재 '檀君'이 일반화되어 있어서 그를 따랐다.
4) '아사달'은 조선(朝鮮)이라는 의미로, '아사'는 일본어의 '아침', '달'은 '산'을 뜻한다.
5) 원문에 '高'자로 쓴 것은 고려 2대 정종의 이름인 '요(堯)'자의 피자(避字)로 쓴 것이다.

고기(古記)에 이르기를, 옛날 환인(桓因)[제석(帝釋)을 이르는 것이다]의 서자(庶子)[6] 환웅(桓雄)이 천하에 뜻을 두어 인세(人世)를 탐내어 구하였다. 아버지 환인은 아들 환웅의 뜻을 알아차렸다. 환인이 삼위태백(三危太伯)[7]을 내려다보고는, '인간 세상을 널리 이롭게 할 만하다'[8] 하고, 환웅에게 천부인(天符印)[9] 세 개를 주어 보내어 그 곳을 다스리게 했다.[10]

환웅이 무리 삼천을 거느리고 태백산(太伯山) 꼭대기[곧 태백(太伯)은 지금의 묘향산(妙香山)이다] 신단수(神檀樹)[11] 아래에 내려왔다. 그 곳을 신시(神市)[12]라 했고, 그를 환웅천왕(桓雄天王)[13]이라 했다.

환웅은 풍백(風伯)과 우사(雨師)와 운사(雲師)[14]를 거느리고, 곡식·수명·질병·형벌·선악 등 무릇 인간 세상의 삼백 육십여 가지 일을 주관

---

6) 현재는 첩의 소생을 이르지만 여기서는 중자(衆子)의 뜻일 것이다.
7) '삼위(三危)'는 '삼봉(三峰)'이니 '삼산(三山)'이라 할 수 있다. 산이 세 봉우리로 형성되어 있는 것을 말한다. '삼위태백(三危太伯)'은 '三山' 가운데 '太伯山'을 말하는 것이 된다. "삼산의 태백산을 내려다보고…"라고 해석할 수 있다. 삼산신앙의 원형으로 보기도 한다.(신라-나력, 골화, 혈례 백제-일산, 오산, 부산 cf. 일본)
8) '홍익인간(弘益人間)'은 환인의 치세관이고, 환인이 환웅을 인세에 보내는 정황 판단이다. 오늘날 대한민국 교육법 제1조에 교육목적으로 제시되어 있기도 하다.
9) '천부인(天符印)'은 천제(환인)가 부절(符節)로 내려준 신권(神權)의 징표이다. 무당들이 사용하는 신경(神鏡), 신령(神鈴), 신검(神劍) 등의 무구(巫具)로 보는 설, 풍백·우사·운사를 거느리는 부인(符印)으로 보는 설 등이 있다.
10) 환인(桓因)을 설명한 제석(帝釋)이 '하느님'을 뜻하는 말로 해석되고, 환웅은 천상에서 지상으로 내려온 것이다. 이 점이 단군신화를 천강신화로 규정하는 요소가 된다. 다만 단군신화의 이야기 자체에서 태양신화적인 서술을 직접 찾아 볼 수는 없다.
11) '신단수(神檀樹)'는 신터, 제장(祭場)에 있는 나무이다. 천신이 내려오는 우주목(宇宙木) 또는 세계목(世界木)이라 할 수 있다. 오늘날 당산(堂山)의 당목(堂木)의 원형이다.
12) 신시(神市)는 신들이 모여 제정을 펴는 성지(聖地)이다. 태백산정(太伯山頂)의 신시는 삼한시대 소도(蘇塗)의 원형으로 볼 수 있다.
13) '천왕(天王)'은 건국시조의 부성(父性)으로서 영산(靈山)의 산신(山神)이 된 환웅에 대한 호칭이다.
14) '풍백·우사·운사(風伯·雨師·雲師)'는 바람·비·구름을 관장하는 신격으로, 농경생활을 시사해준다.

하면서, 인세에 머물러 다스리며 교화(敎化)해 나갔다(在世理化).

그때 곰 한 마리와 범 한 마리가 같은 굴에서 함께 살아가고 있었다. 이들은 늘 신웅(神雄)[15]에게 빌어 사람이 되기를 기원했다. 신웅은 신령스러운 쑥 한 심지와 마늘 스무 개[16]를 주고, "너희들이 그것을 먹고 햇빛을 보지 않고 백일(百日)이 되면 사람의 형상이 될 것이다."라고 하였다. 곰과 범이 그것을 받아먹고, 삼칠일(三七日)을 기(忌)했더니[17] 곰은 여인의 몸이 되었고, 범은 금기(禁忌)를 지키지 못해 사람의 몸이 되지 못했다.[18]

웅녀(熊女)[19]는 혼인할 이가 없어, 매번 단수(檀樹) 아래에서 잉태(孕胎)하기를 주원(呪願)하였다. 환웅이 사람의 몸으로 가화(假化)해서 웅녀와 혼인하여[20] 아들을 낳았다. 그를 단군왕검(檀君王儉)[21]이라 불렀다.

단군왕검은 요임금(唐堯)이 즉위한 지 오십년 되는 경인년(庚寅年)[요(堯)임금이 즉위한 원년은 무진(戊辰)년이다. 오십년이면 정사(丁巳)년이

---

15) 종래에는 신웅(神雄)은 환웅(桓雄)과 같은 신격으로 풀이되어 왔다. 그러나 환웅을 후래족(後來族)의 군장(君長)으로, 신웅(神雄)을 선주족(先住族)의 군장으로 보는 견해도 있다.(윤철중, 『한국의 시조신화』, 보고사, 1996, 34쪽)

16) 영애일주(靈艾一炷)의 '炷'는 등잔 심지 같은 불에 태우는 심지이다. '신통한 효험이 있는 쑥뜸 심지 한 개'라고 할 수 있다. '쑥과 마늘'은 민간에서 악귀나 병을 물리치는 데에 유용한 영초로 인식된다.(농경사회의 산물)

17) '삼칠일'은 21일이다. 민간에서 출산하고 외부인의 출입을 금지하는 금줄을 치는 기간과도 상응한다.

18) 곰이 여인으로 화하는 신화적 표현은 여성성년입사식(女性成年入社式)의 모습이 반영된 것으로 이해된다.

19) '웅녀(熊女)'는 '곰딸' 혹은 '곰딸'이다. 오늘날 무당은 '신딸'을 두고 있는데, '곰딸'은 그에 대응된다. '곰'은 신(神)이다. 웅녀는 지신족(地神族), 토착족, 선주족(先住族)의 신모(神母)이다.

20) 『삼국유사』와 거의 동시대의 저작인 이승휴의 『제왕운기』에는 '상제 환인이 손녀로 하여금 약을 먹고 인신(人身)이 되게 하여 단수신(檀樹神)과 더불어 혼인하여'로 나온다.

21) 일반적으로 '단군(檀君)'은 제사장, '왕검(王儉)'은 정치적 군장으로 본다.

요 경인(庚寅)년이 아니다. 사실이 아닐 것으로 의심한다.]에 평양성(平壤城)[지금의 서경(西京)이다]에 도읍하고 처음 조선(朝鮮)이라 불렀다. 또 백악산(白岳山) 아사달(阿斯達)로 도읍을 옮겼다. 그 곳을 궁[혹은 방(方)]홀산(弓忽山)이라고도 하고 금미달(今彌達)이라고도 한다. 나라 다스리기 일천 오백년에 주(周)나라 무왕(武王)이 즉위한 기묘(己卯)년에 기자(箕子)를 조선에 봉하니, 단군은 장당경(藏唐京)으로 옮겨갔다.

후에 아사달에 돌아가 그 산에 숨어 산신(山神)이 되었다. 수(壽)가 일천 구백 팔세였다.

당(唐)나라 배구전(裵矩傳)에 있는 말이다. 고려(高麗)는 본래 고죽국(孤竹國)[지금의 해주(海州)]이다. 주나라는 기자를 봉하여 조선후(朝鮮侯)로 삼았다. 한(漢)나라는 고조선을 삼군(三郡)으로 분치했는데 현토(玄菟) 낙랑(樂浪) 대방(帶方)[북대방을 이르는 것이다.

통전(通典)에도 또 이 이야기와 같은 것이 실려 있다.[한서(漢書)에는 진번·임둔·낙랑·현토의 사군으로 되어 있는데 이제 삼군이라 하고 이름도 같지 않으니 어찌된 까닭인가.]


### 고구려[22]

"(…) 이때 한 남자가 스스로 말하기를, '나는 천제(天帝)의 아들 해모수(解慕漱)이다.'라며, 저를 웅신산(熊神山) 아래에 있는 압록강 가의 집 속으로 유인하여, 몰래 정을 통하고는 돌아오지 않았습니다.[『단군기』에는 '단군이 서하(西河) 하백(河伯)의 딸을 맞이하여 아들을 낳아 이름을 부루

---

22) 『삼국유사』 권1, 기이, 고구려

(夫婁)라고 하였다'고 되어 있다. 그러나 지금 이 기록(『삼국사기』)을 보니, '해모수가 하백의 딸과 몰래 정을 통한 뒤, 주몽을 낳았다'고 한다. 『단군기』에는 '아들을 낳아 부루라 이름하였다.' 하니. 아마도 부루와 주몽은 어머니가 다른 형제(異母兄弟)일 것이다.] 그래서 부모는 제가 중매없이 혼인하였다고 꾸짖으며, 이곳으로 귀양보냈습니다."

## 2. 『제왕운기(帝王韻紀) 하권』(이승휴, 1287년)

〈동국군왕(東國君王) 개국연대(開國年代) 병서(幷序)〉
두타산 거사 신 이승휴 지어 바침
삼가 국사(國史)에 의거하고 한편으로 각 본기(本紀)와 수이전(殊異傳)에 실린 바를 채록하며, 요순 이래의 경전, 제자(諸子)와 사서(史書)들을 참조하여 허튼말을 버리고 이치에 맞는 것을 취하여, 그 사적을 펴 이를 노래함으로써 흥망한 그 연대를 밝히니 모두 1천 4백 60언(言)이다.

〈전조선기(前朝鮮記)〉
처음에 어느 누가 나라를 열었던고
석제(釋帝)의 손자로, 이름은 단군(檀君)일세.
[본기에 다음과 같이 적혀 있다. "상제 환인에게 서자가 있었으니 이름이 웅(雄)이었다. 환인이 환웅에게 말하기를, '지상의 삼위태백(三危太白)에 내려가 인간을 크게 이롭게 할지어다.' 라고 하였다. 이리하여 환웅이 천부인(天符印) 세 개를 받고 귀신 3천을 거느려 태백산(太白山) 마루에 있는 신단수(神檀樹) 아래에 내려왔으니 이분을 단웅천왕(檀雄天王)이라

한다." 손녀에게 약을 먹여 사람이 되게 하여 단수신(檀樹神)과 결혼하여 아들을 낳으니 단군(檀君)이라 이름했다. 조선(朝鮮)의 땅을 차지하여 왕이 되었다. 이런 까닭에 시라(尸羅)·고례(高禮)·남북 옥저·동북 부여·예(濊)와 맥(貊)은 모두 단군이 다스리던 시대였다. 1천 38년을 다스리다가 아사달산에 들어가서 신선(神仙)이 되었으니, 죽지 아니하였던 까닭이다.]

요임금과 같은 무진년(戊辰年)에 나라 세워
순임금 시대 지나 하(夏)나라까지 왕위에 계셨도다.
은나라 무정(武丁) 8년 을미년에
아사달산에 들어가서 신선이 되었으니

[지금의 구월산이다. 다른 이름은 궁홀(弓忽) 또는 삼위(三危)라 하며, 사당(祠堂)이 지금도 있다.]

향국이 1천 하고 스무 여덟 해인데
그 조화 상제(上帝)이신 환인(桓因)이 전한 일 아니랴.
그 뒤 일백육십사 년 만에
어진 사람 나타나서 군신제도 마련했네.

[일설에는 이후 164년 동안은 비록 부자(父子)는 있었으나, 군신(君臣)은 없었다고 한다.]

···(중략)···

(위만조선의 멸망 이후)저마다 나라 세워 서로를 침략하니
칠십여 나라 이름 증명할 것 있으랴.(마한 40, 진한 20, 변한 12)
그 중에서 어느 것이 가장 큰 나라던고.
맨 먼저 부여와 비류국을 일컫고

다음으로 신라와 고구려가 있으며

남북의 옥저와 예맥이 다음이네.

이들의 임금은 누구의 후손인고.

대대로 이은 계통 단군에서 전승됐네.[23]

### 단군 신화의 이해

①『삼국유사』의 기사는 고조선의 건국신화를 전하는 가장 오래된 문헌자료로서 단군 신화 연구의 기본 자료이다. 여기에는 세 가지 문헌이 인용되고 있다. 먼저『위서』를 통하여 단군이 요임금과 같은 시기에 고조선을 세웠음을 밝혀, 역사적 기록으로서의 고조선 개국 사실을 전하고 있다. 이어서『고기』의 부분이 바로 우리가 고조선의 건국신화로 여기는 것이다. 내용은 환인과 환웅의 이야기(환웅 신화), 곰과 호랑이 이야기(성년식), 단군 이야기(단군 신화) 등으로 구성되어 있다. '하늘에서 하강한 존재가 인간 세상을 다스린다'는 신화는 동북아시아에서 비교적 흔한 편이다. 끝으로『배구전』을 인용하여 고려(고구려)가 원래 고죽국으로 기자의 조선 땅이었음을 밝히고 있다. 이것은 고구려가 고조선을 계승한 나라이며, 나아가 고려가 이러한 고구려를 계승하고 있다는 고려 말의 역사인식을 보여준다.

고구려조의 이야기는 일연이 단군의 아들 '부루 탄생담'을 기록하고, '부루와 주몽이 어머니가 다른 형제일 것'이라는 추정을 하고 있다. 당대의 여러 단군과 관련된 기술에서 다양한 내용의 편차를 보이기 때문에 일연

---

23) 김경수 역주,『제왕운기』, 도서출판 역락, 1999, 133~143쪽 참조.

이 고심한 흔적으로 이해된다.

『제왕운기』는 이승휴(1224~1301)가 1280년 충렬왕의 실정(失政)과 측근들의 전횡을 간언하다가 파직된 뒤, 삼척현의 구동으로 은거하던 시기인 1287년(충렬왕 13)에 쓴 것이다. 내용면에서『삼국유사』와 큰 차이는 없다. 다만 문제가 되는 것은 '환웅이 손녀에게 약을 먹인다'는 부분이다. 이 대목은『삼국유사』에 없는 것인데, 그리하여 논자에 따라서는 두 책이 서로 다른 계통의 자료를 인용한 것으로 보기도 한다. 손녀(孫女)를 웅녀(熊女)로 보면 큰 차이는 아니다.[24]

이밖에 조선조의 기록인『응제시주』,『세종실록지리지』,『신증동국여지승람』등과 위작 시비가 있는 근세의『환단고기』,『규원사화』에 이르기까지 단군에 대한 관심은 최근에도 여전한 관심의 대상이 되고 있다.


② 단군(壇君, 檀君) : 당굴, 단골, 천군(天君), 텅걸, Tengri(몽고어)와 같은 말일 것이다. '壇'이나 '檀'은 음차자로, '神壇樹'와 '神檀樹'와 같이 '신단(神壇)'을 강조하면 '단(壇)'이 좋고, 수종(樹種)을 고려하면 '단(檀)'이 될 것이다. 어느 것이든 '붉돌(배달)'과 연관된다. '아사달'의 다른 이름인 '백악(白岳)'은 '붉돌', '태백(太白)'도 '한붉'으로 읽을 수 있다. 태백산은 대박산(大朴山)이라고도 하는데, '한붉산'의 한자 표기이며 민간에서는 '함박산'으로 부른다.[25]

---

24) 웅(熊)과 손(孫)의 초서체가 서로 잘못 읽히거나 전사(轉寫) 과정에서 바뀌었을 것으로 보는 견해도 있다.
25) 윤철중,『한국의 시조신화』, 보고사, 1998, 32쪽 참조.

③ 웅녀의 입굴(入窟)이 결혼의 전제였다는 점에서 성숙의 제의(Puberty ceremony)였다는 것을 추정할 수 있다. 만일 환웅이라는 천신(天神)의 나무에의 하강이 성무식(成巫式)의 '반수주지(攀樹主旨)'의 언어적 표현이라면, 현전의 단군전승은 남녀 두 입사식(入社式, Initiation) 신참자가 입사식을 겪으면서 결혼하게 되는 절차의 '구술상관물(口述相關物, Oral co-relatives)이라 할 수 있게 된다.[26]

④ 단군 신화와 천강신화

환웅은 하늘에서 강림했다. 신시의 수림 복판의 신단수 아래로 내려왔다. 환웅천왕(천제자)은 신권(神權)을 상징하는 3종의 천부인을 가지고, 신시를 개척할 무리 3,000을 거느리고, 신시의 수풀 복판 신단의 신목을 타고 내려왔다. 환웅천왕이 천제자의 자격을 유지하는 것은 환인이 고조선 고유신앙의 천신으로 인식될 때 가능하다. 이러한 생각은 특히 최근세에 와서 더욱 확실하게 부각되었다. 외세의 힘에 밀려 민족의 위기를 맞이하던 19세기말, 민족의 위난극복의 의지와 함께 발생한 민족종교는 한결같이 환인을 하느님으로 관념하고, 단군을 민족 최고의 조상신으로 받들게 되었다.

그러나 다른 한편으로 생각해 보면, 환인을 천신(天神)으로 관념하고 천신의 아들 환웅이 천상에서 지상으로 내려왔다는 생각은 후세의 윤색일지도 모른다. 환인은 그저 스텝의 어느 지역을 영유하고 있는 부족의 군장이고, 환웅은 왕자로서 새로이 살 땅을 찾아 동방으로 떠나온 개척자의

---

26) 김열규, 『한국민속과 문학연구』, 일조각, 1975, 81쪽

모습도 함께 지니고 있다. 태백산 신시에는 이미 선주족(先住族)이 살고 있었고, 이곳에 찾아온 후래족(後來族) 환웅은 선주족의 딸과 혼인을 하여 새 나라의 시조왕을 낳아, 새 나라를 세우는 것으로 볼 수도 있다.

이러한 양면성을 천(天)의 수직적 인식과 수평적 인식으로 나누어 생각할 수 있다.(天의 수직적 인식－상징체계, 天의 수평적 인식－역사문맥)[27]

⑤ 단군 신화의 문단 구분 : 1. 환인(제석)의 서자 환웅이 천상으로부터 태백산 신단수하(이곳을 神市라고 함)에 하강하여 지상세계를 교화함 2. 곰이 환웅의 지시에 따라 일련의 금기사항을 준수하여 여자(熊女)로 변신함 3. 환웅과 웅녀의 혼인으로 단군이 탄생함 4. 단군이 당요(唐堯) 50년(경인년)에 조선을 건국하여 1500년간 통치하던 중, 중국으로부터 기자(箕子)가 동래(東來)함에 장당경으로 천도함 5. 단군은 1,908세 때 아사달로 들어가 산신이 됨[28]

이를 재정리하면 다음과 같다.

1. 환인이 환웅을 인세에 보냈다(환인의 나라) 2. 환웅이 인세를 교화했다(환웅의 나라) 3. 신웅(神雄, 웅녀를 포함하는 부족의 군장)이 입사식을 집전했다(신웅의 나라) 4. 웅녀가 환웅과 혼인하여 단군을 낳았다 5. 단군이 조선을 건국하여 통치했다(단군의 나라) 6. 단군이 산신이 되었다.[29]

---

27) 윤철중, 위의 책, 43쪽 참조.
28) 서영대, '단군관계 문헌자료 연구', 윤이흠 외, 『단군 그 이해와 자료』, 서울대출판부, 1994, 50쪽.
29) 윤철중, 위의 책, 68쪽

⑥ 단군 신앙 : 단군이 '아사달의 산신(山神)이 되었다'는 단군신화의 마지막 기록은 고조선 이래로 이 땅에 단군신앙이 형성되었다는 것을 전해준다. 웅녀와 단군이 시조신의 자리에 병행하다가, 단군은 그의 도읍지인 아사달의 산신이 되어 한민족의 조상신으로 자리 잡아 갔을 것이다. 황해도 문화현 구월산(九月山)에는 삼성사(三聖祠)가 있어 환인·환웅·단군이 봉사(奉祀)되어 왔다. 지금까지도 많은 절에 설치되어 있는 삼성각(三聖閣)은 국조(國祖) 삼성(三聖)을 모신 곳이다. 사원에 따라서는 삼성각이 없이 독성당(獨聖堂)이 설치된 곳도 있다. 이런 경우 독성당에는 환웅만을 모신 것은 잘 알려진 일이다. 처음은 웅녀가 시조신의 자리에 좌정되었을 것이나, 후세에 차츰 단군에게 시조신의 자리를 물려주게 되고, 후세의 산물인 독성당의 환웅은 웅녀의 자리를 대신하는 것으로 여겨지며, 이러한 현상은 부계 사회의 관념을 반영하는 후세적 양상으로 해석된다.[30]

고조선의 경우에는 국중대회에 관한 기록이 남아 있지 않다. 그 까닭은 중국 쪽에서 부여나 고구려의 국중대회에 관심을 가질 때, 고조선이 이미 망하고 고조선의 국중대회는 자취를 감추었기 때문이었을 듯하다. 환웅의 하강, 웅녀의 시련, 환웅과 웅녀의 혼인 및 이에 따르는 단군의 출생은 굿놀이로 나타내 보이기에 알맞은 내용이다. 같은 내용이 해모수·유화·주몽의 관계에서 되풀이되다시피 하고, 혁거세·수로의 경우에도 일부가 다시 나타났다가 후대의 민속에까지 그 흔적을 남겼다. 맞이·싸움·혼인은 후대 마을굿의 기본적인 과정이다.

---

30) 윤철중, 위의 책, 119쪽 참조.

⑦ 단군 신화의 내용을 벽화로 그려 놓은 것이 산동반도에서 발견되었다고 한다. 이 사실은 고조선의 판도가 거기까지였거나 단군을 숭상하는 우리 민족의 갈래가 거기서도 계속 활동했다는 증거일 수 있다. 그쪽에서 활동하던 동이족은 서이(徐夷)나 회이(淮夷)라는 명칭으로 알려져 있다. 그 가운데서도 서이가 강성해서 서국(徐國)이라는 나라를 세웠다.

기원전 1000년경 사람인 주나라 목왕(穆王) 때 서나라 서언왕(徐偃王)이 구이(九夷)를 모아 주나라를 치자, 주나라는 견디지 못하고 동쪽의 제후는 모두 서언왕을 섬기도록 용인하지 않을 수 없었다는 기록이 『후한서(後漢書)』동이전 서두에 실려 있다. 그 후 서나라는 전국시대의 초나라와도 싸우다가 진시황이 6국을 통일할 때 중국 판도 안에 들어갔으며, 나라를 잃은 백성들 가운데 일부는 한반도로 이주해 왔다고 한다.[31)

⑧ 단군이 민족의 시조로 인식된 것은 『삼국유사』와 『제왕운기』가 나온 고려 말 무렵이라고 한다. 이는 당대의 시대적 배경과 관련이 있다. 즉 이전의 단군은 평양과 같은 특정지역의 개척과 수호자로서 신성한 존재로 인식되었다. 그러나 고려 말에는 몽고의 침략을 겪으면서 지식인들이 시대적 상황을 극복하기 위해 민족적 결속력을 뒷받침할 수 있는 역사적 근거로서 단군을 강조하게 되었을 것으로 추정된다.[32)

그러나 조선으로 들어오면서 유학자들은 단군 신화를 신화로서 인식하기보다는 역사적 인물로서 민족의 시조라는 입장을 견지하게 된다. 단군이 아들 부루를 우임금의 도산 회합에 파견했다든가, 단군이 강화도의 전

---

31) 조동일·서종문 공저, 『국문학사』, 한국방송대학교출판부, 2002, 18~19쪽 참조.
32) 서영대, 단군숭배의 역사, 정신문화연구 32, 한국정신문화연구원, 1987, 69~71쪽 참조

등산에 세 아들을 보내어 삼랑성(三郞城)을 쌓았다는 기사 등이 『동국여지승람』에 처음으로 나타난다. 강화도의 마니산에는 '참성단'이 있고, 강원도 태백의 태백산에는 '천제단'이 있어서 지금도 매년 10월 3일 개천절에 단군을 제사하고 있다. 마니산의 참성단은 전국체전의 성화를 채화하는 장소이기도 하다.

　단군 신화는 단군왕족의 '조상신본풀이'인 동시에 '아사달산신본풀이'로서 종교적 서사시이며 고조선의 건국서사시이기도 하다.

한국신화와 문화

## 제2장
# 동명왕(東明王) 신화(부여)

## 1. 북부여(北扶餘)[1]

고기(古記)에 기록되어 있는 말이다.

전한(煎漢) 효선제(孝宣帝) 신작(神雀) 삼년[2] 임술 4월 8일에 천제(天帝)가 오룡거(五龍車)를 타고 흘승골성(訖升骨城)[대요(大遼) 의주(醫州) 지역에 있다.][3]에 강림했다. 도읍을 세워 왕을 칭하고 국호를 북부여라 했다. 자칭 이름을 해모수(解慕漱)라 했고, 아들을 낳아 이름을 부루(扶婁)라고 했다. 해(解)로 성씨(姓氏)를 삼았다. 왕은 뒤에 상제(上帝)의 명으로 동부여(東扶餘)로 도읍을 옮겼다. 동명제(東明帝, 주몽)는 북부여(北扶餘)를 이어 일어나 졸본주(卒本州)에 도읍을 세워 졸본부여(卒本扶餘)가 되

---

1) 『삼국유사』 북부여조
2) 전한의 선제 15년은 B.C. 59년이다. 실제 여부는 미상이다.
3) 『위서(魏書)』에 주몽이 고구려를 건국한 곳이다. 고구려의 발상지 오녀산성(압록강의 지류인 혼강 하류의 '환인'에 있다)은 일명 흘승골성이라고도 하는데, 졸본(卒本)의 주성(主城)이다.

었다. 졸본부여는 곧 고구려(高句麗)의 시작이다.


## 2. 동부여(東扶餘)[4)]

북부여왕 해부루(解扶婁)[5)]의 재상(宰相) 아란불(阿蘭弗)이 꿈을 꾸었다. 꿈에 천제(天帝)가 내려와서 이르는 것이었다.

"내 자손을 시켜 여기에 나라를 세우려 한다. 너는 동해(東海)의 물가로 피해 가도록 해래이는 동명이 장차 일어날 징조를 이른다.]. 동해의 물가에는 가섭원(迦葉原)이라는 땅이 있는데 토양이 기름져서 왕도(王都)를 세우기에 알맞은 곳이다."

아란불은 부루왕에게 권하여 도읍을 가섭원에 옮기고 국호를 동부여라 했다.

부루왕은 늙도록 아들이 없었다. 어느 날 부루왕은 후사(後嗣)를 얻으려고 산천(山川)에 제사(祭祀)를 올리러 갔다. 타고 있던 말이 곤연(鯤淵)에 이르렀을 때 큰 돌을 보고 마주 서서 눈물을 흘리고 있었다. 왕은 괴이하게 여겨 사람을 부려 그 돌을 들어 젖혀보았더니 금빛나는 개구리 모양을 한 어린 아이가 있었다. 왕은 기뻐하면서 "이 아이는 하늘이 나에게 아들 삼아 보내 주신 것이다."라고 말하고 그 아이를 거두어 길러 이름을 금와(金蛙)라 했다. 자라나매 태자(太子)가 되었고 부루왕이 돌아가매 금와가 자리를 이어 왕이 되었다.

다음은 태자 대소(帶素)에게 왕위를 전했는데, 지황(地皇) 삼년[6)] 임오

---

4)『삼국유사』 동부여조
5) 해모수의 아들이다.

(壬午)에 고구려왕 무휼(無恤)[7]이 쳐서 대소왕(帶素王)을 죽이니 나라가
없어졌다.

## 3. 탁리국(橐離國)의 동명(東明) 신화[8]

북이(北夷) 탁리국왕(橐離國王)의 시비(侍婢)가 임신을 했다. 왕이 그
여자를 죽이려 하니, 그 시비가 말했다.

"달걀 크기만 한 기운이 하늘에서 내려와 임신했습니다."

후에 아들을 낳자, 돼지우리 안에 버렸지만 돼지가 입김으로 불어주어
죽지 않았다. 다시 마구간에 갖다 놓아 말에 깔려 죽게 하였으나 말도 입
김을 불어주어 죽지 않았다. 왕이 의아해 하면서 천자(天子)로 여겨 그
어미로 하여금 거두어 종처럼 천하게 기르도록 했다.

그 이름을 동명(東明)이라 했고 소와 말을 기르게 했다. 동명은 활을
잘 쏘았는데, 왕은 나라를 빼앗길까 두려워 동명을 죽이려고 하였다. 동명

---

6) 왕망(王莽) 15년 A.D. 22년
7) 고구려 3대 대무신왕
8) 동한(東漢) 왕충(王充, 27~97)의 『논형(論衡)』 길험편(吉驗篇), 탁리국은 부여국에서
   갈라져 나온 나라이다. 부여 건국신화를 전하는 기록에는 그밖에 『위략(魏略)』, 『수
   신기(搜神記)』, 『신론(新論)』, 『후한서(後漢書)』, 『양서(梁書)』, 『수서(隋書)』, 『북사
   (北史)』, 『법원주림(法苑珠琳)』 등의 중국 문헌에 전한다. 우리측 문헌은 모두 중국측
   기록을 인용한 것이다. 이 가운데 최초의 것은 1세기 말에 이루어진 『논형(論衡)』으
   로, 여타 기록들은 이와 대동소이하며 출생국도 탁리·고리·삭리·색리로 비슷하
   다. 부여와 고구려의 건국신화는 주인공의 이름(동명, 주몽), 탄생 양상(태생, 난생),
   출생지(북이의 나라 — 탁리·고리·삭리, 색리, 부여), 어머니(왕의 시비, 하백의 딸),
   잉태 원인(기, 햇빛), 망명 동기(왕의 살해 의도, 신하와 태자의 살해 의도), 세운 나라
   (부여, 고구려) 등에서 확연히 구별된다.(이복규, 『부여·고구려 건국신화 연구』, 집
   문당, 1998, 15~16쪽 참조)

은 도망쳐 남쪽 엄호수(掩淲水)에 이르러 활로 물을 치니, 물고기와 자라가 떠올라 다리를 놓았다. 동명이 건너자 물고기와 자라는 흩어져 추격병은 건너지 못했다. 그리하여 도읍을 정하고 부여의 왕이 되었다. 그래서 북이 지역에 부여국이 있게 되었다.

## 4. 서국(徐國) 서언왕(徐偃王) 신화[9]

〈서언왕지〉에 이르기를, 서나라(徐國) 궁녀가 잉태하여 알을 낳자 상서롭지 못하다 하여 물가에 내다버렸다. 홀로 사는 여자에게 곡창(鵠蒼)이라 부르는 개가 있었는데, 그 개가 물가에 사냥을 나갔다가 버려진 알을 주워서 입에 물고 돌아왔다. 그녀가 이상하게 여기며 알을 따뜻하게 덮어주니, 마침내 아이가 되었다. 태어나면서 반듯이 누운 까닭에 이름을 언(偃)이라고 하였다. 서나라 궁중에서 그 소식을 듣고 다시 관계를 인정하여 데려갔다.

그 아이는 커서 어질고 슬기로워 서나라의 왕위를 이었다. 나중에 곡창이 죽음에 이르자 뿔이 나고, 꼬리가 아홉 개가 나왔다. 사실은 황룡(黃龍)이었던 것이다. 언왕이 개를 서나라 땅에 묻어주었다. 지금도 그곳에 구롱(九壟)이라는 개무덤을 볼 수 있다. 언왕이 그 나라를 다스릴 때 어질고 의리가 있다고 소문이 자자했다. 배로 상국(上國)에 가려고 진(陳)과 채(蔡) 나라 사이에 운하를 파서 왕래하였다. 붉은활과 화살을 얻었는데, 이

---

9) 『박물지(博物志) 제7권』, 진대(晉代)의 장화(張華)가 엮었다고 한다.(이지영, 『한국 건국신화의 실상과 이해』, 월인, 2000, 86~87쪽 참조.) 이 기록은 『후한서』 동이열전에 인용되고 있으며, 『수신기』(동진의 干寶 지음, ?~336)에도 비슷한 내용이 있다.

제는 하늘의 상서를 얻었다고 하여 드디어 이름을 궁(弓)이라 하고 스스로 서언왕이라고 칭하였다.

강수(江水)와 회수(淮水) 부근의 제후들이 모두 복종하였으니, 복종하는 나라가 36국이나 되었다. 주왕(周王)이 그것을 듣고 네 마리 말이 끄는 수레에 사신을 태워 하루 만에 급히 초나라로 들어가게 해서, 서나라를 정벌하게 하였다. 언왕은 어질어서 나라의 백성들이 초에 의해 패했다는 말을 차마 들을 수 없다며, 팽성 무원현 동산(東山) 아래로 도주하는데, 백성들도 왕을 따르니 수만 명이나 되었다. 후에 그 산은 서산(徐山)이라 불려졌다. 산 위에는 석실이 세워졌는데, 신령함이 있어서 사람들이 그곳에서 기도하였다. 지금도 모두 그대로 있다.

### 동명왕 신화의 이해

① 동명(東明)은 부여계 나라의 공동시조일 것이다. 그동안 고구려의 주몽과 동명을 동일인물로 이해해 왔으나, 중국 문헌에 있는 동명 신화를 『삼국사기』나 『삼국유사』 등의 국내 문헌에는 부여의 동명 신화를 수록하고 있지 않다. 아마도 부여와 고구려의 신화를 같은 것으로 이해했기 때문으로 볼 수 있다. 그러나 양자는 몇 개의 모티프와 시조의 탄생, 성장, 건국의 과정 등에서 공통적인 모습이 일부 발견되지만, 신화의 전체적인 구조나 그 세부적인 내용은 같지 않다. 따라서 둘은 독자적인 신화로 보아야할 것이다.

② 부여는 송화강(松花江) 주변의 농안(農安), 장춘(長春), 길림(吉林) 등을 근거로 한 나라를 말한다. 기록에 나타나는 것은 기원전 4세기 경이며, 1세기 초에는 흉노나 고구려와 함께 왕망(王莽)의 신(新, 8년~23년)나

라에 위협적인 존재일 만큼 큰 세력을 형성했다. 선비족의 연(燕)에 의해 쫓겨나 동해안 쪽으로 이동하게 되는데, 고구려 광개토왕에 의해 복속(410년)되었다가, 문자왕 때(494년) 합병되고 말았다. 이와 같이 부여는 상당히 오랫동안 만주 일대를 장악하고 있었던 나라였다. 그러나 부여는 강력한 단일 국가로 존재하기보다는 연맹왕국의 형태를 유지하고 있었고, 부여족이 이동하면서 북부여, 동부여, 졸본부여와 같은 여러 나라를 이루게 된다. 그밖에 동예, 옥저, 백제 등도 부여족의 일파가 세운 나라로 되어 있다.

③ 동명 신화의 줄거리는 다음과 같다. 1)탁리국왕의 시비가 임신하자(모친의 신성성 없음), 왕이 죽이려 하니, 그녀는 '하늘에서 내려온 달걀 같은 기운으로 잉태하였다'고 한다.(일광감응, 日光感應) 2)시비가 아들을 낳았다.(태생, 胎生) 3)왕이 아이를 돼지우리, 마구간에 버렸으나 짐승들이 돌보았다. 4)왕은 아이를 천자(天子)로 생각하여 어미에게 되돌려 주었다. 5)왕은 아이를 '동명(東明)'이라 부르고, 말먹이를 시켰다. 6)왕이 동명의 활솜씨를 보고 나라를 빼앗길까 두려워 죽이려 하였다. 7)동명이 남으로 도망하였다. 8)엄호수에 이르러 활로 물을 치니, 물고기와 자라가 다리를 만들어 주어 강을 건넜다. 9)동명은 도읍을 정하여 부여의 왕이 되었다.

④ 서언왕 신화 : 북방 지역 여러 나라의 건국신화를 살필 때 제일 먼저 언급해야 할 것은 서나라 서언왕 신화이다. 그것은 이 신화에 후대의 동명 신화, 주몽 신화와 공유하는 내용들이 들어 있기 때문이다. 서언왕 신화에 보이는 시조의 난생(卵生), 기아(棄兒), 짐승의 보호, 알에서 깨어남, 왕위의 계승, 궁시(弓矢) 등의 요소들은 동명 신화나 주몽 신화에도 발견된다.

게다가 서나라는 부여, 고구려와 같은 동이족의 한 나라라는 점에서 이들 신화 사이의 영향 관계도 어느 정도 상정할 수 있다.

서언왕 신화의 주인공은 서나라 임금이다. 원래 서나라는 춘추전국시대에 산동반도의 안휘성 사현 북쪽 등지에서 살았던 동이족의 한 나라로 서융(徐戎)으로도 불린다. 언왕 때에 세력이 강성해지면서 여러 동이족을 연합하여 주나라를 공격한 끝에, 목왕으로부터 동방의 패자로 인정받기도 하였다. 서언왕은 초나라 목왕(기원전 600년 경)의 공격을 받아 크게 패하고 말았다. 그러나 그 후 서나라는 다시 나라를 회복하였으며 초나라와 오나라에 의해 춘추시대 중기 이후로 흥망을 되풀이하다가, 전국시대에 이르러 영토가 초나라에 거의 합병되고 말았다.

『박물지』의 것을 중심으로 이 신화의 줄거리를 요약하면 다음과 같다. 1) 서나라의 궁녀가 임신하여 알을 낳았다 2) 궁녀는 상서롭지 못하다고 여겨 알을 물가에 버렸다 3) 개가 알을 물어다 과부인 주인에게 주었다 4) 과부가 따뜻하게 알을 덮어주자 아이가 깨어 나왔다 5) 궁중에서 아이를 데려와 길렀고, 아이는 자라서 왕위를 이었다 6) 왕은 붉은 궁시를 얻었고, 스스로 서언왕이라 이름하였다 7) 초나라에게 패한 서언왕이 동산으로 도망가니, 백성들이 따랐다 8) 사람들은 그 산에 석실을 세웠는데, 그곳은 신령하여 기도처가 되었다. 다만 이 신화에는 주몽 신화에서처럼 '일광감응(日光感應)' 요소가 없다는 것이다.[10]

⑤ 북부여의 건국신화 : 해모수 신화는 북부여의 시조신화이다. 해모수

---

10) 이지영, 앞의 책, 132~133쪽 참조

신화의 흔적은 고구려의 건국신화 속에 들어 있다. 그것은 해모수가 주몽의 부친으로 되어 주몽 신화의 앞부분에 자리하고 있기 때문이다. 해모수 신화의 독자성에 대해서는 학계의 긍정적인 논의가 활발한 편이다.『삼국유사』 북부여조의 내용은 다음과 같다. 1)천제(天帝)가 하늘에서 오룡거를 타고 흘승골성에 내려왔다. 2)도읍을 정하여 북부여라 하고, 해모수라고 이름하였다. 3)해모수는 아들 해부루를 낳았다. 4)해부루는 나중에 도읍을 옮겨 동부여를 세웠다. 5)북부여를 계승한 동명(주몽)이 졸본부여를 세웠다.

또한 〈동명왕편〉의 내용은 다음과 같다. 1)천제가 태자를 지상의 부여 옛 도읍에 내려 보냈다. 2)그가 내려올 때 오룡거를 탔으며, 백여 명의 무리를 이끌었다. 3)웅심산에 10여 일간 머물다 내려왔다. 4)해모수라 했으며, 아침에 정사를 보고 저물면 하늘로 올라갔다. 5)세상에서 천왕랑(天王郎)이라 일컬었다. 이것은 건국신화 가운데 가장 원초적인 모습에 해당한다. 기본적인 내용은 '하늘에서 직접 하강한 건국시조가 지상에 나라를 세운다'는 것이다. 단군 신화의 환웅의 모습과 유사점이 많다.

# 제3장
# 주몽(朱蒙) 신화(고구려)

## 1. 〈광개토호태왕비(廣開土好太王碑)〉(장수왕 2년 414년)

　　옛날 시조 추모왕이 나라의 기틀을 창건하시었다. 북부여에서 나오셨
으니, 하느님의 아들이요 어머니는 하백녀(河伯女)이시다. 알을 깨고 세상
에 내려오셨으며, 태어나면서부터 성스러움을 지니고 계셨다. …(중략)…
수레를 명하여 남쪽으로 순행하여 내려오시다가, 도중에 부여의 엄리대수
(奄利大水)를 지나게 되었다. 왕께서 나루터에 도달하여 말씀하시기를,
"저는 황천(皇天)의 아들이요 어머니는 하백녀로 추모왕입니다. 저를 위하
여 갈대를 이어주시고 거북을 띄워주십시오." 하였다. 그 소리에 응하여
즉시 갈대가 이어지고 거북이 떴다. 그런 뒤에 물을 건널 수가 있었다.
비류곡(沸流谷) 홀본(忽本) 서쪽 성의 산 위에 도읍을 세웠다. 세상의 자리
에 있는 것을 즐겁게 여기지 않자, (하느님이) 황룡을 내려 보내어 왕을
맞아오게 하였다. 왕은 홀본 동쪽 언덕에서 황룡을 타고 승천하였다.
　　세자 유류왕(儒留王)에게 왕위를 맡기니 왕은 도(道)로써 나라를 크게

일으켜 다스렸고, 대주류왕(大朱留王)은 그 기업(基業)을 밝게 이어 받았다. 17세손에 이르러 국강상광개토경평안호태왕(國岡上廣開土境平安好太王)이 29세에 왕위에 올랐는데, 시호를 영락태왕(永樂太王)이라 하였다.

## 2. 『삼국사기』 13권 고구려본기(김부식, 1145년)

시조 동명성왕의 성은 고(高)씨요 이름은 주몽(朱蒙)이다[추모(鄒牟) 또는 중해(衆解)라고도 한다]. 예전에 부여왕 해부루가 늙도록 자식이 없어 산천에 제사지내 대 이을 아들 낳기를 빌러 다녔다. 곤연(鯤淵)에 이르자, 타고 있는 말이 큰 돌을 보고 마주 대하여 눈물을 흘리는 것이었다. 왕이 그것을 이상하게 여기어 사람을 시켜 그 돌을 옮기자, 아기가 있었는데 금색 개구리 모양이었다['蛙(개구리 와)'는 '蝸(달팽이 와)'로 쓰기도 함]. 왕이 기뻐하며 말하기를, "이는 곧 하늘이 주신 귀한 아들이로구나!" 하고 거두어 기르고 이름을 금와(金蛙)라 하였다. 자란 뒤에 태자로 삼았다.

뒷날, 상(相) 벼슬에 있는 아란불(阿蘭弗)이 아뢰었다. "어느 날, 하느님이 제게 내려와 말씀하시기를, '내 자손을 시켜 이 땅에다 나라를 세우려 하니, 너는 이 땅을 떠나라. 동쪽 바닷가에 가섭원(迦葉原)이라고 하는 땅이 있는데, 토양이 기름져 오곡 재배하기에 알맞으니 나라를 세울 만한 곳이니라.'라고 하였습니다." 아란불이 드디어 왕에게 권하여 그 곳으로 도읍을 옮기었는데, 나라 이름을 동부여(東夫餘)라고 하였다. (부여의) 옛 도읍지에는, 어디에서 왔는지 알 수 없는 사람이, 스스로 천제의 아들 해모수라고 하면서 그 곳에 와 나라를 세웠다.

해부루가 죽자, 금와가 왕위를 이었다. 이때, 태백산 남쪽 우발수에서 여자를 만나 그 여자에게 물으니, "저는 하백의 딸 유화라고 합니다. 동생들과 함께 놀러 나왔다가, 스스로 천제의 아들 해모수라고 하는 한 남자가 저를 웅심산 아래로 유인하여서, 압록강가의 집에서 마음대로 하고는 바로 떠나가서 돌아오지 않고 있습니다. 부모님께서는 중매도 없이 남을 따랐다고 저를 꾸짖으시고, 마침내 우발수에 내쫓아 살게 하신 것입니다."라고 하였다.

금와가 이상하게 여겨, 방안에 가두었더니, 햇빛에 쪼여, 몸을 피하자 계속 따라오면서 비추는 것이었다. 이 때문에 임신하여 알 하나를 낳았는데 크기가 닷 되쯤 되었다. 왕이 그것을 개와 돼지에게 버리자 모두 먹지 아니하였고, 또 길 가운데에다 버리니, 소와 말이 피했고, 나중에는 들에다 버리자 새가 날개로 덮어 주는 것이었다. 왕이 그 알을 쪼개려고 했으나 깰 수가 없어, 마침내 그 어머니에게 돌려주었다. 그 어머니가 무언가로 싸서 따뜻한 곳에 두자, 한 사내아이가 껍질을 깨고 나왔는데, 기골과 모양이 빼어나고 비범하였다.

나이 겨우 일곱 살인데도 숙성하여 범상하지 않았다. 스스로 활과 화살을 만들어, 쏘았다 하면 백발백중이었다. 부여 속어(俗語; 고유어)에서 활 잘 쏘는 것을 '주몽(朱蒙)'이라고 하므로, 이것을 이름으로 삼았다고 한다.

금와에게는 아들 일곱이 있어, 늘 주몽과 함께 놀았는데, 그 재주와 능력이 주몽에게 미치지 못하였다. 그 장남인 대소(帶素)가 왕에게 말하기를, "주몽은 사람의 소생이 아니고 그 됨됨이도 용맹스러우니, 만일 일찌감치 해치우지 않으면 후환이 있을까 두렵습니다. 그자를 제거하소서."라고 하였다. 왕은 듣지 않고 주몽에게 말을 기르도록 하였다. 주몽은 날쌘 말을 알아내어, 먹이를 적게 주어 여위게 하고, 둔한 말은 잘 길러 살찌게 하였는데, 왕이 살찐 말은 자기가 타고 여윈 말은 주몽에게 주었다.

나중에 들에서 사냥을 하는데, 주몽에게는, 활을 잘 쏜다 하여 화살을 적게 주었으나, 주몽이 잡은 짐승이 훨씬 많았다. 왕자와 여러 신하가 다시 주몽을 살해하려고 하였다. 주몽의 어머니가 이 사실을 알아차리고는 말하기를, "나라 사람들이 너를 죽이려고 하니, 네 재주를 가지고 어디 간들 아니 되겠느냐? 머뭇거리고 있다가 치욕을 당하느니 먼 곳에 가서 뜻있는 일을 하는 것이 좋겠다."라고 하였다. 그리하여 주몽이 오이, 마리, 협보 등 세 사람을 벗삼아, 가는 길에 엄호쉬[일명 개사수(蓋斯水)라고도 하는데, 지금의 압록강 동북쪽에 있음.]에 이르렀다.

건너려고 해도 다리가 없어, 척후병에게 붙들릴까 봐 두려워, (주몽이) 물을 향하여, "저는 천제의 아들이요 하백의 외손입니다. 오늘 도망치다가, 추격자가 거의 닥치고 있으니 어쩌면 좋단 말입니까?"라고 고하였다. 그러자 물고기와 자라가 떠올라 다리를 이루어, 주몽은 물을 건널 수 있었고, 물고기와 자라는 곧 흩어져 버려 추격병들은 건널 수 없었다.

주몽이 모둔곡(毛屯谷)[『위서』에서는 "보술수(普述水)에 이르렀다."라고 하였음.]에 이르러, 세 사람을 만났다. 그 한 사람은 삼베옷을 입고, 한 사람은 누비옷을 입었으며, 한 사람은 마름옷을 입고 있었다. 주몽이 묻기를, "그대들은 어떤 사람이며, 성은 무엇이고 이름은 무엇인가?"라고 하였다. 삼베옷을 입은 자가 말하기를, "이름이 재사(再思)입니다."라고 하고, 누비옷을 입은 자는 말하기를, "이름이 무골(武骨)입니다."라고 하였으며, 마름옷을 입은 자는 말하기를, "이름이 묵거(黙居)입니다."라고 하였다. 그러면서도 성씨는 말하지 않았다. 주몽이 재사에게는 극씨(克氏)라는 성을, 무골에게는 중실씨(仲室氏), 묵거에게는 소실씨(少室氏)라는 성을 내려주었다. 그리고는 곧 여러 사람에게 이르기를, "내가 바야흐로 하느님의 대명(大命)을 받아 국가를 창건하려 하는데, 마침 이 현인(賢人) 세 분을 만났으니 어찌 하늘이 내려주신 것이 아니리요!"라고 하였다. 마침내 그 재능을 헤아려 각각 일을 맡기고, 함께 졸본천(卒本川)[『위서』에서는 "흘승골성(紇升骨城)에 이르렀다."라고 하였음.]에 이르러, 토양이 비옥하고 산하가 험준한 것을 보고 드디어 그곳에 도읍을 정하기로 하였다. 하지만 미처 궁실을 지을 겨를이 없어, 우선 비류수(沸流水) 위쪽에 임시거처를 마련해 살았다. 나라 이름을 고구려라 하였는데, 이 때문에 고(高)가 성씨가 되었다["주몽이 졸본부여에 이르렀는데, 아들이 없는 왕이, 주몽을 보고 범상한 인물이 아닌 것을 알고는, 자기 딸과 결혼시켰다. 왕이 죽자 주몽이 왕위를 이었다."라는 설도 있음. 이 때 주몽의 나이 스물 두 살이었는데, 이 해는 한 나라 효원제(孝元帝)의 건소(建昭) 2년(서기전 37)이며, 신라 시조 혁거세 21년인 갑신해였다.

사방에서 소문을 듣고 와서 따르는 자가 많았다. 그 지역이 말갈 부락과 이웃하여 있었으므로, 침략을 당하여 해를 입을까 염려하여 드디어 이들을 물리치니, 말갈이 두려워 복종하고 함부로 넘보지 못하였다. 왕이 비류수 가운데 남새가 떠내려 오는 것을 보아, 상류에 사람이 살고 있다는 것을 알고는, 사냥을 하면서 찾아가 비류국에 이르렀다.

비류국의 왕인 송양(松讓)이 나와 보고 말하기를, "과인이 구석진 곳에 살아 아직껏 군자를 볼 수가 없었는데, 오늘 우연히 서로 만나게 되니, 다행한 일이 아니겠는가? 그런데 나는 그대가 어디에서 왔는지 알지 못하노라." (주몽이) 대답하기를, "나는 천제의 아들인데 아무 곳에 와서 나라를 세웠다."라고 하였다. 송양이 말하기를, "우리는 (이 곳에서) 여러 대째 왕노릇을 해 왔으며, (이 곳은) 땅이 좁아 두 주인은 받아들일 수가 없다. 그대는 나라를 세운 지가 얼마 되지 않으니 우리 속국이 되는 것이 어떤 가?"라고 하였다. 왕(주몽)이 그 말에 분노하여, 송양과 말다툼하고, 서로 활을 쏘아 솜씨를 겨루었는데, 송양은 맞설 수가 없었다.

2년(서기전 36). 여름 6월에 송양이 나라를 바치며 항복하자, (왕은) 그 땅을 다물도(多勿都)라 하고, 송양을 책봉하여 그 곳 우두머리로 삼았다. 고구려 말에 '옛 땅의 되물림'을 '다물(多勿)'이라 하기 때문에 그런 이름을 붙인 것이다.

3년(서기전 35). 봄 3월에 황룡이 골령(鶻嶺)에 나타났다. 가을 7월에는 상서로운 구름이 골령의 남쪽에 나타났는데, 그 고을이 청적색(靑赤色)이 었다.

4년(서기전 34). 여름 4월에 구름과 안개가 사방에서 일어나, 7일 동안이 나 사람들이 빛깔을 분간할 수 없었다. 가을 7월에 성곽을 세우고 궁실을 지었다.

6년(서기전 32). 가을 8월에 신작(神雀)이 궁정에 모여들었다. 겨울 10월 에 왕이 오이(烏伊)와 부분노(扶芬奴)를 시켜 태백산 동남쪽에 있는 행인 국(荇人國)을 쳐서, 그 땅을 빼앗아 성읍으로 삼았다.

10년(서기전 28). 가을 9월에 난(鸞)새가 왕대(王臺)에 모여들었다. 겨울 동짓달에 왕이 부위염(扶尉猒)을 시켜 북옥저를 쳐서 멸망시키고, 그 땅을 성읍으로 삼았다.

14년(서기전 24). 가을 8월에 왕의 어머니 유화가 동부여에서 별세하였 다. 동부여 왕 금와가 태후의 예로 장사지내고, 그 신묘(神廟)를 세웠다.

겨울 10월에 부여에 사신을 파견하여 방물(方物)을 보내 그 은덕에 보답하였다.

19년(서기전 19). 여름 4월에 왕의 아들 유리(類利)가 부여에서 제 어머니와 함께 도망쳐 왔다. 왕이 기뻐하며, 태자로 삼았다. 가을 9월에 왕이 승하하니, 이 때의 나이 마흔 살이었다. **용산(龍山)에 장사지내고 동명성왕(東明聖王)이라고 불렀다.**

유리명왕(瑠璃明王)이 즉위하였다. 왕의 이름은 유리(儒利), 혹은 유류(孺留)라 하며, 주몽의 원자(元子)요 모친은 예씨(禮氏)이다. 처음에, 주몽이 부여에 있을 때 예씨녀를 아내로 맞아하였고, (그녀가) 임신중이었는데 주몽이 떠난 후에 태어난 이가 곧 유리이다. 유리가 어릴 때 거리에 나와 놀며 새를 쏘다가 잘못하여 물긷는 부인의 물동이를 깨뜨렸다. 그 여자가 꾸짖기를, "이 아이는 아버지가 없는 까닭으로 이같이 미련한 짓을 한다." 고 하였다. 유리가 부끄러워하며 집으로 돌아와 어머니에게 물었다.

"제 아버지는 누구이며 지금 어디에 계십니까?"

그의 어머니가 말했다.

"너의 아버지는 보통사람이 아니어서, 나라에 용납되지 못하고 남쪽 땅으로 도망하여 나라를 세우고 왕이 되셨다. 떠나갈 때 나에게 말씀하시기를, '그대가 만일 사내아이를 낳으면, 내가 갖고 있는 유물을 일곱 모가 난 돌 위 소나무 밑(七稜石上松下)에 감추어두었으니, 만약 이것을 찾게 되면 곧 나의 아들이 된다.'고 하셨다."

유리가 이 말을 듣고 곧 산골짜기에 가서 그것을 찾았으나, 얻지 못하고 지쳐서 돌아왔다. 하루는 그가 마루 위에 있는데, 주춧돌 사이에서 무슨 소리가 나는 것을 들었다. 가서 살펴보니 주춧돌이 일곱 모로 되어 있으므로 곧 기둥 밑을 찾아서 부러진 칼 한 조각을 얻었다. 드디어 그것을 가지고 옥지(屋智), 구추(句鄒), 도조(都祖) 등 세 사람과 함께 졸본(卒本)으로 갔다. 부왕(주몽)을 뵙고 단검을 바쳤다. 왕이 자기가 가지고 있던 단검을 꺼내어 맞추어 보니, 연결되어 하나의 칼이 되었다. 왕은 이를 기뻐하며 그를 태자로 삼았다. 이때(기원전 19년)에 이르러 (유리가) 왕위를 계승하였다.

## 3. 『삼국유사』(일연, 1275년~1281년 사이)

### 고구려[1]

고구려는 곧 졸본부여(卒本扶餘)이다. 혹은 지금의 화주(和州)[2]라고도 하고 성주(成州)[3]라고도 하는데 다 틀린 것이다. 졸본주는 요동(遼東)땅에 있다.

국사(國史) 고려본기(高麗本紀)[4]에 있는 말이다.

시조(始祖) 동명성제(東明聖帝)는 성이 고씨(高氏)이고 이름은 주몽(朱蒙)이다.

이에 앞서 북부여왕(北扶餘王) 해부루(解扶婁)는 이미 동부여(東扶餘)로 피해 갔고, 부루(扶婁)가 죽으매 금와(金蛙)가 왕위를 이었다. 금와왕(金蛙王)은 태백산(太白山)[5] 남쪽 우발수(優渤水)에 갔다가 한 여자를 만나게

---

1) 『삼국유사』 고구려조
2) 지금의 영흥 지방
3) 지금의 평안남도 성천군(成川郡)
4) 『삼국사기』 고구려본기이다.

되었다. 금와왕은 그 여자에게 '어찌된 일로 여기에 있느냐'고 물었다.

그 여자는 자기의 처지에 대하여, "나는 하백(河伯)의 딸[6]로 이름은 유화(柳花)라고 합니다. 저는 여러 아우들과 함께 물가에 나들이를 나가 놀았습니다. 그때 한 남자가 스스로 '천제(天帝)의 아들 해모수(解慕漱)'라고 말하면서, 웅신산(熊神山)[7] 아래 압록수(鴨淥水) 강가의 어느 방 안으로 저를 꾀어 들여 사랑을 나누게 되었습니다.[8] 그리고는 그 남자가 훌쩍 가버리고 돌아오지 않았습니다.[단군기(壇君記)에는 '단군이 서하(西河) 하백(河伯)의 딸을 맞이하여 아들을 낳아 이름을 부루(夫婁)라고 하였다'고 되어 있으나, 지금 이 기록(삼국사기 고구려본기를 말함)을 살펴보니, '해모수가 하백의 딸과 몰래 정을 통한 뒤, 주몽을 낳았다'고 한다. 단군기에는 '아들을 낳아 부루라 이름하였다'고 하니, 아마도 부루와 주몽은 어머니가 다른 형제(異母兄弟)일 것이다.] 부모님께서는 중매도 없이 아무에게나 함부로 몸을 맡겼다고 저를 몹시 책망하며, 이곳으로 귀양을 보냈습니다."라고 말하였다.

---

5) 단군신화의 태백산과 지리적으로 동일한 산인지는 미상이다. 그러나 신화적(神話的)·신앙적(信仰的) 위상은 같을 것이다.

6) '하백(河伯)'은 서하(西河) 지역을 다스리는 신격 또는 그 지역의 군장이다. 하백은 수신(水神)으로서 곰으로 형상되었을 가능성이 있다.(최진원,『한국신화고석』, 성균관대학교 대동문화연구원, 1989, 71쪽.) 해모수가 천신족(天神族)이라면 하백은 수신을 섬기는 지신족(地神族)이며 토착족일 것이다. '하백지녀(河伯之女)'는 토착족 추장의 딸로 시조신(주몽)을 낳은 신모(神母)이며 곡령(穀靈)으로도 해석한다.

7) 『삼국사기』에는 웅심산(熊心山)으로 되어 있다. 웅심산과 웅신산은 공히 웅산(熊山)이라는 인식에서 가능하다. 웅신산(熊神山)은 곰이 중첩된 말로서 '곰뫼', '고마뫼', '금뫼', '검뫼', '곰들', '고마들', '금들', '검들' 즉 웅산(熊山)이라 할 것이다.(최진원, 앞의 책, 81쪽.)

8) 원문의 '사지(私之)'는 일반적으로 '사통(私通)하다'로 해석된다. '私通'은 불륜으로 오해할 여지가 있어서 '사랑을 나누다'로 표현한다. '私之'는 신화 속의 신들이 펼치는 은밀한 사랑일 수는 있어도, 부정이나 불륜을 지적하는 표현은 아닐 것이다.

금와왕(金蛙王)은 그 일을 이상하게 여겨, 으슥한 방 안에 가두어 두었다. 그랬더니 그 방 안으로 햇빛이 들어와 유화의 몸에 비추게 되었다. 유화(柳花)는 몸을 끌어 그 햇빛을 피해 갔다. 햇빛은 또 따라와 그녀의 몸을 비추었다. 그로 말미암아 마침내 잉태(孕胎)하게 되었다.9)

유화는 한 알을 낳았다.10) 크기가 닷 되들이만 했다. 금와왕은 그 알을 버리게 해서 개, 돼지에게 주었더니 모두 먹지 않았다. 또 그것을 길에 버리게 했더니 우마(牛馬)도 그 알을 피해 갔다. 그 알을 벌판에 버리게 했다. 새와 들짐승도 그 알을 날개와 몸으로 덮어 주었다. 금와왕은 그 알을 쪼개 보려 했다. 깨뜨릴 수가 없었다. 마침내 그 어미에게 되돌려 주었다.

어미 유화는 그 알을 잘 싸서 따뜻한 곳에 놓아두었다. 그랬더니 한 아이가 알껍질을 깨고 나왔다. 뼈대와 허우대가 영걸차며 기특했고, 나이 겨우 일곱 살에 뜻과 재능이 뛰어나 여느 아이들과는 사뭇 달랐다. 제 손으로 활과 화살을 만들어 쏘았는데, 쏘는 대로 백발백중이었다. 북부여 나라 사람들은 활 잘 쏘는 사람을 주몽(朱蒙)이라 했으므로 그 아이를 주

---

9) 유화(柳花)의 회임(懷妊)은 이중적으로 설명되고 있다. 해모수(解慕漱)와 혼인(婚姻)하는 사실적(事實的)인 현실의 묘사와 일광(日光)에 감응(感應)하는 상징적(象徵的)인 추상의 구도가 그것이다. 천제자(天帝子)로 형상화된 해모수는 태양의 아들이기를 요구한다. 햇빛은 태양의 정(精)이다. 해모수의 등장은 역사적 현실문맥이고 일광의 감응은 천강신화의 상징체계이다. 『삼국유사』에 수록된 이 신화는 이 양면성을 함께 다루고 있다.

10) 난생설(卵生說). "이 신화의 분포에서 보아, 동남아시아나 오세아니아의 수렵민의 제 문화(諸文化)와 고층(古層)의 재배민문화에는 속하지 않고, 비교적 새로운 문화의 물결과 관계하고 있다는 것은 확실하다. 이런 의미에서 바우만이 이 모티프의 신화를 고문화적(高文化的)이라고 간주한 것은 타당하다. 그러나 인도의 고대문명이나 중국의 고대문명으로부터의 영향이 아니라는 것은 인도나 중국에 있는 이 모티프의 분포로 보아 알 수 있다."(大林太良, 『신화학입문』, 새문사, 1996, 96쪽.)

몽이라 이름하였다.

금와왕에게는 일곱 왕자가 있었다. 그들은 항상 주몽과 더불어 놀이를 했다. 그들의 재주는 주몽을 당해낼 수가 없었다. 장자 대소(帶素)는 왕에게 아뢰었다.

"주몽은 사람이 낳은 바가 아닙니다. 만약 일찍 없애버리지 않으면 후환이 있을까 두렵습니다."

금와왕은 그 말을 듣지 아니 하고, 주몽에게 말을 기르게 했다.[11] 주몽은 잘 달리는 좋은 말을 알아보고 적게 먹여 마르게 했고, 걸음이 느린 말을 잘 길러 살찌게 했다. 금와왕은 스스로 살찐 말을 타고, 마른 놈은 주몽에게 주었다.

금와왕의 여러 왕자와 신하들은 주몽을 해치려고 모의를 했다. 주몽의 어머니는 그것을 알아차리고 아들에게 알려주었다.

"이 나라 사람들이 너를 해치려고 한다. 너의 재략(才略)을 가지고 어딜 간들 이룰 수 없겠느냐. 속히 이곳을 탈출하도록 하여라."

그때에 주몽과 오이(烏伊)등 삼인(三人)[12]이 벗이 되어 있었는데, 이들은 길을 떠나 엄수(淹水)[지금 자세하지 않다]에 도착하게 되었다. 배가 없어 강물을 건널 수 없게 되자 물에 고하여 말하였다.

"나는 천제(天帝)의 아들이고 하백(河伯)의 손자입니다. 오늘 재난을 피해 달아나고 있는데 추격하는 사람들이 거의 다 따라오고 있으니 어찌하면 좋겠습니까?"

---

11) 이는 주몽이 속한 부여족(扶餘族)이 초원지대의 기마민족(騎馬民族)이라는 것을 말해준다.
12) 『삼국사기』에서 삼인은 오이・마리・협부(烏伊 摩離 陜父)로 기록하고 있다.

그러자 물고기와 자라들이 모여들어 다리를 이루어 강을 건널 수 있었고, 다리가 풀어지니 추격하던 기병은 건너지를 못했다.

주몽은 졸본주(卒本州)[현토군의 지경이다]에 이르러 마침내 도읍을 열었다. 그러나 궁실(宮室)을 지을 겨를이 없어 비류수(沸流水) 가에 초막을 엮고 거기에서 거처하였다. 국호(國號)를 고구려(高句麗)라 했고, 고(高)로 성씨(姓氏)를 삼았다[본래 성은 해씨(解氏)였으나, 이제 스스로 하느님의 아들로서 햇빛을 받아 태어났다고 하여 고씨라고 한 것이다]. 그때 나이 열 두 살이었고, 한(漢)나라 효원제(孝元帝) 건소(建昭) 이년(二年) 갑신세(甲申歲)에 즉위하여 왕을 칭했다.

고구려가 전성하던 때는 이십일만 오백 팔십호였다.

주림전(珠琳傳) 제21에 실려 있는 이야기이다.

옛날 영품리왕(寧禀離王)의 시비(侍婢)가 임신했는데, 점쟁이가 점치어 말했다.

"귀히 되어 반드시 왕이 될 것이오."

왕이 말했다.

"내 아들이 아니니, 마땅히 죽이도록 하여라."

시비가 말했다.

"기가 하늘에서 내려왔기 때문에 제가 임신하게 된 것입니다."

아들을 낳게 되자 '상서롭지 못하다' 하고 우리에 버렸더니 돼지가 입김을 불어 주었고, 마구간에 버렸더니 말이 젖을 먹여주어서 그 아이는 끝내 죽지를 않았다. 마침내 부여의 왕이 되었다.[곧 동명제가 졸본부여의 왕이 되었음을 이른 것이다. 이 졸본부여 역시 북부여의 별도(別都)인 고로 부여왕이라고 이른 것이다. 영품리는 곧 부루의 다른 이름이다.]

## 4. 『동국이상국집』〈동명왕편(東明王篇)〉(이규보, 1193년)

* 일러두기 : 이하 〈동명왕편〉 본문 중, 이따금 [ ]안에 서술한 내용은 이규보가 『구삼국사』에서 관련 대목을 인용해 놓은 것임. ( )는 필자의 주이다.

### 〈동명왕편 병서(竝書)〉

세상에서 동명왕의 신통하고 이상한 일을 많이 말한다. 비록 어리석은 남녀들까지도 흔히 그 일을 이야기한다. 내가 일찍이 그 이야기를 듣고 웃으면서 말하였다. "선사 중니(공자)께서는 괴력난신(초경험적인 현상들)에 대해서는 말씀하지 않았다. 동명왕의 일은 실로 황당하고 기괴하여 우리들이 이야기할 것이 못 된다." 그 후 『위서』와 『통전』을 읽어 보니 역시 그 일에 대해 기재하였으나 간략하고 자세하지 못하였으니, (자기네) 중국 일은 자세히 하고 외국의 것은 소략하게 하려는 뜻인지도 모른다.

지난 계축년 4월에 『구삼국사』를 얻어 「동명왕본기」를 보니, 그 신이한 사적이 세상에서 이야기하는 것보다 더하였다. 그러나 처음에는 믿지 못하고 잡귀나 환상 차원의 것으로만 생각하였는데, 세 번 반복하여 읽어서 점점 그 근원에 들어가니, **환상이 아니고 거룩함이었으며, 잡귀가 아니고 신령한 것이었다.** 하물며 국사는 사실 그대로 쓴 글이니, 어찌 허탄한 것을 전하였겠는가.

김 공 부식이 국사를 다시 쓸 때 자못 그 일을 생략하였으니, 김 공의 생각에, 국사는 세상을 바로잡는 글이니 크게 이상한 일은 후세에 보일 것이 아니라고 여겨 생략한 것이 아닐까? (하지만) 「당현종본기」와 「양귀비전」에는 주술사가 하늘에 오르고 땅에 들어갔다는 일이 없는데, 오직 시인 백낙천이 그 일이 없어질까 두려워하여 (「장한가」라는) 노래를 지어 기록하였다.

**저것은 실로 황당하고 음란하고 기괴하고 허탄한 일인데도 오히려 읊어서 후세에 보였거든, 하물며 동명왕의 일은 변화의 신이한 일로서, 여러 사람의 눈은 현혹한 것이 아니고 실로 나라를 창시한 신기한 사적이니, 이것을 기술하지 않으면, 후인들이 장차 어떻게 볼 수 있겠는가? 그러므로 시를 지어 기록하여 우리나라가 본래 성인(聖人)의 나라라는 것을 천하에 알리고자 하는 것이다.**

〈동명왕편〉

한 덩어리로 뭉친 원기 갈라져서

천황씨 지황씨가 되었다.

머리가 열 셋 혹은 열 하나

그 모습 기이함이 많았다.

그 나머지 성스러운 제왕들에 대해서도

경서와 사기에 실려 있다.

여절은 큰 별에 감응되어

소호금천씨 지를 낳았고

여추는 전욱을 낳았는데

역시 북두성의 광채에 감응되었다.

복희씨는 희생 제도를 마련하였고

수인씨는 나무를 비벼 불을 만들어 냈다.

명협이란 풀이 난 것은 요임금의 상서로운 일이요

서속이란 곡식이 비처럼 내린 것은 신농씨의 상서로운 일이다.

푸른 하늘은 여와씨가 기웠고

큰 물은 우 임금이 다스렸다.

황제헌원씨가 하늘에 오르려 할 때

턱에 수염 난 용이 스스로 이르렀다.

태고 적 순박할 때는

신령하고 성스러운 것 이루 다 기록할 수 없을 정도였는데

후세에 인정이 점점 경박해져서

풍속이 지나치게 사치해졌다.

성인이 간혹 나기는 하였으나

신령한 자취 보인 것이 적다.

한나라 신작 삼년

첫여름 북두가 사방을 가리킬 때[한나라 신작 3년 4월 갑인]

해동 해모수는

참으로 하느님의 아들

[본기(『구삼국사』)에 이렇게 적혀 있다. 부여왕 해부루가 늙도록 아들이 없어 산천에 제사하여 아들 낳기를 빌러 가는데, 탄 말이 곤연에 이르자 큰 돌을 보고 눈물을 흘렸다. 왕이 괴이하게 여겨 사람을 시켜 그 돌을 굴리니 금빛 나는 개구리 형상의 작은 아이가 있었다. 왕이, "이것은 하늘이 내게 아들을 준 것이다." 하며, 길러서 금와라 하고 태자로 삼았다. 정승 아불란이, "일전에 천제가 제게 내려와서 '장차 내 자손으로 하여금 이 곳에 나라를 세우려고 하니 너는 피하라. 동해가에 가섭원이란 땅이 있어 오곡이 잘 되니 도읍할 만하다'고 하였습니다."하고, 아불란은 왕을 권하여

옮겨 도읍하고 이름을 동부여라 하였다. 예전의 도읍터에는 해모수가 천제의 아들이 되어 와서 도읍하였다.]

처음 공중에서 내려오는데
자신은 다섯 용의 수레를 타고
따르는 사람 백여 인은
고니를 타고 깃털 옷을 화려하게 입었다.
맑은 풍악 소리 쟁쟁하게 울리고
채색 구름은 뭉게뭉게 떴다.

[한나라 신작 3년인 임술년에 천제가 태자를 보내 부여왕의 옛도읍에 내려와 놀았는데, 이름이 해모수였다. 하늘에서 내려오는데 다섯 마리 용이 끄는 수레를 타고, 따르는 사람 1백여 인은 모두 흰 고니를 탔다. 채색 구름은 위에 뜨고 음악 소리는 구름 속에 울렸다. 웅심산에 머물렀다가 10여 일이 지나서 내려오는데, 머리에는 까마귀 깃털로 만든 모자를 쓰고, 허리에는 용광검을 찼다.]

옛날부터 천명을 받은 임금 치고
어느 것인들 하늘에서 준 것이 아닌 게 있던가?
대낮 푸른 하늘에서 내려온 것은
옛적부터 보지 못한 일이다.
아침에는 인간 세상에서 살고
저녁에는 천궁으로 돌아간다.

[아침에는 정치적인 일에 대하여 듣고, 저물면 곧 하늘로 올라가니, 세상에서 천왕랑이라 일컬었다.]

내 옛사람에게 들으니

하늘에서 땅까지의 거리가

이억 만 팔천 칠백 팔십 리란다.

사다리로도 오르기 어렵고

날개로 날아도 쉽게 지친다.

아침 저녁 임의로 오르내리니

이 이치 어째서 그러한가

성 북쪽에 청하가 있으니

[청하는 지금의 압록강이다.]

하백의 세 딸이 아름다웠다.

[맏딸은 유화요, 둘째딸은 훤화, 막내는 위화이다]

압록강 물결 헤치고 나와

웅심 물가에서 놀았다.

[청하에서 나와서 웅심연가에서 놀았다]

쟁그랑 딸랑 패옥이 울리고

부드럽고 가냘픈 모습 아름다웠다.

[자태가 곱고 아름다웠는데 여러 가지 패옥이 쟁그랑거리고 한고와 다름이 없었다]

처음에는 한고(산의 이름. 주나라 정교보가 초나라로 가는 길에 한고대 아래를 지나다가 두 여자를 만나 두 구슬을 찬 것을 보고 그 구슬을 청하여 얻었다고 함) 물가인가 의심하고

다시 낙수의 모래톱을 연상하였다.

왕이 나가서 사냥하다 보고

눈짓을 보내며 마음에 두었다.

곱고 아름다운 것을 좋아함이 아니라

참으로 뒤 이을 아들 낳기에 급함이었다.

[왕이 좌우에게, "얻어서 왕비를 삼으면 후사를 둘 수 있다." 하였다]

세 여자가 왕이 오는 것을 보고

물에 들어가 한참 동안 서로 피하였다.

장차 궁전을 지어

함께 와서 노는 것 엿보려 하여

말채찍으로 한번 땅을 그으니

구리집이 홀연히 세워졌다.

비단 자리를 눈부시게 깔아놓고

금 술잔에 맛있는 술 차려 놓았다.

과연 스스로 돌아 들어와서

서로 마시고 이내 곧 취하였다.

[그 여자들이 왕을 보자 곧 물로 들어갔다. 좌우가, "대왕은 왜 궁전을 지어서 여자들이 방에 들어가기를 기다렸다가 못 나가게 문을 가로막지 않으십니까? 하였다. 왕이 그렇게 여겨 말채찍으로 땅에 그으니 구리집이 갑자기 이루어져 장대하고 아름다웠다. 방안에 세 자리를 베풀고 술잔을 차려놓았다. 그 여자들이 각각 그 자리에 앉아 서로 권하여 마셔 술이 크게 취하였다]

왕이 그때 나가 가로막으니

놀라 달아나다 미끄러져 자빠졌다.

[왕이 세 여자가 크게 취하기를 기다려 급히 나가 가로막으니 여자들이 놀라 달아나다가 맏딸 유화가 왕에게 붙잡혔다]

맏딸이 유화인데

이 여자가 왕에게 붙잡혔다.

하백이 크게 노하여

사자를 시켜 급히 달려가서

고하기를, "너는 어떤 사람이기에

감히 경솔하고 방자한 짓을 하는가?"

회보하기를, "나는 천제의 아들입니다.

높은 문중과 서로 혼인하기를 청합니다."

하늘을 가리키자 용수레가 내려오니

그대로 깊은 해궁에 이르렀다.

[하백이 크게 노하여 사자를 보내어 고하기를, "너는 어떤 사람이기에 내 딸을 잡아두는가?" 하였다. 왕이 회보하기를, "나는 천제의 아들인데 지금 하백에게 구혼하고자 합니다." 하였다. 하백이 또 사자를 보내어 고하기를, "네가 만일 천제의 아들이고 내게 구혼할 생각이 있으면 마땅히 중매를 시켜 말할 것이지 지금 문득 내 딸을 잡아두니 어찌 그리 실례가 심한가?" 하였다. 왕이 부끄러워하며 하백을 뵈려 하였으나 궁실에 들어갈 수 없었다. 그래서 그 여자를 놓아 보내고자 하니 그 여자가 이미 왕과 정이 들어서 떠나려 하지 않으며 왕에게 권하기를, "만일 용수레가 있으면 하백의 나라에 이를 수 있습니다." 하였다. 왕이 하늘을 가리켜 고하니, 조금 뒤에 다섯 마리 용이 끄는 수레가 공중에서 내려왔다. 왕이 여자와 함께 수레를 타니 풍운이 홀연히 일어나며 하백의 궁에 이르렀다.]

하백이 왕에게 이르기를,

"혼인은 큰일이라

중매와 폐백의 법이 있거늘

어째서 방자한 짓을 하는가?

[하백이 예를 갖추어 맞아 좌정한 뒤에 이르기를, "혼인의 도는 천하의
공통된 법규인데 어찌하여 실례되는 일을 해서 내 가문을 욕되게 하는가?"
하였다]

그대가 상제의 아들이라면

신통한 변화를 시험해 보자."

넘실거리는 푸른 물결 속에 하백이 변화하여 잉어가 되니

왕이 변화하여 수달이 되어

몇 걸음 못 가서 곧 잡았다.

또다시 두 날개가 나서

꿩이 되어 훌쩍 날아가니

왕이 또 신령한 매가 되어

쫓아가 치는 것이 어찌 그리 날쌘가.

저편이 사슴이 되어 달아나면

이편은 승냥이가 되어 쫓았다.

하백은 신통한 재주 있음 알고

술자리 벌이고 서로 기뻐하였다.

만취한 틈을 타서 가죽 수레에 싣고 딸도 수레에 함께 태웠다.

[수레의 옆을 기라 한다]

그 뜻은 딸과 함께

천상에 오르게 하려 함이었다.

그 수레가 물 밖에 나오기 전에

술이 깨어 홀연히 놀라 일어나

[하백의 술은 이레가 되어야 깬다]

여자의 황금비녀로

가죽 뚫고 구멍으로 나와서

[출은 협운이다]

홀로 붉은 하늘을 타고 올라서

소식없이 다시 돌아오지 않았다.

[하백이 "왕이 천제의 아들이라면 무슨 신통하고 이상한 재주가 있는가?" 하니, 왕이 "무엇이든지 시험하여 보소서." 하였다. 이에 하백이 뜰 앞의 물에서 잉어로 화하여 물결을 따라 노니니 왕이 수달로 화하여 잡았고, 하백이 또 사슴으로 화하여 달아나니 왕이 승냥이로 화하여 쫓았고, 하백이 꿩으로 화하니 왕이 매로 화하였다. 하백은 참으로 천제의 아들이라고 생각하여 예로 혼인을 이루고, 왕이 딸을 데려갈 마음이 없을까 두려워하여 풍악을 베풀고 술을 내어 왕을 권하여 크게 취하자, 딸과 함께 작은 가죽 수레에 넣어 용수레에 실으니 이는 하늘에 오르게 하려 함이었다. 그 수레가 미처 물에서 나오기 전에 왕이 술이 깨어 여자의 황금비녀로 가죽 수레를 뚫고 구멍으로 홀로 나와서 하늘로 올라갔다]

하백이 그 딸을 책망하여

입술을 잡아당겨 석 자나 늘여놓고

우발수 속으로 추방하고는

오직 비복 두 사람만 주었다.

[하백이 그 딸에게 크게 노하여, "네가 내 훈계를 따르지 않아서 마침내 우리 가문을 욕되게 하였다." 하고, 좌우를 시켜 딸의 입을 옭아 잡아당기

어 입술의 길이가 석 자나 되게 하고 노비 둘만 주어 우발수 가운데로 추방하였다. 우발은 못 이름인데 지금 태백산 남쪽에 있다]

어부가 물속을 보니

이상한 짐승이 돌아다녔다.

이에 금와왕에게 고하여

쇠그물을 깊숙이 던졌다.

돌에 앉은 여자를 끌어당겨 얻었는데

얼굴 모양이 심히 무서웠다.

입술이 길어 말을 못하므로

세 번 자른 뒤에야 입을 열었다.

[어부 강력부추가 고하기를, "근자에 어량 속의 고기를 도둑질해 가는 것이 있는데 무슨 짐승인지 알 수 없습니다." 하였다. 왕이 어부를 시켜 그물로 끌어내니 그물이 찢어졌다. 다시 쇠그물을 만들어 당겨서 돌에 앉아 있는 여자를 얻었다. 그 여자는 입술이 길어 말을 못하므로 그 입술을 세 번 잘라내게 한 뒤에야 말을 하였다]

왕이 해모수의 왕비인 것을 알고

이내 별궁에 두었다.

해를 품고 주몽을 낳았으니

이 해가 계해년이었다.

골상이 참으로 기이하고

우는 소리가 또한 심히 컸다.

처음에 되 만한 알을 낳으니

보는 사람들이 깜짝 놀랐다.

왕이, "상서롭지 못하다

이것이 어찌 사람의 종류인가?" 하고

마구간 속에 두었더니

여러 말이 모두 밟지 않고

깊은 산속에 버렸더니

온갖 짐승이 모두 옹위하였다.

[왕이 천제 아들의 비인 것을 알고 별궁에 두었더니, 그 여자의 품안에
해가 비치자 이어 임신하여 신작 4년 계해년 여름 4월에 주몽을 낳았는데,
우는 소리가 매우 크고 골상이 영특하고 기이하였다. 처음 낳을 때에 좌편
겨드랑이로 알 하나를 낳았는데 크기가 닷되들이 만하였다. 왕이 괴이하
게 여겨 말하기를, "사람이 새알을 낳았으니 상서롭지 못하다." 하고, 사람
을 시켜 마구간에 두었더니 여러 말이 밟지 않고, 깊은 산에 버렸더니 모든
짐승이 호위하고 구름 끼고 음침한 날에도 알 위에 항상 햇빛이 있었다.
왕이 알을 도로 가져다가 어미에게 보내어 기르게 하였더니, 알이 마침내
갈라져 한 사내아이를 얻었는데 낳은 지 한 달이 지나지 않아서 언어가
모두 정확하였다]

어미가 우선 받아서 기르니

한 달이 되면서 말하기 시작하였다.

스스로 말하되, "파리가 눈을 빨아서

누워도 편안히 잘 수 없다." 하였다.

어머니가 활과 화살을 만들어 주니

그 활이 빗나가는 법이 없었다.

[어머니에게, "파리들이 눈을 빨아서 잘 수가 없으니 어머니께서 저를

위하여 활과 화살을 만들어 주십시오." 하였다. 그 어머니가 댓가지로 활과 화살을 만들어 주니 스스로 물레 위의 파리를 쏘는데 화살을 쏘는 족족 맞혔다. 부여에서 활 잘 쏘는 것을 주몽이라고들 한다]

나이가 점점 많아지자
재능도 날로 갖추어졌다.
부여왕의 태자가
그 마음에 투기가 생겼다.
말하기를, "주몽이란 자는
반드시 범상한 사람이 아니니
만일 일찌감치 해치우지 않으면
후환이 끝없을 것입니다." 하였다.

[나이가 많아지자 재능이 갖추어졌다. 금와왕에게 아들 일곱이 있는데 항상 주몽과 함께 놀며 사냥하였다. 왕의 아들과 따르는 사람 40여 인이 겨우 사슴 한 마리를 잡았는데 주몽은 사슴을 퍽 많이 쏘아 잡았다. 왕자가 시기하여 주몽을 붙잡아 나무에 묶어매고 사슴을 빼앗았는데, 주몽이 나무를 뽑아버리고 갔다. 태자 대소가 왕에게, "주몽이란 자는 신통하고 용맹한 장사여서 눈초리가 비상하니 만일 일찌감치 해치우지 않으면 반드시 후환이 있을 것입니다." 하였다]

왕이 가서 말을 기르게 하니
그 뜻을 시험하고자 함이었다.
스스로 생각하니 천제의 손자가
천하게 말 기르는 것 참으로 부끄러워
가슴을 어루만지며 항상 혼자 탄식하기를,

"사는 것이 죽는 것만 못하다

마음 같아서는 장차 남쪽 땅에 가서

나라도 세우고 성시도 세우고자 하나

사랑하는 어머니가 계시기 때문에

이별이 참으로 쉽지 않구나."

[왕이 주몽에게 말을 기르게 하여 그 뜻을 시험하였다. 주몽이 마음으로
한을 품고 어머니에게, "나는 천제의 손자인데 남을 위하여 말을 기르니
사는 것이 죽는 것만 못합니다. 남쪽 땅에 가서 나라를 세우려 하나 어머
니가 계셔서 마음대로 못합니다." 하였다.]

그 어머니 이 말 듣고

흐르는 눈물 씻으며

"너는 내 생각 하지 말라

나도 항상 마음 아프다.

장사가 먼 길을 가려면

반드시 준마가 있어야 한다."라고 하면서

아들을 데리고 마구간에 가서

곧 긴 채찍으로 말을 때리니

여러 말은 모두 달아나는데

붉은 빛이 얼룩진 말 하나가 있어

두 길 되는 난간을 뛰어넘으니

이것이 준마인 줄 비로소 깨달았다.

[『통전』에 주몽이 타던 말은 모두 과하마(果下馬)라 하였다]

남모르게 바늘을 혀에 꽂으니

시고 아파 먹지도 못하네.

며칠 못 되어 형상이 심히 야위어

나쁜 말과 다름없었다.

그 뒤에 왕이 돌아보고

바로 이 말을 주었다.

얻고 나서 비로소 바늘을 뽑고

밤낮으로 도로 먹였다.

[그 어머니가, "이것은 내가 밤낮으로 고심하던 일이다. 내가 들으니 장사가 먼 길을 가려면 반드시 준마가 있어야 한다. 내가 말을 고를 수 있다." 하고, 드디어 목마장으로 가서 긴 채찍으로 어지럽게 때리니 여러 말이 모두 놀라 달아나는데 한 마리 붉은 말이 두 길이나 되는 난간을 뛰어넘었다. 주몽이 이 말이 준마임을 알고 가만히 바늘을 혀 밑에 꽂아 놓았다. 그 말은 혀가 아파서 물과 풀을 먹지 못하여 심히 야위었다. 왕이 목마장을 순시하며 여러 말이 모두 살찐 것을 보고 크게 기뻐서 인하여 야윈 말을 주몽에게 주었다. 주몽이 이 말을 얻고 나서 그 바늘을 뽑고 도로 먹였다 한다]

가만히 세 어진 친구를 사귀니

[오이·마리·협부 등 세 사람이었다]

그 사람들 모두 지혜가 많았다.

남쪽으로 행하여 엄체수에 이르러

[일명 개사수인데 지금의 압록강 동북쪽에 있다]

건너려 하여도 배가 없었다.

[건너려 하나 배는 없고 쫓는 군사가 곧 이를 것을 두려워하여 채찍으로

146 한국신화와 문화

하늘을 가리키며 개연히 탄식하기를, "나는 천제의 손자요 하백의 외손인데 지금 난을 피하여 여기에 이르렀으니 황천과 후토는 저 고자(아비 여의고 편모슬하에 있는 아들)를 불쌍히 여기시어 속히 배와 다리를 주소서." 하고, 말을 마치고 활로 물을 치니 고기와 자라가 나와 다리를 이루어 주몽이 건넜는데 한참 뒤에 쫓는 군사가 이르렀다]

채찍을 잡고 저 하늘을 가리키며

개연히 긴 탄식을 발한다.

"천제의 손자 하백의 외손이

난을 피하여 이 곳에 이르렀습니다.

불쌍한 고자(孤子)의 마음을

황천후토가 차마 버리시리까?"

활을 잡아 하수를 치니

물고기와 자라가 머리와 꼬리를 나란히 하여

높직이 다리를 이루어

비로소 건널 수 있었다.

조금 뒤에 쫓는 군사가 이르러

다리에 오르니 다리가 곧 무너졌다.

[쫓는 군사가 하수에 이르니 물고기와 자라가 이룬 다리가 곧 허물어져 이미 다리에 오른 자는 모두 빠져 죽었다]

한 쌍 비둘기 보리 물고 날아

신모(神母)의 사자가 되어 왔다.

[주몽이 이별할 때 차마 떠나지 못하니 어머니가 말하기를, "너는 어미 때문에 걱정하지 마라" 하고 오곡 종자를 싸주어 보냈다. 주몽이 생이별하

는 마음이 애절하여 보리 종자를 잊어버리고 왔다. 주몽이 큰 나무 밑에서 쉬는데 비둘기 한 쌍이 날아왔다. 주몽이, "아마도 신모께서 보리 종자를 보내신 것이리라." 하고, 활을 쏘아 화살 하나에 모두 떨어뜨려 목구멍을 벌려 보리 종자를 얻고 나서 물을 뿜으니 비둘기가 다시 소생하여 날아갔대

형세 좋은 땅에 왕도를 개설하니

산천이 울창하고 높고 컸다.

스스로 띠자리 위에 앉아서

대강 군신의 위치를 정하였다.

[왕이 스스로 띠자리 위에 앉아서 대강 임금과 신하의 위치를 정하였대

애달프다 비류왕이여!

어째서 스스로 헤아리지 못하고

선인의 후예인 것만 굳이 자긍하고

천제의 손자 존귀함을 알지 못하였나.

한갓 부용국으로 삼으려 하여

말하는 데 삼가거나 겁내지 않았네.

그림 사슴의 배꼽도 맞히지 못하고

옥가락지 깨지는 것에 놀랐다.

[비류왕 송양이 나와 사냥하다가 왕의 용모가 비상함을 보고 이끌어 함께 앉아서, "바다 한 쪽에 치우쳐 있어 일찍이 군자를 만나 보지 못하였는데, 오늘 우연히 만났으니 얼마나 다행한 일인가. 그대는 어떠한 사람이며 어디에서 왔는가?" 하니, 왕이, "과인은 천제의 손자요 서국의 왕이다. 감히 묻노니 군왕은 누구의 후손인가?" 하니, 송양이, "나는 선인(仙人)의 후손인데 여러 대 왕 노릇을 하였다. 지금 지방이 대단히 작아서 나누어 두

왕이 될 수 없고, 그대는 나라 만든 지가 얼마 되지 않았으니, 내 부속국이 되는 것이 좋을 것이다." 하였다. 왕이, "과인은 천제의 뒤를 이었지만 지금 왕은 신의 자손도 아니면서 억지로 왕이라 칭하니, 만일 내게 복종하지 않으면 하늘이 반드시 죽일 것이다." 하였다. 송양은 여러 번 천제의 손자라 자칭하는 것을 듣고 마음에 의심을 품어 그 재주를 시험하고자 하여, "왕과 활쏘기를 원하노라." 하고, 그린 사슴을 1백 보 안에 놓고 쏘았는데 그 화살이 배꼽에 들어가지 않았는데도 힘에 겨워하였다. 왕이 사람을 시켜 옥가락지를 가져다가 1백 보 밖에 달아놓고 쏘았는데 기왓장 부서지듯 깨지니 송양이 크게 놀랐다]

와서 고각이 변색한 것을 보고

감히 내 기물이라 말하지 못하였다.

[왕이, "국가의 기업이 새로 창조되었기 때문에 고각의 위엄이 없어서 비류의 사자가 왕래할 때 내가 왕의 예로 맞고 보내지 못하니, 그 때문에 나를 가볍게 여기는 것이다." 하였다. 시종하는 신하 부분노가 앞에 나와, "신이 대왕을 위하여 비류의 북을 가져오겠습니다." 하였다. 왕이, "다른 나라가 감추어 둔 물건을 네가 어떻게 가져오려느냐?" 하니 대답하기를, "이것은 하늘이 준 물건이니 왜 가져오지 못하겠습니까? 대왕이 부여에서 곤욕을 당할 때 누가 대왕이 여기에 이르리라고 생각하였겠습니까? 지금 대왕이 만 번 죽음을 당할 위기에서 몸을 빼쳐 나와 요좌에 이름을 드날리니 이것은 천제가 명령하여 하는 것이라 무슨 일인들 이루지 못하겠습니까?' 하였다. 이에 부분노 등 세 사람이 비류에 가서 북을 가져오니 비류왕이 사자를 보내어 고하였다. 왕이 비류에서 와서 고각을 볼까 두려워하여 빛깔을 오래 된 것처럼 검게 만들어 놓으니 송양이 감히 다투지 못하고

돌아갔다]

집 기둥이 묵은 것을 와서 보고

말 못하고 도리어 부끄러워하였다.

[송양이 도읍을 세운 선후를 따져 부용국을 삼고자 하니, 왕이 궁실을 지을 때 썩은 나무로 기둥을 세워 천년 묵은 것같이 하였다. 송양이 와서 보고 마침내 감히 도읍을 세운 선후를 따지지 못하였다]

동명왕이 서쪽으로 순수할 때

우연히 눈빛 고라니를 얻었다.

[큰 사슴을 고라니라 한다]

해원 위에 거꾸로 달아매고

감히 스스로 저주하기를

"하늘이 비류에 비를 내려

그 도성과 변방을 잠기게 하지 않으면

내가 너를 놓아주지 않을 것이니

너는 내 분함을 풀어 다오."

사슴의 우는 소리 심히 슬퍼

위로 천제의 귀에 사무쳤다.

장마비가 이레를 퍼부어

주룩주룩 회수 사수를 넘쳐나듯

송양이 근심하고 두려워하여

흐름을 따라 부질없이 갈대 밧줄을 가로 뻗쳤다.

백성들이 다투어 와서 밧줄을 잡아당겨

서로 쳐다보며 땀을 흘리었다.

동명왕이 곧 채찍을 들어

물을 그으니 곧 멈추었다.

송양이 나라를 들어 항복하고

그 후로는 우리를 헐뜯지 못하였다.

[서쪽을 순행하다가 사슴 한 마리를 얻었는데 해원에 거꾸로 달아매고 저주하기를, "하늘이 만일 비를 내려 비류왕의 도읍을 표몰 시키지 않는다면 내가 너를 놓아 주지 않을 것이니, 이 어려움을 면하려거든 네가 하늘에 호소하라." 하였다. 그 사슴이 슬피 울어 소리가 하늘에 사무치니 장맛비가 이레를 퍼부어 송양의 도읍을 잠기게 하였다. 송양왕이 갈대 밧줄로 흐르는 물을 횡단하고 오리 말을 타고 백성들은 모두 그 밧줄을 잡아당겼다. 주몽이 채찍으로 물을 그으니 물이 곧 줄어들었다. 6월에 송양이 나라를 들어 항복하였다고 한다]

검은 구름이 골령을 덮어

산이 뻗은 모습이 보이지 않고

수천 명 사람의 소리가 들려

나무 베는 소리와 방불하였다.

왕이 말하기를, "하늘이 나를 위하여

그 터에 성을 쌓는 것이다."라고 하였다.

홀연히 운무가 흩어지니

궁궐이 우뚝 솟았다.

[7월에 검은 구름이 골령에 일어나서 사람들이 그 산은 보지 못하고 오직 수천 명 사람의 소리가 토목 공사를 하는 것같이 들렸다. 왕이, "하늘이 나를 위하여 성을 쌓는 것이다." 하였다. 7일 만에 운무가 걷히니 성곽과

궁실 누대가 저절로 이루어졌다. 왕이 황천께 절하고 감사하고 나아가 살았다

왕위에 있은 지 19년 만에

하늘에 오르고 내려오지 않았다.

[가을 9월에 왕이 하늘에 오르고 내려오지 않으니 이때 나이 40이었다. 태자가 왕의 옥채찍을 대신 용산에 장사하였다 한다]

뜻이 크고 기이한 절개 있으니

맏아들의 이름은 유리다.

칼을 얻어 부왕의 위를 이었고

동이 구멍 막아 남의 꾸지람을 그치게 하였다.

[유리가 어려서부터 뛰어난 절개가 있었다. 소년 시절에 참새 쏘는 것을 일삼았는데 한 부인이 물동이를 이고 가는 것을 보고 쏘아서 뚫었다. 그 여자가 노하여 욕하기를, "아비도 없는 자식이 내 물동이를 쏘아 뚫었다." 하였다. 유리가 크게 부끄러워하여 진흙 탄환으로 쏘아서 동이 구멍을 막아 전과 같이 만들고 집에 돌아와서 어머니에게, "제 아버지가 누굽니까?" 하고 물었다. 어머니는 유리가 나이가 어리기 때문에 농담으로 말하기를, "네게는 일정한 아버지가 없다." 하였다. 유리가 울며, "사람이 일정한 아버지가 없으면 장차 무슨 면목으로 남을 보겠습니까?" 하고 드디어 스스로 목을 찌르려 하였다. 어머니가 깜짝 놀라 말리며, "아까 한 말은 농담으로 한 말이다. 네 아버지는 천제의 손자이고 하백의 외손인데, 부여의 신하 되는 것을 원망하다가 도망하여 남쪽 땅에 가서 국가를 창건하였단다. 네가 가 보겠느냐?" 하였다. 대답하기를, "아버지는 임금이 되었는데 아들은 남의 신하가 되었으니 내가 비록 재주 없지만 어찌 부끄럽지 않겠습니까?"

하였다. 어머니가, "네 아버지가 갈 때 말을 남기기를, '내가 일곱 고개 골짜기 돌 위 소나무에 물건을 감추어 둔 것이 있으니, 이것을 찾아 얻는 자는 내 자식이다.' 하였다." 했다. 유리가 산골짜기에 가서 찾다가 얻지 못하고 지쳐 돌아왔다. 유리가 당(堂)기둥에서 슬픈 소리가 나는 것을 들었는데, 그 기둥은 돌 위의 소나무이고 나무 모양이 일곱 모서리였다. 유리가 스스로 해독하기를, "일곱 고개 일곱 골짜기라는 것은 일곱 모서리이고 돌 위 소나무라는 것은 기둥이다." 하고 일어나 가 보니 기둥 위에 구멍이 있었다. 그 구멍에서 부러진 칼 한 조각을 얻고 크게 기뻐하였다. 전한 홍가 4년 여름 4월에 고구려로 달아나서 칼 한 조각을 왕께 받들어 올렸다. 왕이 가지고 있는 부러진 칼 한 조각을 내어 합하니 피가 나면서 이어져 한 칼이 되었다. 왕이 유리에게, "네가 실로 내 자식이라면 무슨 신성함이 있느냐? 하니, 유리가 즉시 몸을 날려 공중에 솟구쳐 창구멍으로 새어드는 햇빛을 막아 기이한 신성을 보이니, 왕이 크게 기뻐하여 태자로 삼았다

내(이규보) 성품 본래 질박하여

기이하고 괴상한 것 좋아하지 않는다.

처음에 동명왕의 일을 보고

요술인가 귀신인가 의심하였다.

서서히 서로 간섭하여 보니

변화무쌍함을 추측하여 의논하기 어렵다.

하물며 이것은 곧이곧대로 쓴 글이라

한 글자도 헛된 글자가 없다.

신이하고도 신이하여

만세에 아름다운 일이다.

생각건대 창업하는 임금이

성신이 아니면 어찌 이루랴.

유온이 큰 못에서 쉬다가

꿈꾸는 사이에 신을 만났다.

우레 번개에 천지가 캄캄하고

괴이하고 위대한 교룡이 서려 있었다.

이로 말미암아 곧 임신이 되어

거룩한 유계를 낳았다.

이것이 적제의 아들인데

일어남에 특이한 복이 많았다.

세조 광무 황제가 처음 태어날 때

광명한 빛이 집안에 가득하였다.

예언을 적은 적복부대로 저절로 응하여

황건적을 소탕하였다.

자고로 제왕이 일어남에

많은 징조와 상서로움이 있으나

끝 자손은 게으르고 거칠음이 많아

모두 선왕의 제사를 끊어뜨렸다.

이제야 알겠다. 수성하는 임금은

고생스러운 땅에서 작게 삼갈 것을 경계하여

너그럽고 어짊으로 왕위를 지키고

예와 의로 백성을 교화하여

길이길이 자손에게 전하여

오래도록 나라를 통치해야 함을.

## 5. 『해동이적(海東異蹟)』(홍만종, 1670년)

동명왕의 이름은 주몽이다. 이보다 앞서 동부여 왕 금와가 우발쉬영변)에서 여자 하나를 만났다. 금와왕이 물으니, 대답하기를, "저는 하백의 딸로서 이름은 유화입니다. 여러 동생과 함께 나가 놀고 있었는데, 때마침 남자 하나가 스스로 천제의 아들 해모수라고 하고, 웅심산 밑 압록강 가에 있는 어떤 집으로 유인하여 정을 통했습니다. 제 부모님은 제가 중매도 없이 남을 따라간 것을 꾸짖으시고, 드디어 이 곳으로 귀양 와 살게 하셨습니다."라고 하였다. 금와는 이 여자를 이상하게 생각하고 방안에 가두어 놓았다.

여자는 햇빛이 비치자 몸을 움직여 피하였는데, 햇빛은 또 이 여자를 따라가 비추어, 그 때문에 잉태하여 큰 알 하나를 낳았다. 금와는 그 알을 버려 개와 돼지에게 주었으나, 개나 돼지가 먹지 않았고, 길에다 버리니 소나 양이 그것을 피해 가고, 들판에다 버리니 새들이 날개로 덮어 주었다. 금와는 그 알을 깨뜨리려고 하였으나 깨지지 않아 바로 제 어미에게 돌려 주었다. 그 어미는 알을 잘 싸서 따스한 곳에 놓아두었다. 그랬더니 아이 하나가 껍질을 깨고 나왔는데 골격과 외양이 영특하고 기이하였다. 나이 겨우 일곱 살에 활과 화살을 제 손으로 만들어 쏘았는데 백발백중이었다. 부여의 속어로 활 잘 쏘는 것을 주몽이라 하였기 때문에 이 아이의 이름을 주몽이라고 하였다.

금와에게는 일곱 아들이 있었다. 이들은 주몽의 능력을 시기하여 죽이려고 하였다. 주몽은 저들을 피해 도망쳐 나와 엄호수여영변에 있음에 다다랐다. 그러나 막상 건너려 하니 다리가 없었다. 그래서 주몽은 하늘에 빌었다. "저는 천제의 아들이며, 하백의 외손이온데, 어려운 일을 당해 도망해 여기에 이르렀습니다. 추격병이 곧 닥칠 터인데, 어찌하면 좋겠습니까?" 그러자 물고기와 자라들이 나타나 다리를 만들었고, 주몽은 드디어 엄호수를 건너게 되었다. 주몽은 졸본부여에 이르러 비류수가에 도읍하였다. 국호를 고구려라 하고, 고를 성씨로 삼았다.[왕의 성은 본래 해씨였는데, 스스로 천제의 아들로서 햇빛을 타고 태어났으므로 성을 고쳐 고씨라 하였다.] 이 때가 한나라 원제 건소 2년 갑신년(기원전 37)이었다.

동명왕은 평소에 동굴 속에다 기린마(麒麟馬)를 길렀는데, 재위 19년 가을 9월에 그 기린마를 타고 돌 위로 나와 하늘에 오른 뒤 다시는 돌아오지 않았다. 향년 119세였다. 태자는 물려받은 구슬채찍을 **용산에다 장사지냈는데**, 지금까지도 그 바위 위에는 말 발자국이 남아 있다. 이른바 **조천석(朝天石)**이 그것이다[이상 『동국사』 고구려본기].

『동국여지승람(東國輿地勝覽)』에는 다음과 같이 말했다. 동명왕이 처음 비류수에 도착하여 그 곳의 왕인 송양을 만나자, 송양왕은 말하기를, "이 곳은 땅이 협소하여 두 임금을 받아들일 수가 없소. 그대는 내 속국이 되어 주겠소?"라고 하니 동명왕이 대답하였다. "과인은 천제의 뒤를 이었으나, 지금 왕께서는 신의 후예가 아니면서 억지로 왕이라 칭하니, 만약 내게 귀속하지 않으면, 하늘이 반드시 죽일 것이오." 그리고서 동명왕은 사냥을 나가 흰 사슴을 잡아 가지고 와서 거꾸로 매달아 놓은 채 주문을 외기를, "하늘이 만약 비를 내려 비류의 왕도를 떠내려 보내지 않는다면, 나는 진실로 너를 놓아 주지 않을 것이다." 거꾸로 매달린 사슴이 애처롭게 울어 그 소리가 하늘에까지 사무치자, 장맛비가 7일 동안이나 내려 송양의 왕도가 물에 떠내려가 없어졌다.

동명왕이 즉위한 지 3년 7월에 먹구름이 골령(鶻嶺)에서 일어나 사람들은 그 산을 볼 수가 없었다. 오직 수천 명이나 되는 사람들이 마치 토목공사를 벌이는 것 같은 소리만 들릴 뿐이었다. 동명왕은 "하늘이 나를 위해 성을 쌓고 있는 것이다."라고 말하였다. 과연 7일 만에 구름이 걷히자, 성곽과 궁대가 이미 완성되어 있었다.

원외랑 김극기의 시에, "주몽은 말을 몰아 하늘에 조회하려고, 고개 중턱 금당에 옥기린을 길렀네. 문득 보배로운 채찍을 떨어뜨리고 끝내 돌아오지 않으니 **구제궁(九梯宮)**에 누가 다시 가을하늘에 오를꼬"라고 하였고, 목은 이색의 시에서는 "어제 영명사를 지나다가 잠깐 부벽루에 올랐네. 성은 높은데 달은 한 조각이요, 돌은 늙었는데 구름은 천추로다. **기린마(麒麟馬)**는 가서 돌아오지 않으니 천손은 어느 곳에 노니는가? 길게 휘파람 불며 섬돌에 의지하니, 산은 푸르고 강은 절로 흐르누나."라고 하였다. 구제궁은 동명왕이 거처하던 궁으로, 옛날에는 평양부 북쪽, 영명사 안에 있었다. **기린굴(麒麟窟)**은 구제궁 안에 있고, **조천석(朝天石)**은 기린굴 남쪽에 있다.

한(漢) 신작(神雀) 삼년 임술(壬戌)에 천제는 아들 해모수를 부여왕의 옛 도읍터에 내려 보내어 놀게 하였다. 해모수가 하늘에서 내려올 때에는 오룡거(五龍車)를 탔고 종자 백여 인은 모두 백곡(白鵠)을 탔으며 채색 구름은 위에 뜨고 음악은 구름 속에서 들리었다.[13] 웅심산(熊心山)에 머

---

13) 이 광경은 일출을 의인화한 것이라는 해석이 일반적이다. 해모수의 성이 해씨이므로 태양과 관련이 있다.

물러서 십여 일이 지난 후에야 비로소 내려왔는데, 머리에는 오우관(烏羽冠)을 쓰고 허리에는 용광검(龍光劍)을 찼다. 아침에 정사(政事)를 듣고 저녁이면 하늘로 올라가니 세상에서 이를 천왕랑(天王郞)이라 하였다.

### 주몽 신화의 이해

① 고구려의 시조인 주몽과 관련된 신화들이다. '동명(東明)'은 부여라는 명칭을 사용하는 나라의 건국시조를 칭하는 보통명사로 이해되고, '주몽(朱蒙)'은 고구려의 건국시조만을 지칭하는 고유명사라고 할 수 있다. 주몽도 부여계인 졸본부여(고구려)의 건국시조이기에 당연히 '동명왕(동명성왕, 동명제)'으로 불리는 것이다. 주몽이 고구려를 건국한 뒤에 강성해져서 동북아시아의 대제국으로 성장하자, 부여족 사이에 전승되던 '동명신화'를 끌어와서 '주몽 신화'의 내용을 더욱 다채롭게 한 것으로 추정된다.

주몽에 관한 기사는 광개토호태왕비(廣開土好太王碑), 모두루묘지명(牟頭婁墓誌銘), 천남산묘지명(泉男産墓誌銘) 등의 비문과 『위략(魏略)』, 『논형(論衡)』, 『후한서(後漢書)』, 『위서(魏書)』, 『양서(梁書)』, 『주서(周書)』, 『수서(隋書)』, 『당서(唐書)』, 『북사(北史)』, 『통전(通典)』, 등의 중국 역사서, 그리고 『삼국사기』, 『삼국유사』, 『제왕운기』, 『동국이상국집 〈동명왕편〉』 등의 국내 문헌에 그 기록이 두루 전한다. 한국의 건국신화 가운데 고구려 건국신화처럼 국내외에 걸쳐 수많은 전승을 가지고 있는 경우도 드물다.

② 주몽 신화의 구조와 의미 : '영웅의 일생' 구조(세계적인 보편성)
1. 고귀한 혈통을 지닌 인물이다.(천제자 해모수와 하백녀 유화의 아들

이다) 2. 잉태나 출생이 비정상적이었다.(해모수가 유화를 강탈해서 임신했다, 유화가 회일(懷日)해서 임신했다. 해모수에게서 버림받은 유화가 금와에게 구출되어 주몽을 낳았다, 유화가 '좌액생일란(左腋生一卵)'했다) 3. 범인과는 다른 탁월한 능력을 타고났다.〈골표량최기(骨表諒最奇), 경월언어시(經月言語始), 기궁불허기(其弓不虛掎)〉 4. 어려서 기아(棄兒)가 되어 죽을 고비에 이르렀다.(태어나기 전에 해모수가 유화를 버렸다, 난생이 상서롭지 못하다고 금와가 버렸다) 5. 구출·양육자를 만나 죽을 고비에서 살아났다.(금와가 유화를 구출했다, '군마개불리(群馬皆不履)', '백수개옹위(百獸皆擁衛)해서 살아났다) 6. 자라서 다시 위기에 부딪쳤다.(금와와 아들들이 천대하고 죽이려 한다, 강에 이르러 배가 없어 길이 막혔다, 송양과의 싸움이 불리하게 전개되었다) 7. 위기를 투쟁적으로 극복하고 승리자가 되었다.(금와의 나라에서 탈출하는 데 성공했다, 물고기와 자라가 다리를 놓아 강을 건너 고구려를 건국했다, 송양과의 싸움에서 승리했다)

주몽 신화는 전형적인 '영웅의 일생' 구조로 이루어져 있으며, 후대 영웅 이야기와 문학사적 관련을 가진다. 즉『홍길동전』같은 후대 영웅소설은 주몽 신화에서 보이는 영웅의 일생 구조의 영향 아래 성립된 것이지, 중국의 영향으로 이루어진 것이 아니다. 다만 주몽 신화는 후대의 영웅 이야기와는 달리 집단적·진취적·주체적 성격을 분명하게 지니며, 갈등에 찬 현실주의가 부각되어 있다는 점에서 그 초기적인 특징을 보여주고 있다.[14]

③ 유화(柳花)가 임신을 한 다음에 버림받았다가 다시 구출되기에 이르는 일련의 고난을 겪는 것은 새로운 생명을 탄생시키기 위해서 모체(母體)

---

14) 조동일, 「영웅의 일생, 그 문학사적 전개」, 동아문화 10, 서울대 동아문화연구소, 1971.

가 죽음을 경험하는 과정의 상징적 표현일 수 있다. 이러한 의미는 유화가 농사신이고 지모신(地母神)이기도 하다는 점을 고려할 때 더욱 실감나게 이해될 수 있다. 우리 문학에 나타난 여성 수난사는 웅녀(熊女)에게서 처음 보이다가 유화를 통해 처음으로 구체화되었으며, 그 전통이 서사무가나 소설을 통해서 오랫동안 생동하게 이어졌다.[15]

---

15) 조동일·서종문 공저, 『국문학사』, 한국방송대학교출판부, 2002, 23쪽 참조.

## 제4장
# 혁거세(赫居世) 신화(신라)

## 1. 『삼국사기』[1]

　시조의 성은 박씨이고, 이름은 혁거세이다. 전한(前漢) 효선제(孝宣帝) 오봉(五鳳) 원년 갑자년(기원전 57) 4월 병진일[정월 15일이라고도 한다.]에 즉위하였다. 거서간(居西干)이라고 불렀는데, 이때 그의 나이는 13세였다. 나라 이름은 서라벌(徐羅伐)이다.

　이보다 먼저 조선(고조선)의 유민들이 산골짜기 사이에 나누어 살면서, 여섯 마을을 이루었다. 하나는 알천 양산촌이고, 둘은 돌산 고허촌이고, 셋은 자산 진지촌[혹은 간진촌(干珍村)이라고도 한다.]이고, 넷은 무산 대수촌이고, 다섯은 금산 가리촌이고, 여섯은 명활산 고야촌이니, 이들이 곧 진한(辰韓) 육부(六部)가 된다.

　고허촌장 소벌공(蘇伐公)이 양산(楊山) 기슭을 바라보니, 나정(蘿井) 곁

---

1) 『삼국사기』 제1권, 신라본기 제1, 시조 혁거세 거서간

의 숲 사이에 말이 무릎을 꿇고 울고 있었다. 그곳으로 가서 보니 갑자기 말은 보이지 않고, 다만 큰 알만 있었다. 그것을 가르니 한 어린아이가 있다가 나왔다. 그래서 (소벌공은) 그 아이를 거두어 길렀다. 10여 세가 되자 유달리 숙성하였다. 육부 사람들은 그 아이의 출생이 신이하므로, 모두 우러러 받들고, 이에 이르러 그를 임금으로 세웠다. 진한 사람들은 표주박(호, **瓠**)을 박(朴)이라 하였는데, 혁거세가 처음에 태어난 큰 알의 모양이 마치 표주박처럼 생겼기 때문에 박을 성으로 삼았다. 거서간은 진한의 말로 '왕'이다.[혹은 이르기를 '귀인(貴人)'을 칭한다고 한다.]…(중략)…

5년 춘정월에 용이 알영정(閼英井)에 나타나, 오른쪽 겨드랑이에서 여자아이를 낳았다. 노파가 그것을 보고 이상히 여겨, 그 아이를 거두어 길렀다. 우물의 이름으로 그 아이를 이름지었다.(알영) 알영은 자라면서 덕과 용모가 뛰어났다. 시조(혁거세)가 그 말을 듣고 맞이하여 왕비로 삼았다. 왕비는 행실이 어질어서 내조를 잘하였다. 그때 사람들이 그들을 '두 성인'이라고 하였다.

## 2. 『삼국유사』[2]

진한(辰韓)의 땅에 옛날 육촌(六村)이 있었다.

첫째는 알천양산촌(閼川楊山村)이다.[3] 지금의 담엄사(曇嚴寺) 남쪽에

---

2) 『삼국유사』 제1권, 기이 제2, 신라시조 혁거세왕
3) 알천은 경주 분지의 북쪽을 흐르고 있는 지금의 북천(北川)이다. 북천은 추령에서 발원하여 덕동호와 보문호를 지나 명활산 북쪽 기슭 아래를 돌아 경주 분지의 북쪽을 흘러 금학산 표암봉 금강산 앞을 지나 굴연에서 형산강과 합류한다. '알(閼)'은 곡물

있었다. 촌장은 알평(閼平)이며, 처음 표암봉(瓢嵓峰)에 내려 왔다.4) 이가 급량부(及梁部) 이씨(李氏)의 조상이 되었다. [노례왕 구년에 설치해서 이름을 급량부라 했는데, 본조 태조 천복(天福) 오년 경자(庚子)에 중흥부(中興部)로 개명하였다. 파잠(波潛) 동상(東山) 피상(彼上) 등 동촌(東村)이 이에 속한다.]5)

둘째는 돌산고허촌(突山古墟村)이다. 촌장은 소벌도리(蘇伐都利)이다.6) 처음 형산(兄山)에 내려 왔으며,7) 이가 사량부(沙梁部)[량(梁)은 도

---

(알), 알(卵), 금(金)이다. 알천은 '생명의 내', '신성한 내'이다. 알천은 표암봉 앞을 흐르는데, 표암봉의 몸체는 금강산(소금강)이다. 금강산은 금산(金山)의 하나이며, 금산은 알뫼의 한자 표기이다. 알뫼는 알산(閼山), 난산(卵山), 앏뫼(前山) 등으로 쓸 수도 있다. 금산은 알타이(Altay)에서 유래한 말이며, 그 어원은 Al-Tag이다. Al은 금(金)이고 Tag은 산(山)이다. 알천은 금천(金川)으로 표기될 수도 있으며, 알평, 알영, 알지 등도 같은 연원을 지니는 어휘이다. 양산은 지금의 경주 남산의 옛 이름이다.

4) 단군신화에서 환웅은 태백산정에 내려오고, 주몽신화에서 해모수는 웅신산에 내려오며, 알평은 표암봉에 내려온다. 따라서 알평이 표암봉에 내려오는 것도 천강신화로 이해하게 된다. 현재 표암봉 정상에는 광림정(光臨亭)이 세워져 있다. 가락국기의 '구지'처럼 신격이 강림하는 성소(聖所)이다.

5) 급량부의 속촌인 파잠, 동산, 피상 등 동촌은 양북면의 대종천(옛 동해천) 유역에서 찾을 수 있을 것으로 제안한다. 토함산에서 대종천으로 흘러내리는 계곡이 이에 해당하는 지역으로 보아야 한다. 이 지역은 임천부의 속촌인 물이촌, 잉구미촌, 궐곡 등 동북촌의 동남쪽으로 토함산 너머에 자리잡고 있으며, 가덕부의 속촌인 상서지 하서지 내아 등 동촌의 북쪽에 위치하는 지역이다. 즉 이 지역은 임천부의 속촌과 가덕부의 속촌 사이에 위치하고 있다.(윤철중, 앞의 책, 164쪽.) 이 지역은 토함산에서 발원하는 대종천(옛 동해천) 유역에 위치한다. 대종천 하구에는 감은사지, 이견대와 대왕암이 있고, 거기에는 문무왕의 수중릉이 있다. 또한 이곳은 '만파식적' 설화의 현장이기도 하다. 급량부는 원촌(元村), 수촌(首村)의 의미이며, 표암봉은 원촌의 핵이다.

6) 소벌(蘇伐)은 신라왕도 서벌(徐伐)과 동음이자로, 의미는 '신령이 내림(來臨)하는 성역, 즉 신성한 수림'이다. '도리'는 인명에 붙는 존칭이다.

7) 영일만의 형산강 하구에 있는 형산에 강림한 소벌도리의 씨족은 경주분지로 진출하여 급량부의 일부인 사량부에 자리잡은 것으로 간주된다. 소벌도리는 사소신모와 혁거세를 수습·수양했고, 알천양산촌은 혁거세와 소벌도리의 일족을 수용하여 동화(同化)시킨 것으로 이해된다.

(道)라고 읽되, 혹은 탁(涿)이라고도 쓰지만 역시 도(道)라고 읽는다.] 정씨 (鄭氏)의 조상이다. 지금은 남산부(南山部)라고 하는데, 구량벌(仇良伐) 마등오(麻等烏) 도북(道北) 회덕(廻德) 등 남촌(南村)이 이에 속한다.[8][지 금이라고 한 것은 이것들이 고려 태조 때에 설치되었기 때문이다. 아래도 이와 같다.]

셋째는 무산대수촌(茂山大樹村)이다. 촌장은 구례마(俱禮馬)[俱는 仇 라고도 쓴다.]이다. 처음 이산(伊山)[개비산(皆比山)이라고도 쓴다.]에 내 려 왔다. 이가 점량부(漸梁部) 또는 모량부(牟梁部) 손씨(孫氏)의 조상이 되었다. 지금은 장복부(長福部)라 이르는데, 박곡촌(朴谷村) 등 서촌(西村)이 이에 속한다.[9]

넷째는 자산진지촌(觜山珍支村)[빈지(賓之), 또는 빈자(賓子), 또는 빙 지(氷之)라고도 한다.]이니, 촌장은 지백호(智伯虎)이다. 처음 화산(花山) 에 내려 왔으며,[10] 이가 본피부(本彼部)[11] 최씨(崔氏)의 조상이 되었다. 지금은 통선부(通仙部)라 하는데, 시파(柴巴) 등 동남촌(東南村)이 이에 속한다. 최치원(崔致遠)은 바로 본피부(本彼部) 사람이다. 지금 황룡사(皇龍寺) 남쪽 미탄사(昧呑寺) 남쪽에 옛터(古墟)가 있다고 하는데, 이것이

---

8) 지금 남천(南川, 蚊川)의 북안(北岸)인 사정리(沙井里)를 중심으로 하여 남천 이북, 서천(西川) 이동, 북천(알천) 이남에 위치했던 것으로 추정된다. 사(沙)는 신(新, 싀)의 의미로 급량부에 대해서 새로운 부(部)라는 의미이다.
9) 이산은 그 위치가 미상이나, 박곡촌은 지금의 경주군 서면 박곡리에 비정된다. 대구방 면으로 나가는 도로가에 있으며, 선도산 서쪽 지역이다.
10) 빈자는 괘능리 남방에 위치하며, 진지촌은 사등천, 이천의 유역에서 치술령을 넘어 모화리에 이르는 지역이다. 화산은 남산의 삼화령이 아닌가 한다.
11) 본피는 황룡사 남쪽으로 지금의 인왕리 일대인 듯하나, 최초에는 금성 내지 반월성까 지도 포함하여 사량리 동편이었던 것으로 추정된다. 이 지역이 후에 왕성 소재지가 됨으로써 그 지역이 축소된 것 같다.

최후(崔侯)의 고택(古宅)임이 거의 분명할 것이다.

　다섯째는 금산가리촌(金山加里村)[지금의 금강산 백율사(栢栗寺) 북쪽 산이다.]이다. 촌장은 지타(祗沱)[지타(只他)라고도 한다.]이다. 처음 명활산(明活山)에 내려 왔으며, 이가 한기부(漢崎部) 또는 한기부(韓歧部) 배씨(裵氏)의 조상이다. 지금은 가덕부(加德部)라 이르는데, 상서지(上西知) 하서지(下西知) 내아(乃兒) 등 동촌(東村)이 이에 속한다.[12]

　여섯째는 명활산고야촌(明活山高耶村)이다. 촌장은 호진(虎珍)이다. 처음 금강산(金剛山)[13]에 내려 왔으며, 이가 습비부(習比部)[14] 설씨(薛氏)의 조상이다. 지금 임천부(臨川部)이니, 물이촌(勿伊村) 잉구미촌(仍仇旀村) 궐곡(闕谷)[갈곡(葛谷)이라고도 한다.] 등 동북촌(東北村)이 이에 속한다.[15]

　위의 글을 살펴보면, 이들 육부(六部)의 조상(祖上)은 모두 하늘로부터 내려 온 것 같다.[16] 노례왕(弩禮王) 구년(九年)에 처음 육부(六部)의 이름을 고쳤고 또 육성(六姓)을 내려 주었다. 지금 민간에서 중흥부(中興部)를 어머니라 하고, 장복부(長福部)를 아버지라 하고, 임천부(臨川部)를 아들이라 하고, 가덕부(加德部)를 딸이라 하는데, 그 사실은 알 수 없다.

　전한(前漢) 지절(地節) 원년(元年) 임자(壬子)(기원전 69년)[고본(古本)

---

12) 가덕부의 속촌인 상서지는 지금의 경주군 양남면 환서리(상서동) 관성천 상류이고, 하서지는 경주군 양남면 하서리 하서천 하류이고, 내아는 경주군 양남면 나아리 나아천 하구 일대이다. 경주군의 동해에 면하고 있는 지역이다.

13) 신라의 북악(北嶽)이다.

14) 이병도는 습비부의 위치를 지금의 명활산 서남록의 보문리 일대와 낭산 부근으로 보았고, 삼품창영(三品彰英)은 형산강 유역으로 잡고 있다.

15) 임천부의 속촌인 물이촌 궐곡 등 동북촌은 지금의 경주시 천북면에 있다.

16) 일연은 육촌의 시조신화를 천강신화로 이해하고 있는 것으로 볼 수 있다.

에는 건호(建虎) 원년이라 하고, 또는 건원(建元) 3년이라고도 하나, 모두 틀린 것이다.] 삼월 초하루[17]에 육부조(六部祖)는 각기 자제(子弟)를 거느리고 알천(閼川) 언덕 위에 모두 모여 의논하였다. "우리들은 위로 임금이 없어 백성들을 다스릴 수 없습니다. 그래서 백성들은 모두 흩어져서 제멋대로 하고 있습니다. 어찌 유덕(有德)한 사람을 찾아, 그를 군주(君主)로 삼아, 나라를 세우고 도읍(都邑)을 열어야 하지 아니하겠습니까?"

이에 높은 곳에 올라가 남쪽을 바라보니, 양산(楊山) 아래 나정(蘿井) 곁에 전광(電光) 같은 이상한 기운이 땅에 드리웠고,[18] 한 백마(白馬)[19]가 무릎 꿇어 절하는 형상을 하고 있었다. 그곳을 찾아 가서 살펴보니, 한 자란(紫卵)[혹은 푸르고 큰 알이라고 한다.]이 있었고, 말은 사람을 보고 길게 울더니 하늘로 올라갔다.

그 알을 쪼개어 동남(童男)을 얻었는데, 모습이 단정하고 아름다웠다. 사람들이 그 일을 놀랍고 기이하게 여겨 동천(東泉)[동천사(東泉寺)에 있는 것으로 사뇌야(詞腦野) 북쪽이다.]에 몸을 씻겼더니[20], 몸에서 광채(光彩)가 나고, 조수(鳥獸)가 줄지어 따르며 춤추었고, 천지(天地)가 진동(振動)하고, 일월(日月)이 청명(淸明)했다. 그로 말미암아, 이름을 혁거세(赫居世)[아마도 우리말일 것이다. 혹은 불구내왕(弗矩內王, '붉은 왕')이라고

---

17) 3월 초하루는 계욕일(禊浴日)이다. 수로의 탄생도 이와 같다.
18) 땅에 드리운 전광 같은 빛은 일광을 연상하게 한다. 6촌장이 협의하여 추대한 왕의 등극제의로 볼 수 있다. 이 빛이 알에 비취고 있었다면 그 신화적 의미를 주몽신화에서 유화의 몸에 비추인 일광에 전급시킬 수도 있다. 이 빛은 천강신화의 신화소이다.
19) 말의 등장은 혁거세신화가 부여계 신화라는 입론이 가능하게 한다. 혁거세의 모성인 사소신모는 중국 제실의 딸이라고도 하며 부여 제실의 딸이라고도 한다. 말의 등장은 도래족으로 간주되는 혁거세가 부여계 기마민족일 수 있다는 가능성을 웅변하고 있다. 북방 부여계의 일족이 경주분지의 원주민 사회에 이주해 오고 있는 것이다.
20) 성수(聖水)에서 올리는 부활제의일 것이다.

도 하는데, 이는 '세상을 밝게 다스린다(光明理世)'는 뜻이다. 해설하는 사람이 말하기를, '이는 서술성모(西述聖母)가 아이를 낳을 때의 일이다.' 중국 사람들이 서술성모를 찬양하여, '어진 이를 낳아서 나라를 세웠다.'고 한 것도, 바로 이런 까닭이라 한다. 또 계룡(鷄龍)이 상서로움을 나타내고 알영을 낳았다는 이야기도 어찌 서술성모의 현신(現身)을 말하는 것이 아니겠는가.]라 하고 위호(位號)를 거슬감(居瑟邯)이라 했다.[혹은 거서간(居西干)이라고도 하는데, 이것은 그가 처음에 입을 열 때에 스스로 말하기를, "알지거서간(閼智居西干)이 한 번 일어났다."고 하였기에, 그 말로 인하여 일컬어진 것이다. 이 후로 거서간은 왕의 존칭이 되었다.][21]

그 때에 사람들은 다투어 경하(敬賀)해 말했다. "이제 천자(天子)는 이미 강림했으니, 마땅히 유덕(有德)한 여군(女君)을 찾아서 짝지어야 하겠다." 이 날 사량리(沙梁里) 알영정(閼英井)[또는 아리영정(娥利英井)이라고도 한다.] 가에 계룡(雞龍)[22]이 나타나 왼쪽 겨드랑이로 동녀(童女)를 낳았다.[혹은 계룡이 나타나 죽었는데, 그 배를 갈라서 여자 아이를 얻었다고 한다.] 얼굴과 모습이 매우 아름다웠으나 입술이 닭부리(鷄觜)와 같았다. 이에 데려가 월성(月城) 북천(北川)에 몸을 씻겼더니 그 부리가 빠졌다. 그래서 그 냇물의 이름을 발천(撥川)이라 했다.

남산(南山) 서록(西麓)[지금의 창림사(昌林寺)]에 궁실(宮室)을 세우고

---

21) 알을 쪼개어 동남을 얻고, 동천에 목욕시키고, 조수가 춤추며 뒤따르고, 천지가 진동하고, 일월이 청명하다고 서술하고 있는 일련의 상황은 제의가 진행되고 있는 현장을 묘사하고 있는 것이다. 이것은 이미 시작되어 진행 중에 있는 등극제의의 한 장면인 것이다.

22) 계룡, 계림, 시림, 구림 등의 계(鷄), 시(始), 구(鳩)는 '새'로 풀이된다. 닭은 새의 일종인데, 계룡은 알영부인의 표징이고, 계림은 알지의 표징이다. 계룡은 제의에 등장하는 닭 모양의 탈로도 이해할 수 있다.

두 성스러운 아이를 봉양(奉養)했다. 동남(童男)은 알에서 태어났는데, 알 모양이 박과 같았다. 사람들이 표주박을 박(朴)이라고도 하므로 성(姓)을 박(朴)이라 했다. 동녀(童女)는 태어난 우물 이름으로 이름을 삼았다. 두 성인(聖人)이 나이 열세 살이 된 오봉(五鳳) 원년(元年) 갑자(甲子)에 남아 (男兒)는 세워 왕(王)을 삼고, 여아(女兒)는 왕후(王后)로 삼았다.

국호를 서라벌(徐羅伐) 또는 서벌(徐伐)[지금 풍속에 서울(京)을 서벌 (徐伐)이라고 하는 것은 바로 이 때문이다.]이라 하고, 혹은 사라(斯羅), 사로(斯盧)라고 했다. 처음 왕후가 계정(鷄井)에서 태어났으므로 나라 이 름을 계림국(鷄林國)이라고도 하였는데, 그것은 계룡(鷄龍)이 상서로움을 나타냈기 때문이다. 일설(一說)에는 탈해왕(脫解王) 때 김알지(金閼智)를 얻으면서 숲속에서 닭이 울었다고 해서, 이에 국호를 고치어 계림(鷄林)이 라 했다고도 한다. 후세(後世)에 가서 드디어 신라(新羅)라는 나라 이름이 정해졌다.

나라를 다스리기 61년에 왕은 하늘로 올라갔다. 칠일 후에 유체(遺體) 가 땅에 흩어져 떨어졌다. 왕후도 또한 돌아가 국인(國人)이 합치어 장사 지내려 했더니, 큰 뱀(大蛇)이 나타나 쫓아다니며 방해했다. 오체(五體)를 각기 나누어 장사지내 오릉(五陵)이 되었다. 또한 이름을 사릉(蛇陵)이라 고도 한다. 담엄사(曇嚴寺) 북쪽 능(陵)이 이것이다. 태자(太子) 남해왕(南 解王)이 왕위를 이었다.


3. 『삼국유사』 감통(感通)

「선도산 성모(仙桃山 聖母)가 불사(佛事)를 좋아하다」

그녀(선도산 성모)가 처음 진한에 와서 성자(聖子)를 낳아 동국(東國)의 첫 임금이 되었다. 아마도 혁거세와 알영의 두 성인을 낳았을 것이다. 그러므로 계룡, 계림, 백마 등으로 일컬으니, 이는 닭이 서쪽에 속하기 때문이다. 선도산 성모는 일찍이 제천(諸天)의 선녀에게 비단을 짜게 해서 붉은 색으로 물들여 조복(朝服)을 만들어 남편에게 주었다. 나라 사람들은 이 때문에 비로소 신비한 영험을 알게 되었다.

또 국사(國史, 삼국사기)에는 이렇게 쓰여 있다. 사신은 말한다. 김부식이 정화(政和, 송나라 덕종의 연호) 연간에 일찍이 사신으로 송나라에 들어가 우신관에 나아가니, 한 집에 여선(女仙)의 상이 모셔져 있었다. 관반학사 왕보(王黼)가 말하였다.

"이것은 당신 나라의 신(神)인데, 공은 이를 알고 있습니까?"

이어서 말하기를,

"옛날에 어떤 중국 제실(帝室)의 딸이 바다를 건너 진한으로 가서 아들을 낳았고, 그가 해동의 시조가 되었습니다. 그 여인은 지선(地仙)이 되어 오래도록 선도산에 있습니다. 이것이 바로 그 여인의 상입니다."

또 송나라 사신 왕양(王襄)은 우리 조정에 와서, "동신성모녀(東神聖母女)에게 제사지냈으니, 제문에 '어진 사람을 낳아 처음으로 나라를 세웠다'는 구절이 있다."고 했다.[23]

---

23) 선도산(仙桃山)은 경주의 서쪽에 있는 산이다.(『동국여지승람』 권21, '在府西七里 新羅號西嶽 惑稱西述 惑稱西兄 惑稱西鳶) 서형산은 경주시의 서방에 자리잡아 사량부에 가깝다. 군사적 요지이며 신앙적 성지로 중시되었다. 참고로 이 항목에는 성모의 여러 이적(異蹟)이 더 기술되어 있다. 진평왕대에 비구니 지혜(智惠)가 안흥사를 새로 수리할 때 부족한 돈을 주어 불사(佛事)를 이루게 한 일, 경명왕이 사냥에서 잃어버린 매를 성모가 되찾아 주어 왕으로부터 대왕(大王, 산신)의 칭호를 받은 일 등이 나온다. 여성 산신의 시조 잉태담은 가야의 시조에도 얽혀 있어서 주목된다.(수

## 혁거세 신화의 이해

① 신라의 건국시조는 박혁거세이지만, 이외에도 석씨와 김씨의 시조인 석탈해와 김알지의 신화 또한 전해지고 있다. 신라의 신화는 박혁거세와 알영을 근간으로 하면서도, 그 속에 여러 씨족의 시조전승을 포용하고 있는 것이다. 박혁거세 신화는 두 갈래의 계통으로 나누어진다. 하나는 알에서 태어난 박혁거세와 알영에 관한 신화이고, 다른 것은 선도산 성모와 관련된 출생담이다. 이밖에도 혁거세 등장 이전에 경주에 거주하였던 6촌의 촌장에 관한 이야기가 전해진다. 이들의 이야기는 건국신화는 아니지만, 그 내용과 구조가 '직접 하늘에서 하강하여 나라를 세운 건국시조 신화'와 동일한 모습을 보이기 때문에 주목된다.

이를 정리하면 다음과 같다. 1) 알천 양산촌(閼川 楊山村)－알평(閼平)－표암봉(瓢嵓峰), 2) 돌산 고허촌(突山 高墟村)－소벌도리(蘇伐都利)－형산(兄山), 3) 무산 대수촌(茂山 大樹村)－구례마(俱禮馬)－이산(伊山), 4) 자산 진지촌(觜山 珍支村)－지백호(智伯虎)－화산(花山), 5) 금산 가리촌(金山 加利村)－지타(祗陀)－명활산(明活山), 6) 명활산 고야촌(明活山 高耶村)－호진(虎珍)－금강산(金剛山)

이 이야기들은 '직접하강형' 신화가 북방에만 국한되지 않고, 남방 지역에도 펴져 있음을 알려준다. 즉 사로 육촌 집단은 해모수, 환웅과 같이 북방에서 이주한 이주민으로 추정할 수 있다.(『삼국사기』에 의하면 '고조선의 유민') 각 촌장이 하강한 곳은 그들 집단이 숭배하는 성산(聖山)으로 환웅의 태백산, 해모수의 웅심산과 같은 성격을 갖는다.

---

로의 모인 정견모주, 가야산신)

② 고조선계 이주민 가운데 6촌 세력 위에 새로운 지배세력으로 등장한 집단이 박혁거세 집단이다. 사로국은 그 뒤 기원전 1세기 무렵부터 진한 12국의 맹주가 되면서 점차 주변의 소국을 병합하기 시작하여 더욱 확대된 국가(신라)를 형성하여 연맹왕국으로 발돋움했을 것이다.[24] 일연은 6부조와 혁거세의 탄강을 천강신화로 인식하고 있다. 그러나 협주의 '서술성모지소탄(西述聖母之所誕)'이나, 〈선도성모수희불사〉에는 서술성모(선도성모, 사소신모)가 혁거세를 낳은 것으로 나온다. 『환단고기』에도 '사소(娑蘇)를 파소(婆蘇)로 적고, 중국제실을 부여제실, 도래한 지점을 나을촌, 성모도 성자와 함께 수양된 듯이 적고 있음'이 참고가 된다. '여성산신이 혁거세와 알영을 낳았다'는 이야기는 기존의 혁거세 신화와는 다른 것이어서 주목된다.

③ 혁거세 신화의 줄거리를 정리하면 다음과 같다.
1) 6촌장 신화
2) 3월 초하루에 6부조와 자제들이 알천 언덕에 모여 군주를 모셔 나라를 세우기로 하다.
3) 양산 아래 나정 곁에 이기(異氣)가 비치고 백마가 절하는 형상을 하고 있었다.
4) 말은 하늘로 올라가고 그 곳에 알이 있었다.
5) 알에서 동자가 나와 동천에 목욕시키니, 몸에서 광채가 났다.(혁거세)
6) 사람들이 천자(天子)의 짝을 지을 것을 논의하였다.

---

24) 노태돈, "신라", 『한국민족문화대백과사전』 13, 한국정신문화연구원, 1991, 59~62쪽 참조

7) 알영정 가에 계룡이 왼편 갈비에서 동녀를 낳았다.(북천에 목욕시키니 부리가 빠짐)

8) 궁실을 지어 기르고 13세에 왕과 왕비로 삼아 국호를 서라벌 혹은 사로라 하였다.

9) 치국 61년만에 승천하더니, 7일 뒤에 유체가 땅에 산락(散落)하였고, 왕후도 돌아갔다.

10) 합장하려 하자 뱀이 방해하므로, 오체(五體)로 장사지내 오릉(五陵, 蛇陵)이라 하였다.

## 제5장
# 비류(沸流)와 온조(溫祚) 신화(백제)

## 1. 『삼국사기』[1]

    백제의 시조는 온조왕(溫祚王)이다. 그의 부친은 추모(鄒牟) 혹은 주몽 (朱蒙)으로, 그는 북부여에서 난을 피하여 졸본부여에 이르렀다. 이때 부 여왕은 아들이 없고 다만 세 딸이 있었는데, 그는 주몽을 보고 비상한 사람 임을 알았다. 이에 둘째 딸을 주어 아내로 삼게 하였다. 얼마 되지 않아서 부여왕이 죽자 주몽이 왕위를 이었다. 주몽은 두 아들을 낳으니, 장자는 비류(沸流)이고 차자는 온조이다.[혹은 주몽이 졸본부여에 이르러, 월군녀 (越郡女)를 아내로 얻어 두 아들을 얻었다고 한다.]

    그런데 주몽은 북부여에 있을 때 낳은 아들이 오자, 그를 태자로 삼았 다. 비류와 온조는 태자에게 용납되지 않을 것을 두려워하여, 마침내 오간 (烏干), 마려(馬黎) 등 열 명의 신하들과 함께 남으로 떠났다. 백성들 가운

---

1) 『삼국사기』 권제23 백제본기 제1 시조온조왕

데 그를 따르는 사람들이 많았다.

드디어 한산(漢山)에 이르러 부아악(負兒嶽)에 올라가서 살 만한 땅을 살펴보았다. 비류는 바닷가에 살려고 하였다. 그러나 열 사람의 신하들이 간하여 이르기를, "오직 이곳 하남(河南) 땅만이 북으로 한수(漢水)를 띠고, 동으로 높은 산악에 의지하고, 남으로 비옥한 소택(沼澤) 지대를 바라보고, 서로 큰 바다가 막혀 있으니, 천연의 험(險)함과 땅의 이로움을 얻기 어려운 형세입니다. 여기에 도읍을 세우는 것이 마땅하지 않겠습니까?" 하였다. 그러나 비류는 듣지 않고 백성을 나누어 미추홀(弥鄒忽)로 돌아가 살고, 온조는 하남 위례성(慰禮城)에 도읍하였다. 열 명의 신하로 보좌하게 하고, 나라를 십제(十濟)라 이름하였다. 때는 전한 성제 홍가 3년이었다.

비류는 미추홀 땅이 습하고 물이 짜서 편안히 살 수 없었다. 그가 돌아와 위례성을 보니 도읍이 안정되고 백성들이 태평하였다. 드디어 부끄럽고 후회하면서 죽었다. 비류의 신하와 백성들은 모두 위례성에 돌아왔다. 그 뒤로부터 날로 백성들이 즐거이 따르므로, 나라 이름을 백제(百濟)로 고쳤다. 그 세계(世系)는 고구려와 더불어 부여에서 같이 나왔기 때문에, 부여(扶餘)를 성씨로 삼았다.

[일설에 백제의 시조는 비류왕이다. 그의 부친은 우태(優台)로, 북부여 왕 해부루의 서손(庶孫)이다. 모친은 소서노(召西奴)로 졸본 사람 연타발(延陀勃)의 딸이다. 그녀는 처음에 우태에게 시집와서 두 아들을 낳으니, 큰 아들은 비류이고 둘째는 온조이다. 우태가 죽자 졸본에서 홀로 살았다. 그 뒤 주몽이 부여에서 용납되지 못하고 전한 건소 2년 봄 2월에 남쪽으로 도망하였다가, 졸본에 이르러 나라를 세워 고구려라 이름하였다. 주몽은

소서노를 얻어 왕비로 삼았는데, 그가 창업의 기반을 열 때 왕비의 내조가 자못 컸다. 그래서 주몽은 그녀를 총애하고 특별히 후대하였으며, 비류 등을 자기의 아들과 같이 대하였다.

그런데 주몽은 그가 부여에 있을 때 예씨(禮氏)에게서 낳은 아들 유류 (孺留)가 오자, 그를 세워 태자로 삼았다. 유류가 왕위를 잇게 되자 비류가 동생 온조에게 말하기를, "처음에 대왕께서 부여에서 난을 피해 도망하여 이곳에 이르렀는데, 우리 어머니는 집안의 재산을 기울여 나라의 창업을 이루는 것을 도와 그 수고가 많았다. 그러나 대왕께서 세상을 싫어하면서 나라가 유류에게 귀속되니, 우리들이 헛되이 여기에 있으면서 울적하게 근심하는 것보다 차라리 어머니를 모시고 남으로 가서 좋은 땅을 찾아 따로 나라를 세우고 도읍하는 것만 같지 못하다."라고 하였다. 드디어 동 생과 무리를 거느리고 패수(浿水)와 대수(帶水) 두 강을 건넜다. 미추홀에 이르러 거기에서 살았다.

북사(北史)와 수서(隋書)에는 모두 이르기를, "동명의 후손에 구태(仇 台)가 있었는데, 그는 매우 어질고 믿음이 두터웠다. 처음 대방 옛땅에 나라를 세우니, 한나라 요동 태수 공손도(公孫度)가 딸을 구태에게 주어 아내로 삼게 하였다. 드디어 동이(東夷)의 강국이 되었다"고 한다. 어느 것이 옳은지는 알 수 없다.]

즉위 원년 5월, 왕(온조왕)은 동명왕묘(東明王廟)를 세웠다.

## 2. 『삼국유사』2)

　『삼국사기』본기에 이르기를, "백제의 시조는 온조왕으로 그의 부친은 추모(鄒牟) 혹은 주몽(朱蒙)이다. 주몽은 북부여에서 난을 피하여 졸본부여에 이르렀다. 이때 주(州)의 왕이 아들은 없고 딸만 셋이 있었다. 그는 주몽이 비상한 사람임을 알고, 둘째 딸을 주어 아내로 삼게 하였다. 얼마 되지 않아 부여주(扶餘洲)의 왕이 죽자 주몽이 왕위를 이었다. 주몽은 두 아들을 낳으니, 큰 아들은 비류이고 둘째는 온조이다. 비류와 온조는 후에 태자에게 용납되지 않을 것을 두려워하여, 마침내 오간, 마려 등 열 명의 신하들과 함께 남으로 떠났다.…(중략)…(이하는 앞의 『삼국사기』와 같다.) 그 세계(世系)는 고구려와 더불어 같이 부여에서 나왔기 때문에 해(解)로 성씨를 삼았다.…(중략)…

　『고전기(古典記)』를 살펴보니, "동명왕의 셋째 아들 온조는 전한 홍가 3년 계유에 졸본부여에서 위례성으로 와서 도읍을 정하고 왕이라 칭하였다."고 한다.

### 백제 신화의 이해

　① 『삼국사기』를 보면, 백제의 시조에 대한 설이 여럿인데, 김부식은 백제의 시조로 온조를 인정하고 있다. 다음으로 비류설의 경우, 그들은 주몽의 아들이 아니며 해부루의 서손인 우태와 졸본사람 소서노 사이에 난 자식들이다. 소서노는 우태와 살다가 과부가 되었으며, 나중에 주몽을

---

　2) 『삼국유사』권제2 기이 제2 남부여 전백제 북부여

x

x

x

만나 혼인한 여자이다. 구태설은 중국의 문헌에 있는 것으로, 동명의 후손인 구태가 요동태수 공손도의 사위가 되었다는 내용이다. 여기의 동명은 부여의 건국시조이니, 이것은 백제가 고구려가 아니라 부여에서 갈라져 나왔다는 것과 상통한다.

비류와 온조설에는 부여에서 주몽을 찾아온 유류가 고구려의 태자가 되자, 비류와 온조는 모친과 함께 무리를 이끌고 남으로 도망하였으며, 그들은 각기 서로 다른 장소에 나라를 세웠다고 한다. 이러한 이야기들에는 시조의 탄생담이 없고, 어떤 혈통으로 어떻게 태어났는지에 대한 내용이 없다. 건국신화에는 시조의 신성성을 강조하기 위해서 위와 같은 요소가 필수적인데, 이 점에서 비류와 온조의 이야기는 건국신화의 모습이 온전하지 않다고 할 것이다.

② 현재 어떤 것이 백제의 건국신화인지 분명하지 않다. 백제 관련 역사나 문화 등의 파괴와 함께 건국신화 자료도 인멸되었다고 할 수 있다. 학계에서는 백제의 건국신화를 재구성하려는 노력이 계속되고 있는 실정이다. 온조설에는 비류가 신하의 간쟁을 받아들이지 않는 고집스러운 인물로 그리고 있고, 주몽이 나라를 세운 경위도 일반적으로 알려진 내용과는 다르다. 즉 졸본부여왕이 그의 인물됨을 알아보고 사위로 삼았다가, 그의 사후에 왕위를 이어받았다는 것이다. 이것은 주몽이 건국의 과정에서 보여준 영웅적인 행적이 거의 없게 된다. 이렇게 주몽의 영웅성이 격하된 내용은 위의 『삼국사기』 주석문에도 나오는 것이어서, 주몽과 관련해서 이러한 이야기가 상당히 널리 알려졌음을 반증한다. 비류설에는 온조의 부친은 주몽이 아니고 북부여 해부루의 후예인 우태로 되어 있다. 주몽이

과부인 소서노(비류의 모친)와 혼인하였으니, 비류와 온조에게 주몽은 계부가 되고, 혈통상 아무런 관계가 없다. 이처럼 비류설은 철저히 고구려 계승을 부정하고 있는 것이다.

우태설은 우태를 동명의 후손으로 보고 있다. 이는 중국의 사서에서만 보이는 것이 특징적인데, 동명을 백제의 선조로 여겼기 때문이다. 중국의 사서들은 대체로 백제를 부여에서 나왔다고 기술하고 있다. 이것은 동명과 주몽을 동일하게 본 결과일 수도 있다. 그런데 백제는 왕실의 성씨가 부여(扶餘)일 만큼 고구려보다는 부여의 혈통임을 강조하였다.[3] 특히 '왕실에서는 왕을 어라하(於羅瑕)라 부르지만, 백성들은 건길지(鞬吉支)라 부른다'는 기록(『주서(周書)』 열전 이역 상)으로 보아 백제에서 백성들과 지배 세력은 같은 계통의 족단(族團)이 아니었던 듯하다.(서대석, 백제신화 연구, 백제논총 제1집, 백제문화개발연구원, 1985, 14쪽) 게다가 백제에서는 건국 초기부터 부여의 공동시조인 동명을 모시는 제의가 있었다. 이후 구태묘의 설치와 제사, 그리고 구태시조설(고이왕 혹은 근초고왕)은 백제가 고구려의 남하정책에 맞서서 치열한 전쟁을 치루는 역사적 사실과 밀접하게 관련되어 있다. 장수왕에게 개로왕이 피살된 뒤 백제는 수도를 한성에서 사비로 옮기고 국호를 남부여라 할 정도로 부여 계승 의식은 지속된다.[4]

③ 현재 백제의 건국신화 자료는 남아 있지 않지만, 있었다면 백제의

---

3) 참고로 동부여에서 온 유리는 해씨(解氏)계 집단의 시조이다.
4) 이밖에 '야래자(夜來者) 설화가 마한이나 백제의 신화일 가능성이 제기된 바 있다.(금와왕, 서동설화, 견훤설화 참고)

시조제의에서 전승되었을 것이다. 백제에서 행했던 시조제의는 동명제(東明祭)와 구태제(仇台祭)로 나타난다. 다음으로 마한의 5월·10월제가 있다. 이들은 농경사회에서 행한 생산신에 대한 풍요제로 추정된다. 생산신은 부족의 수호신으로서의 직능을 겸하고 있기 때문에, 생산신신화와 부족신신화는 분리되지 않는다. 한편 '야래자(夜來者) 전설'은 백제 지역에 전승되는 구비설화로서 고대에 백제 지역의 신화였던 자료로 여겨진다.

④ 백제의 국조신화는 백제를 건국한 시조에 관한 이야기라고 할 수 있으나, 엄밀한 의미에서는 백제에서 숭앙되었던 시조신에 대한 이야기라고 할 것이다. 국가를 창건한 최초의 왕이 시조이고, 시조는 시조신으로서 시조묘에서 숭앙되고, 시조의 이야기는 국조신화로서 그 나라의 백성들에게 신성한 행적으로 전승되는 것이 일반적인 사례이다. 그러나 백제의 경우는 백제를 건국한 시조와 시조신으로 숭앙된 존재가 일치한다고 하기 어렵다. 백제의 시조는 문헌에 따라 '온조', '비류'(『삼국사기』), '구태'(『주서』, 『수서』 등), '도모'(일본 문헌-『속일본기』) 등으로 다르게 나타난다. 문제는 백제에서 숭앙된 시조신이 누구냐 하는 점이다.

『삼국사기』 백제본기 '시조 온조왕조'에는 "원년 오월에 동명왕묘를 세웠다."는 기록이 있고, 후대의 왕들이 즉위한 2년 춘정월에 배알한 기록이 보인다. 동명왕은 부여계 국가의 건국시조이므로 주몽인지 여부는 불확실하지만, 백제에 동명신 제의가 있었고 동명신화가 계승되었을 것은 분명하다. 시조의 출생이 천신계의 아버지와 수신계의 어머니의 결합으로 이루어진다는 것이 동명신화의 일반적인 특징이다. 한편 『삼국사기』 잡지 '제사조'에는 "백제는 매년 사중지월(四仲之月)에 왕은 하늘 및 오제(五帝)

의 신에게 제사를 지내고 그 시조 구태묘를 국성(國城)에 새우고 해마다 네 번 이에 제사하였다."는 기록도 나온다.

온조가 세운 동명왕묘는 부여의 시조로서 부여에서 숭앙하던 동명을 제향(祭享)하기 위한 시조묘였고, 그 제전에서 전승된 동명신화는 북이의 동명신화였다. 북이의 동명신화는 해모수신화와 같은 계열이고, 태양신을 부계로 하고 있으나 부계의 혈통이 불확실한 점이 특징이다. 동명과 주몽은 고구려에서는 같은 인물이었고, 백제에서는 다른 인물로 인식했던 것 같다. 동명신화는 태양숭배부족의 신화이고 동이족의 신화이며 부여, 고구려, 백제의 건국신화였다고 본다. 이러한 백제의 동명신화는 고구려에서 남하한 건국 주도 세력의 신화였고, 마한 지역에서는 이와 다른 신화가 전승되었다고 본다.[5]

⑤ 야래자(夜來者) 설화의 신화적 성격

백제는 마한을 잠식하면서 국력을 확장했고 마한의 주민은 결국 백제로 병합되었다. 백제는 남하한 이주 세력과 선주했던 마한 세력과의 병합으로 발전된 나라이기에, 백제의 신화도 두 집단의 신화가 병존했으리라고 추정할 수 있다. 『삼국지』 위서 '동이전'-'한전'에는 마한의 5월과 10월제 기록이 전한다. 이 제의는 농경생산신 제의로서 신에게 농작물의 풍요를 기원하는 의식임을 짐작하게 된다. 부여의 영고(迎鼓)는 정월의 제천의식으로 이는 생산신이나 수호신이 천신(天神) 즉 태양신임을 말해준다. 이에 비해 마한의 5월제와 10월제는 생산신으로서 대지의 신을 섬긴 것으로

---

5) 서대석, 『한국신화의 연구』, 집문당, 2002, 188-189쪽

추정된다. 마한의 신화로 문헌 자료는 찾을 수 없고, 구전 자료 가운데 대지와 관련된 신화 자료로서 '야래자(夜來者) 설화'가 학계에서 손진태, 장덕순, 최래옥, 서대석 등에 의해 논의된 바 있다.

'야래자 설화'는 후백제 견훤의 출생담과 같기에 '견훤식 전설'이라고도 하고, 사람이 아닌 이류(異類)와 사람이 교구(交媾)하는 이야기라고 해서 '이물교구 전설'이라고도 하며, 일본에서는 '삼륜산적(三輪山的) 전설'로 불리는 이야기의 유형이다. 야래자 설화는 약 20여 편이 조사되었는데, 이들의 공통 단락은 다음과 같다.

1) 한 여자가 살았다.
2) 그 여자에게 정체 모를 남자(야래자)가 밤에 찾아와 자고 갔다.
3) 이 사실을 부친(또는 외숙)에게 이야기했다.
4) 부친은 바늘에 실을 꿰어 그 남자의 옷섶에 꽂아두라고 했다.
5) 아침에 실을 따라서 산 또는 연못에서 남자의 정체를 파악할 수 있었다.
6) 야래자는 뱀, 수달, 지렁이 등이었다.
7) 처녀는 임신을 했고 아들을 낳았다.
8) 이 아들이 시조(또는 국왕)가 되었다.

야래자 설화는 『삼국유사』의 '서동설화', '견훤설화', 청태조, 중국 천자, 평강 채씨의 시조, 창녕 조씨의 시조, 마을의 신 등으로 나타나는데, 출생한 아이가 남다른 능력이 있었으며, 국왕이나 국조 또는 성씨의 시조가 된다는 것은 바로 이 이야기가 신성한 인물의 출생담을 말해주는 신화라는 증거가 된다. 이것이 신화라면 모계나 부계는 자연히 신적 존재여야 한다. 모계가 대지의 신 곧 지모신(地母神)이라면, 야래자인 부계는 물과 관련된 존재라는 점에서 수신(水神)으로 볼 수 있다. 그렇다면 이 자료는 지모신과 수부신(水父神)의 결합으로 시조가 탄생한다는 신화가 된다.

이러한 수부지모형의 신화는 단군, 주몽, 혁거세, 수로 등 천부지모형 신화와는 다른 것으로서 농경생산신으로서 수신을 숭앙했던 집단의 신화로 생각된다. 마한의 제의에서 어떤 신화가 전승되었는지는 알 수 없다. 그러나 제의의 성격이 대지의 신, 즉 지모신제였고 곡신제였다면, 지모신과 수부신의 결합을 나타내는 의식이나 신화가 존재했을 가능성은 추정할수 있다. 그것을 학자들은 '야래자 설화'에서 찾고 있는 것이다.(야래자 설화의 실과 줄다리기-밤, 남자편과 여자편)

'야래자 설화'의 분포는 전국에 걸쳐 있다. 그러나 그 신화적 모습이 남아 있는 자료는 함북의 회령과 성진, 강원도의 평창, 경기도 여주, 충남 연기, 충남 부여, 전남 광주 등지이다. 이 가운데 함북 성진에서 채록된 자료에는 야래자 설화가 단군신화와 혼합되어 있어서 주목된다. 야래자가 연못의 용으로 동부여의 금와가 태어난 곤연이라는 연못과 신화적 공간으로서의 성격이 상통한다. 마한은 대체로 고조선의 유이민(流移民)이 남하하여 이룩한 부족국가로 기록에 나타난다.(『삼국유사』 마한조)

## 제6장
# 수로(首露) 신화(가야)*

## 1. 『삼국사기』 권제41 열전 제1 김유신

김유신은 신라 왕경(경주) 사람이다. 12세 조상인 수로는 어떠한 사람인지 알지 못한다. 후한 건무 18년 임인년(서기 2)에 구봉(龜峰)에 올라서, 가락의 아홉 마을을 바라보고는 드디어 그 땅에 나라를 열고 가야라 이름하였다. 뒤에 금관국이라 고쳤고, 그 자손은 대대로 왕위를 계승하였다.[1]

## 2. 『삼국유사』〈가락국기〉
[고려 문종 대강(大康) 연간에 금관지주사로 있던 문인(文人)이 적은 것이다. 지금 여기서는 그것을 간략하게 요약하여 싣는다.]

천지가 개벽(開闢)한 후로 이 땅에는 아직 나라의 이름도 없었고, 또한

---

 * 『삼국유사』기이(紀異) 제2〈가락국기〉, 이밖에 『삼국유사』〈왕력편〉이나〈어산불영편〉에도 단편적인 기록이 나온다.
 1) 『삼국사기』는 가야의 건국신화를 전하고 있지 않다. 다만 김유신의 조상으로 소개하고, 구지봉에 올랐다가 그 땅에 도읍하였다는 간단한 사실만 나온다.

군신(君臣)의 칭호도 없었다. 그저 아도간(我刀干), 여도간(汝刀干), 피도
간(彼刀干), 오도간(五刀干), 유수간(留水干), 유천간(留天干), 오천간(五
天干), 신귀간(神鬼干) 등의 구간(九干)2)이 있어, 이들이 추장이 되어 백
성들을 거느렸다. 백성은 모두 일백호(一百戶)에 칠만 오천 명이었는데,
대부분은 모여 제각기 산과 들에 살면서, 우물을 파서 마시고(鑿井而飮)
밭을 갈아서 먹었다(耕田而食).

후한(後漢) 세조(世祖) 광무제(光武帝) 건무(建武) 18년 임인(壬寅) 삼
월 계욕일(禊浴日)에,3) 백성들이 살고 있는 곳 북쪽 구지(龜旨)[이것은 산
봉우리의 이름인데, 여러 마리 거북이 엎드린 형상과 같으므로 그렇게 불
렀다.]4)에서 무언가 부르는 수상한 소리가 있었다. 중서(衆庶) 이삼백 인
이 소리 나는 이 곳에 모여 들었더니, 사람의 목소리 같은 것이 들려 왔다.
그 형체는 숨기고 목소리만 내어 묻기를,

"여기에 누가 있느냐, 없느냐?"

하니 구간들이 대답했다.

"우리들이 여기 있습니다."

또 소리만 내어 물었다.

"내가 있는 곳이 무엇이라 하는 곳이냐?"

---

2) 아홉 사람의 추장.
3) 혁거세 신화에서는 삼월삭(三月朔)에 거행한 것으로 기록하고 있다. 계욕(禊浴)은
   신년부활제(新年復活祭)의 성격을 띠고 있다. 이 의식은 신라(혁거세와 알영이 동천
   과 북천에서 '계욕')와 고구려('每年初 聚戱於浿水之上 王乘腰輿 列羽儀以觀之 事畢
   王以衣服入水 分左右爲二部 以水石相濺擲 諠呼馳逐再三而止'-『수서(隋書) 고구
   려전』)에서도 수행되었음을 볼 수 있다.
4) '구지봉'의 위치는 원래 지금의 김해 분성산 정상(만장대)이었을 것이나, 후대 제의장
   소로서의 위치인 지금의 위치(수로왕릉 옆)로 대치되었을 것이다.

"구지(龜旨)입니다."

라고 대답하였다. 또 소리만 들려 왔다.

"황천(皇天)께서 나에게 이곳에 가서 나라를 새로 세워 임금이 되라고 명하였으므로, 이렇게 하려고 내려왔다. 너희들은 모름지기 산꼭대기의 한줌 흙을 파 움켜쥐고(굴봉정촬토, 掘峯頂撮土)[5],

| 거북아 거북아. | 龜何龜何 |
| 머리를 내놓아라. | 首其現也[6] |
| 만약 내놓지 않으면, | 若不現也 |
| 구어서 먹으리. | 燔灼而喫也 |

라고 노래 부르면서 춤을 추면 대왕(大王)을 맞이하여 환희용약(歡喜踊躍)하게 될 것이다."

구간(九干)들은 그 말과 같이, 함께 기뻐하면서 노래 부르고 춤추었다. 얼마 후에 위쪽을 우러러 바라보니, 하늘로부터 자승(紫繩)이 드리워져 땅에 닿았다.[7] 자승 아래 끝을 살펴보니, 홍폭(紅幅)에 싸여 있는 금합자(金合子)[8]가 보였다. 그것을 풀어 열고 속을 들여다보니, 둥글기 해와 같

---

5) '봉 정상의 한줌 흙을 파다'이며, 그 행위는 가락국 전 영토에 대한 소유와 지배를 상징한다고 할 수 있다.(최진원, 앞의 책, 132~136쪽)

6) '수(首)'를 '머리'로 해석하였으나, 확정적 해석은 아니다. '수로'일 수도 있고 '술래'일 수도 있는 가능성이 있다. "始現古諺首露"는 '수로(首露)'가 '시현(始現)'이라는 의미와 유관함을 보여주고, '신군(神君)'의 시현(始現)은 '술래 찾기'에 비견될 수 있다. '수(首)'를 '머리'로 풀이해도 '거북의 머리'라는 관점은 재고할 필요가 있다.

7) 붉은 동아줄이 하늘에서 땅으로 드리운 것은 일광(日光)의 상징으로 천강신화의 제의적 연행(演行)으로 이해할 수 있다.

8) '금합'의 등장은 농경 생산물의 저장과 깊은 관련이 있다. 생산한 곡물을 다음 수확기

은 황금란(黃金卵) 여섯 개가 있었다. 여러 사람이 모두 다 놀라고 기뻐하
며 더불어 백배(百拜)를 올렸다. 곧 도로 싸서 아도간(我刀干)의 집에 안고
가서 탁자 위에 모셔 놓고 사람들은 각기 흩어졌다.

만 하루가 지난[過浹辰] 이튿날 날이 새면서 사람들은 다시 모여 들어
금합자를 열어보니, 여섯 개의 알은 동자(童子)로 바뀌어 있었는데, 용모
(容貌)는 매우 위엄이 있었다. 이어서 상 위에 앉히고9), 사람들이 절하여
경하(敬賀)하면서, 공경(恭敬)하기를 다하고서야 멈추었다. 나날이 커져
서 십여 일의 새벽과 저녁이 지나니, 키가 9척이나 되어 은나라의 천을(天
乙)과 같았고10), 용 같은 얼굴은 한나라 고조(高祖)11)와 같았으며, 눈썹이
팔채(八彩)임은 당나라 요임금과 같고, 눈이 중동(重瞳)인 것은 우나라 순
임금과 같았다.

그달 보름에 즉위(卽位)했다. 처음 나타났으므로 휘(諱)를 수로(首露)라
했고, 혹은 수릉(首陵)[수릉은 죽은 뒤의 시호이다.]이라고도 했다. 나라를
대가락(大駕洛)이라 칭했고, 또는 가야국(伽倻國)이라고도 했으니, 즉 육
가야(六伽倻) 중의 하나였다. 나머지 다섯 사람도 각기 오가야(五伽倻)에
가서 오가야의 군주가 되었다. 동쪽은 황산강(黃山江)으로 경계를 삼았고,
서남은 창해(滄海)로, 서북은 지리산(地理山)으로, 동북쪽은 가야산(伽倻
山)으로 경계를 삼았고, 남쪽은 나라의 끝을 삼았다. 임시 궁궐을 새로
짓게 하여 거기 들어가 사셨는데, 다만 질박하고 검소하여 초가지붕의 이
엉도 다듬어 자르지 아니하고, 흙으로 석 자 높이의 계단을 만들었다.

---

까지 보관하여 이용하기 위해서는 곡식을 저장하는 궤가 필요하기 때문이다.
9) 이것(태어나자마자 활동함)은 '영웅의 탄생'에 보편적으로 결부되는 화소이다.
10) 은나라의 탕왕(湯王).
11) 중국 한나라의 창업주인 유방.

2년 계묘(癸卯) 봄 정월에 왕이 말했다.

"내가 도읍을 정하려 한다."

임시궁궐의 남쪽 신답평(新畓坪)[이는 예로부터 한전(閑田)이었다. 새로 경작하였기 때문에 그렇게 불렀다. 답(畓)은 속자이다.]으로 가서 산악을 바라보고, 옆 신하들에게 말했다.

"이 땅이 여뀌잎처럼 협소하지만, 열여섯 나한(羅漢)[12]이 살만한 곳이다. 더구나 하나가 셋을 이루고 셋이 일곱을 이루므로 칠성(七聖)[13]이 거처하기에도 이곳이 적합하니, 이 땅에 근거하여 강토를 개척하는 것이 나중에도 좋을 것이다."

이에 1천 5백 걸음의 둘레로 된 성과 궁궐의 전각 및 여러 관청의 청사와 무기고와 창고를 지을 만한 장소를 마련해 놓고 궁궐로 돌아왔다. 널리 나라 안의 장정과 인부, 공장(工匠)들을 불러 모아 그 달 20일에 성부터 시작하여 3월 10일에 이르러 역사가 끝났다. 궁궐과 옥사(屋舍)는 농한기를 틈타 지었으므로, 그 해 10월에 시작하여 갑진년 2월에야 완성되었다. 좋은 날을 가려 새 궁궐로 옮겨가서 만기(萬機)[14]를 살피고, 서무(庶務)[15]에도 부지런하였다.…(중략)…(이후에 '탈해왕'과의 일화, 허황옥과의 신성혼인 과정이 기술된다. 이들은 각각 탈해왕 신화와 허황옥 도래신화 부분에 실었다.)

하루는 왕이 신하들에게 말하기를,

---

12) '아라한(阿羅漢)'의 준말. 온갖 번뇌를 끊고 깨달음을 얻어 공덕을 갖춘 성자(聖者)를 가리킨다.
13) '성(聖)'은 정지(正智)로 진리를 이룬 사람을 이른다.
14) 온갖 중요한 기틀.
15) 여러 가지 사무.

"구간 등이 모두 일반 벼슬아치의 우두머리이거늘 그 직위와 명칭이 다 촌스러운 말로 되어 있어서 점잖은 관리의 칭호답지 못하다. 혹시 미개한 사람이 듣더라도 반드시 웃음거리가 되는 수치를 당하게 될 것이다." 라고 하더니, 드디어 아도(我刀)는 고쳐 아궁(我躬)이라 하고, 여도(汝刀)는 고쳐 여해(汝諧)라고 하고, 피도(彼刀)는 고쳐 피장(皮匠)이라고 하고, 오도(吾刀)는 오상(五常)이라 하고, 유수(留水), 유천(留天)의 칭호를 윗글자는 그대로 두고 아래 자만 고쳐 유공(留功), 유덕(留德)이라고 하고, 신천(神天)은 신도(神道)로 고치고, 오천(五天)은 오능(五能)으로 고치고, 신귀(神鬼)는 음을 바꾸지 않은 채 뜻만 바꾸어 신귀(臣貴)라고 하였으며, 계림의 관직을 따라 각간(角干), 아질간(阿叱干), 급간(級干) 등의 등급을 만들고, 그 아래의 관리들도 주(周)나라의 제도와 한(漢)나라의 절차로서 나누어 정하였다. 이는 낡은 옛것을 없애고, 새것을 취하여 관직을 나누어 설치하는 방법이다.

그제야 나라를 다스리고 집안을 정돈하고, 백성들을 자식같이 사랑하니, 명령이 엄숙하지 않으나 위엄 있고, 정사가 엄격하지 않아도 다스려졌다. 더구나 왕후와 함께 있게 된다는 것은 비유해 말한다면 하늘에 대해서 땅이 있고, 해에 대해서 달이 있고, 양(陽)에 대해서 음(陰)이 있는 격이며, 그 공(功)은 도산(塗山)이 하(夏)를 돕고[16] 당원(唐媛)이 교씨(嬌氏)를 일으킨 것과 같았다.[17] 그 해에 곰을 얻는 꿈을 꾸고 태자 거등공(居登公)을

---

16) '도산' 씨의 딸이 하(夏)나라 우왕에게로 시집가서 우왕을 도운 고사.
17) '당원'은 요임금의 딸 아황(娥皇), 여영(女英)을 말함. 이들은 순임금에게 시집가서 순임금의 후예인 교씨(嬌氏)의 시조가 되었다고 한다. 마찬가지로 수로의 왕비 허황옥은 10명의 아들과 1명의 딸을 두었다고 하는데, 아들 가운데 2명에게 자신의 성을 물려주어 '김해 허씨'의 시조가 된다.

낳았다.

　후한 영제 중평 6년(189) 기사 3월 1일에 왕후가 죽으니 나이가 157세였다. 온 나라 사람들이 땅이 무너진 것처럼 슬퍼하고, 구지봉 동북쪽 언덕에 장사하였다.…(중략)…(왕후가 세상을 떠난 뒤) 왕은 항상 외로운 베개에 의지하여 몹시 슬퍼하였다. 10년이 지난 헌제 입안 4년(199) 기묘 3월 23일에 돌아가니, 그때의 나이는 158세였다.

### 수로 신화의 이해

　①『삼국유사』의 자료는 주인공인 수로의 신이한 출생과 성장, 즉위 과정, 제도와 문물의 개선, 통치 행위 등을 비교적 자세하게 보여준다. 중간에는 탈해왕과의 일화(수로와 탈해의 변신술 경쟁), 허황옥과의 혼례 등의 사연이 기술되어 있기도 하다.

　수로 신화에는 신모(神母)가 보이지 않는다. 단군 신화에서는 웅녀가 단군을 낳고, 주몽 신화에서는 유화가 주몽을 출산한다. 수로의 모성과 부성이 등장해야 할 자리에 구간 등의 이야기로 메워지고 있다.『동국여지승람』고령현 건치연혁조에, "최치원의 석이정전(釋利貞傳)에 적혀 있다. 가야산신 정견모주(正見母主)는 이비가 천신(天神)에게 감응한 바 되어 대가야왕 뇌질주일과 금관국왕 뇌질청예 두 사람을 낳는다. 곧 뇌질주일은 이진아시왕의 별칭이 되고, 뇌질청예는 수로왕의 별칭이 된다."(천신 이비가+정견모주→뇌질주일, 뇌질청예)는 기록이 참고가 된다.

　또『동국여지승람』합천군 사묘조에 "정견천왕사 재해인사중 속전대가야국왕후정견 사위산신(正見天王祠 在海印寺中 俗傳大伽倻國王后正見 死爲山神)"이라 하여 정견신모가 가야산 산신이 되었다고 한다. 이것은 원래 수로 신화에도 수로의 모신과 부신이 신성혼인을 통해 수로가 탄생하는 원형적인 이야기가 있었음을 추정하게 해준다.

여성 산신이 시조를 낳는다는 이야기는 당대에 산신에 대한 숭배가 널리 퍼져 있었음을 보여준다. 앞의 혁거세 모인 사소신모에도 있었고, 또한 다음과 같은 이야기도 참고가 된다. "지리산의 산신은 여신으로 성모(聖母) 또는 마야고(摩耶姑)라고 불렀다. 그녀는 거인이면서도 젊고 아름다웠다. 이 마고는 반야를 사랑하였지만, 그는 떠난 뒤 수만 년이 되어도 돌아오지 않았다. 그녀는 나무껍질에서 실을 뽑아 반야에게 줄 옷을 지었다. 그러나 기다리던 반야가 돌아오지 않자, 화가 나서 옷을 찢어버리고, 천왕봉 꼭대기에서 성모신으로 좌정하였다."[18]

위의 『삼국유사』〈가락국기〉 기록에는 이런 이야기가 보이지 않고, 다만 고도로 상징화된 제의의 모습만 읽을 수 있다. 따라서 현전하는 수로 신화는 등극제의(登極祭儀)의 기술상관물(記述相關物)로 이해할 수 있다.[19]

② 가야는 기원 전후 무렵부터 562년까지 경남 일대와 경북 서부지역에 존재하였던 국가들을 총칭한다. 기원 전후에 경남 해안 일대에는 철기문화가 보급되면서 사회통합이 진전되어 변한 소국(小國)들이 나타나기 시작하였는데, 이들 소국들은 2회에 걸쳐 가야연맹체를 이루게 된다. 2,3세기에 김해의 가야국을 중심으로 한 전기 가야연맹, 5세기 후반에 고령의 대가야를 중심으로 한 후기 가야연맹이 그것이다. 이러한 역사적 배경 때

---

18) 이지영, 앞의 책, 314쪽
19) 윤철중, 앞의 책, 160~163쪽 참조

문인지 현재 가야의 건국신화는 두 종류가 각각 김해와 고령지방에 전한다. 하나는 『삼국유사』 〈가락국기〉의 수로 신화이고, 다른 하나는 『신증동국여지승람』 제29권 고령현조에 나온다.

수로 신화를 요약하면 다음과 같다. 1) 구간 집단의 생활, 2) 3월 계욕일에 구지봉에서 소리가 나면서, 임금을 맞이하도록 하다, 3) 사람들이 노래(구지가)와 춤을 추다, 4) 하늘에서 내려온 자주색 줄 끝에 금빛 상자가 있고 그 속에 알 6개가 있다(태양신의 성격), 5) 알에서 여섯 아이가 나와 6가야의 임금이 되다, 6) 탈해의 왕위 도전과 변신 경쟁, 탈해 신라로 도망하다(해모수와 하백의 변신 경쟁 참고), 7) 구간 등이 배필을 권하자, 왕은 천명을 기다리겠다고 한다, 8) 왕이 신하를 바닷가에 보내 신부를 맞이하고, 수로가 직접 허황옥을 마중하여 혼인하다, 9) 황후가 자기의 내력을 이야기하다, 10) 수로의 치세와 업적, 왕후의 죽음, 수로의 죽음

③ 수로 신화에는 허황옥이 수로를 만난 뒤에 자신의 신분과 상제의 명에 의해 이곳에 오게 되었음을 이야기하는 대목이 있다. 이것은 제주도의 삼성신화에서 세 여자가 육지에 당도한 뒤, 사신이 세 신인에게 세 여자가 어떻게 이곳에 오게 되었는지를 말해주는 대목과 유사하다. 수로의 탄생과 혼인 부분을 정리하면 다음과 같다.

수로의 탄생 : 수로의 치자(治者) 맞이 권고→구간의 수용→구간의 치자 기원→하늘의 응답→수로 탄생[통치자의 천정성(天定性)]

수로와 허황옥의 혼인 : 구간의 배필맞이 권고→수로의 거절→수로의 배필 기원→하늘의 응답→허황옥 도래(渡來)[배우자의

천정성(天定性)]

* 수로 신화에는 죽은 뒤의 승천이나 신이담이 없는 것도 주목할 만한 차이점이다.

④ 참고로 현재 구전(口傳)되는 여성 산신에 관한 이야기를 소개하면 다음과 같다.

### 〈가야산 산신〉

가야산 여신 정견(正見)이 폭포에서 목욕을 할 때, 하늘의 이비가(夷毗訶)가 그녀의 아름다움에 감탄하였다. 정견이 물밖으로 나오는데 햇빛이 그녀를 비추었다. 그 뒤로 그녀는 하늘의 신 이비가의 아이를 잉태하여 쌍둥이를 낳았다. 큰 아이는 뇌질주일, 작은 아이를 뇌질청예라고 하였다. 아이들은 총명하고 영특하여 사냥솜씨가 뛰어났다. 정견은 아이의 재주를 보고, 그들을 불러 가락지방을 다스리는 임금이 되라고 하였다. 두 아들은 마을로 가서 백성의 추대를 받아 주일은 대가야, 청예는 금관국의 왕이 되었다.[20]

### 〈지리산 성모신〉

지리산 산신은 여신으로 거인인데, 성모 · 마야고 · 마고라고 불렀다. 그녀는 하늘을 떠다니는 반야를 사모하였다. 그러나 한 번 떠난 반야는 다시 돌아오지 않았다. 그녀는 기다리다 지쳐 천왕봉 꼭대기에서 성모신

---

20) 한상수, 『한국인의 신화』, 문음사, 1986, 241~243쪽

으로 좌정하였다.[21]

### 〈죽령 산신-다자구 할머니〉

죽령 고개는 길이 험한 탓에 도적들이 무리를 지어 지나가는 나그네를 해치고 물건을 빼앗았다. 그들의 피해가 커지자 나라에서 관군을 보냈지만, 도적들에게 도리어 습격을 당했다. 걱정하던 대장에게 한 할머니가 와서, "도적의 소굴에 가서 그들이 잠을 자지 않으면, '더자구야' 할 테니 쳐들어오지 말고, 잠을 자면 '다자구야' 할 테니 쳐들어오시오." 하였다. 할머니는 도적의 소굴에 가서 잃어버린 두 자식을 찾으러 왔다고 말한 뒤, 그 곳에서 부엌일을 하며 눌러 있었다.

어느 날 도적의 우두머리 생일 잔치날에 도적들이 술에 취하여 쓰러지자, 할머니는 이 때를 타서 '다자구야'라고 외쳤다. 관군들이 이 소리를 듣고 도적을 급습하여 소탕하였다. 그 뒤 할머니는 자취를 감추었고, 사람들은 그제야 그녀가 죽령의 산신임을 알게 되었다. 사람들이 그녀를 다자구 할머니라고 불렀으며, 나라에서는 이 죽령산신에게 제사를 지내게 되었다.[22]

* 가야산, 지리산, 죽령, 그리고 선도산 등은 한반도 남부 지방에 자리하고 있다. 이 산들의 주신은 여성신인데, 특히 가야산과 선도산의 여신은 각각 가야와 신라의 건국시조를 낳았다고 한다. 산신은 나라와 관계될 뿐만 아니라, 지역의 수호신 성격을 강하게 갖는다.

---

21) 한상수, 위의 책, 228~231쪽
22) 한상수, 위의 책, 235~240쪽

\* 이밖에도 지역에 따라 설문대할망(제주도), 개양할미(서해안), 서구할미, 암가닥할무이 등으로 불리는 '마고할미'는 한국 신화의 원형이기도 하다. 이 원형은 문화적 기억으로 이야기(대부분 전설) 속에 수 놓여 있다. 산천을 만들고 섬을 만드는 거인 할미, 거대한 바위를 공깃돌처럼 주무르던 할미, 그래서 하룻밤 사이에 산성을 쌓을 수도 있는 할미, 풍농과 풍어를 선물하는 할미, 화를 내는 법이 없는 인자한 할미, 때로는 성을 쌓지 못하거나 딸을 죽이거나 죽솥에 빠져 죽는 슬픔과 통고를 간직한 할미의 형상이 그런 것이다.

하지만 한국의 옛 여신과 그 신화에 대한 문헌자료나 유물자료는 희소하다. 그러나 구전자료로 가면 사정이 달라진다. 할미·애기·부인·공주·성모 등으로 불리는 다양한 여신들의 이야기가 있고, 이야기가 새로 만들어지기도 한다. 이들 가운데 마고할미는 굿판과 상관없이 우리나라 전역에 산포되어 있는 신화의 주인공이다.

그런데 마고할미에 대한 구전자료들은 우리가 기대하는 여신 신화를 보여주지 않는다. 거대한 창조여신의 천지창조나 인간창조의 과정을 구술해 주지 않는다. 기록 속에 남아 있는 중국신화의 '여와'와도 다르고, 구전 속에 남아 있는 만주족의 창조여신 '압카허허'나 이족의 창조여신 '아헤이시니마'와도 다르다. 현재 우리의 마고할미는 신화나 전설 혹은 민담의 형식으로 파편화되고 변형된 채 살아남아 전승되고 있는 중이다.[23]

---

23) 조현설, 『마고할미 신화연구』, 민속원, 2013, 4-6쪽

### 제7장

# 알지(閼智) 신화*

영평(永平) 3년(서기 60,『삼국사기』에는 탈해왕 9년 춘3월이라 함) 경신(庚申) 8월 4일에 있던 일이다.

호공(瓠公)이 밤에 월성(月城) 서리(西里)를 가다가, 시림(始林)속에서 대광명(大光明)이 비쳐오는 것을 보았다.[1] 자운(紫雲)이 하늘에서 땅에

---

\* 신라 13대 임금인 미추니사금의 7대조 김알지의 신화이다. 흰 닭이 울음과 관련해서 출생하였기에 태어난 곳을 계림(鷄林)이라 하고, 이후 신라의 이칭이 되기도 하였다. 경주 김씨의 시조신화이다. 알지의 탄생은 혁거세, 수로의 탄생과 유사하다. '시림에는 대광명이 비치고, 자운이 하늘로부터 땅에 드리우고, 구름 가운데 황금궤가 나무 가지에 걸려 있음'은 천강(天降)신화의 일광감정(日光感精)의 상징적 연행으로 볼 수 있다. 즉 알지는 일자(日子)이고, 알지의 탄생제의는 태자책봉 제의라고 할 것이다. 나무 아래에서 백계(白鷄)가 울고 있는 것은 혁거세의 백마(白馬)와는 다르다. 혁거세 신화의 백마는 주몽 신화의 말과 연결되어 사소와 혁거세 모자는 주몽과 같은 부여계가 된다. 알지 신화의 백계는 알영부인의 탄생 고사와 연결된다. 알영과 동족으로 보이는 김알지는 천강신화의 신앙체계를 가지고 앞서 살던 선주족(先住族)이고, 혁거세와 탈해는 선주족 사회에 선진기술을 가지고 이주해온 도래인 집단이라고 할 수 있다. 이것은 선주족이 도래집단을 흡수, 동화한 양상의 하나로, 신라의 건국신화는 선주민 사회가 선진기술을 가지고 들어오는 도래인 집단을 어떻게 수용하고 어떻게 동화해 가는가를 보여주는 신화이다.(윤철중,『한국의 시조신화』, 보고사, 1996, 332쪽)

1) 월성은 반월성 북쪽인 듯하다.『삼국사기』지리지의 신월성이 현재의 반월성일 것이다. 지금 월성 서쪽에 계림이 있고, 김알지의 비각이 있다. 시림(始林)은 신이 강림하

드리웠고, 구름 속에 황금궤(黃金櫃)가 나뭇가지에 걸려 있었다. 그 궤(櫃)에서는 빛이 비쳐 나왔다. 또 백계(白鷄)가 나무 아래서 울고 있었다.

이런 광경(光景)을 왕에게 알리었다. 왕은 수레를 타고 그 숲으로 거동했다. 궤를 여니 동남(童男)이 누어 있다가 곧바로 일어났다. 그것은 마치 혁거세(赫居世)의 고사(故事)와 같았다. 그래서 그 말을 말미암아 알지(閼智)로 이름하였다. 알지(閼智)는 곧 향언(鄕言)으로 소아(小兒)를 말한다.[2] 그 아이를 안아 수레에 싣고 궁궐(宮闕)로 돌아왔다. 조수(鳥獸)가 서로 따르며 기뻐 뛰면서 너풀너풀 춤을 추었다. 왕이 길일(吉日)을 택하여 태자(太子)로 책봉(冊封)했으나, 뒤에 파사(婆娑)에게 사양(辭讓)하여 왕위(王位)에 오르지 아니했다.

금궤(金櫃)에서 나온 것을 말미암아 성을 김씨(金氏)라 했다. 알지(閼智)는 열한(熱漢)을 낳고, 열한은 아도(阿都)를 낳고, 아도는 수유(首留)를 낳고, 수유는 욱부(郁部)를 낳고, 욱부는 구도(俱道)를 낳고, 구도는 미추

---

는 수림이다. '월성 서리'는 사량리 쪽이고, 시림은 사량리의 수풀이다. 그렇다면 시림은 사량리 사람들이 조상신을 맞이하며 제를 올리는 성소일 것이다. 알영은 사량리의 알영정 가에 나타난 계룡의 좌협에서 출생하고 있다. 탈해왕의 대보(大輔)인 호공은 사량리의 씨족이 벌이는 제의를 보기 위해서 제의의 현장으로 가고 있었던 것으로 이해된다. 그리고 시림에서의 일을 즉각 탈해왕에게 보고하고 있는 것이다. 전체적으로 알지 신화는 '태양을 숭배하는 신앙과 일자(日子)가 하늘에서 내려온다는 천강신화의 주지를 제의적으로 연출하고 있다고 해석해도 무방할 것이다. 백계는 알지 씨족이 소유하는 신화상징의 표징으로, 알영의 출생에는 계룡이 등장하고 알지의 경우에는 백계가 출현하고 있다. 이어서 이 사실을 보고받은 탈해왕은 수레를 타고 숲으로 이동하고 있다. 이것은 제의에 참여하기 위해서 제의의 현장으로 가고 있는 것을 의미한다. 그리하여 궤 속에서 출현한 동남(알지)을 수양한다. 수양 자체가 왕가에 들어가는 것을 의미하지만, 뒤에 태자에 책봉되는 것을 보면 알지가 왕족이 된다는 신화적 표현이라고 할 것이다(두 씨족의 연합). 그러나 혁거세와 탈해 신화가 도래신화의 성격을 지니고 있다면, 알지 신화는 그런 측면에서 성격을 달리한다.

2) 우리말의 어린 아이를 지칭하는 아기, 알라, 알지, 아지 등이다. 난생(卵生)과 연결하면 '알에서 태어난 아이'이다. '알(閼)'은 알타이어의 금(金)이다.

(未鄒)를 낳았다. 미추가 왕위에 오르니, 신라의 김씨는 알지(閼智)로부터 시작되었다.

### 알지 신화의 이해

① 알지 신화는 '제의의 기술상관물'이라는 측면을 강하게 보여주고 있다. 알지 신화는 간결하게 서술되어 있으면서도 많은 이야기를 담고 있는 신화이다. 그만큼 삽화의 수는 적으면서 하나의 삽화에 여러 개의 신화소를 담고 있다. 천강신화적 요소나 난생 주지도 제의 진행에 따르는 상상적 서술이나 제의의 연행적 모습을 나타내고 있다. 제의에 수반되는 백희(百戲)의 모습도 보이고 있다.

대보 자리에 있는 호공(瓠公)은 밤에 월성 서쪽 마을을 지나다가, 시림(始林) 안에서 흘러나오는 대광명(大光明)을 보게 된다. 시림은 신이 강림하는 수림(樹林)이다. 마을의 신이 강림하는 제장(祭場)이 있는 성림(聖林)과 같은 곳이다. 시림에서는 대광명이 비치고 있을 뿐만 아니라, 자운(紫雲)이 하늘로부터 땅에 드리우고, 구름 가운데 황금궤가 나뭇가지에 걸려 있었다. 자운이 하늘로부터 땅에 드리운 것은, 혁거세가 나정 가에 강림할 때 전광(電光)과 같은 이상한 기운이 땅에 드리운 것과 같고, 구름 가운데 황금궤가 나뭇가지에 걸려 있던 것은, 수로가 구지봉에 강림할 때 홍폭(紅幅)에 싸인 금합자(金合子)가 달린 자색 밧줄이 하늘로부터 드리워 땅에 내려온 것과 같다. 혁거세 신화의 전광같은 기운이 땅에 드리운 것이나, 수로 신화의 자승(紫繩)이 하늘로부터 드리워 땅에 내려온 것은 모두 천강신화(天降神話)의 일광감정(日光感精)의 상징적 연행(演行)이라는 점에서 알지 신화도 천강신화의 구도를 지니고 있음을 알 수 있다.

나뭇가지에 걸려 있는 궤에서 빛이 나고 있었는데, 이것은 숲속의 대광명이 이 궤에서 나온 것임을 말해주고 있는 것이다. 대광명을 다시 쓰면 '한붉'이니, 주인공이 일자(日子)임을 중첩해서 확인하고 있는 것이다. 이와 같은 이야기는 알지 신화가 태양신앙을 기본으로 하는 천강신화를 바탕으로 하고 있으며, 변형된 형태를 보여주기는 하지만 난생주지를 담고 있으며, 닭을 종족의 표징으로 삼고 있는 씨족 집단의 이야기라는 것을 보여주고 있다. 알지의 탄생제의 내지 씨족장 등극제의의 기술상관물이라는 측면도 보여주고 있다. 이상의 내용은 다음과 같이 구분할 수 있다.

① 호공은 밤에 월성(月城)의 서쪽 마을을 가고 있었다.
② 시림 속에서 대광명이 비쳐오는 것을 보았다.
③ 자색 구름이 하늘에서 땅에 드리웠다.
④ 구름 속에 황금궤가 나뭇가지에 걸려 있었다.
⑤ 그 궤에서는 빛이 비쳐 나왔다.
⑥ 또 흰닭이 나무 아래서 울고 있었다.

탈해왕은 소문을 듣고, 수레를 몰아 숲으로 납시었다. 궤를 열어보니, 동자(童子)가 누워 있다가 곧바로 벌떡 일어났다. 혁거세의 자란(紫卵)과 김알지의 황금궤(黃金櫃)는 신화적으로 동일한 의미를 지니는 것이며, 수로의 금합자(金合子) 속에 들어 있는 황금알은 난생주지를 이중으로 표현한 것임을 알 수 있다. 난생에 대한 신화학적 해석은 주인공의 신이한 출생을 강조하기 위한 것으로 보거니와, 혁거세의 고사 즉 제의적 연희(演戲)가 김알지의 탄생제의(태자책봉식)에서도 실수(實修)되고 있음을 알 수 있다.

김알지가 누워 있는 황금궤가 걸린 나무 아래에서 백계(白鷄)가 울고 있었다. 이것은 혁거세의 자란(紫卵) 옆에 엎디어 있던 백마(白馬)와는 다른 것을 알 수 있다. 혁거세 신화의 말은 주몽 신화의 말과 곧잘 연결시키고 있지만, 이 연결은 상당한 타당성을 지니고 있는 것으로 여겨진다. 『환단고기』에서 혁거세의 모성인 사소신모는 부여제실의 딸이라 했으니, 소벌도리에게 수양된 사소와 혁거세 모자는 주몽과 같은 부여계가 되는 것이다. 이와 달리 알지 신화는 나무 아래 닭이 울고 있었으니, 이것은 혁거세의 고사보다는 알영의 탄생고사와 연결되어 있다. 알영정과 시림은 모두 사량부에 속해 있는 성지(聖地)이고, 사량리의 '사(沙)'와 시림의 '시(始)'는 모두 '시'의 한자 표기로 보는 견해가 있어 이를 뒷받침해주고 있다.

혁거세와 관련된 기록들은 혁거세가 도래신으로서 소벌도리에게 수양된 사실을 알려주고 있다. 그러나 알지는 알영과 동족으로서, 형산강 유역에서 옮겨와 급량부 옆에 새로 터를 잡은 사량부의 원주족으로 여겨진다. 알영과 알지의 집단은 사량부의 원주족 가운데서도 새로운 중심 세력으로 떠오르고 있었던 것 같다. 알지는 혁거세를 수양한 사량부의 소벌도리와 동족인 선주족으로 판단된다. 알지는 천강신화의 신앙체계를 가지고 이 땅에서 앞서 살고 있던 선주족이고, 혁거세와 탈해는 선주족 사회에 선진기술(직라와 염색, 야장)을 가지고 이주해온 도래인 집단이라고 할 수 있다. 이것은 선주족이 도래집단을 흡수 동화한 양상의 하나라고 말할 수 있다. 신라의 건국신화는 선주민 사회가 선진기술을 가지고 들어오는 도래인 집단을 어떻게 수용하고 어떻게 동화해 가는가를 보여준다.[3]

---

3) 윤철중, 『한국의 시조신화』, 보고사, 1997, 329-332쪽

한국신화와 문화

## 제8장
# 탈해(脫解) 신화

## 1. 『삼국유사』 기이 제2 탈해왕

탈해(脫解)닛금[토해이사금(吐解尼師今)이라고도 한다.]

남해왕(南解王) 때에 가락국(駕洛國) 바다에 배가 와서 닿았다. 그 나라 수로왕(首露王)이 신민(臣民)들과 함께 북치며 떠들썩하게 맞아들여 머물게 하려 하니, 그 배는 나는 듯이 달아나 계림(鷄林) 동쪽 하서지촌(下西知村)의 아진포(阿珍浦)[1]에 이르렀다.

그 때 아진포 포변(浦邊)에는 한 늙은 할미가 살고 있었는데, 이름은 아진의선(阿珍義先)[2]이고, 혁거세왕(赫居世王)의 해척지모(海尺之母)였다.[3] 그 할미는 바다 쪽을 바라보다가 '이 바다에는 원래 바위라고는 없는

---

1) 경북 경주군 양남면 나아리의 나아천(羅兒川) 하구(河口)에 있다. 현재의 월성원자력 발전소 주변 지역이다. 근처에 나아천(우산에서 발원하여 동해로 흘러감), 흠바위, 탈해유허비각, 사랑디숲(서낭당숲) 등이 있다.
2) 아진의선(阿珍義先)을 '阿珍義 + 先'으로 보면 '방돌이 + 순'으로 읽을 수 있다. '방돌이'는 동해변의 포구를 관장하는 직분이고, '순'은 신격의 호칭이라고 이해할 수 있다.
3) "장아리(長兒里) 앞 갯가가 아진포이다. 장아리는 어린 탈해가 자라난 곳이라 하여

데 웬일로 까치가 모여들어 우는 것일까라 말하고는 배를 끌어내어 까치가 우짖는 곳을 찾아가 살펴보았다. 까치[4]들은 배 위에 모여들었고, 배 안에는 한 궤짝이 놓여 있었는데, 길이가 스무 자요 너비가 열 석 자는 되어 보였다. 그 배를 끌어들여 한 수림(樹林)[5] 아래에 매어두고, 흉(凶)한 일인지 길(吉)한 일인지 미심쩍어서 하늘을 향해 서고(誓告)[6]를 올리고, 조금 있다가 그 궤를 열어 보았다. 그 속에는 단정한 남자 아이가 있었고, 아울러 칠보(七寶)와 노비(奴婢)가 배 안에 가득 실려 있었다. 할미가 집에 데려다,[7] 이레 동안 잘 먹여 이바지했더니, 그제야 아이는 입을 열었다.

"나는 본래 용성국(龍城國)[8] 사람입니다. 우리나라에는 일찍이 28 용왕(龍王)이 있는데, 사람의 태(胎)에서 태어나 5, 6세 때부터 왕위(王位)에 있어 만민(萬民)을 가르치고 성명(性命)을 바르게 하였습니다. 그리고 8품(八品)의 성골(姓骨)이 있지만 간택(揀擇)함이 없이 모두 대위(大位)에 오

---

장아리라 하고, 아진포 갯가에는 홈바위가 있는데, 지금은 나아천에서 밀려온 토사가 덮여 보이지 않는다. 사라호 태풍(1959) 때 덮여 있던 모래가 쓸려 내려가 바위의 모습을 드러낸 일이 있었다. 홈바위에는 큰 홈이 나 있는데, 바닷물이 그 홈으로 드나들었다. 옛날 탈해가 탄 배가 그 홈으로 물에 밀려 올라왔고, 사람들은 그 배를 끌어올렸다." 이 홈바위는 『석씨세보』에 명석(榠石)이라 표기하고 있다.(윤철중, 앞의 책, 278쪽)

4) 까치는 탈해가 타고 온 배에 실려 온 것으로 보기는 어렵다. 까치가 모여든 것은 탈해가 타고 온 배를 맞이하고 있는 것으로 이해할 수 있다. 알영정 가의 계룡(雞龍), 김알지의 출생지인 계림(雞林, 始林, 鳩林), 김알지신화의 백계(白鷄), 이것들은 탈해의 까치(鵲)와 함께 일련의 관계를 지니고 있는 것으로 파악된다. 鷄, 鵲, 鳩는 모두 새이며, '始林'의 '始'도 '새(鳥)'를 표기한 것이라는 견해가 있다.

5) 동해변에서 자주 볼 수 있는 신화적 성림(聖林, 聖地)이다. 신을 맞이하는 숲이다.

6) '향천이서(向天而誓)'의 '誓'는 '고(告)'이다. 탈해의 출현을 하늘에 알리는 신화적 표현이다.

7) 아진의선이 탈해를 입양(入養)한 것으로 이해할 수 있다.

8) 『삼국사기』에는 다파나국(多婆那國)으로 되어 있다. 현재는 일본, 한반도, 서역 흉노의 용성(龍城) 등의 견해가 있다.

르게 됩니다.

　그 때에 우리 아버지 함달파왕(含達婆王)은 적녀국(積女國)의 왕녀(王女)를 맞다가 비(妃)를 삼았는데, 장가든지 오래도록 아들이 없어서, 자식 얻기를 빌어 제사를 올리더니, 칠 년이 지난 뒤에 한 개의 큰 알을 낳게 되었습니다. 이러자 대왕은 군신을 모아 상의해 물었습니다. '사람으로서 알을 낳은 것은 고금에 없는 일이어서 아무래도 길상(吉祥)한 일이 아닐 듯하다.' 하며, 궤를 짜서 나를 거기에 넣어 두고, 또 칠보(七寶)와 노비(奴婢)를 아울러 배 안에 가득 실어 바다에 띄워 보내면서, 축원하는 말이 '아무쪼록 인연이 닿는 땅에 이르러 나라를 세우고 집안을 이루어라' 하셨습니다. 문득 적룡(赤龍)이 나타나 배를 호위하여 지금 여기에 이르게 된 것입니다."

　말을 마치자, 그 동자는 장대 지팡이를 끌고, 두 사람의 종을 거느리고, 토함산(吐含山) 위에 올라 석총(石塚)9)을 만들고 7일 동안을 머물렀다.

　일을 마치고, 그 아이는 봉우리에 올라 성중(城中)에 살만한 곳이 있나 살피어 바라보았다. 초승달처럼 생긴 한 봉우리를 발견했는데, 지세(地勢)가 오래 살만한 땅이었다. 이에 그곳을 찾아 내려가 살폈더니, 거기 있는 집이 바로 호공(瓠公)의 집이었다. 이에 궤계(詭計)를 내어 그 집 옆에 숫돌과 숯을 몰래 묻어 두고, 이튿날 아침에 호공 집 문 앞에 찾아가서 "이

---

9) 지금의 토함산 석굴암 자리에 있었을 것이다. 토함산의 석총은 고구려의 '국동대혈(國東大穴, 주몽과 유화 신상을 모시고 국내성으로 와서 동맹제를 지냄, 『삼국사기』 제사)', 단군 신화의 굴, 일본의 천조대신이 태양신 부활제를 열던 천석굴(天石窟)과 같은 것으로 추정된다. 김대성이 토함산에 석불사(석굴암)을 영조할 때, 천신의 방해를 받은 일이 있는데, 이 자리는 예부터 태양숭배 신앙의 성지로 천신은 토착신앙의 신격이었을 것이다. 석총은 부활제의를 올리던 제의의 신성장소로, 탈해는 천신(태양신)의 신동(日子)으로 탄생하는 부활제의를 실수(實修)한 것이다.

집은 우리 조상이 살던 집이요."라고 말했다. 호공이 '아니다'라고 대드니, 다투게 되어 결말이 나지 않았다. 이렇게 되자 이 일을 관청에 알렸다. 관청에서 "무엇으로 너의 집이라고 증명하겠는가?"라고 하니, 그 동자는 대답해 말했다. "나는 본시 야장(冶匠)[10]입니다. 잠간 이웃 고을에 나가 있었더니 다른 사람이 차지해 살고 있습니다. 땅을 파서 검사해 살펴 주십시오."라고 말했다. 그 말대로 땅을 파보았더니 과연 숫돌과 숯이 나왔다. 마침내 동자는 그 집을 빼앗아 살게 되었다.

그 때 남해왕(南海王)이 탈해가 지혜 있는 사람으로 알아보고 장공주(長公主)를 아내삼아 주었더니 이 사람이 아니부인(阿尼夫人)이었다.

어느 날 토해(吐解)는 동악(東岳)에 올라갔다.[11] 돌아오는 길에 백의(白衣)를 시켜 마실 물을 구해 오게 했다. 백의가 물을 떠오다가 중도에서 먼저 마시고 드리려 하자, 그 각배(角盃)[12]가 입에 붙어 떨어지지를 아니했다. 그래서 그 잘못을 책망하니, 백의는 "이후로는 옆에 있건 멀리 있건 함부로 먼저 마시지 아니 하겠다."[13]고 서약했다. 서약한 후에야 비로소 각배는 입에서 떨어졌고, 이로부터 백의는 두려워 복종하면서 감히 거짓으로 속이지 못했다. 지금 동악(東岳)에는 한 우물이 있으니 세속에서 요내정(遙乃井)이라고 하는 것이 바로 이것이다.

노례왕(弩禮王)이 승하하니, 광무제(光武帝) 중원(中元) 2년 정사(丁巳) 6월에 왕위에 올랐다. '옛적(昔) 우리 집이었다'라는 말로 남의 집을 빼앗

---

10) 탈해의 존재는 야장무(冶匠巫)이다. 탈해는 제철술 내지 단야술의 선진기술을 보유한 도래인이다.
11) 일종의 밀사(密祀) 행위로, 밀사를 올린 동악은 금역(禁域)으로 소도(蘇塗)에 해당한다.
12) 각배는 신 앞에 서약할 때 쓰는 의기(儀器)이다.
13) 약근요(若近遙)를 요내정(遙乃井)과 연관하여 생각하면 두 개의 우물로 생각할 수 있다.

았던 일로 말미암아 성을 석씨(昔氏)라고 했다. 혹은 까치(鵲)로 인하여 궤를 열었으므로, 새 조(鳥) 자를 떼어 버리고 성을 석씨라고 했다고도 한다. 궤를 풀고 알에서 벗어나 태어났으므로 이름을 탈해(脫解)라고 했다고 하기도 한다.

왕위에 있은 지 23년 건초(建初) 4년 기묘(己卯)에 승하하여 소천(疏川) 언덕에 장사지냈다.14) 뒤에 신조(神詔)가 있었으니, "내 뼈 매장하기를 삼가도록 하라." 하였다. 능을 헤쳐 보았더니, 그 해골의 둘레가 두 자 세 치이고, 몸뼈의 길이가 아홉 자 일곱 치이고, 이(齒牙)는 엉기어 한 덩이가 되어 있고, 뼈마디는 모두 사슬진 그대로 이어져 있었다. 이른바 천하무적(天下無敵) 역사(力士)의 골격 바로 그것이었다. 그 뼈대들을 부수어 소상(塑像)15)을 만들어 궁궐 안에 안치하였다. 신(神)이 또 알리어 말하였다. '내 뼈를 동악에 두도록 하라' 하였으므로 그 곳에 봉안케 했다.

일설에 의하면 승하하신 후, 27년 문무왕대 조로(調露) 2년 경진(庚辰) 3월 15일 신유(辛酉)날 밤에 태종(太宗)에게 현몽하였다. 모습이 몹시 위엄 있고 무서운 노인이 나타나 말하였다. "나는 탈해이다. 내 뼈를 소천(疏川) 언덕에서 파내어 소상을 만들어 토함산에 안치하라." 하였다. 왕이 그대로 좇으니, 지금까지 국사(國祀)가 끊이지 않고 있다. 이가 곧 동악신(東岳神)16)이라 한다고 한다.

---

14) 미상이나 현재 탈해왕릉이라 전하는 능이 표암 동쪽 가까이에 있다.
15) 이 소상(塑像)은 불상(佛像) 이전의 것임을 알 수 있다.
16) 『동국여지승람』에 '토함산정에 석탈해 신사가 있다'고 하였다. 사소신화가 신모도래형이라며, 탈해신화는 신동도래형이라고 할 수 있다. 이들 도래신은 선주신(소벌도리, 아진의선)에게 수양되고 있다. 탈해 신화는 앞의 주몽 신화와 함께 '영웅의 일대기' 형식을 잘 나타내는 신화이다. 탈해왕은 신라 제4대 임금이다. 배를 타고 바다를 건너온 탈해는 남해왕의 사위가 되어 왕위에 오르고, 석씨 왕족의 시조가 된다. 이때는

## 2. 『삼국유사』 기이 제2 〈가락국기〉[17)]

완하국(玩夏國) 함달왕(含達王)의 부인이 문득 아이를 배어 달이 차서 알을 낳았는데, 알이 변하여 사람이 되었다. 이름을 탈해(脫解)라 하였는데, 바다를 따라 가락국으로 오니, 키는 3척이요 머리 둘레는 1척이나 되었다. 즐거운 빛으로 궁궐에 나아가서 왕에게 말하였다. "나는 왕의 자리를 뺏으러 왔소."

하니, 왕이 대답했다.

"하늘이 나에게 명하여 왕위에 오르게 함은 장차 천하의 중앙인 이 땅을 안정시키고 아래로 백성을 편안하게 하고자 함이다. 감히 하늘의 명을 어기고 왕의 자리를 내어줄 수 없다. 또 감히 우리나라와 백성들을 너에게 맡길 수도 없노라."

"그러면 술법으로 겨루어 보자."

수로왕이 "좋다."고 했다.

잠깐 사이에 탈해가 매가 되자 왕은 독수리가 되고, 또 탈해가 참새로 화하자 왕은 새매로 변하였다. 이때의 광경은 약간의 시간도 걸리지 않은 찰나였다. 탈해가 본 모습으로 돌아왔을 때 왕 또한 그렇게 했다. 탈해가 드디어 엎드려 항복하며 말하기를,

"내가 술법을 겨룸에 독수리 앞의 매가 되고, 새매 앞의 참새가 되었으나 살아난 것은 성인의 어진 천품으로 인해서 그런 것이 아닙니까? 내가

---

사로국이 부족연맹체로 발전하는 시기였다. 이 시기에 석씨 왕족은 박씨 왕족과 연합하여 새로운 문화를 열어간다. 탈해 신화는 이러한 탈해의 활동상을 전해주는 이야기이다.

17) 앞의 '수로신화'에 이어서 나온다.

왕과는 자리를 다투기 어렵습니다."

하더니 하직하고 나가버렸다. 탈해가 인교(麟郊) 밖 나루터에 이르러서 중국 배들이 오는 길목을 따라 떠났다.

왕은 탈해가 그곳에 머물면서 난을 일으킬까 염려하여 급히 수군 5백 척의 배를 일으켜 추격하였다. 탈해는 계림 국경 안으로 달아나고 수군은 모두 돌아왔다. 이 사기의 기록은 신라의 것과 다른 것이 많다.

## 탈해 신화의 이해

* 하서지촌 아진포(下西知村 阿珍浦)

하서지촌은 혁거세 신화 6부의 하나인 금산가리촌(金山加里村)의 속촌인 '상하서지 내아(上下西知 乃兒)'의 하서지를 가리킨다. 지금 경북 경주시 양남면 하서천 하류 유역으로 현재도 하서리의 지명이 남아 있다. 이곳의 주민들은 금산가리촌의 촌장 지타와 탈해왕의 신화, 박제상의 설화도 이 고장의 설화라고 말하고 있다.

아진포는 하서천 입구에서 북쪽으로 10리 쯤 되는 해변에 있다. 이 해변에 나아천 하구가 형성되어 있으니, 이 나아천 하구의 북쪽 언덕에 장아리(長兒里)라는 자연부락이 있다. 이 장아리 앞에 있던 포구가 아진포이다. 지금 경북 경주시 양남면 나아리의 나아천 하구인데, 이 일대는 월성원자력발전소가 건설되어 신화 현장의 옛 모습은 찾아볼 수 없다. 나아천 하구에는 홈바위(槽石)가 있어, 탈해왕 도래신화의 중요한 신화 상징 기념물이었으나, 지금은 해변으로 밀려온 모래에 묻혀 그 모습을 드러내지 않고 있다. 신화적 차원에서 나아천 하구는 대종천 하구(대종천-감은사-이견대, 대왕암)에 버금가는 성지(聖地)이다.

* 아진의선(阿珍義先)

아진의선은 아진포에 찾아온 탈해의 배를 끌어들여, 수림 아래 매어두고 하늘에 서고(誓告)하는 제를 올리고, 배에 실려온 궤자(櫃子)에서 나온 동자 탈해를 수양한다. 탈해를 신동(神童)으로 받아들일 때의 아진의선은 신모(神母)의 자격을 지니는 무적(巫的) 존재로 이해된다.

* 해척지모(海尺之母)

해척지모를 삼국유사의 여러 번역본에서는 '고기잡이 어미'로 해석하고 있으나, 탈해를 맞이하고 있다는 점에서 재고할 필요가 있다. 해척의 척(尺)은 어떤 직분을 나타내는 말로, 당시 포구의 기능에 따르는 종교적 신앙적 직분을 담당하던 여성이었다고 볼 수 있다. 만파식적 설화에서 동해변에 주재하는 관원으로 등장하는 '해관(海官)'에 대응된다.

* 예기선(曳其船)

탈해 신화에서는 간단하게 '예기선'으로만 표현하고 있지만, 현지 주민이 전하는 이야기는 좀더 구체적인 내용이다. "장아리 앞 갯가가 아진포이다. 장아리는 어린 탈해가 자라난 곳이라 하여 장아리라 하고, 아진포 갯가에는 홈바위가 있는데, 지금은 나아천에서 밀려온 토사(土砂)에 덮여 보이지 않는다. 사라호 태풍(1959년) 때 덮여 있던 모래가 쓸려 내려가 바위의 모습을 드러낸 일이 있었다. 홈바위에는 큰 홈이 나 있는데, 바닷물이 그 홈으로 드나들었다. 옛날 탈해가 탄 배가 그 홈으로 물에 밀려 올라왔고, 사람들은 그 배를 끌어올렸다."[18]

\* 등토함산작석총유칠일(登吐含山作石塚留七日)

석총을 짓고 7일 동안 머물렀다고 한다. 신성한 수림 속에 신단을 쌓은 것이 아니라, 자연의 암혈 대신에 입석(立石) 앞에 돌을 쌓아 만든 석굴(石窟)이었을 것이다. 토함산의 석총은 웅녀의 굴, 고구려의 '국동대혈(國東大穴), 일본의 천조대신이 태양신 부활제를 열던 천석굴(天石窟)과 같은 것으로 보인다. 김대성이 토함산에 석불사(지금의 석굴암)를 지을 때, 천신(天神)의 방해를 받은 일이 있는데, 석불사를 세운 자리는 예부터 태양숭배 신앙의 성지였던 석총이 있던 그 자리였으며, 석불사 건립을 방해한 천신은 이곳 토착신앙의 신격이었을 것이다. 석총은 부활제를 올리던 제의의 신성장소이다.[19]

---

18) 윤철중, 『한국의 시조신화』, 보고사, 1997, 275-278쪽
19) 윤철중, 『탈해전승의 석총에 대한 고찰』, 상명여대논문집 18, 1986, 17-23쪽

한국신화와 문화

제9장

# 허황옥(許黃玉) 신화*

건무(建武) 24년(서기 48, 신라 유리왕 25, 수로왕 7) 무신(戊申) 7월 27일에 구간(九干)들이 조알(朝謁)하러 와서 말씀을 올렸다.

"대왕께서 강령(降靈)하신 이래로, 좋은 짝을 만나지 못하고 있습니다. 신들이 데리고 있는 절호한 처녀를 뽑아 중궁 내전으로 들여보내겠으니 배필로 삼아 주십시오."

수로왕이 말했다.

"내가 이곳에 내려온 것은 천명(天命)이니, 나를 짝하여 왕후를 정하는 것도 또한 하늘의 명일 것이니, 그대들은 염려하지 마오."

드디어 유천간에게 명하여, 경주(輕舟)를 거느리고 준마(駿馬)를 가지고 망산도(望山島)에 이르러 기다리게 하고, 다시 신귀간에게 명하여 승점(乘岾)에 나아가 있게 했다.[1]

---

* 『삼국유사』 기이(紀異) 제2 〈가락국기〉에 '수로 신화', '수로와 탈해의 변신술 경쟁'에 이어서 나온다.
1) 망산도는 김해 용원리 앞바다에 있었으나, 현재는 매립되어 도로에 인접해 있는 작은 돌섬이다. 허황옥이 도래한 곳으로 수로와 허황옥의 신혼(神婚)을 사모하는 '희락사

문득 바다의 서남쪽 모퉁이로부터 모습을 들어내, 붉은 돛을 높이 올린 배가 꼭두서니 빛 깃발을 나부끼면서, 북쪽을 향해 달려오고 있었다. 기다리고 있던 유천간 등은 먼저 망산도 위에서 횃불을 들어 올렸다. 그러자 배에 탔던 사람들은 배를 빨리 저어 건너와 땅에 내려서, 앞을 다투어 달려 내달아 오고 있었다. 승점에서 기다리고 있던 신귀간 등은 그것을 바라보고 있다가 대궐로 달려가 그대로 아뢰었다. 왕은 듣고서 기뻐했다. 그리고 구간들을 보냈다. 난요(蘭橈)를 정비하고 계즙(桂楫)을 올려 그를 맞아 오게 했다. 구간들은 곧바로 대궐 내전으로 모셔 들이려 했다.

왕후는 말했다.

"나와 그대들은 평소에 전혀 모르는 사이인데, 어찌 감히 경홀하게 따라나서 가는 대로 따라갈 수 있겠소?"

유천간들이 돌아와 왕후의 말을 전달했다. 수로왕은 그 말을 그럴 듯이 여겨, 유사(有司)를 거느리고 나와 길을 치우게 하고, 궐하로부터 서남쪽 60 보(步)쯤 되는 곳에 가서, 산변(山邊)에 만전(幔殿)을 치고 기다렸다.

왕후는 산 밖의 별포(別浦) 나루터에 배를 매고 육지에 올라, 높은 산길에서 쉬면서, 입고 온 비단바지를 벗어 폐백으로 하여 산령(山靈)에게 예를 올렸다.[2] 그 땅에 잉신(媵臣) 두 사람이 시종했다.……

왕후는 행재소(行在所)에 점점 가까이 갔다. 왕은 나와서 그를 맞이해서 유궁(帷宮)으로 함께 들어갔다. 잉신 이하 중인(衆人)은 계하에 나아가 그것을 보고 곧 물러났다. 왕은 유사에게 잉신 부처를 편히 쉴 곳으로 안

---

모지사(戱樂思慕之事)'의 제의가 펼쳐진 장소이다.
2) 분성산 남쪽 김해 일원이 가락국이고, 명월산 남쪽 주포 가동 송정마을 일원이 주포촌이다. 예전의 주포는 아늑한 포구였을 것이다. 오늘날은 수많은 매립공사로 해안선이 많이 달라졌다.

내하라고 명을 내렸다.……

이에 왕과 왕후는 국침(國寢)에 드시었다. 왕후는 왕에게 조용히 말을 꺼냈다.

"저는 아유타국(阿踰陁國)3) 공주입니다. 성은 허(許)이고 이름은 황옥(黃玉)이라고 합니다. 나이는 열여섯 살입니다. 본국에 있을 때의 일입니다. 금년 오월에 부왕과 황후께서 저를 돌아보고 말씀하셨습니다. 이 아비와 어미가 어제 밤 꿈속에서 함께 황천상제(皇天上帝)를 뵈었더니 말씀하시기를, '가락국(駕洛國) 원군(元君)4) 수로(首露)는 하늘이 내려보내 왕위에 나아가게 한 사람이니 이 사람이야말로 신성스러운 사람이다. 이제 새로 나라에 임하여 아직 배필을 정하지 못하고 있으니 그대들은 모름지기 공주를 보내어 짝을 짓도록 하라.' 하시고 도로 하늘로 올라가셨단다. '꿈에서 깨어난 뒤에도 상제의 말씀이 사뭇 귀에 쟁쟁하니 너는 이 자리에서 곧 바로 부모를 하직하고 그곳으로 가거라.'고 하셨습니다. 이리하여 저는 바다에 떠서 멀리 증조(蒸棗)를 찾아 하늘을 옮아 아득히 반도(蟠桃)를 좇아 이렇게 외람히 용안을 가까이 하게 되었습니다."

왕은 대답해 말했다.

"나는 나면서부터 자못 신성하여 공주가 멀리에서 올 것을 미리 알고 있었소. 그래서 신하들이 왕비를 들일 청을 했으나 함부로 따르지 않았소. 이제 현숙한 그대가 스스로 왔으니 이 몸은 행복하오."

드디어 이로써 합환(合歡)을 했다. 맑은 밤을 두 번 지내고 밝은 낮을

---

3) 인도에 있던 소국이다. 인도 중부, 갠지스강의 북안에 위치한 '아요디아' 등 다양한 추정을 하지만, 아직 불명확하다.
4) 원군(元君)의 본래 의미는 여선(女仙)을 가리키는 말이며, 우리 신화의 신모에 대한 도교용어의 차용일 가능성이 있다.

한 번 보냈다.……

8월 1일에 수레를 돌리어 왕후가 함께 연에 올랐다.……

서서히 입궐했다. 그때 물시계는 정오(正午)⁵⁾를 가리키고 있었다. 왕후는 중궁(中宮)을 거처로 정했다.……

### 허황옥 신화의 이해

인도의 아유타국에서 도래한 허황옥은 주포에 내려 육로를 따라 장중한 의례를 갖추어 수로왕이 맞이하는 유궁으로 나아갔고, 큰배에 싣고온 물화(物貨)는 배에 나누어 해로로 김해 앞바다에 들어갔다. 이것이 후세에 '희락사모지사(戲樂思慕之事)'의 틀이 되었다. 망산도는 '희락사모지사'의 경마(競馬)와 경주(競舟)의 시발점이다. 주포는 당시 큰배가 드나들던 큰 나루였다. 주포(主浦)는 '임나루', 혹은 '님ᄂᆞᄅᆞ'로 읽을 수 있어서, 왜와 중요한 교역지였던 이른바 '임나(任那)'와 연결된다.

지금 주포 앞바다 곧 용원리 앞바다에는 망산도가 있고, 망산도 앞바다에는 돌섬인 쪽박섬(석주, 석도, 돌배)이 있는데, 이것은 신화시대에 큰배가 정박하던 기억을 담고 있는 섬이다. 망산도는 거기에서 작은 배로 육지에 오르던 길목에서 망제를 올리던 돌섬이었을 것이다. 이 두 개의 돌섬은 허황옥 도래신화와 함께 이 바다 위에 남아 있는 것이다. 허황옥은 직접 김해 앞바다로 들어가지 않았다. 주포에서 내려 육로로 가락국에 들어갔다. 명월산은 주포촌의 주산이다.

가락국은 탈해가 경유한 곳이다. 탈해가 아진포에 앞서 가락국에 들러

---

5) 정오는 태양이 남중하는 시간이다. 만파식적 설화에서는 오시에 신이 강림하고 있다. 등극제의의 신화 상징체계와 밀접한 관계가 있는 시간이다.

수로와 왕위를 다툰 곳이다. 탈해에게 있어 가락국은 경유지였지만, 허황옥에게 가락국은 도래지이다. 김해는 이러한 도래지의 지형적 유형을 보여주고 있고, 망산도는 그러한 유형을 밝히는 출발점이다. 망산도는 '천신(天神)이 상주하는 영산(靈山) 산정의 신당(神堂)을 향해 망제(望祭)를 올리는 곳'인 것이다. 망산도에서 기다리던 유천간은 서남쪽에서 허황옥을 싣고 오는 배를 발견한다. 가락국 왕도가 있는 분산(盆山) 아래에서 남쪽 바다를 바라보면, 봉화산 너머에 주포촌이 있고, 이 주포촌이 산외(山外) 별포(別浦)일 것이다. 허황후가 도래한 용원리 앞의 망산도는 현재 진해시 용원동 앞바다에 있다. 김해에서는 산도 막히고 거리도 50리나 떨어져 있다.[6]

---

6) 윤철중, 「한국의 시조신화」, 보고사, 1998, 240-243쪽

한국신화와 문화

## 제10장
# 사소(娑蘇) 신화*

　진평왕조에 지혜(智慧)라고 하는 비구니가 있어 현행이 많았다. 안흥사에 머물면서 불전을 새로 수리하려는 논의를 했으나 힘이 미치지를 못했다. 꿈을 꾸었는데, 꿈속에 풍의가 작약하고 푸른 구슬로 구름 머리(雲鬐)를 장식한 한 여선(女仙)이 와서 위로해 말했다.

　"나는 선도산 신모이다. 네가 불전을 수리하려는 것이 기뻐서, 금 10근을 시주해서 돕고 싶다. 나의 좌하에서 금을 가져다가 주존삼상을 장식하도록 하고, 벽상에는 53불·육류성중과 여러 천신·오악신군을 그리도록 하여라. 그래서 매년 춘추로 3월 10일과 9월 10일에 선남선녀를 모두 모아, 널리 일체의 함령(含靈)을 위해 점찰법회를 열어 항규(恒規)로 삼도록 하여라."

　지혜는 놀라 꿈에서 깨어났다. 무리를 거느리고 신사(神祠) 좌하에 가서 그곳을 파내어 황금 160냥을 얻었다. 지혜의 무리는 불전 수리하는 일

---

*『삼국유사』 '선도성모수희불사(仙桃聖母隨喜佛事)'

을 추진해서 공덕을 쌓았는데, 모두 신모(神母)가 깨우쳐준 대로 따른 것이다. 그 사적만 남아 있고 법사(法事)는 모두 폐지되었다.

신모는 본래 중국 제실의 딸이다. 이름은 사소(娑蘇)이다. 일찍이 신선지술을 얻어 해동에 와서 머물러 있으면서, 오래 되었으나 돌아가지 아니했다. 부황은 수리의 다리에 서신을 묶어 보내면서, '수리가 머무는 곳에 따라가 집을 삼도록 해라' 하였다. 사소는 서신을 받아보고 수리를 놓아 보냈다. 수리는 선도산에 날아가서 멈추었다. 드디어 사소는 이 산에 와서 살면서 지선(地仙)이 되었다. 그래서 산 이름을 서연산(西鳶山, 서수리산, 서술산, 서형산, 선도산)[1]이라 했다. 신모(神母)는 오래도록 이 산을 거점으로 방국을 진우하고, 영이로운 일이 매우 많았다. 나라가 선 이래로 항상 삼사(三祀)[2]의 하나가 되었고, 그 질차(秩次)가 군망(群望, 여러 망제)의 윗자리에 있었다.

제 54대 경명왕은 매사냥을 좋아했다. 일찍이 선도산에 올라 매를 놓았다가 매를 잃어버렸다. 경명왕은 신모에게 '만약 매를 찾아주면 봉작하겠다고 기도했다. 조금 있다가 매가 날아와서 궤상에 앉았다. 이로 말미암아 선도산이 대왕(大王)에 봉작되었다.

사소신모(娑蘇神母)는 처음 진한에 이르러 성자(聖子)를 낳아 동국 시군이 되었다. 아마도 혁거세와 알영 두 성인의 비롯된 바일 것이다. 그러므로 계룡이니 계림(雞林)이니 백마(白馬)라 일컫는 것들은, 닭(雞)이 서방(西方)에 속하는 까닭일 것이다.

---

1) 오천(烏川)의 상류에는 운제산(雲梯山)이 있다. 산신인 운제성모는 신라 2대 남해왕의 왕비인데, 산정의 입석(立石, 선돌)은 대왕암으로 일컬어진다.
2) 신라 제사제도의 대사(大祀), 중사(中祀), 소사(小祀)를 이른다.

일찍이 여러 천선(天仙)을 시켜 비단을 짜서 붉은 색으로 물을 들여 조의(朝衣)를 만들어 남편에게 바치었다.[3] 국인(國人)은 이로 인하여 비로소 신험(神驗)을 알게 되었다.

또 국사(國史,『삼국사기』)에는 사신(史臣, 김부식)의 이런 말이 적혀 있다.

식(軾)은 정화(政和) 중에 일찍이 사신(使臣)을 받들고 송(宋)나라에 들어간 적이 있었다. 우신관(佑神舘)에 갔더니, 한 당(堂)집이 있고 거기에 여선상(女仙像)이 설치되어 있었다. 관반학사(舘伴學士) 왕보(王黼)가, "이것이 귀국(貴國)의 신(神)인데, 공께서는 아시고 계십니까?"라고 말했다. 마침내 이어서 왕보는, "옛날에 중국 제실(帝室)의 딸이 있었습니다. 바다에 배를 띄워 진한(辰韓)에 도착하여[4], 아들을 낳아 해동시조(海東始祖, 혁거세)가 되었습니다. 그 제실의 딸은 지선(地仙)이 되어 선도산(仙桃山)에 오래 머물러 있게 되었고, 이것이 그의 소상(塑像)입니다."라고 말했다. 또 대송국(大宋國)의 사신 왕양(王襄)이 우리 나라에 와서 동신성모(東神聖母)에게 제(祭)를 올렸는데, 그 제문에 '신현조방(娠賢肇邦)'이라고 한 구절이 있다.

이제 선도산(仙桃山) 신모(神母) 사소(娑蘇)[5]는 능히 금을 시주하여 부

---

3) 비단은 그 자체가 신성한 신물이고, 신앙적으로는 신체(神體)가 된다. 사소는 선진기술인 직라술(織羅術)을 가지고 도래한 선진문화를 지닌 도래인 집단이다.

4) 사소 신화가 도래신화임을 보여준다. 『환단고기』에는 '눈수(송화강)로부터 도망하여 동옥저에서 배를 저어 남하하여 진한의 나을림(奈乙林)에 도착한 것'으로 나온다.

5)『삼국사기』신라본기 혁거세거서간에는 사소신모의 기사가 없다. 다만 알에서 나온 혁거세가 소벌공에게 수양되는 것으로 기록하고 있다. 『환단고기』에는 구체적으로 '부여제실지녀(夫餘帝室之女)'로 되어 있다. 앞에서 본 혁거세 신화에는 그의 부성과 모성에 대한 이야기가 결여되어 있다. 다만 협주에서 서술성모가 혁거세를 낳았을 것이라고 지적하고 있다. 서술성모와 선도성모는 동일한 신격에 대한 이칭이니, 혹은

처를 받들고, 함령(含靈, 중생)을 위하여 향화(香火, 법회)를 열어 진량(津梁, 중생 제도의 길)을 마련해 주었으니, 어찌 다만 장생술(長生術)을 배워 몽롱(朦朧)한 선경(仙境)에 갇히어 살았던 것이겠는가.

찬(讚)하다.

> 서연산(西鳶山)에 와서 깃든 지 몇 십 년이 되었는가.
> 제자(帝子)를 불러다가 예상(霓裳)을 짜게 했다.
> 장생(長生)에도 생이(生異)가 반드시 없는 것은 아니한 것이니,
> 그러므로 금선(金仙)을 뵙고서 오황(玉皇)을 만들었다.

### 사소 신화의 이해

『삼국유사』의 '혁거세조'에는 보이지 않는 혁거세의 모성(母性)에 관한 기록으로 도래신화의 성격을 지니고 있다. 이러한 사정은 수로의 경우도 마찬가지이다.

다음에 참고로 수로왕의 어머니로 다른 기록에 나오는 정견모주 이야기를 제시한다. 수로의 부성이 되는 천신 '이비가'와 모성이 되는 '정견모주'에 대한 이야기는 매우 간략하게 소개되어 있다.

---

선도산신모, 사소신모라고도 한다. 내용은 먼저 신모의 명호가 사소라고 밝히고, 이어서 신모가 선도산의 산신으로 지선이 된 경위를 말하고 있다. 다음은 호국신으로 영이로움이 많아 삼사의 하나가 되어 여러 망제의 윗자리에 있었음을 밝히고 있다. 선도산 산신은 매우 높이 숭앙되던 조상신임을 알 수 있다. 그리고 사소신모가 기도의 대상이 되었으며, 신통한 응험이 있었음을 보인다. 이것은 탈해가 토함산 산신이 되어 동악대왕으로 일컬어진 사실과 대조를 이룬다. 끝으로 사소신모가 처음 진한 땅에 도착해서 성자를 낳아 동국의 시군이 되었고, '직라(織羅)'와 '비염(緋染)'이라는 신성성을 보인다. 이것들은 당시로서는 선진 첨단기술이었고, 비단 자체가 제천의식에서 신성한 제물로 사용되었다는 사실을 상기할 필요가 있다.

1) 『신증동국여지승람』 권30 합천 사묘조

"정견천왕사(正見天王祠)는 해인사에 있다. 세상에 전하기를 대가야국 왕후 정견이 죽어서 산신이 되었다고 한다."

2) 『동국여지승람』 권29 고령현 건치연혁조

"본래 대가야국이 있던 곳이다. (……) 최치원이 지은 〈석이정전(釋利貞傳)〉에는 이렇게 쓰여 있다. '가야산신인 정견모주(正見母主)는 천신(天神) 이비가(夷毗訶)에게 감응되어 대가야의 왕 뇌질주일(惱窒朱日)과 금관국의 왕 뇌질청예(惱窒青裔) 두 사람을 낳았다. 뇌질주일은 이진아시왕의 별칭이고, 청예는 수로왕의 별칭이다.' 그러나 가락국의 고기(古記)에 나오는 '여섯 알'의 이야기와 더불어 모두 허황된 것이어서, 믿을 것이 못된다. 또 최치원이 지은 〈석순응전(釋順應傳)〉을 보면 이렇게 쓰여 있다. '대가야국의 월광태자(月光太子)는 정견모주의 10세손이요, 그의 아버지는 이뇌왕(異惱王)이다. 이뇌왕은 신라의 영이찬(迎夷粲) 비지배(比枝輩)의 딸에게 구혼하여 태자를 낳으니, 이뇌왕은 뇌질주일의 8세손이다.' 그러나 역시 참고할 것이 못된다."

3) 『한국인의 신화』[6]

"가야산 여신 정견(正見)이 폭포에서 목욕할 때, 하늘의 이비가(夷毗訶)

---

6) 한상수, 『한국인의 신화』, 문음사, 1986, 241~243쪽.

가 그녀의 아름다움에 감탄하였다. 정견이 물 밖으로 나오는데 햇빛이 그녀를 비추었다. 그 뒤로 그녀는 하늘의 신 이비가의 아이를 잉태하여 쌍둥이를 낳았다. 큰 아이를 뇌질주일, 작은 아이를 뇌질청예라고 하였다. 아이들은 총명하고 영특하며 사냥 솜씨가 뛰어났다. 정견은 아이의 재주를 보고, 그들을 불러 가락지방을 다스리는 임금이 되라고 하였다. 두 아들은 마을로 가서 백성의 추대를 받아 주일은 대가야, 청예는 금관국의 왕이 되었다."

1)은 정견모주가 산신이 된 이야기이고, 2)는 이진아시왕과 수로왕을 낳았다는 이야기이다. 3)은 2)와 비슷하지만, 그보다 좀더 자세한 편이다. 사소신화와 마찬가지로 햇빛에 감응하여 두 아들을 잉태하여 출산하는 점이 첨부되어 있다.

### 제11장
# 만파식적(萬波息笛) 설화*

　제31대 신문대왕(神文大王)의 이름은 정명(政明), 성은 김씨였다. 개요
(開耀) 원년(元年, 681) 7월 7일에 즉위하였다. 부왕인 문무대왕(文武大王)
을 위하여 동해변(東海邊)[1]에 감은사(感恩寺)를 창건하였다.[감은사(感恩
寺)에 전해 오는 기록에 의하면, 문무왕(文武王)이 왜병(倭兵)을 진압(鎭
壓)하려고 이 절을 짓다가 끝내지 못하고 붕어(崩御)하여 해룡(海龍)이 되
고, 그 아들 신문왕(神文王)이 즉위(卽位)하여 개요(開耀) 2년(682)에 낙성
했는데, 금당(金堂) 섬돌 아래에 동향(東向)으로 한 구멍을 뚫었으니, 그것

---

　＊ 『삼국유사』 권제2 기이 제2의 기록으로, 허황한 듯한 이야기 속에 신화적 진실이 풍부
　　하게 담겨 전한다. '부래(浮來)하는 소산(小山)의 이야기'가 그것으로, 탈해 신화와
　　함께 도래신화의 모습을 보이고 있다.
　1) 경주군 양북면 용당리의 대종천 하구 일대이다. 기림사를 기점으로 대종천을 따라
　　감은사, 이견대, 대왕암으로 이어지는 지형이다. 이 일대는 왜구를 막아내는 중요한
　　전략적 요충지였다. 동해의 용신(龍神)을 모시던 용당이 있었고, 신라 초기부터 동해
　　에서 사로국으로 통하는 통로였다. 울산의 태화강 혹은 외황강 하구, 영일의 형산강
　　혹은 오천의 하구, 하서지촌 내아(乃兒)의 하구인 아진포(탈해의 도래지, 혁거세왕의
　　해척지모 아진의선의 거처 ‒ 지금의 월성원자력발전소 주변) 등과 함께 동해안 도래
　　신화의 중요한 지형적 지점이었다.

은 용(龍)이 절에 들어와 몸을 서리고 있게 하기 위한 것이다. 아마도 이것은 왕의 유조(遺詔)에 의해 만들었을 것이다. 유골(遺骨)을 간수한 곳은 이름을 대왕암(大王岩)이라 하고, 그 절은 이름을 감은사(感恩寺)라 했고, 나중에 용의 현형(現形)을 본 곳은 이견대(利見臺)라 이름했다.]

그 이듬해 5월 초하루[다른 책에 천수(天授) 원년이라 한 것은 잘못이다.]에 해관(海官)인 파진찬(波珍喰) 박숙청(朴夙淸)이 "동해 중에 감은사를 향해 부래(浮來)하는 소산(小山)이 파도를 따라 왕래하고 있습니다."라고 아뢰었다.

왕은 그것을 신이하게 여기어, 일관(日官)인 김춘질(金春質)[또는 춘일(春日)이라고도 쓴다.]에게 점치게 했더니, 일관은 "돌아가신 선왕(先王)께서 지금 해룡(海龍)이 되시어 삼한(三韓)을 진호(珍護)하십니다. 뿐만 아니라 또 김유신 공은 삼십삼천(三十三天)의 일자(一子)로서 지금 내려와 대신이 되어 있습니다. 두 성인이 덕을 같이하여 수성지보(守城之寶)를 내시려 하오니, 만일 폐하께서 해변으로 가시면 무가대보(無價大寶)를 반드시 얻게 될 것이옵니다." 라 말하였다. 신문왕은 그 말을 듣고 기뻐하였다.

그 달 7일에 왕은 이견대(利見臺)에 행행(幸行)하여, 그 부래(浮來)하는 소산(小山)에 망제(望祭)를 올리고, 망제를 올리는 동안에 사람을 보내어 그 산을 살펴보게 했다.[2] "산세는 거북의 머리와 같고, 그 위에는 한 줄기 대나무가 있는데, 낮에는 둘이 되고 밤에는 합하여 하나가 되었습니다.[일설에는 산도 또한 대나무처럼 주야로 열렸다가 합해졌다고 한다.]"라고 보냈던 사람이 돌아와 아뢰었다. 그날 왕은 감은사로 가서 잤다.

---

2) 이견대는 망해(望海)하는 제장(祭場)이다. 신문왕의 이견대 망제(望祭)는 하지 절기에 베풀어진 제의로 볼 수 있다.

이튿날 오시(午時)[3]에 그 대나무는 합하여 하나가 되었다. 천지가 진동하고, 비바람이 일어나 세상은 혼돈한 어둠이 들었다. 그 혼돈한 어둠의 상태는 7일 동안 계속되다가, 그 달 16일에 이르러서야 비바람은 걷히고 바다의 물결은 평온해졌다.

왕은 바다에 배를 띄워 그 소산에 들어갔다. 그 곳에 들어가니, 흑옥대(黑玉帶)를 받들고 와서 왕에게 바치는 용(龍)이 있었다. 왕은 그 용을 맞이하여 자리를 정하고 함께 앉아서 "이 산과 대나무가 갈라지기도 하고 합쳐지기도 하는 것은 어찌된 일입니까?"라고 물었다. 그 용은 대답하기를 "비유해서 말한다면, 한 손으로 치면 소리가 나지 않고 두 손뼉을 마주쳐야 소리가 나는 것과 같습니다. 이것은 대나무가 합쳐져야 소리가 나는 물건이어서, 합한 뒤에야 소리가 나게 되어 있습니다. 이것은 성왕(聖王)께서 소리로써 천하를 다스리게 될 상서로운 징조입니다. 대왕은 이 대나무를 가져가시어 피리를 만들어 불어보십시오. 천하가 화평해질 것입니다. 지금 왕의 돌아가신 아버님께서는 해중(海中)의 대룡(大龍)이 되셨습니다. 그리고 유신은 다시 천신(天神)이 되었습니다. 두 거룩한 분이 마음을 같이하여 이 값으로 칠 수 없는 큰 보배를 내시어 저로 하여금 왕께 바치게 한 것입니다." 라고 했다.[4] 이 말을 들은 왕은 놀랍고도 기뻤다.

왕은 오색 비단과 금옥(金玉)으로 용에게 보답하는 치성을 드리고, 대나무를 베게 하여 바다를 나오는 동안에 그 산(山)과 용(龍)은 홀연(忽然)히

---

3) 오시(午時)는 하지 절기의 절정이며 제의의 절정으로, 신이 강림하는 시점일 것이다.
4) 신문왕에게 흑옥대를 바친 용은 도래신화의 부래(浮來)하는 석주(石舟)의 신화상징을 담고 있는 도래신의 주지를 지니고 있으며, 흑옥대의 제과를 형성하고 있는 용은 신라를 형성하는 여러 부족의 소국을 보호하는 조령(祖靈)의 상징이다.(윤철중, 앞의 책, 199쪽)

사라져 버려, 다시 나타나지 않았다. 왕은 감은사에서 그날 밤을 묵었다.

17일에 왕 일행은 기림사(祇林寺) 서쪽 시냇가에 이르러 수레를 멈추고 점심을 먹고 있었다. 태자 이공(理恭)이 대궐을 지키고 있다가, 이 소식을 듣고 말을 달려와서 축하했다. 그리고 서서히 흑옥대(黑玉帶)를 살펴보고 왕에게 아뢰었다. "이 옥대의 여러 쪽들이 다 진룡(眞龍)입니다." 그 말을 들은 왕은 "네가 그것을 어떻게 아느냐?"고 물었다. 태자(太子)는 "쪽 하나를 떼서 물에 넣어보면 알게 될 것입니다."라고 하였다. 이리하여 옥대의 쪽은 용이 되어 하늘로 올라가고 그 자리는 연못이 되었다. 그 못을 용연(龍淵)이라 불렀다.

수레는 궁으로 돌아왔다. 그 대나무로 피리를 만들어 월성(月城)의 천존고(天尊庫)에 간직했다. 그 피리를 불면 적군이 물러가고, 병이 나아졌다. 가물 때는 비를 내리게 하고, 장마질 때는 비가 개이게 했다. 바람을 가라앉히고 물결을 잠재웠다. 그래서 그 피리를 이름하여 만파식적(萬波息笛)이라 하고, 국보로 일컬었다.

효소대왕(孝昭大王) 때에 이르러, 천수(天授) 4년 계사(癸巳)에 적군의 포로가 되어 갔던 부례랑(夫禮郎)이 살아 돌아오게 된 이적(異跡)이 있었던 것에 연유되어, 그 피리에 다시 만만파파식적(萬萬波波息笛)이란 칭호가 내렸다. 자세한 것은 그 전기(傳記)에 보인다.

### 만파식적 설화의 이해

① 이 설화는 10개 정도의 단락으로 나누어지는데, 앞의 세 단락은 신화의 원형을 읽어낼 수 있는 부분이고, 다음 단락들은 제의(이견대의 망제, 5월 1일~5월 16일)가 베풀어지는 단계를 파악할 수 있다. 마지막은 국보의

신성성을 강조하는 부분이다. 대체로 이 설화는 신라의 '호국불교사상'과 '호국룡사상'의 관계에서 논의되어 왔다. 신화적 핵심은 **부래하는 소산(小山)**'의 존재이다. 이 소산(小山, 小島)은 접근하는 대섬(竹島)이라 여겨지는데, 허황옥이 타고 온 주포(主浦) 앞바다의 석주(石舟, 石島, 돌섬, 쪽박섬, 망산도, 명석－榰石)와 대응된다. 부래하는 소도는 도래인이 타고 오는 배가 '죽도'에 접근하는 신화의 표현이 변형된 것이다. 신문왕이 '바다를 건너 그 산에 들어가는 모습'에서 도래인 탈해를 맞이하던 아진의선(혁거세의 해척지모, 탈해 수양), 사소(혁거세의 모성)를 맞이하던 소벌도리(혁거세 수양)의 모습을 떠올릴 수 있다.[5]

② 문무왕이 동해구의 해룡이 되었다는 것은 호국룡사상의 근거를 제공하고 있다. 이것은 중고기(中古期)의 호국불교사상과 결부되어 문무왕이 화현한 대룡이 호법적 호국룡이라는 주장을 가능하게 한다. 신문왕이 즉위한 지 한 달에 왕비의 친정 아버지인 김흠돌이 모반한 사건은 중고기의 진흥왕계 왕권(성골)과 중대(中代)를 여는 무열왕계 왕권(진골)의 대립과 투쟁이 얼마나 심각했는가를 보여주는 것이다. 따라서 신문왕의 왕권강화에는 김유신계의 힘을 필요로 하고 있다는 시대적 상황을 짐작할 수 있다. '부래하는 소산'과 대왕암은 기묘한 이중성을 보여준다. 만일 대왕암이 만파식적 설화의 현장이라면, 대왕암은 신화적 상징으로는 '부래하는 소산'이지만, 역사적 사실로는 문무왕의 수중릉이 된다.

---

5) 윤철중, 『한국의 시조신화』, 보고사, 1998, 204~205쪽

③ 부래하는 소산 : 떠오고 있는 작은 산은 현실적으로 눈앞에 전개되어 있는 작은 섬이다. 그 섬은 돌섬이다. 즉 석도는 바다 위에 자리잡고 있는 작은 돌섬이지만, 거기에 도래신(渡來神)이 배려오면 움직이는 산이 된다. 움직이는 산, 움직여서 떠오고 있는 돌섬, 그 석도는 언젠가 도래신이 타고 오던 배를 상징한다. 아침바다에 떠오르는 해, 태양의 아들로서 이 땅에 와서 신성한 나라를 열던 도래신, 돌섬은 그 도래신이 타고 온 배이다. 도래하는 소산은 도래신화의 신격 강림의 주지를 담고 있다.[6]

④ 5월 5일은 수릿날(단오)이다. 음력으로 5월 1일부터 16일에 걸쳐 베풀어지는 신문왕의 망제(望祭)는 하지의 절기와 연결되어 있다. 태양의 활동이 절정에 달하는 하지, 그 절기와 맞물려 벌어지는 단오의 계절제의와 직결되어 있다. 절정에 달한 태양의 힘이 온누리에 가득차 넘치는 단오의 정오(正午)를 정점으로 제의의 분위기는 고조되고 있는 것이다.(강릉단오제 참고) 부래하는 소산을 타고 온 용신은 어느 건국신화의 시조신격인 조령(祖靈)으로 이해할 수 있다. 이러한 것은 처용설화에서도 비슷하게 전개된다. 소산의 대나무를 타고 강림한 조룡신(祖龍神)은 힘을 새롭게 한 이견대의 성역에서 권능의 상징물인 흑옥대(용들의 결집체)를 신문왕에게 넘겨주고 있는 것이다. 이 제의는 현왕이 조령의 화신으로 부활하는 고대 신성왕권의 부활제의의 비의(秘儀)를 원형으로 삼고 있었을 것이다.[7]

---

6) 윤철중, 위의 책, 216~217쪽
7) 최진원, 『국문학과 자연』, 성대출판부, 1977, 152쪽

제12장

# 삼성(三姓)과
# 삼여신(三女神) 신화(탐라)*

삼성신화는 제주도의 삼성씨족의 시조신화이면서 탐라의 개국신화이다.


## 1) 『고려사』 계통
『고려사지리지』(단종 2년, 1454년 간)


"탐라현은 전라도 남쪽 바다에 있다. 고기(古記)에 이르기를, 태초에 사람이 없더니 세 신인(神人)이 땅에서 솟아났다. 한라산의 북녘 기슭에 구멍이 있어 모흥혈(毛興穴)이라 하니, 이곳이 그것이다. 맏이를 양을나(良乙那)라 하고 다음을 고을나(高乙那)라 하고 셋째를 부을나(夫乙那)라 했다. 세 신인은 황량한 들판에서 사냥을 하여 가죽옷을 입고 고기를 먹으며

---

* 제주도가 본향인 제주부씨, 제주고씨, 제주양씨 등 세 성(姓)의 시조신화이다. 시조가 땅에서 솟아났다고 하는 지중용출(地中湧出) 화소는 본토의 신화에서는 찾기 어려운 특징이다. 여기에 배우자인 3여신의 도래하는 도래신화가 결부되어 있다.

살았다.

하루는 자줏빛 흙으로 봉해진 나무함이 동쪽 바닷가에 떠밀려 오는 것을 보고 나아가 이를 열었더니, 그 안에는 돌함이 있고, 붉은 띠를 두르고 자줏빛 옷을 입은 사자(使者)가 따라와 있었다. 돌함을 여니 푸른 옷을 입은 처녀 세 사람과 송아지, 망아지, 그리고 오곡의 씨가 있었다. 이에 사자가 말하기를 '나는 일본국 사자입니다. 우리 임금께서 세 따님을 낳으시고 이르시되, 서쪽 바다에 있는 산에 신자(神子) 세 사람이 탄강하시고 나라를 열고자 하나 배필이 없으시다고 하시며 신(臣)에게 명하시어 세 따님을 모시도록 하므로 왔사오니, 마땅히 배필을 삼아서 대업(大業)을 이루소서' 하고 사자는 홀연히 구름을 타고 가버렸다. 세 사람은 나이 차례에 따라 나누어 장가들고, 물이 좋고 땅이 기름진 곳으로 나아가 활을 쏘아 거처할 땅을 점치니, 양을나가 거처하는 곳을 제일도(第一都)라 하고, 고을나가 거처하는 곳을 제이도(第二都)라 했으며, 부을나가 거처하는 곳을 제삼도(第三都)라 했다. 비로소 오곡의 씨앗을 뿌리고 소와 말을 기르니 날로 살림이 풍부해지더라."[1]

### 2) 『영주지』 계통[2]

"영주에는 태초에 사람이 없었다. 홀연히 세 신인이 땅에서 솟아나니, 한라산 북녘 기슭에 있는 모흥혈에서 솟아난 것이다. 맏이를 고을나, 다음

---

1) 『신증국국여지승람』(중종 25, 1530), 이밖에 『탐라지』(이원진, 효종 4, 1653), 『남환박물(南宦博物)』(이형상, 숙종 28, 1702) 등은 "고려사 고기운(古記云)"이라 하여 『고려사』의 기사 내용을 그대로 옮기고 있다. 나머지의 기록(『동국통감』, 『해동역사』)도 대체로 고려사의 기록을 약간 변형시킨 것이다

2) 『영주지』는 단행본이 아니라, 세종 32(1450)에 고득종(高得宗)이 지은 서세문(序世文)과 기타 고씨세보(高氏世譜)에도 보인다.

을 양을나, 셋째를 부을나라 했다. 그들의 용모는 장대하고 도량은 넓어서 인간 세상에는 없는 모습이었다. 그들은 가죽옷을 입고 육식을 하면서 항상 사냥을 일삼아 가업을 이루지 못했었다.

하루는 한라산에 올라 바라보니 자줏빛 흙으로 봉한 나무함이 동해쪽으로 떠와서 머물러 떠나지 않았다. 세 사람이 내려가 이를 열어 보니, 그 속에는 새알 모양의 옥함이 있고 자줏빛 옷에 관대를 띤 한 사자가 따라와 있었다. 그 옥함을 여니 푸른 옷을 입은 처녀 세 사람이 있었는데, 모두 나이는 15,6세요, 용모가 속되지 않아 아리따움이 보통이 아니었고, 각각이 아름답게 장식하여 같이 앉아 있었다. 또 망아지와 송아지, 오곡의 씨를 가지고 왔는데, 이를 금당의 바닷가에 내려놓았다.

세 신인은 즐거워하여 말하기를 '이는 반드시 하늘이 우리 세 사람에게 주신 것이다'고 했다. 사자는 재배하고 엎드려 말하기를 '나는 동해 벽랑국(碧浪國)의 사자입니다. 우리 임금님께서 이 세 공주를 낳으시고, 나이가 다 성숙해도 그 배우자를 얻지 못하여 항상 탄식함이 해가 넘는데, 근자에 우리 임금께서 자소각(紫霄閣)에 올라 서쪽 바다의 기상을 바라보시더니, 자줏빛 기운이 하늘을 이어 상서로운 빛이 서리는 것을 보시고, 신자(神子) 세 사람이 절악(絶岳)에 내려와 장차 나라를 열고자 하나 배필이 없으시다 하시고, 신에게 명하여 세 공주를 모셔 가라 하여 왔사오니, 마땅히 혼례를 올려서 대업을 이루소서' 하고, 사자는 홀연히 구름을 타고 어디론지 사라져버렸다.

세 신인은 곧 목욕재계하여 하늘에 고하고, 나이 차례로 나누어 결혼하여 물 좋고 기름진 땅으로 나아가 활을 쏘아 거처할 땅을 정하니, 고을나가 거처하는 곳을 제일도(第一都)라 하고, 양을나가 거처하는 곳을 제이도(第

二都)라 했으며, 부을나가 거처하는 곳을 제삼도(第三都)라 했다. 이로부터 산업을 일으키기 시작하여 오곡의 씨를 뿌리고 송아지 망아지를 치니 날로 살림이 부유해져서 드디어 인간의 세계를 이룩해 놓았다.

　그 이후 900년이 지난 뒤에 인심이 모두 고씨에게로 돌아갔으므로 고씨를 왕으로 삼아 국호를 탁라(乇羅)라 했다."[3]

### 삼성 신화의 이해

1. 구성과 화소

　: 세 개의 삽화가 3단의 구성으로 짜여 있고, 몇 개의 화소가 다를 뿐이다.

　1) 제1단 : 삼신인(三神人)의 출생과 생활－삼신인이 땅에서 솟아나 수
　　렵생활을 하다.

　2) 제2단 : 삼신녀(三神女)의 도래와 혼인－삼신녀가 바다로 떠오니 분
　　취(分娶)하다.

　3) 제3단 : 소거지 선정과 정착 건국－소거지를 선정하여 농목생활로
　　정착하여 건국하다.(cf.돌을 쏘아 용력을 시험하여 상중하를 정하고,
　　군신민의 서열을 정하여 건국하다.)

　① 지중용출(地中湧出) 수렵생활－'송당본풀이' 등 제주도의 당신본풀
　　이에서 흔히 발견된다. 당신본풀이와 같은 유형

　② 삼신녀(三神女) 도래와 혼인－(일본국과 벽랑국, 열운리와 금당, 석

---

　3) 이밖에 『고려사』 계통과 『영주지』 계통의 기사를 절충하거나 종합한 기록도 있다.

함과 조란형[鳥卵型] 옥함), 칠성본풀이, 김녕괴내깃당본풀이 등에서 발견됨. 이 화소도 무속당신화와 유관한 유형(성산읍 온평리의 혼인지[婚姻池])

③ 사시복지(射矢卜地) 소거지(所居地) 선정 – 무속신화인 당신본풀이와 유사함.

* 삼성신화는 본래 당신신화와 같은 유형이요, 고량부 삼성씨족의 조상신본풀이인 동시에 이 조상신을 모셨던 당의 본풀이 성격의 신화라고 할 수 있다.

## 2. 형성과 계통

1) 지중용출 시조신화 – 일본의 구주, 오키나와, 대만 고사족(高砂族), 동남아 일대, 중국의 묘족(苗族)신화 등

2) 상주표착(箱舟漂着) 시조신화 – 남해안 일대(허황옥과 탈해왕의 표착, 대마도주 종씨(宗氏)의 조상, 구주 일대, 오키나와, 대만, 동남아 등)

3) 삼신인 신분서열 화소 – 제주도 내의 당신화에 흔한 화소, 경북 구룡포, 신라의 박·석·김씨의 문제, 중국 묘족의 시조신화, 오키나와 왕조의 창세신화 – 제주, 오키나와, 한국 남부 일대에 분포

* 삼성신화는 남방계통의 신화 요소들이 전파되어 와 제주에서 하나의 새로운 신화로 창출된 것이다.

* 제주도의 삼성신화는 남쪽에서 각각 별개로 흘러 들어온 지중출현 시조신화와 상주표착 시조신화가 제주에 와서 하나의 신화로 결합하여 이루어진 것이다.

* 삼성신화의 우주론적 구조는 '西-地(山)-男-가난, 東-海-女-풍
  요'로 정리할 수 있다.
* 문화배경은 수렵문화에서 농경문화로 넘어가는 단계, 씨족사회가 부
  족국가로 형성되는 단계이며, 이 문화에는 일부일처 외혼제(一夫一妻
  外婚制), 부방거주제(夫方居住制)의 혼인형태가 시행되었고, 지모신
  (地母神) 신앙, 해양타계(海洋他界) 신앙 등이 주요소로 추정된다.
* 탐라의 건국신화는 고·양·부 3신인이 사냥을 하면서 지내다가, 3여
  신과 혼인하고 그들이 가져온 오곡 종자로 농경을 시작했다고 한다.
  이 신화는 남성신의 수렵문화와 여성신의 농경문화를 보여준다. 두 문
  화의 결합은 큰 힘을 발휘하였고, 고대국가의 건설에까지 미치게 된다.

① 형산강 하구의 대섬(竹島)은 도래신이 강림하는 돌섬(石島)이다. 소벌도리 씨족은 이 대섬에서 사소신모를 맞아들였을 것이다. 사소신모가 도착한 진한의 동해변은 나을촌(奈乙村)으로 '나을'은 '나올'로 풀이되는데, 탈해가 상륙한 나아천 하구의 아진포도 '내아(乃兒)'이다. '내아'도 '나올'로 풀이된다. '나을'은 일자(日子)의 의미를 지니는 말이다. 나아천 하구에도 홈바위(명석-杨石)가 있고, 이 바위도 도래신이 강림한 석도이다. 또 사소신모가 직라(織羅)의 능력으로 신험(神驗)을 입증하고 있는데, 사소신모가 도래했으리라고 추정되는 형산강 하구 일대(소벌도리의 영역으로 영일만 일대)에는 직라의 신성성을 반영하고 있는 '연오랑세오녀' 설화의 고장인 도기야(都祈野) 지방이 있기도 하다. 세오녀의 직세초(織細綃)는 사소신모의 직라와 밀접한 연관이 있을 것이다.

② 혁거세는 직조술(織造術)을 기반으로 하는 도래여신인 사소신모의 아들로 태어나, 부족연맹체라고 할 수 있는 사로국에서 시왕(始王)에 추대되어 사로국의 박씨 왕족의 시조가 된다. 알영은 사량리의 선주족으로 왕비에 추대되고, 알영의 씨족은 사로국 초기의 왕비족으로 사로국 안에서 세력을 확보해 나간다. 소벌도리 씨족은 알평 씨족과 함께 혁거세를 추대하여 6촌 촌장 가운데 유력한 씨족으로 부상하지만, 왕족인 혁거세 씨족과 왕비족인 알영 씨족은 급량부와 사량리에서 차츰 알평 씨족과 소벌도리 씨족을 압도하는 세력으로 성장한다. 탈해는 단야술(鍛冶術)을 기반으로 토함산을 넘어 사로국에 진출하여 남해왕의 사위로 왕위에 오르고, 석씨 왕족의 시조가 된다.

직조술과 단야술은 선진기술로 그 자체가 부(富)의 원천이다. 알지 신화에는 도래신화적 요소가 없지만, 알영과 동족으로 선주민이라는 강점과 왕비족이라는 힘을 바탕으로 사량리에서 세력을 키우면서 탈해에게 수양되어 김씨 왕족의 기틀을 다져 나가 김씨 왕족의 시조가 된다. 알지의 7세손 미추(13대 왕)가 왕위에 오르면서 김씨 왕족은 왕족 삼성 가운데 주도적 위치를 확보해 나간다. 미추는 박씨 왕족의 외손이고, 석씨 왕인 조분왕의 사위로 대보 벼슬에 있다가 왕위에 오른다. 미추왕의 즉위는 선주하던 토착 씨족이 왕족으로 부상하는 의미를 지닌다. 이것은 왕비족으로서 선주족의 씨족장인 김알지가 도래인 출신의 군왕인 탈해왕에게 수양되고, 실로 7세대 200여 년의 세월이 흐른 뒤의 일이 된다.[4]

③ 망산(望山)이 조상신격인 산신에게 망제(望祭)를 올리는 제의인 것처럼, 망해(望海) 역시 조상신격인 수신(水神)에게 망제를 올리는 것이다.(신문왕의 이견대 '망해', 미추왕의 '망해', 처용설화의 '망해사' 참조) 이밖에 사소신모, 탈해, 허황옥, 제주도 3여신 등의 도래에도 '망제'가 당연히 수행되었을 것이다.

④ 신모(神母) 도래와 신동(神童) 도래

사소신화를 신모도래형 신화라고 한다면, 탈해신화는 신동도래형 신화라고 할 수 있다. 이들 도래신은 선주신(先住神)에게 수양(收養)되고 있다. 사소신모는 형산에 강림한 사량부 시조 소벌도리에게 수양되고, 탈해신동은 아진포에 상주하던 혁거세의 해척지모인 아진의선에게 수양된다.

---

4) 윤철중, 『한국의 시조신화』, 보고사, 1998, 387쪽

이러한 수양의 절차는 신화에서 도래인이 선주민의 신통보(神統譜)를 잇는 중요한 절차이고 과정이다. 『환단고기』에 의하면 사소신모는 성자(聖子-혁거세)와 함께 진한의 나을촌으로 도래 강림하고, 탈해신동은 진한 내아의 아진포로 도래 강림하고 있다. 이들 신인(神人)의 강림지를 '나을' 혹은 '내아'라 하는데, 이것은 모두 '나올'로 읽힌다. 탐라국 삼여신의 도래지는 '황노알'이다. 현지 주민의 '노란 저녁노을이 비치는 곳'이라는 설명에도 불구하고, '황노알'은 '한나올'의 변음으로 여겨진다. '나올'은 '일자(日子)를 뜻하는 말로 태양신 강림의 주지를 보여주는 것이다.[5]

### ⑤ 한국 도래신화의 구조와 유형

천강신화는 신화 주인공의 부성(父性)이나 주인공이 하늘에서 내려왔다고 하는 단군, 주몽, 혁거세, 신라 6촌장, 수로, 알지 신화 등을 말하는 것이고, 도래신화는 신화 주인공의 모성(母性)이나 주인공이 외지에서 도래(渡來)한 사소, 허황옥, 탈해, 만파식적의 용신(龍神), 제주도의 삼여신 신화 등을 말하는 것이다. 즉 천강신화는 주로 '건국시조의 부신격(父神格)이 하늘에서 영봉(靈峰)에 강림한 것'에 초점을 두고, 도래신화는 대체로 '건국시조나 그 모신격(母神格)이 외지에서 배를 타고 건너와 포구(浦口)의 "대섬(竹島, 石島, 홈바위, 대왕암 등)"에 강림한 것에 초점을 두는 것이다.

한국의 도래신화는 천강신화를 전제로 한다. 즉 천강신화의 신앙체계가 자리잡고 있는 이 땅에 도래인이 오면서 도래신화가 형성된다. 사서(史

---

5) 윤철중, 『한국의 시조신화』, 보고사, 1997, 284쪽

書)의 기록에 다르면, 기원전 1세기와 기원후 1세기의 삼국이 성립되던 시기에 도래신화는 형성된다. 이 시기의 도래인들은 선주하던 원주민의 자연신앙을 포함하는 천강신화의 신앙체계가 희락(戱樂)과 함께 살아있던 사회에 이동해 온다.

천강신화는 태양숭배를 골격으로 하는데, 도래인도 원주민들처럼 태양을 숭배하는 신앙을 가지고 있었다. 도래인은 단야술(鍛冶術), 비염(緋染)·직조(織造) 등의 선진문화와 기술을 토대로 하여 원주민의 추대를 받아 건국시조가 된다. 이들 소수 도래집단의 영웅이 천강신화의 신통보에서 천제손(天帝孫)의 자리에 접합되면서(수양의 절차) 새로운 신화로 재편된 것이 이 땅의 도래신화이다. 도래하는 영웅은 천왕의 아들(天帝子)로 부활하는 제의를 통해 천제손의 자리에 들어가고 있다. 이런 요소는 탈해신화에서 가장 뚜렷하게 나타난다. 수로와 혁거세 신화도 이러한 도래신화의 요소를 가지고 있다. 주몽이 그의 어머니 유화가 도래한 곳(동부여)에서 출생하는 것은 도래신화의 도래 모티프와 같은 성격으로 읽힌다. 혁거세가 소벌도리에게 수양되는 것도 혁거세가 도래인임을 전제로 하는 것이다.

도래인은 죽도(竹島)와 망산도(望山島), 홈바위를 통하여 원주민 사회에 상륙하고, 그 해변 가까운 곳에 그들의 신당(神堂)을 남겼다. 그리고 원주민의 영산(靈山)에 올라 천신(天神)에 동화되고, 천제손의 자격으로 그곳의 시조왕이 되었다. 죽도와 영산은 강으로 이어지고, 죽도는 그 강의 하구에 자리잡은 석도(石島)이다. 즉 〈영산-강-죽도〉는 도래신화의 지형적 구조와 유형이 된다.

이러한 지형적인 구조는 동해안의 여러 곳에서 확인할 수가 있다. 그런

곳은 신화나 전설의 현장인 곳이 많다. 1)월성군 양북면(토함산－대종천－대왕암)－만파식적, 2)월성군 양남면(우산－나아천－명석)－탈해, 3)울주군 청량면(영취산－외황강－처용암)－처용, 4)김해시(분성산－호계천 또는 곡천－전산도), 5)진해시(명월산 또는 웅산－송정천 또는 주포천－망산도)－허황옥, 6)영일군 지행면(망해산－동천－영암)－?, 7)강릉(제왕산－남대천－견조도)－강릉단오제와 범일국사 설화 등을 들 수 있다.

이상 유형들의 예에서 도래신화의 형태를 말할 수 있다. 영산은 아침해가 곧바로 꽂히는 뾰족한 입암(立岩)이 있어야 한다. 입암 아래에는 샘물이 있고, 이 샘에서 발원하는 냇물이 흐르고, 이 냇물의 하구에 작은 석도(石島)가 입암과 마주서 있다. 하구의 석도는 두 개가 있는 것이 있는데, 이런 경우 육지의 해안에 가까운 것이 망산도이고, 해안에서 바다쪽으로 더 멀리 있는 것이 죽도이다. 하구 안쪽 하안(河岸)에는 신당(神堂)이 있다.[6]

---

6) 윤철중, 『한국의 시조신화』, 보고사, 1997, 310-315쪽

## 참고문헌

1. 자료

『고려사』

『광개토호태왕비문』

『남환박물(南宦博物)』(이형상)

『논형(論衡)』

『동국여지승람』

『동국통감』

『박물지(博物志)』

『삼국사기』(김부식)

『삼국유사』(일연)

『세종실록지리지』

『신증동국여지승람』

『영주지』

『제왕운기』(이승휴)

『탐라지』(이원진)


2. 단행본

김경수 역주, 『제왕운기』, 도서출판 역락, 1999.

김열규, 『한국민속과 문학연구』, 일조각, 1975.

김재원, 『단군신화의 신연구』, 정음사, 1947.

대림태량(大林太良), 『신화학입문』, 새문사, 1996.

송호정, 『처음 읽는 부여사』, 사계절, 2015.

윤이흠 외, 『단군 그 이해와 자료』, 서울대학교출판부, 1994.

윤철중, 『한국도래신화 연구』, 백산자료원, 1997.

_____, 『한국의 시조신화』, 보고사, 1998.

이복규, 『부여·고구려 건국신화 연구』, 집문당, 1998.

이지영, 『한국 건국신화의 실상과 이해』, 월인, 2000.

장덕순 외, 『구비문학개설』, 일조각, 1971.

조동일·서종문 공저, 『국문학사』, 한국방송대학교출판부, 2002.

조원영, 『가야, 그 끝나지 않은 신화』, 혜안, 2008.

최광식, 『백제의 신화와 제의』, 주류성, 2006.

최진원, 『국문학과 자연』, 성대출판부, 1977.

_____, 『한국신화고석』, 성균관대 대동문화연구원, 1994.

한치윤, 『해동역사』

한상수, 『한국인의 신화』, 문음사, 1986.

제4부

# 구비신화

## 제1장

# 창세가*

하늘과 땅이 생길 적에 미륵(彌勒)님이 탄생한즉, 하늘과 땅이 서로 붙어 떨어지지 아니하여 미륵님이 땅의 네 귀퉁이에 구리 기둥을 세워서 갈라놓았는데, 하늘은 솥뚜껑 꼭지처럼 보이도록 하였다.

그때는 해도 둘, 달도 둘이었는데, 미륵님은 달 하나를 떼어서는 북두칠성와 남두칠성을 만들고, 해 하나를 떼어서는 큰별을 만들고, 잔별은 백성의 직성(直星)[1]별, 큰별은 임금과 대신별로 각각 만들었다.

미륵님이 옷이 없어 옷을 지어야 하겠는데 옷감이 없었다. 그래서 이

---

* 손진태의 『조선신가유편』에 실린 무가로서 함경남도 함흥 지역에서 큰 굿을 할 때 부르는 무가인 '창세가(創世歌)'이다. 창세신화가 빈약한 우리의 자료적 현실에 비추어 볼 때 중요한 의미가 있는 자료로 평가된다. 1923년 8월 12일 함남 함흥군 운전면 본궁리에서 큰무당인 무녀 김쌍돌이(당년 68세)가 구연한 것으로 되어 있다. 구연 상황에 대한 설명이나 구연 방식의 구별도 하지 않았다. 원문은 띄어쓰기가 되어 있지 않기 때문에 음보별로 띄어쓰기를 했고 문장 부호도 필요하다고 인정되는 경우에 보완했다. 원문에는 한자가 노출되어 있었는데 여기서는 현대어로 음을 달고 한자는 ( ) 속에 넣었다. 여기의 자료는 김태곤 외, 『한국의 신화』, 시인사, 1988, 210~213쪽의 것을 옮겨 실었다.

1) 직성(直星)은 사람의 나이에 따라 그 운수를 맡아본다는 아홉 별.

산 저 산 뻗어 넘어가는 칡을 끊어내어, 벗기고 꼬고 익혀 내어, 하늘 아래 베틀 놓고 구름 속에 잉아 걸고, 들고 쩡쩡 놓고 쩡쩡 짜 내어 드디어 긴 홑옷을 지어 내니, 전필(全匹)이 길이요 반필(半匹)이 소매며 다섯 자가 섶이요 석자가 깃이었다. 머리 고깔을 짓는데 한 자 세 치를 잘라 지으니 눈 아래도 안 내려오고, 두 자 세 치를 잘라 지으니 귀 밑에도 안 내려와, 석 자 세 치를 잘라 지으니 턱 아래까지 내려왔다.

미륵님 시절에는 불이 없어 생식(生食)을 하였는데, 불도 안 때고 곡식을 생으로 먹었기 때문에, 미륵님은 섬들이 말들이로 식사를 하였다. 그래서는 안 되겠다고 생각한 미륵님은 물의 근본과 불의 근본을 찾기로 결심하였다. 그리하여 풀메뚜기를 잡아다 형틀에 올려놓고 무르팍을 때리면서, 물의 근본과 불의 근본을 아느냐고 물었다. 풀메뚜기가 대답하기를,

"밤이면 이슬 받아먹고 낮이면 햇발 받아먹고 사는 짐승이 어찌 알겠습니까? 나보다 한 번 더 먼저 본 풀개구리를 불러 물어 보시오."

미륵님이 풀개구리를 잡아다가 무르팍을 때리며 물으니, 풀개구리 대답하기를,

"밤이면 이슬 받아먹고 낮이면 햇발 받아먹고 사는 짐승이 어찌 알겠습니까? 나보다 두 번 세 번 먼저 본 생쥐를 잡아다 물어 보시오."

미륵님이 생쥐를 잡아다가 무르팍을 때리며 물으니, 생쥐가 하는 말이

"내게 무슨 공을 세워 주시렵니까?"

하여 미륵님이,

"너로 하여금 천하의 뒤주를 차지하게 하리라."

고 하니 그제서야 생쥐가 대답하기를,

"금덩산에 들어가서 한 쪽엔 차돌을 들고 한 쪽엔 시우쇠를 들고 툭툭

치니 불이 일어났고요, 소하산에 들어가니 샘물이 솔솔 나오는 물의 근본이 있었지요."

미륵님이 물과 불의 근본을 이렇게 하여 알은 후에 인간을 점지하였다.

옛날 옛시절에 미륵님이 한쪽 손에 은쟁반 들고, 한쪽 손에 금쟁반 들고 축사(祝詞)하니, 하늘에서 벌레가 떨어져 금쟁반에 다섯 마리 은쟁반에 다섯 마리였다. 그 벌레들이 자라나서 금벌레는 남자가 되고 은벌레는 여자가 되었는데, 이들이 장성하여 부부를 맺어 세상 사람들이 생겼다.

미륵님 세월에는 섬들이 말들이로 식사하며 인간 세상이 태평하였는데, 석가(釋迦)님이 출현하여 미륵님 세월을 빼앗으려 하였다. 그러자 미륵님 말씀이,

"아직은 내 세월이지 네 세월은 못 된다."

석가님이 응수하기를,

"미륵의 세월은 다 갔다. 이제는 내 세월을 만들겠다."

미륵님 말씀이,

"네가 정녕 내 세월을 빼앗겠거든 너와 나와 내기를 하자. 이 더럽고 축축한 석가야."

이리하여 동해(東海) 가운데에서 미륵님은 금병에 금줄을 달고, 석가님은 은병에 은줄을 달고 내기를 벌이면서, 미륵님이 선언하기를,

"내 병의 줄이 끊어지면 네 세월이 되고, 네 병의 줄이 끊어지면 네 세월이 아직 아니다."

동해 가운데서 석가의 줄이 끊어지니, 석가님이 항복하면서 새 시합을 하자고 하였다. 이번에는 성천강(成川江)을 여름날에 얼어붙게 하는 내기였다.

미륵님은 동지(冬至) 제사를 올리고 석가님은 입춘(立春) 제사를 올렸는데, 이번에도 석가님이 졌다. 석가님은 다시 한 번 더 하자고 청하였다. 이번에는 둘이 한 방에 누워 있다가 모란꽃이 모락모락 피어 무릎에 올라오는 쪽이 이기기로 하였다.

석가님은 도둑의 마음을 품어 옅은 잠을 자고 미륵님은 깊은 잠을 잤다. 이윽고 미륵님 무릎 위에 모란꽃이 피어오르자 석가님이 몰래 중동을 꺾어다 제 무릎에 꽂았다. 미륵님은 잠에서 깨어나 석가님을 저주하였다.

"축축하고 더러운 이 석가야. 내 무릎에 핀 꽃을 네 무릎에 꺾어다 꽂았으니, 꽃이 피어 열흘이 못 가고 심어서도 십 년을 못 넘기리라."

석가님의 지나친 성화에 진저리가 난 미륵님은 석가님에게 세월을 주기로 결심하고는 다음과 같이 예언하였다.

"축축하고 더러운 석가야. 네 세월이 되면 문(門)마다 솟대[2] 서고, 가문마다 기생 나고, 과부 나고, 무당 나고, 역적 나고, 백정 나고, 합들이 병신, 치들이 병신 나고, 삼천 명의 중(僧)에다 일천 명의 거사(居士)가 날 것이니, 그런즉 말세가 될 것이다."

그런지 사흘 만에 예언대로 삼천 중에 일천 거사가 출현하니 미륵님이 도망을 쳤다. 석가님이 중들을 데리고 미륵님을 찾아 떠났는데 한 산중에 들어가니 노루 한 마리가 있었다. 석가님은 중들에게 그 노루를 잡아 고기를 서른 꼬챙이에 꿴 다음, 고목을 꺾어 구워 먹으라고 하였다. 그러자 삼천 명의 중 가운데서 둘이 일어나면서 손에 들었던 고기를 땅에 떨어뜨

---

2) 솟대는 마음을 수호해 주는 신간(神竿)으로 그 꼭대기에 나무로 새를 만들어 서북쪽을 향해 앉혔다. 새는 1~3마리를 만들어 앉힌다. 그러나 여기서의 솟대는 이런 신간이 아니고 출입문을 막아 장애가 되는 나무라는 의미로 보는 쪽이 아닌가 생각된다.

리고는, 자기네는 성인(聖人)이 되겠다며 그 고기를 먹지 않았다. 고기를 먹은 그 중들은 죽어서 산마다 바위가 되고 소나무가 되었다.

이런 연유로 지금까지 사람들은 삼사월이 돌아오면 짙푸른 녹음 속에서 화전(花煎) 놀이를 즐긴다.[3]

3) 손진태, 『조선신가유편』, 동경: 향토연구사, 1930.

한국신화와 문화

제2장

# 시루말*

앗갸[1] 몬져[2] 놀아나신 님신[3]은

시골은 부정가망, 서울은 영정가망

영부정 상가망 질거이[4] 놀아나고

금이[5]좃처 오시는 님신은 시루셩신[6]이 오실적에

---

\* 이 본은 일본인 학자인 적송지성(赤松智城, 아카마쓰 지죠)·추엽융(秋葉隆, 아키바 다카시)이 공동으로 편찬한 『조선무속(朝鮮巫俗)의 연구(硏究)』 상(上)에 수록된 것이다. 오산(烏山) 열두거리 제차 가운데 두 번째에 들어 있는 거리로, 서울 무녀 배경재(裵敬載)와 경기도 오산(烏山)의 무부(巫夫) 이종만(李鍾萬)이 구연하였다. 이종만은 경기도 지역의 유명한 화랭이로, 대대로 무업(巫業)을 이어받아 온 집안 출신이었기 때문에, 이 본은 경기도 지역의 굿에서 전승되던 대표적인 것이라고 할 수 있다. 위의 책에서는 시루말이라는 제목을 '증사(甑詞)'라고 번역하였는데, 그것은 이 무가가 제물로 바치는 시루떡을 찌는 시루[甑]에 머무는 신인 시루성신[甑聖神]을 위한 축원이기 때문이다. 매우 짧은 자료이지만, 태초의 혼돈과 천지개벽, 천부지모(天父地母)의 결연, 인세시조(人世始祖)의 출현, 일월(日月)의 조정 등 신화적 요소를 두루 갖추고 있다는 점에서 한반도 중부지역의 창세신화로 주목되는 자료이다. 이하의 자료는 서대석의 『한국의 신화』(집문당, 1997, 61~66쪽)의 것을 참고로 정리하였다.

1) '아까'에 해당하는 방언.

2) '먼저'에 해당하는 방언.

3) 임신. 무가에서 제차에 모셔진 신을 지칭하는 용어.

4) '즐거이'에 해당하는 방언.

동두칠셩, 남두칠셩, 서두칠셩, 북두칠셩

태일셩,[7] 태백셩[8] 견우 직녀셩

당칠셩 업위왕님 오실적에

이째는 어는 째인고?

썩갈남게[9] 썩이열고, 쌀이남게[10] 쌀이열고

말머리에 쏠이나고, 쇠머리[11]에 갈기[12]나고

비금주수[13] 말을하고 // 인간은 말못하든 시졀이라.

텬하궁당 칠셩이 디하궁당 날여와서[14]

가구젹간[15] 인물추심[16] 단일실졔[17]

동영[18]에 소슨달이 서역강[19]에 일몰[20]하고

길짐싱[21] 날버러지[22]는 제집차저 들어가고

---

5) 곰이. 뒤에. '곰'은 '뒤'를 가리키는 고어(古語)로 '임'의 반대임.

6) 시루성신[甑聖神]. 신께 올리는 제물(祭物)인 시루떡과 그 시루에 임하는 신.

7) 태일성(太一星). 대개는 '태을성(太乙星)'이라고 불림. 음양가들이 일컫는 신령한 별. 하늘 북쪽에 있고, 병란(兵亂)·재화(災禍)·생사(生死)를 맡아 다스린다고 함

8) 태백성(太白星). 저녁에 서쪽 하늘에 나타나는 금성(金星). 개밥바라기. 장경성(長庚星). 장경(長庚)

9) 떡갈나무에.

10) 쌀나무에.

11) 소의 머리.

12) 말이나 사자 같은 짐승의 목덜미에 난 긴 털.

13) 비금주수(飛禽走獸). 나는 새와 닫는 짐승. 날짐승과 길짐승.

14) 내려와서.

15) 가구적간(家口摘奸). 집들을 살핌. '적간(摘奸)'은 부정(不正)이 있나 없나를 캐어 살핌.

16) 인물추심(人物推尋). 사람을 찾고 살핌. '추심(推尋)'은 찾아내서 가져옴.

17) 다니실 때에.

18) 동령(東嶺). 동쪽의 산. 동쪽의 고개.

19) 서녘강. 서쪽의 강(江). 서쪽에 있는 강(江)

20) 일몰(日沒). 해가 짐.

21) 길짐승. 네 발 달린 짐승.

22) '날벌레'에 해당하는 방언. 날아다니는 벌레.

갈곳이 전혀업서 // 한곳을 바라보니, 난데업는 불빗이 보이거늘

들으랑이[23] 들어보고, 살피랑이[24] 살펴보와라.

불이 어인 불이냐?

민화쓸 민화부인의 집이로소이다.

당칠셩 일은[25] 말삼, 말머리를 돌니여라.

민화쓸 당도하니, 민화부인 거동보소.

쇠직이[26] 쇠열어라, 문직이 문열어라.

동성방 서리 차고, 남성방 하긔 하고[27]

자리업시 한자리, 벼긔업시 한벼긔

그날밤을 류식할쌔, 자리동품[28] 하실적에

초경녁에 쑴을쑤니, 오른억긔[29] 희가돗고

이경녁에 쑴을쑤니, 윈억긔에 달이돗고

삼경녁에 쑴을쑤니, 쳥룡황룡 얼클어저

텬하궁에 올나가 보이거늘,

하롯밤을 지닌후에, 동영이 발가오니[30]

당칠셩이 갈야하니,[31] 민화부인 하는 말이,

---

23) '소리를 들어 판별하는 능력을 가진 아랫 사람'의 뜻임.
24) '눈으로 살펴 판별하는 능력을 가진 아랫 사람'의 뜻임. 앞의 '들으랑이'에 짝이 되는 표현임.
25) 이른. 일러주는. 말한.
26) 자물쇠를 맡은 사람.
27) 이 행에 대하여 『조선무속(朝鮮巫俗)의 연구(硏究)』 상(上)에서는 '기온이 떨어져 밤이 추움을 뜻한다'고 주석하였음.
28) 잠자리를 함께 함을 일컫는 말임.
29) 오른쪽 어깨.
30) 밝아오니.
31) 가려고 하니. 떠나려고 하니.

숨 히몽을 하야주고 가소사.

당칠성이 하는 말삼,

히가 도다뵈는32) 것은 나의 직성33)이요.

달도다 뵈는 것은 부인의 직성이요.

청룡황룡 뵈난것은 귀쟈형뎨34) 날것이요.

당칠성 간연후에, 그달붓터 태긔잇서

석부정 부좌35)하고, 이불쳥 음성36)하고

목불시 이싴37)하고 활부졍 불식38)하고

침불침39) 좌불변40)하고, 십삭만에 나아노니

먼저난이41) 선문이요. 뒤에 난이 후문이요, // 성은 성신이라.

---

32) 돌아 뵈는. 돌아 보이는.
33) 직성(直星). 사람의 행년(行年)을 따라 그의 운명(運命)을 맡아 본다고 하는 별. 제웅 직성(直星)·토직성(土直星)·수직성(水直星)·금직성(金直星)·일직성(日直星)· 화직성(火直星)·계도직성(計都直星)·월직성(月直星)·목직성(木直星)의 아홉 별. 남자는 열 살에 제웅직성(直星)이 들기 시작하여 열아홉 살에 다시 돌아오고, 여자는 열한 살에 목직성(木直星)이 들기 시작한다고 함.
34) 귀자형제(貴子兄弟). 귀한 자식 형제.
35) 석부정부좌(席不正不坐). 태교(胎敎)의 한 가지임. 자리가 바르지 않으면 앉지를 않 고.『논어』(論語) 향당편(鄕黨篇)에서 공자(孔子)의 일상생활을 설명하는 내용들 가 운데 들어있는 구절들임.
36) 이불청음성(耳不聽淫聲). 역시 태교(胎敎)의 하나임. 귀로 음란(淫亂)한 소리를 듣지 아니함.
37) '목불시악색(目不視惡色)'의 와음. 역시 태교(胎敎)의 하나임. 눈으로 나쁜 색깔을 보 지 않음.
38) '할부정불식(割不正不食)'의 와음. 태교(胎敎)의 한 가지임. 자른 것이 반듯하지 않으 면 그 음식을 먹지 않음.『논어』(論語) 향당편(鄕黨篇)에서 공자(孔子)의 일상생활을 설명하는 내용들 가운데 들어있는 구절들임.
39) '입불비(立不蹕)'의 와음. 역시 태교(胎敎)의 하나임. 외발(한쪽 발)로 서지 아니함. 『열녀전』(烈女傳)에 나오는 구절임.
40) '와불측(臥不側)'의 와음. 역시 태교(胎敎)의 하나임. 모로 눕지 아니함.
41) 먼저 난 것이. 먼저 태어난 아이가.

한두살에 거름비고, 사오셰에 말을빅워

십여셰 당도하야, 글방에 느엇드니[42]

글동졉[43] 아희들이 아비업는 자식이라 히기로[44]

그말이 듯기실혀[45]

어머님, 날비러지 길즘싱도 아비 셩본[46] 잇다는데

날갓흔 자식은 아비 셩본 업ᄉ오니가?

미화부인 하는말이,

너의 형뎨 낫튼 히에

텬하궁 당칠셩이 디하궁에 날여와서

가구격간 인물추심 단이다가

서산에 일모[47]허니, 우리 집와서 수인후로[48]

너의 형뎨 난 것이다.

져이기 그말 듯고, 못할 져조[49] 견혀업시

텬하궁에 올나갈계, 검은구룸 노를져어

무지기로 다리놋코, 싯별로 원앙[50]달아

흰구룸 잡어타고, 텬하궁 올나가서

아비본 차질격에, 당칠셩 하는 말슴이,

---

42) 넣었더니. 입학시켰더니.
43) 글동접. 동접(同接). 같은 곳에서 함께 공부하는 일이나 그 동무.
44) 하기로.
45) 듣기 싫어.
46) 성본(姓本). 성(姓)과 본관(本貫).
47) 일모(日暮). 해가 저묾.
48) 쉰 후로. 쉰 뒤로. 쉬고 간 뒤로.
49) 저조. 재주[才操]
50) 워낭. 마소의 턱 아래에 늘어뜨린 쇠고리. 혹은 마소의 귀에서 턱밑으로 늘여단 방울.

너의 모친이 너희 형데 낫슬제

셩은 무엇이라 하며, 일홈은 무엇이라 하시든야?

먼저난이 선문이요, 뒤에난이 후문이라 하옵듸다.

셩은 셩신이라 하는이다.

먼저난이 선문이는 대한국을 진여먹고[51]

뒤에난이 후문이는 소한국을 진이실제,

옛날 시졀에는 달도 두분이 도드시고[52]

힌도 두분이 도드실제,

철궁에[53] 시윗살[54] 멕여들고

힌하나 쏘와 뎨셕궁[55]에 걸어두고,

달하나 쏘와내여 명모궁[56]에 걸어두고

가즁불젼에 들어갈제,

남북힌동 조선국, 아모면[57] 아모동리 // 아모셩씨 한가즁, 수명장수 하옵기를

친밀축수[58] 졍셩이로소이다.

---

51) 지녀 먹고. 지니고. 가지고. 차지하고.

52) 돌으시고. 돌고.

53) 철궁(鐵弓). 쇠로 만든 활.

54) 활시위에 올리는 살. 화살

55) 제석궁(帝釋宮). 여기서는 '천상 세계'를 말한 것.

56) 명도궁(明圖宮). 여기서는 '저승'을 말한 것.

57) 아무 면(面). 모면[某面]. 굿을 하는 구체적인 장소와 기주의 성에 따라 달라지는 부분이기 때문에 '모(某)'라고 한 것.

58) 친밀축수(親密祝壽). 친함을 믿고 오래 살기를 축원함.

## 창세신화의 이해

　창세신화의 세 가지 신화소인 '우주 창조', '신 창조', '인간 창조'가 일관되게 전 세계 신화에 나타나는 것은 아니다. 이 세 가지 신화소가 문화적으로 공통되게 구성되어 있는 창세신화는 존재하지 않는다. 세 가지 가운데 특정한 신화소가 먼저 제시되고 나머지 신화소가 뒤따를 수 있기도 하고, 아니면 이 가운데 하나만 떨어져서 창세신화를 구성하기도 한다.

　창세신화는 '이 세상을 만든 이야기'라고 간단하게 정의할 수 있다. '우주 창조'는 천체일월의 창조를 말한다. '인간 창조'는 사람이 어떻게 생겨나게 되었는가 하는 것을 말한다. '신 창조'는 신이 이 세상을 지배하거나 이 세상의 구성원으로 동참하게 된 사연을 밝히는 것이다. 이러한 창조는 구체적으로 없음에서 있음으로 이행하는 것도 있고, 있음을 변형시켜서 있음을 새삼스럽게 만드는 것도 있어서 이 두 가지를 모두 지칭한다.

　창조의 내용과 방법에 따라서 창세신화의 하위유형이 나누어진다. 특정한 신이 우주 창조로부터 도맡아서 신 창조와 인간 창조까지 하는 유형이 있고, 우주 창조가 먼저 이루어진 다음에 신 창조와 인간 창조가 이어지는 유형도 있다. 신에 의해서 창조되는 것도 특정한 신이 우월하게 드러나는 것이고, 이와는 다르게 특정신이 주도적인 구실을 하지 않고 자연스럽게 창조가 이어지는 경우도 있다.

　창세신화에서 특별한 종교의 영향에 의한 변형 또한 인정해야 마땅하다. 예컨대 〈성경〉의 창세기와 같은 자료는 본디 신화였으나, 특정한 연유에 의해서 변형되어 오늘날 우리가 아는 형태의 자료로 정착되었다고 할 수 있다. 그와는 다르게 자료가 이질적이고 변형되는 행운을 얻지 못하고 압도적인 타종교의 영향 아래서 핵심적인 신화소만을 간신히 유지하고 있는 경우도 있다.

창세신화의 세계적인 분포에 주목하면서 보편성과 특수성을 동시에 규명할 때 창조신화가 온전히 이해될 수 있을 것이다. 창세신화는 창조신화(Myths of creation), 창세가(손진태, 〈조선신가유편〉), 천지개벽신화, 창세시조신화(인세의 시조가 누구인가?－경쟁화소), 창세신화(중국, 한국, 일본 등지에서 쓰이는 용어) 등 다양하게 사용된다. 특히 한국의 경우는 문헌신화에 없는 창세신화가 함경도, 경기도, 제주도 등의 무가로 구비신화에 존재하고 있어서 참고가 된다. 한국의 창세신화에는 다음과 같은 것이 있다.

* 함경남도의 "창세가"와 "셍굿"

"금수 초목이 말을 하고 말에 뿔이 돋고 하던 옛날, 하늘이 자방(子方)으로 열리고 땅이 축방(丑方)으로 열리고 사람이 인방(寅方)으로 생겨서 개벽하였다. 그 후 석가님이 탄생하여 미륵의 세상을 빼앗으려 하여 갖가지 경쟁을 걸어 속임수로 이기고 이 세상을 차지하는데, 이 세상은 해도 둘, 달도 둘이 뜨고, 악질(惡疾)·역적·무녀(巫女) 등이 끊임없이 나왔다. 석가님은 서천국(西天國)에 가서 간청하니, 부처님이 해 하나, 달 하나씩을 떼어 주었다."

* 경기도의 "시루말"

"떡갈나무에 떡이 나고 싸리나무에 쌀이 나고 비금주수(飛禽走獸)가 말을 하던 옛날, 천하궁당칠성(天下宮堂七星)이 지하궁에 내려와 매화부인(梅花夫人)과 동침하여 선문이, 후문이 형제를 낳았다. 성장하여 형은 대한국(大漢國)을, 아우는 소한국(小漢國)을 차지하게 되었다. 이때 해도 둘, 달도 둘이 떴으므로 철궁(鐵弓)으로 해 하나, 달 하나씩을 쏘아 없앴다."

## * 대홍수 신화

### ① 대홍수와 남매[59]

"옛날 이 세상에는 큰물이 져서 세계는 모두 바다로 화하고 한 사람의 생존한 자도 없게 되었다. 그때에 어떤 남매 두 사람이 겨우 살게 되어 백두산 같이 높은 산의 상상봉에 표착하였다.

물이 다 걷힌 뒤에 남매는 세상에 나와 보았으나 인적이라고는 구경할 수 없었다. 만일 그대로 있다가는 사람의 씨가 끊어질 수밖에 없으나 그렇다고 형매(兄妹) 간에 결혼을 할 수도 없었다. 얼마 동안을 생각하다 못하여 형매가 각각 마주 서 있는 산봉우리 위에 올라가서 계집아이는 암망(구멍 뚫어진 편의 맷돌)을 굴러 내리고, 사나이는 수망(下部石臼)을 굴려 내렸다.(혹은 망대신 청술개비에 불을 질렀다고도 한다.) 그리고 그들은 각각 하느님께 기도를 하였다.

암망과 수망은 이상하게도 산골 밑에서 마치 사람이 일부러 포개 놓은 것 같이 합하였다.(혹은 청송엽(靑松葉)에서 일어나는 연기가 공중에서 이상하게도 합하였다고도 한다.) 형매는 여기서 하느님의 의사를 짐작하고 결혼하기로 서로 결심하였다.

사람의 씨는 이 형매의 결혼으로 인하여 계속하여 되었다. 지금 많은 인류의 조선(祖先)은 실로 옛날의 그 두 남매라고 한다.[60]

---

59) 김태곤 외, 『한국의 신화』, 시인사, 1988, 214쪽.
60) 손진태, 『조선민족설화의 연구』, 을유문화사, 1947.

② 대홍수와 목도령[61]

옛날 어떤 곳에 한그루의 교목(喬木)이 있었다. 그 그늘에는 천상의 선녀 한 사람이 항상 내려 와 있었다. 선녀는 목신의 정기에 감(感)하여 잉태하여 한 미남자를 출산하였다. 그 아이가 7, 8세나 되었을 때, 선녀는 천상으로 돌아가 버리고 갑자기 큰 비가 내리기 시작하여 연일연월(連日連月)의 큰 비는 필경 이 세계를 바다로 화하게 하였다. 그리고, 크나큰 그 교목도 강풍으로 인하여 넘어지게 되었다. 넘어지면서 교목은 목도령(木道令)(목신의 아들이므로 그렇게 명명함이었다.)에게 향하여

"어서 내 등에 타거라."

하였다. 목도령은 그 나무를 타고 정처없이 물결을 따라 표류하게 되었다. 어디로 얼마를 갔던지 수식경(數食頃) 후에 뒤에서

"사람 살려 주오!"

하는 소리가 들렸다. 돌아다보니 그것은 홍수에 떠내려 오는 무수한 개미들이었다. 목도령은 그 불쌍한 모양을 보고 아버지인 고목에게

"어떻게 하랍니까?"

하고 물었다. 고목은 구해주라고 대답하였다.

"이 나무에 올라타라."

는 말과 함께 무수한 개미떼는 고목의 가지며 잎에 올라붙었다.

또 얼마를 가노라니까 역시 전과 같은 처량한 애호성(哀呼聲)이 들리었다. 그것은 일군의 모기들이 살려 달라고 부르짖는 소리였다. 목도령은 다시 고목에게 물었다. 고목은 떠내려 가면서 살려주라고 대답하였다. 모

---

61) 김태곤 외, 위의 책, 215~218쪽.

기떼는 고목의 지엽(枝葉) 사이에 기신(奇身)하게 되었다.

　개미떼와 모기떼를 싣고 방향 없이 가는 고목을 향하여 다시 애호성이 들리었다. 그것은 목도령과 동년배나 되어 보이는 남아이었다. 충류(蟲類)를 살려 준 목도령이 사람을 구해주고자 하였음은 물론이었다. 그러나, 고목은 목도령의 요구를 거절하여

　"그것은 구하지 말아라."

고 하였다. 그 아이는 다시

　"사람 살려 주시오!"

하고 부르짖었다. 목도령의 두 번째 요구도 고목은 듣지 아니하였다. 그리고, 급류를 따라 앞으로 앞으로 내려가기만 하였다. 세 번째 아이의 살려 달라는 소리가 들렸을 때 목도령은 견디지 못하게 되었다. 그래서, 아버지인 고목에게 애원하여 겨우 그 아이를 고목의 배상(背上)에 구하게 되었다. 그 때에 고목은 목도령에게 향하여

　"네가 그렇게까지 말을 하니 할 수는 없다마는 다음에 반드시 후회할 날이 있으리라."

고 하였다.

　고목은 필경 어떤 조그마한 섬에 표착하게 되었다. 그 섬이란 것은 이 세상에서 가장 높은 산의 가장 높은 봉이었다. 대홍수로 인하여 평지는 물론 세상의 산이란 산도 모두 수중에 잠기게 되었고, 오직 그 최고봉만이 겨우 머리를 내 밀고 있었을 따름이었다. 두 아이는 그 섬에 내리게 되었다. 개미떼와 모기떼는 목도령에게 백배치사하면서 각각 저 갈 곳으로 가 버렸다.

　두 아이는 그 섬 중에 단 하나 있는 일간 초옥을 발견하였다. 주위는

어두웠으나 초옥 중의 조그마한 등불을 찾아 그 집에 이르렀다. 그 집에는 한 사람의 노파와 두 처녀가 있었다. 두 처녀는 또한 두 아이와 동년배의 소녀이었다. 한 처녀는 노파의 친딸이었으며, 다른 한 처녀는 그 집의 수양녀이었다.

비가 그치고 홍수가 물러갔으므로 산하에 내려와서 보았으나 세상에는 사람의 형적을 발견할 수 없었다. 인류는 홍수로 인하여 전멸된 까닭이었다. 두 아이는 노파의 집에서 노역(勞役)하게 되었다. 두 쌍의 소년 소녀는 벌써 성년기에 이르렀다. 그래서, 노파는 두 쌍의 부부를 만들어 세상의 인종을 계속하고자 하였다. 그러나, 친딸을 어느 청년과 맞출런지가 난문(難問)이었다. 청년들도 서로 수양녀(혹은 비라고도 함)를 취함을 좋아하지 아니하였다.

하루는 목도령이 없는 틈을 타서 구조된 청년은 노파에게 이렇게 말하였다.

"목도령은 세상에 없는 재주를 가졌습니다. 한 섬(一石)의 좁쌀을 사장(砂場)에 흘려놓고라도 불과 수식경(數食頃)에 그 한 섬의 좁쌀을 모래 한 낱 섞지 않고 도로 원래의 섬에 주어 넣을 수가 있습니다. 그러나, 그 재주는 좀처럼 친한 사람이 아니면 보이지 아니합니다."

노파는 신기한 일이라고 그 재주를 시험하고자 목도령에게 청하였다. 그러나, 목도령은 생각해 보지도 못한 일이므로 그런 재조는 가지지 못하였다고 거절하였다. 노파는 타 청년의 말을 신용하였으므로 목도령이 나를 멸시하는 까닭이라고 대노하게 되었다. 그래서, 만일 그것을 시험하지 않으면 딸을 주지 않겠다고 하였다. 목도령은 할 수 없이 한 섬의 좁쌀을 사장에 흩어 놓고 그것을 들여다만 보고 있었을 따름이었다.

난데없는 한 마리 개미가 와서 목도령의 발뒷축을 깨물었다. 그리고, 돌아다보는 목도령을 향하여 무슨 일로 근심을 하느냐고 물었다. 개미는 그 이유를 듣고

"그까짓 것은 아주 쉬운 일입니다. 우리들을 살려 주신 은혜를 이제야 갚게 되었습니다."

하면서 어디로 급히 가더니 조금 있다가 수없는 개미떼를 거느리고 와서 개미마다 하나씩 좁쌀을 입에 물고 와서 원래의 섬에 넣었다. 순간에 좁쌀은 원래의 한 섬이 되고 거기에는 모래 한 알이라고 섞였을 리는 없었다. 개미들은 다시 인사를 하고 저희 갈 곳으로 가고, 목도령은 좁쌀알을 지키고 있었다.

이윽고 저녁때가 되자 노파는 딸과 다른 청년을 데리고 사장에 나타났다. 두 사람은 감탄하였으나 한 사람의 청년이 실색하였을 것은 물론이다. 노파는 목도령에게 친딸을 주고자 하였으나 다른 청년이 그것을 매우 불복(不服)히 여기었으므로 노파는 일계를 안출하여 어떤 어둔 밤에 두 청년을 밖으로 내어 보내고 두 처녀를 동서 두 방에 넣어두었다. 그리고, 두 청년에게 서로 들어가고 싶은 방에 들어가서 복지복(福之福)대로 배필을 취하라고 하였다.

두 청년은 서로 어느 방으로 갈지를 생각하고 있었다. 때는 마침 여름이었다. 일군의 모기가 목도령의 귀 옆으로 지나가면서

"목도령 동쪽 방으로 엥당당글"

하였다. 그래서, 목도령은 동쪽 방으로 가서 노파의 친녀를 얻게 되었다. 지금 세상 사람들은 모두 이 두 쌍 부부의 자손이라고 한다.[62]

③ 개산과 소탄산[63]

옛날에 비가 그치지 않고 계속 내려서 세상이 온통 물바다가 되고, 하늘까지 물이 맞닿아 하늘과 땅의 구별이 없어져 천지가 다시 개벽하게 되었다.

이렇게 천지가 개벽할 때, 오직 개 한 마리가 앉을 만한 넓이의 땅과 됫박 하나 올려놓을 만한 크기의 땅과 소 한 마리가 올라앉을 만한 넓이의 땅이 각각 물에 잠기지 않고 남아 있었다. 이렇게 물에 잠기지 않은 땅이 오늘날의 '개산', '되비산'. '소탄산'이다. 이들 이름은 개 한 마리가 올라앉을 만큼 물에 잠기지 않았다 하여 '개산', 됫박 하나 올려놓을 만큼 물에 잠기지 않았다 하여 '되비산', 소 한 마리 올라앉을 만큼 물에 잠기지 않았다 하여 '소탄산'이라고 붙인 것이다.

이들 산은 천지개벽 때의 홍수에도 물에 잠기지 않았기 때문에 천하명산이 되었다. 그런데, '소탄산'은 '개산'과 '되비산'보다 낮은 산인데도 소 한 마리가 올라앉을 만큼 넓은 땅이 남아서 '개산'과 '되비산'보다 더 이름 있는 명산이라고 전한다.

'개산'(伽倻山)은 충청남도 서산군 해미면에 있고, '되비산'(島飛山)은 같은 군 부석면에, '소탄산'은 같은 군 서산읍에 있다.

* 제주도의 창세신화

제주도의 창세신화(천지왕본풀이)는 '초감제' 첫 부분에서 부르는 것으

---

62) 손진태, 위의 책, 1947.
63) 김태곤 외, 위의 책, 219쪽. 이 이야기는 편자(김 태곤)가 초등학교 4학년(1947년 경)때 '소탄산' 근처인 충남 서산군 서산읍 장리에 살 때 이 고장에 전해오는 이야기를 동네 어른들로부터 들은 것이다.

로 "베포도업침"의 하나이다. 이것은 심방(제주도에서 무당을 이르는 말)이 천지혼합에서 우주개벽, 일월성신의 발생, 국토형성, 국가인문, 역사적 전개 등을 두루 제시하는데, 이 중에 일월성신의 발생 부분이 '천지왕본풀이'이다. 제주도에서는 자연현상의 발생을 가창(歌唱)하는 것을 '베포친다'고 하고, 인문사상의 발생을 가창하는 것을 '도업친다'고 한다. 그 내용은 천지분리신화(세계적인 분포－오리엔트 고대문명지대에서 발생, 전파－거인·신인이 밀어올리는 형, 여인의 언동 또는 절구로 쳐올리는 형, 불 또는 태양에 의해 분리되는 형 등)와 사양(射陽)신화의 결합으로 이루어져 있다. 제주도의 창세신화는 북방지역 계통이 아니라, 남쪽 즉 남중국, 동지나해 일대에서 유입된 것으로 볼 수 있다. 내용은 다음과 같다.

1) 태초 천지의 혼합에서부터 개벽의 과정을 설명하고 있다.－천지분리 신화(닭의 울음으로 인한 태양의 출현－오리엔트 고대문명에서 발생)
2) 천지가 분리될 때 해도 둘, 달도 둘이 뜨는 천체혼효의 상태를 정리했 다는 것이다. 대별왕이라는 영웅이 해 하나, 달 하나를 활로 쏘아 떨어 뜨림으로써 천체의 질서를 바로잡은 것이다.－사양신화(射陽神話, 세계적인 분포－중국, 일본, 몽고, 대만, 보르네오 두슨족, 타이, 터키, 서부 인디언족 등)
3) 천지분리 이후의 일로서 금수 초목의 언어, 신인의 무분별, 인간의 사회악 등 인문 사상(事象)의 무질서를 정리했다는 이야기이다.

* '시루말'의 내용 단락
  1) 천상의 당칠성이 지하궁에 내려와서 매화뜰 매화부인과 인연을 맺고

사라진다.(천부지모의 결합)

2) 매화부인은 아들 쌍둥이를 낳아서 선문이와 후문이라고 이름을 짓고 양육한다.(쌍둥이 아들 출산-시조의 탄생)

3) 형제는 글방에서 동료들에게 아비없는 자식이라고 욕을 먹는다.(부친 없이 양육됨)

4) 형제는 매화부인에게 부친의 근본을 알아낸다.(부 찾기 탐색)

5) 형제는 하늘에 올라가 당칠성을 만난다.(부를 찾아감)

6) 당칠성은 선문이에게 대한국을 지녀 먹게 하고, 후문이에게 소한국을 지녀 먹게 한다.(부로부터 신직을 받음)

7) 형제는 다시 지상으로 내려와 해와 달을 조정하고 인세를 다스린다. (치세와 신으로 좌정)


* '천지왕본풀이'의 내용 단락

1) 천하궁 천지왕이 지하궁에 내려와서 총맹부인과 인연을 맺고 사라진다.

2) 총맹부인은 쌍둥이 아들을 낳아 이름을 짓고(대별왕과 소별왕) 양육한다.

3) 형제는 서당의 동료로부터 아비없는 자식이라고 욕을 먹는다.

4) 형제는 어머니에게 물어서 아버지 있는 곳을 알아낸다.

5) 형제는 박을 심어 순이 뻗는 곳을 따라가 천지왕이 있는 곳을 찾아간다.

6) 천지왕은 대별왕에게 이승, 소별왕에게 저승을 차지하라고 한다.

7) 형제는 지하궁으로 돌아와 해와 달을 조정하고 인세를 다스린다.

제3장

# 바리공주(바리데기)*

옛날에 삼나라를 다스리는 업비대왕이란 임금이 있었다. 나라를 잘 다스렸는데 정전(正殿)이 비어 있고 국모(國母)가 없었다. 여러 종실과 시신백관(侍臣百官)이 간택(揀擇)할 것을 아뢰었다. 대왕은 간택할 것을 허락하는 전교(傳敎)를 내렸다.

나라에 영을 내려 간택을 하는데 초간택(初揀擇), 이간택(二揀擇), 삼간택(三揀擇)을 하여 길대부인을 국모(國母)로 모시게 되었다. 대왕마마 일일은

"국가의 길흉(吉凶)을 알고 싶은데 어디 용한 복자(卜者)가 있다더냐?"

대왕마마가 시녀상궁에게 물었다.

"천하궁 갈이박사, 제석궁 소수락시, 명두궁의 주역박사 주역천문이 용하다고 하더이다."

---

* 바리공주는 버린 공주라는 뜻으로 '바리데기'라고도 한다. 이 신화는 무조신화(巫祖神話)로 서울·경기 지역에서 망인(亡人)을 저승으로 천도(薦度)시켜주는 오구굿(오귀굿, 진오귀굿)의 '말미'에서 부르는 무가이다. 이 자료는 김 태곤의『한국무가집 1』('진오귀 무가 5 말미(바리공주), 서울 : 집문당, 1979, 60~88쪽)을 참고한 것이다.

"천하궁에 가서 문복(問卜)하여라."

대왕의 전교를 받은 상궁이 명폐(命幣)를 받자와 생진주(生眞珠) 석 되서 홉, 금돈 닷 돈 자금 닷 돈을 갖추어 싸가지고 천하궁 갈이박사, 지하궁 갈리천문제석, 명두궁 소수락시, 명두궁 주역박사를 찾아갔다.

천하궁의 갈이 박사는 산호상 백옥반에 백미를 흩어놓고 점을 치기 시작했다.

"초산(初算)은 흐턴산이요, 이산(二算)은 상하문(上下門)이요, 세 번째는 이로성이외다."

그리고 상궁에게 점괘를 일러 주었다.

"대왕마마 시년이 십칠 세요, 중전마마 시년은 십육 세라. 금년은 반기년이요, 명년은 참기년이니, 금년에 길례(吉禮)를 하면 칠공주를 보실 것이오. 명년에 길례를 하면 세자대군을 보시리라."

상궁은 돌아와 그대로 아뢰었다. 상궁의 말을 들은 대왕은 웃으면서 말했다.

"문복이 용하다고 한들 제 어찌 알소냐. 일각이 여삼추요, 하루가 열흘 같은데 어떻게 기다리겠느냐?"

대왕은 예조에게 택일(擇日)할 것을 명했다. 오월 오일은 선채(先綵)하는 날로, 칠월 칠일은 길례(吉禮)하는 날로 정하고 길례도감(吉禮都監)을 설치했다. 드디어 길례날이 되니 그날은 바로 견우와 직녀가 상봉하는 날이기도 했다. 백관과 궁녀, 별감 등이 시위(侍衛)하고 대왕마마 내외가 상면 전에 시위전좌했다.

세월은 흐르는 물과 같아 길대부인의 몸에 없던 이상이 생겼다. 잔뼈는 녹는 듯, 굵은 뼈는 휘는 듯하고 원앙금침에 굼일기실 토하기도 했다. 수라(水剌)에서 생쌀 내가 나고 장국에서 날장 내가 나고 어수(御水)에 해감 내가 나고 금광초(金光草)에 풋내 나며 동창(東窓)에 찬바람이 시렸다. 대왕마마에게 아뢰니 대왕마마가 묻는다.

"몽사(夢事)가 어떠하더이까?"

"예, 밀안에 달이 돋아 뵈고 오른 손에 청도화(靑挑花) 한 가지를 꺾어 들고 있더이다."

하니, 대왕마마는 상궁에게 '문복 가라'고 명했다.

상궁이 문폐(問幣)를 받자와 금돈 닷 돈, 자금 닷 돈, 생진주 서 되 서 홉을 가지고 천하궁 갈이박사, 지하궁 갈이천문, 제석궁 소스락시, 명두궁 주역박사를 찾아가 물었다. 산호상(珊瑚床) 백옥반(白玉盤)에 어백미(御白米)를 던지며 점을 치더니 상궁에게 점괘를 일러 준다.

"길대 중전마마의 태기가 분명하오나, 여공주를 보시리다."

그대로 상달(上達)하자

"문복이 용하다고 한들 제 어찌 알소냐?"

다섯 달이 되고 일곱 달이 되었다. 밖에는 약방을 대령시키고 보모상궁까지 모두 정하게 하고 승전 전어(承殿傳語)와 사시 문안(四時問安)을 끊지 말게 하였다. 열 달이 되어 낳으니 공주였다. 공주의 탄생을 대왕마마에게 아뢰자

"공주를 낳았으니 세자인들 아니 날소냐. 귀하게 길러라."

공주 애기가 태어난 지 석 달이 되자 다리당씨라는 이름과 청대공주라는 별호를 내려 주었고, 다섯 살이 되자 외궁에 거처하며 시녀상궁의 보살핌을 받도록 하여 주었다. 또 세월이 흘러 다시 길대부인은 잉태하게 되었다.

"품안에 칠성별이 떨어져 보이고 오른 손에 홍도화 한 가지를 들고 있더이다."

몽사를 들은 대왕은 다시 문복을 하게 하였는데, 또 딸일 것이라는 이야기를 들었다. 열 달이 되어 낳으니 과연 또 딸이었다.

"공주를 낳았으니 세잔들 아니 나을소냐."

대왕은 애기씨의 이름을 별이당씨라 짓고 별호를 홍대공주라 내려 주었다. …(중략)… 그리고는 아들이 태어나기를 기다렸는데 계속 딸이 태어나 딸만 육형제를 두게 되었다. 육형제를 낳은 후 길대부인은 다시 잉태하였다.

"이번 몽사는 어떠하더이까?"

"이번 몽사는 연약한 몸이 부지하기 어려울까 하나이다. 대명전 대들보에 청룡 황룡이 엉켜져 보이고 오른 손에 보라매, 왼손에 백마를 받아 보이고 왼 무릎에 흑거북이 앉아 뵈고 양 어깨에는 일월이 돋아 뵈더이다."

길대부인의 말을 들은 대왕은 크게 기뻐했다.

"그대가 이번에는 세자 대군을 낳겠구려."

그리고는 상궁에게 문복갈 것을 명했다. 금돈 닷 돈, 자금 닷 돈, 생진주 석 되 서 홉을 가지고 문복을 다녀온 상궁이 아뢰었다.

"이번에도 일곱째 공주를 본다고 합니다."

"점복이 용하다 한들 점복마다 맞출소냐. 이번 몽사는 세자대군을 얻을 몽사로다."

하며 사대문에 방을 붙여 옥문을 열어 중죄인을 용서하게 하였다. 석 달, 넉 달이 지나 다섯 달이 되자 뒷동산 후원의 오백 가지 나무가 우거져 있는 곳의 안내전으로 해산하러 가게 하였다. 일곱 달이 되자 유기약방을 대령하고 모든 해산 준비를 갖추었다. 드디어 열 달이 되어 해산을 하였는데 또 딸이었다. 길대중전마마는 그만 울음을 터뜨렸다. 대영전에 앉아서 소식을 기다리던 대왕이 그 울음소리를 들었다.

"어찌하여 깊은 궁중에서 울음소리가 나는고."

시녀상궁은 알외옵기도 어렵고 아니 알외기도 어려워 할 수 없이 아뢰었다.

"길대 중전마마가 일곱째 공주를 낳으시고 우시는 소리입니다."

"중전도 담대하다. 어찌 무슨 면목으로 다시 나를 상면하리오."

하며 대왕은 용루(龍淚)를 흘린다. 향로 향합을 치며 대왕은 길게 탄식하며 말하였다.

"종묘 사직은 누구에게 전하며 조정 백관은 뉘게 의지하리, 또 시녀상궁은 뉘게 의탁하리. 내 전생(前生)의 죄가 남아 옥황상제가 일곱 딸을 점지하였구나. 서해 용왕에게 진상이나 보내리다."

옥장이 불러서 옥함을 짜게 하여 함 뚜껑에 '국왕공주'라 새기게 했다. 중전마마가 탄식하며 말했다.

"대왕마마는 모질기도 모지시다. 혈육을 버리려 하옵시니, 신하 중 자식 없는 신하에게 양녀로 주시거나, 버리는 자손 이름이나 지읍시다."

"버려도 버릴 것이요, 던져도 던질 것이니 '바리공주'라 지어라."

양 마마의 생월 생시와 아기의 생월 생시를 옷고름에 맨 후에 옥병에 젖을 넣어 아기 입에 물린 후 금거북 금자물쇠, 흑거북 흑자물쇠 채워 함에 넣었다. 금거북 금자물쇠, 흑거북 흑자물쇠를 채운 후 신하를 계하(階下)로 불렀다. 어사주(御賜酒) 삼배를 먹인 후에 강에 갖다 버릴 것을 명했다.

한 신하가 옥함을 안고 대세지 고개를 넘으니 앞에는 황천강이 흐르고 뒤에는 유사강이 흐른다. 여울에 한 번 던지니 용솟음하여 뭍으로 다시 나오고 두 번째 던져도 뭍으로 다시 나온다. 세 번째 던지니 물속으로 들어가는데 하늘이 아는 자손이라 깊이 가라앉지 않고 금거북이 나타나 지고 간다.

이때, 석가세존이 삼천 제자를 거느리고 사해도 구경하고 인간도 제도하시려 세상으로 나오다가 타향산 서촌을 굽어보니 밤이면 서기가 하늘에 가득하고 낮에는 안개가 자욱한 것이 참으로 이상했다. 아란존자가

"섭존자 목련존자 들어라. 저곳에 하늘이 아는 천인(天人)이 있을 것이니, 네 가서 살펴보아라."

다녀온 목련존자가 석가세존에게 아뢰었다.

"소승의 눈에는 보이지 않습니다."

석가세존은

"네 공부가 아직 멀었다."

하시며 돌배를 바삐 저어 가까이 가보니 국왕의 일곱째 공주였다.

"남자 같으면 제자나 삼으련만 여자니 부질없구나."

하시고 타향서촌을 향하여 속빈 고향나무 뒤로 보내고 세월이 흘렀다.

비리공덕 할아비와 비리공덕 할미가 바랑을 둘러메고 노감투 숙여 쓰고 황천경을 손에 들고 자지곡을 노래삼아 외우면서 가거늘 석가세존이 묻는다.

"어떤 할아비, 할미가 시름없이 다니는고?"

"저희는 비리공덕 할아비, 비리공덕 할미 옵고, 절을 지어 승인(僧人) 공덕할지라도 옷 벗어 주는 대시주와 부엌 공덕이 가장 크고, 젖 없는 자손 젖 먹여 주는 공덕이 제일입니다."

"여기에 하늘이 아는 자손이 있으니 데려다가 길러라."

석가세존의 말을 듣고 할미가 말했다.

"봄과 가을에는 들에서 머무르고 겨울에는 굴속에 머무는데 어찌 중한 자손을 데려다 기르겠습니까?"

"이 아기를 데려다 기르면 집도 생기고 옷과 밥이 절로 생길 것이니 데려다 기르라."

말을 마친 석가세존은 문득 간데없거늘, 그제서야 할아비와 할미는 부처님인 줄 알았다. 함을 굽어보니 국왕 칠공주라 쓰여 있다. 함 앞에서 효성경과 애정경과 금강경, 법화경, 천지팔양경을 차례로 외우니 함 뚜껑이 열린다. 함 속에 든 아이를 보니 입에는 왕거미가 가득하고 귀에는 불개미가 가득하고 허리에는 구렁이가 감겨 있었다. 아이를 데려다가 물로 깨끗하게 씻었다. 가사장삼을 벗어 씻은 아이를 안고 돌아서니 난데없는 초가삼간이 절묘하게 지어져 있다. 비리공덕 할아비, 비리공덕 할미는 거기서 아이를 키우기로 하였다.

아기는 점점 자라나 어느덧 일곱 살이 되니 배우지 않은 학문에도 능통하여 상통천문 하달지리(上通天文 下達地理) 육도삼략(六韜三略)을 능통하여 모를 것이 없었다. 하루는 아기가 묻는다.

"할미 할아비야, 내 아바마마 어마마마는 어디 계시냐?"

"아바마마는 하늘이고 어마마마는 땅이로소이다."

"할아비, 할미, 거짓말 마소. 천지가 인간을 골육(骨肉)으로 두던가?"

할미는 뜰로 내려가 옷깃을 여민 후 눈물을 흘리며 아뢴다.

"무주고아(無主孤兒)인 아기씨에게 의탁하려 하였더니 부모를 찾습니까? 전라도 왕대(王竹)가 아바마마이시고, 뒷동산 옆 넓은 머구나무가 어마마마이십니다."

"할미 거짓말 마소. 금수와 초목도 인간 골육을 두던가. 전라도 왕대는 아바마마 승하하시면 아랫동 윗동 잘라낸 후 두건 숙여 쓰고 짚는데 쓰는 것이고, 뒷동산 머구나무는 어마마마 승하하시면 아랫동 윗동 잘라내고 두건 숙여 쓰고 짚으라는 것이니 그게 어찌 부모 되겠나?"

이럭저럭하여 세월은 자꾸 가고 아기씨는 십오 세의 나이가 되었다. 한편, 대왕마마 내외가 한날한시에 똑같이 병이 들어 시녀상궁들은 걱정이 많았다. 하루는 대왕마마가 상궁을 부르더니

"옛날에 문복이 용하더구나. 가서 점 한 번 쳐 보아라." 하고 문복할 것을 명했다.

상궁은 생금 석 되, 생진주 서 되 서 홉을 싸가지고 천하궁의 갈이 박사, 지하궁 가리천문, 제석궁 소스락시, 명두궁 주역박사를 찾아갔다. 산호상 백옥반에 어백미를 던지며 점을 치더니 일러준다.

"동에는 해가 떨어지고 서에는 달이 떨어지니 양전(兩殿)마마가 한날에 승하하시리다. 바리공주의 사처(捨處)를 찾으소서."

상궁으로부터 점괘를 들은 대왕마마는 길게 탄식하였다.

"종묘사직을 뉘게다 전하고 조정백관은 뉘게다 의지하고 만민백성은 뉘게 의탁하고 시녀상궁은 뉘게 의지할소냐?"

눈물을 흘리다가 언뜻 잠이 들었는데 뜰 가운데 난데없는 청의동자가 나타나 절을 한다.

"어떠한 동자인데 깊은 궁중에 들어왔느뇨?"

동자가 올라와서 아뢴다.

"양전 마마가 한날한시에 승하하시게 될 것입니다. 지금 사자들이 오고 있습니다."

"조정 백관에게 원망이 있더냐, 시녀상궁에게 원책(怨責)이 있더냐, 만인에게 원악이 있다더냐?"

대왕이 묻자 동자가 대답한다.

"원책도 아니오, 원망도 아닙니다. 옥황상제가 점지한 칠공주를 버린 죄로 그러합니다."

"그러면, 어찌 하면 다시 회춘(回春)하리오?"

"다시 회춘하려면 동해용왕과 서해용왕이 있는 용궁에서 약을 얻어 잡수시거나, 삼신산 불사약과 봉래방장 무장승의 양현수(藥水)를 얻어 잡수시면 회춘하리다. 바리공주 사처를 찾으소서."

하고 동자는 문득 간데없이 사라졌다. 깨어보니 남가일몽 꿈이었다. 대왕마마는 신하들을 불러 물어보았다.

"약수를 얻어다가 나를 회춘시킬 신하가 있는가?"

"동해용왕도 용궁이고 서해용왕은 천궁이고 봉래방장 무장승의 양현수는 수용궁이라, 살아 육신은 못 가고 죽어 혼백만 갈 수 있는 곳입니다. 거행할 신하가 없습니다."

신하들이 아뢰는 말을 들은 대왕은 눈물을 흘리면서 용상을 치며 탄식하였다.

"바리공주 찾는 자는 천금상에 만호후(萬戶侯)를 봉하리라."

신하들에게 바리공주 찾을 것을 명령했다. 한 신하가 나와 대왕마마에게 아뢴다.

"소신은 대대로 국록을 먹어 국은이 망극합니다. 간밤에 천기를 잠깐 보니 서쪽에 밤이면 서기가 하늘에 가득하고 낮에는 운무가 자욱하니 그곳에 공주가 계신 것 같습니다. 소신이 찾으러 가겠습니다."

그러자, 중전마마가

"간 곳도 없이 한번 버린 자손을 어디 가서 찾으리요."
하면서 탄식한다.

"그리하여도 가려하나이다."

신하는 거듭 청했다.

"그러면 가라."

대왕마마는 어주 삼배를 내린 후에 하직하고 길을 떠내 보냈다.

대궐 문을 나서니 어딘지 갈 바를 몰라 신하가 망설이고 있는데 까막까치가 나타나 고갯짓을 하며 길을 인도하고 풀과 나무들도 한곳으로 쏠리며 방향을 알려 인도해 태양서촌으로 찾아 들어갔다. 마을에 들어가니 월직사자와 일직사자가 나타나 묻는다.

"인내가 나는구나. 그대는 사람인가 귀신인가. 길짐승 날새도 못 들어오는 곳에 어떻게 왔는가?"

"나는 양전 마마의 명을 받들고 바리공주를 찾기 위해 생사를 결단하고 왔나이다. 길을 인도하소서."

사자들은 신하를 대문으로 안내했다. 쇠문을 두드리며 소리쳐 부르니 비리공덕할아비와 할미가 나온다.

"귀신이냐 사람이냐? 날새 길짐승도 못 들어오는데 천궁(天宮)을 범하는가?"

"저는 국왕마마의 분부로 바리공주를 찾아 왔나이다."

바리공주가 나와서 신하에게 묻는다.

"표적을 가져 왔는가?"

"아기의 칠일 안저고리를 가져왔습니다. 저고리를 받아보고 '죄가 많아

국왕 자손을 이 산중에 버렸구나' 하시면서 용루를 흘리시며 표적을 주더이다."

바리공주가 표적을 받아보니 양전 마마의 생월생시며 애기의 생월생시가 꼭 같았다.

"그래도 못 가겠구나. 다른 표를 가져오너라."

금쟁반에 정안수를 담고 대왕마마 무명지를 베어 피를 흘리게 하고 아기 무명지를 베어 섞으니 한 데로 합친다. 그제서야 바리공주는 '틀림없는 혈육이니 가겠노라'고 하며 따라나선다.

"그리하면 금연(金輦)을 드리리까, 옥교(玉橋)를 드리리까, 위문 패문을 드리리까?"

공주는 사양했다.

"그리하오면 거동 시위를 하오릿까?"

"거동 시위를 내 어찌 알겠느냐. 그대로 가리라."

바리공주는 자기가 살던 곳을 정리한 후 대궐을 향해 떠났다. 일행은 몇 날을 걷고 또 걸어서야 겨우 대궐에 당도했다.

"궐문 밖에 도달하였나이다."

신하가 먼저 들어가 대왕마마에게 아뢰었다.

"그러냐. 궐문에 들게 하라."

바리공주가 대명전에 읍하고 통곡하니 대왕마마는 용루를 흘리시며

"저 자손아, 울음을 그쳐라. 네가 미워 버렸으랴. 역정 끝에 버렸도다. 봄 삼월은 어찌 살고 겨울 삼삭은 또 어찌 살았으며, 배고파서 어찌 살았느냐?"

바리공주는 울음을 그치며 말했다.

"추위도 어렵고 더위도 어렵고 배고픔도 어렵더이다."

"그래. 어허, 저 자손아 부모 목숨 구하러 가겠느냐?"

"아흔 아홉 깁 장 속에 청사 돋움 흑사 이불에 진주 안석으로 귀하게 기른 여섯 형님네는 어찌 못 가리라 하더니이까?"

여섯 형님네가 옆에 있다가

"뒷동산 후원에 꽃구경 가서도 동서남북을 분간치 못하고 대명전도 찾지 못하는데 서천서역을 어찌 갈 수 있겠습니까?"

하고 우는 소리 오뉴월의 악마구리 우는 소리 같으니, 바리공주가 드디어 가겠다고 나섰다.

"소녀는 십 삭 동안 부모님 복중(腹中)에 있었으니 그 은혜가 커서 가도록 하겠나이다."

대왕마마는 바리공주에게 비단 창옥, 비단 고의, 고운 패랭이, 무쇠 질방, 무쇠 주령, 무쇠 신을 내려 주었다. 바리공주는 그것을 받아 몸에 걸친 후 대궐문을 나섰다. 여화위남(女化爲男)하고 나서니 동서를 분간치 못하고 갈 곳도 아득했다. 망설이고 서 있는데 까막까치가 날아와서 길을 인도해 준다. 바리공주가 무쇠 지팡이를 한 번 짚으니 천 리를 가고, 두 번 짚으니 이천 리를, 세 번 짚으니 삼사천 리를 간다. 때는 춘삼월 망간으로 백화는 만발하고 시내는 잔잔했다. 푸른 버들 속에 황금 같은 꾀꼬리는 벗을 부르느라 지저귀고 앵무 공작은 서로 희롱한다.

금바위 밑을 보니 반송(盤松)이 구부러졌는데 석가여래와 지장보살이 바둑 장기를 두고 있다. 바리공주는 나가 재배하였다. 그러자, 석가세존님은 눈을 감으시고 지장보살이 말씀하신다.

"귀신인가 사람인가? 날짐승 길짐승도 못 들어오는데 천궁을 범하였구나."

"소신은 조선국왕의 일곱째 대군인데 부모님 목숨 구할 약수 가지러 왔다가 길을 찾지 못하고 있습니다. 부처님께서는 소신의 길을 인도하소서."

그제서야 석가세존님은 눈을 뜬다.

"나는 국왕의 칠공주란 말은 들었지만 입곱째 대군이란 말은 듣던 중 처음이로다. 네가 하늘은 속여도 나는 못 속이리라. 너를 태양서촌에 버렸을 때 잔명을 구한 게 나인데 나를 속일소냐? 부처님 속인 죄는 팔만사천지옥을 가는 죄이다. 그래도 네가 용하구나. 육로 삼천 리를 왔으니, 험한 길 삼천리가 남았는데 어찌 가려느냐?"

"가다가 개죽음을 당할지라도 가려 하나이다."

석가세존님은 감동한 듯 머리를 연신 끄덕인다.

"정성이 지극하면 지성이 감천이다. 네 말이 기특하니 내가 길을 인도하리라. 낭화(浪花 : 열매를 맺지 않는 꽃)을 가져왔느냐?"

"총망중이라 가져오지 못했나이다."

석가세존님은 낭화 세 가지와 금주령을 주시며 일러준다.

"이 주령을 끌고 가면 험로는 육지되고 육지는 평지되며 대해(大海)는 뭍이 되느니라."

바리공주는 두 손으로 받고 하직 인사를 올린 후 길을 떠났다.

한 곳에 당도하니 칼산지옥, 불산지옥, 독사지옥, 한빙지옥, 구렁지옥, 배암지옥, 물지옥, 혼암지옥 무간 팔만사천지옥이 펼쳐져 있었다. 철성(鐵城)이 하늘에 닿았는데 구름도 쉬어 넘고 바람도 쉬어 넘는 곳이었다. 귀를 기울이니 죄인 다스리는 소리가 나는데 육칠월 악마구리 우는 소리 같았다. 낭화를 흔드니 철성이 무너지고 평지가 되면서 죄인들이 쏟아져 나왔다. 눈 없는 죄인, 팔 없는 죄인, 다리 없는 죄인, 목 없는 죄인, 귀졸(鬼卒)들이 나와 바리공주에게 매달리며 구제해 달라고 애원한다. 바리공주는 그들을 위해 염불을 외워 극락 가기를 빌어 주었다. 바리공주가 그곳을 지나니 약수 삼천리가 펼쳐 있다. 이곳은 날짐승의 깃도 가라앉는 곳으로 배도 없는 곳이다. 망설이던 바리공주는 부처님의 말씀을 생각하고 금주령을 하늘로 던지니, 한 줄 무지개가 서서 건너갈 수가 있었다. 건너가니 키는 하늘에 닿고, 눈은 등잔 같고, 얼굴은 쟁반 같고, 발은 석자 세치 되는 무장승이 앉아 있었다.

"사람인가 귀신인가? 열두 지옥을 어찌 넘어오며 철성이 하늘에 닿았는데 바람도 쉬어 넘고 구름도 쉬어 넘고 산진이 수진이 해동청 보라매라도 다 쉬어 넘는 곳인데 어떻게 넘어 왔는가? 또 모든 것이 가라앉는 약수 삼천리는 어찌 넘어왔는가?"

"나는 국왕의 일곱째 대군인데, 무장승의 양여수(약수)를 얻어다가 부모 효행하자 하옵고 왔나이다."

"그대 길 값을 가져 왔는가?"

"총망중에 못 가져 왔나이다."

"길 값으로 나무 삼년 하여 주오."

"그는 그리 하오이다."

"삼(蔘)값으론 불 삼 년 때 주오."

"그도 그리 하오리다."

"물 값에 물 삼 년 길러 주오."

"그리 하오이다."

세월은 흘러 어느덧 석삼 년 아홉 해가 되니 하루는 무장승이,

"그대의 상이 남루하여 보이나 앞으로는 국왕의 기상이요, 뒤로는 여인의 몸이니 나와 천생 배필이라. 혼인하여 아들 일곱을 낳아 주오."

바리공주와 무장승은 천지로 장막을 삼고, 일월로 등촉을 삼고, 산수로 병풍을 삼고, 금잔디로 요를 삼고, 샛별로 요강 삼고, 썩은 나무 등걸로 원앙금침 잣베개 삼아두고 살림을 시작했다. 세월은 또 흘러서 바리공주는 마침내 아들 일곱을 낳아 주었다.

"부부의 정도 중하지만 부모님께 효행이 늦어지니 바삐 가야겠나이다."

"앞바다의 물 구경을 하고 가소."

"물 구경도 경이 없소이다."

"뒷동산 꽃 구경 하고 가소."

"꽃구경도 경이 없소이다. 초경에 꿈을 꾸니 금관자가 부러져 뵈고 이경에 꿈을 꾸니 신관자가 부러져 뵈더이다. 양전마마가 승하할 꿈이니 바삐 가려 하나이다."

"그러하면 그대가 길은 물은 양연수요, 베던 풀은 개안초(開眼草)니 가져가오. 뒷동산 후원의 꽃은 숨살이, 뼈살이, 살살이 삼색도화 별이오니 눈에 넣고 가져가오. 개안초는 몸에 품고 양연수는 입에 넣으시오."

바리공주가 물을 넣어 짊어지고 하직 인사를 한 후 길을 떠나려 하자,

"그 전에는 혼자 살았으나 인제는 혼자 살 수 없소. 나도 공주 뒤를 좇아 가리다."

갈 때에는 한 몸이더니 돌아올 때에는 아홉 몸이었다. 잘치산 불치 고개 대세지 고개를 넘어오니 앞으로는 황천강이오 뒤로는 유사강이 너여울 피바다에 배들이 떠다닌다.

"염불을 외우고 아미타불 소리 요란하고 연꽃이 사방에 바쳐져 있고 거북이 받들고 청룡 황룡이 끄는 배는 어떤 밴고?"

바리공주가 그 중의 한 사람에게 물었다.

"그 배에 오는 망자는 세상에 있을 적에 다리 놓아 만인 공덕, 원(院)을 지어 행인 공덕, 절을 지어 중생 공덕, 옷을 벗어 시주하고 배고픈 사람에게 밥을 주고 염불 열심히 하고 만인에게 시주하여 극락세계 연화대로 소원 성취하러 가는 배입니다."

그 뒤에 배 한 척이 또 따르고 있어 바리공주가 물어보았다.

"풍류로 잔치하고 화기가 만발하여 웃음으로 열락(悅樂)하고 고운 향기가 가득하여 맑은 기운을 띠고 오는 배는 어떤 밴고?"

"그 배에 오는 망자는 세상에 있을 적에 나라에 충신이요 부모에 효성하고 동기간에 우애있고 일가에 화목하고 동네 사람에게 유순하고 가난한 사람 구제하여 선심(善心)으로 평생을 살다가 죽은 후에, 초단에 사제 삼성 진오기굿 받고 이단에 새남굿 받고 삼단에 법식 받고 시왕제 사십구제 백일제 받아 극락세계에 왕생극락하러 가는 배로소이다."

"또 그 뒤에 오는 배는 활 든 사람, 창 든 사람이 둘러있고 머리 풀어 산발하고 의복도 벗기고 결박하여 울음소리 가득하고 모진 악기가 충만하니 그것은 또 어떤 배인고?"

"그 배에 오는 망자는 세상에 있을 때에 나라에 역적이요, 부모에게 불효하고, 동기간에 우애 없고 일가에 살(煞)이 세고 동네 사람에게 불순하고 시주도 못 하고 남의 음해 잘 하고 남의 말 엿듣고 억매흥정하고 이간질하여 싸움 붙이기와 사람 죽이기 심하고 탐이 많아 작은 되로 주고 큰 말로 받고 짐승을 많이 죽이고 불법을 비방하였기에 한탕지옥 칼산지옥으로 가는 배로소이다."

"저기 돌 위에 얹혀서 불도 끄고 달도 없고 임자도 없이 얹혀 있는 배는 어떤 밴고?"

"그 배에 있는 망자는 무자귀신(無子鬼神)과 해산길에 죽은 망자와 시왕제(十王祭) 사십구제와 사자 삼성과 지노귀 새남도 못 받고 길을 잃고 세계를 몰라 임자없이 얹혀 있는 배로소이다."

바리공주는 크게 슬퍼하며 망자 정성 받으신 자취에 천도하여 염불하여 극락왕생하도록 해 주었다.

"아미타불 지장보살님. 염불 받아 극락세계 시왕세계에 왕생천도 하셔이다."

바리공주가 유사강을 지나 세상으로 나오니 소여·대여(小輿 大輿)가 나온다. 산에서 나무를 베는 초동들에게 어떤 연고의 소여·대여냐고 물었다.

"대가를 받아야 말하겠소."

바리공주가 아기 업었던 수건 일곱 자 일곱 치 고를 풀어서 주니 초동들은 그제서야 입을 열어 말한다.

"양전마마 한날한시에 승하하셔서 북망산천으로 가시는 상여로소이다."

명정을 보니 임금 왕(王)자가 뚜렷했다. 바리공주는 머리 풀어 산발하고 무장승과 일곱 아들을 감춘 후 상여 앞으로 나가 상여꾼과 대여꾼을 물리게 하고 관을 뜯어서 양전 마마를 묶은 안매 일곱매, 밖매 일곱매, 소대렴을 풀고 좌수와 우수를 편안하게 한 후에, 바리공주는 조정 백관과 시녀상궁들이 지켜보는 가운데 양전 마마의 입에 서천서역에서 가져온 약수를 넣고 또 개안수를 양전마마의 품에 넣고 또 뼈 살이 꽃, 살 살이 꽃, 피 살이 꽃을 눈에 넣으니, 양전 마마가 일시에 일어나 앉으면서

"이게 잠결이냐 꿈결이냐? 시녀상궁들이 무슨 일로 다 모였느냐?" 앞바다 구경하러 왔느냐? 뒷동산 꽃구경 갔다 왔느냐?"

조정 백관들이 아뢰었다.

"버렸던 자손이 약수를 얻어 와서 양전마마 회춘하셨나이다. 바삐 환궁하사이다."

나오실 적에는 곡성을 하며 인산(因山)이었는데 돌아가실 제는 거동 시위가 분명했다. 상궁 시녀가 뒤따르고 별감이 시위하여 환궁하는데 녹의홍상이 꽃밭을 이루었다. 환궁하여 정좌한 후에 대왕마마는 바리공주에게 물었다.

"이 나라 반을 베어 너를 주랴?"

"나라도 싫소이다."

"그러면 사대문에 들어오는 재산 반을 나누어 너를 주랴?"

"그도 다 싫소이다. 그간 저는 죄를 지어 왔나이다."

"무슨 죄를 지어 왔는가?"

"부모 위해 효행 갔다가 무장승을 만나 일곱 아들을 낳아 왔나이다."

"그 죄가 네 죄가 아니라 우리 죄이다."

대왕마마는 무장승에게 입시할 것을 명했다. 잠시 후 신하들이 돌아와 아뢴다.

"광화문(光化門)에 사모뿔이 걸려 못 들어오나이다."

"옥도끼로 찍고 들어오게 하라."

무장승이 입시하니 대왕마마는 깜짝 놀라

"몸 생김이 저만 하고 일곱 아들 있다 하니 먹고 살게 하여 주마."

"비리공덕 할아비와 할미 강림도령도 다 먹고 입게 제도하여 주옵소서."

무장승은 산신제 평토제를 받아먹고 살게 점지하고 비리공덕 할아비는 망자(亡者) 나올 적에 노제(路祭)를 받아먹고 살게 점지하였으며, 비리공덕 할미는 진오기 새남굿을 할 때 영혼이 저승으로 들어가기 위해 거쳐가는 가시문과 쇠문·시왕문에 지켜 섰다가 별비(別備)를 받아먹고 살게 점지하고, 바리공주의 일곱 아이들은 저승의 십대왕이 되어 먹고 살게 점지하였다. 바리공주는 인도국왕(印度國王) 보살이 되어 절에 가면 수륙제 만반 공양을 받고, 들로 내려오면 큰머리 단장에 은아몽두리 입고 넓은 홍띠 입단 치마 수저고리 찬란히 입은 후에 은월도 삼지창과 화화복 쇠줄 쇠방울 쉰살 부채를 손에 든 무당이 되어 죽은 영혼을 저승으로 인도하도록 마련하였다.

### 『바리공주』의 이해

* '진오귀'는 경기지역에서 망인의 저승길을 닦아주는 굿 이름인데, '진오기'라 하기도 한다. '진'은 궂은 것을 뜻하고, '오기'는 '옥'의 연철로 2음절이 된 것으로 추정된다. '옥(獄, 地獄)'의 뜻이 있는 것으로 보아서 '진옥ㅣ'는 궂은 옥을 뜻하는 말이 아닌가 생각된다.
* '바리공주'는 저승신의 유래를 이야기한 무속신화로, '죽은 양친을 바리공주가 약수를 길어다 소생시키는 이야기'이다. 전국에서 전승되며 채록된 각편도 수십 편에 이른다.
* 한국문학에서 신화가 차지하고 있는 비중은 지대하며, 특히 살아있는 신화로서 현장에서 꾸준히 전승되고 있는 서사무가는 우리 문학 연구의 중요한 기반의 하나이다. 제주도를 제외한 전국이 전승지역인 '바리공주'는 한국 서사무가의 대표적인 작품으로 버림받은 딸이 마침내 부모님께

진정한 효도를 한다는 내용이다. 무가는 지금도 굿판에서 왕성하게 불리고 있기 때문에, 건국신화가 화석화된 신화라면 무가는 무속신화로서 살아있는 신화라고 할 수 있다. 무가 속에는 우주의 기원, 인간의 탄생, 하늘과 땅의 출현, 농경의 시작 등 인류문화의 내용이 모두 포함되어 있어 실로 한국 서사문학의 기반이라 불릴 만하다.[1]

다음에 '바리공주' 보고 자료 50여 편을 분석한 연구(홍태한,『서사무가 바리공주 연구』, 민속원, 1998)를 바탕으로 대강을 소개하면 다음과 같다.

## 1. '바리공주'의 전체 서사단락

1) 바리공주의 부모가 하늘에서 땅으로 귀양을 온다.(적강 모티프─북한 지방에서만 발견)

2) 바리공주 부모가 혼인을 하기 위해 점복자에게 점을 치나 점의 결과를 무시한다.(문복 결과를 무시하고 혼인하기 때문에 혼인 후 연이어 딸

---

1) 동해안 별신굿 무가를 조사하여 5권으로 간행한 박경신,『동해안별신굿무가 전 5권』(국학자료원, 1993), 한국구비문학대계(한국정신문화연구원) 참고 연구자에 따라 편수가 조금씩 달라지기는 하지만 모두 376편의 무가가 채록된 것으로 알려져 있다.(조동일, 전국 구비문학 조사 연구의 경위와 성과, 구비문학 9, 한국정신문화연구원, 1990, pp.5-11) 이밖에도 다음과 같은 '바리공주' 자료집과 연구들이 있다. 김진영・홍태한 공편, 바리공주전집 전2권, 민속원, 1997. 김태곤, 황천무가연구, 창우사, 1966. (심청전과 바리공주 비교) 조동일, 영웅의 일생 그 문학사적 전개, 동아문화 10, 서울대동아문화연구소, 1971. 서대석, 바리공주 연구, 한국 무가의 연구, 문학사상사, 1980. 최길성, 바리공주 신화의 구조 분석, 한국 무속 연구, 아세아문화사, 1978. 이현숙, 바리공주무가 연구, 한국교원대학교 석사학위논문, 1994. 김열규, 바리데기, 한국신화와 무속연구, 일조각, 1982. 조희웅, 이야기문학 모꼬지, 박이정, 1995. 서대석・박경신, 서사무가 I, 고려대민족문화연구소, 1996. 현용준・현승환, 제주도무가, 고려대민족문화연구소, 1996.

을 낳을 것과 바리공주가 탄생할 것임을 암시하는 단락－서울·경기·충청도 지역에만 나타남)

3) 바리공주 부모가 혼인을 한다.(동해안과 경상도 지역에는 없음)

4) 바리공주의 부모가 연이어 딸을 낳는다.(모든 이본에 나옴)

6) 아들을 얻기 위해 공을 드린다.(명산대천에 백일 정성－이본에 따른 차이)

7) 바리공주를 낳기 전 태몽을 얻는다.(정성에 대한 감응의 결과)

8) 일곱번째도 공주를 낳는다.(모든 이본에 나옴)

9) 바리공주가 버림을 받는다.(모든 이본에 나옴－버림받는 내용은 다양한 변이를 보임－함, 동물의 보호)

10) 바리공주 부모가 버린 자식을 다시 데려 온다.(구박함－일부 이본에 등장)

11) 구조자가 버려진 곳에서 바리공주를 구해낸다.(석가여래－산신, 도사, 스님 등)

12) 양육자가 바리공주를 키워준다.(구조자－석가여래, 양육자－비리공덕 할미·할아비의 일치와 불일치 여부)

13) 바리공주가 성장한다.(글공부, 부모 찾기 등)

14) 바리공주의 부모가 병에 걸린다.(모든 이본에 나옴－부모 모두, 아버지 등)

15) 병에 필요한 약이 약수물임을 알게 된다.(약수가 있는 장소의 차이－서천서역국, 시황산, 시영산, 대왕산 바위끝, 세천세국 등)

17) 바리공주가 부모를 만난다.(점괘나 꿈의 지시, 옥황상제, 산신, 어머니의 부탁 등)

18) 바리공주가 처음에는 약수물 가지러 가기를 거절한다.(일부 이본)

19) 바리공주는 자신을 찾아온 사람들과 부모임을 확인하는 시험을 한다. (서울·경기·충정 지역의 이본)

20) 여섯 딸들에게 약물 떠오기를 부탁하자 모두 핑계를 대고 거절한다. (거의 모든 이본)

21) 바리공주가 약수물 가지러 길을 떠난다.(모든 이본에 나옴-남장과 그렇지 않은 이본)

22) 바리공주는 도중에 원조자를 만나 도움을 받는다.(물건을 주는 경우와 도움을 주는 원조자)

23) 바리공주는 도중에 주어진 여러 과업을 해결한다.(자신들의 죄상, 빨래, 밭갈이, 귀신 물리치기, 용왕의 일 돕기 등)

24) 바리공주는 도중에 지옥에 갇힌다.(지옥을 속인 죄, 지옥의 죄인을 구제한 죄가 등)

25) 바리공주는 도중에 죄인들을 지옥에서 구제한다.

26) 바리공주는 약수 지키는 이를 만난다.(무장승, 무장선관, 산신, 동수자 -동해안 등)

27) 바리공주는 여자임을 감추려 하나 결국 여자임이 탄로난다.(잠자기, 오줌누기, 목욕 등)

28) 바리공주는 약수를 얻기 위해 대가를 행한다.(일정 기간 일해 주기, 아들 낳아 주기 등)

29) 바리공주가 부모의 위독함을 알게 된다.(일부 지역)

30) 바리공주가 약수탕을 다녀온다.

31) 바리공주가 약수를 얻고 돌아오는 도중에 도움을 받는다.(언니들의

방해 등)

32) 바리공주가 꽃구경을 하다가 사람 살리는 꽃을 얻는다.(많은 이본에
   나옴)

33) 바리공주는 돌아오는 도중에 저승 가는 배들의 행렬을 구경한다.(주로
   서울·경기 지역)

34) 바리공주는 시간이 늦어서 벌써 상여가 나온다는 말을 듣는다.(목동
   아이, 농부, 나무꾼이나 창년, 특정한 인물 등)

35) 바리공주는 언니들의 방해를 받으나 물리친다.

36) 바리공주가 부모를 살려낸다.(모든 이본에 나옴)

37) 바리공주의 남편이 대궐을 헐고 입시한다.(사위의 키가 너무 큼)

38) 키를 재어보고 바리공주와 남편이 천생연분임을 안다.

39) 바리공주가 부모 살린 공을 받는다.(무조신[巫祖神]으로 좌정, 기타 다
   양한 결말─죽음, 혼인, 효부 열녀, 승천 등)

40) 바리공주 외 다른 사람들도 공덕을 인정받는다.(남편, 아들들, 양육자
   ─비리공덕 할미와 할아비, 목동 등)


## 2. '바리공주'의 공통 서사단락

1) 바리공주 부모가 혼인을 한다.

2) 바리공주 부모가 연이어 딸을 낳는다.

3) 일곱 번째도 공주를 낳는다.

4) 바리공주가 버림을 받는다.

5) 바리공주 부모가 병에 걸린다.

6) 병에 필요한 약이 약수임을 알게 된다.

7) 바리공주가 부모를 만난다.

8) 여섯 딸에게 부탁하나 모두 핑계를 대고 거절한다.

9) 바리공주가 약수물을 가지러 길을 떠난다.

10) 바리공주는 약수 지키는 이를 만난다.

11) 바리공주는 약수를 얻기 위해 일정한 대가를 행한다.

12) 바리공주가 부모를 살려낸다.

13) 바리공주가 부모 살린 공을 인정받는다.


* 전반부는 바리공주의 탄생(태몽설화)과 기아(기아설화), 후반부는 약수
  를 구해와 부모를 살리는 효행담(효행설화의 영향)으로 되어 있다.


## 3. '바리공주'의 서사구조 – '문제의 발생'과 '문제 해결의 시도'라는 반복구조

〈전반부〉

1) 연이어서 딸을 여섯 명을 낳는다 – 문제 발생

2) 아들을 얻으려고 기자 치성을 드린다 – 문제 해결 시도

3) 일곱번째도 딸을 낳는다 – 새로운 문제 발생

4) 일곱번째 태어난 딸을 버린다 – 문제 해결의 시도

5) 바리공주의 부모가 병에 걸린다 – 새로운 문제 발생

6) 바리공주를 데려와 약수를 구하기로 한다 – 문제 해결의 시도

7) 바리공주의 부모가 다시 만나고 약수를 구해오겠다는 다짐을 한다. –
   문제의 1차 해결


〈후반부〉

8) 바리공주는 약수를 얻는 과정에서 어려움에 봉착한다－새로운 문제의
　　발생

9) 바리공주가 여러 가지 문제를 극복하고 약수를 구한다－문제 해결의
　　시도

10) 바리공주가 돌아오니 이미 죽은 부모의 상여가 나온다－새로운 문제
　　발생

11) 바리공주가 약수로 죽은 부모를 구한다－문제의 완전한 해결


\* 결국 '바리공주'에서 문제가 계속 발생하는 것은 공간의 확장을 의미한다.

\* '바리공주'에는 남성중심적 사고에서 벗어나려는 욕망과 그 한계, 그리고
　죽음의 굴레에서 벗어나려는 욕망과 그 한계가 표현되어 있다. 이러한
　욕망의 한계는 여성이 가지고 있는 모성적 가치로 표현되어 신모신화(神
　母神話)의 흐름을 가지게 하며, 남성중심의 세계에서 여성이 겪는 고난
　이 표현되어 여성수난담의 전통을 문학사에 나타나게 한다.(원본사고가
　바탕)


## 4. 문학적 변용 양상

\* '바리공주'는 사람의 일생을 다룬 문학으로서 넓은 의미의 전(傳)문학에
　포함시킬 수 있으며, 여성 수난담의 성격을 가지고 있다. 비범하게 태어
　나서 여러 가지 시련을 겪는 과정에서 '바리공주'가 겪는 시련은 남성이
　아닌 여성이기에 겪는 시련이 대부분이다. 이러한 시련을 여성이라는 시
　각을 벗어나서 본 것이 바로 〈영웅의 일생〉으로 '바리공주' 뿐만 아니라
　신화, 고소설, 신소설에 이르기까지 광범위하게 발견되는 구조이다.[2]

* 여성수난담 속에서의 위상−주몽신화의 유화(해모수와 부모 몰래 사통
  [私通]−하백으로부터 태백산 우발수로 내침−주몽에게 보리종자를 보
  냄−신모의 성격), 무왕설화의 선화공주(서동의 노래 때문에 부모에게
  쫓겨남−부부가 됨−금을 진평왕에게 보내어 인심을 얻음−왕위에 오
  름), 온달설화의 평강공주(울보였던 평강공주가 바보 온달에게 시집가
  겠다고 우기는 바람에 쫓겨남−온달을 내조함−고구려의 명장), 민담
  (쫓겨난 여인 발복설화 : 여인이 집(시집)에서 쫓겨남−금을 발견하여
  부자가 됨), 고소설(〈숙향전〉, 〈장화홍련전〉, 〈운영전〉, 〈숙영낭자전〉,
  〈춘향전〉, 〈박씨전〉 등), 신소설(〈추월색〉−주인공 리정임이 겪는 고난
  은 〈바리공주〉와 상통함, 〈치악산〉, 〈봉선화〉 등)
* '바리공주'는 한국신화의 지평을 넓혀주며, 다른 여러 문학에도 영향을
  미쳤다. 무속신화로 존재하면서 신모신화의 흐름에 커다란 영향을 주었
  으며, 한국 서사문학의 중요한 흐름인 여성수난담에도 많은 영향을 주었
  고, 판소리와 상호 영향을 줌으로써 구비서사시로서의 위치를 보다 명확
  하게 자리잡아 왔다. '바리공주'는 현대문학에도 중요한 소재로서 작용
  해 왔다.3) 무엇보다도 '바리공주'는 한국문학이 가지고 있는 한국인의
  원형 심상을 파악하는 데 도움을 주는 자료이다.
* 바리공주 신화의 현대적 수용과 활용
 1) 문학 : ① 소설−황석영 『바리데기』(창작과 비평, 2007, 북한 출신 탈북
    자 소녀가 고향을 떠나 중국을 거쳐 영국에 정착하기까지의 힘겨운

---

2) 서대석, 바리공주연구, 문학사상사, 1980. 241쪽
3) 강은교, 바리데기의 여행 노래(시, 1981.)
  송경아, 바리−길 위에서(소설, 1995.)
  황석영, 심청전(바리공주를 바탕으로 다시 쓴 현대판 심청전임)

여정), 송경아『바리-불꽃』,『바리-동수자』,『바리-돌아오다』(바리공주 신화의 세계와 인물을 차용하지만 신화와는 다른 시각에서 재해석한 작품), 신동흔『야야 내 딸이야 버린 딸 바리데기야 바리데기』 (나라말, 2008) ② 동화-김선우『바리공주』(열림원, 2004, 어른이 읽는 동화-여성성 주목), 김승희『바리공주』(비룡소, 2006), 신현득『바리공주』(현암사, 2005), 송언『바리데기』(한림출판사, 2008) ③ 시-강은교「너무 멀리-바리데기, 가장 일찍 버려진 자이며 가장 깊이 잊혀진 자의 노래」,「바리데기의 여행 노래1곡-폐허에서」, 김혜순「바리데기 시학」 등

2) 무용 : 서울시립무용단의 〈바리〉(2009년 5월 22일 초연), 안은미 무용단의 〈심포카 프린세스 바리-이승〉(2009년 10월 26~27일) 등

3) 게임 : '엽기 춘향'(2004), '열혈 춘향'(2006), '최만춘의 딸'(콩쥐의 아버지), '심청소녀', '미녀는 농사를 좋아해'(자청비 신화), '테일즈러너'(흥부전), '메이플스토리'(흥부, 놀부, 심청, 콩쥐 등) cf.바리공주 신화의 금주령(한 번 짚으면 천 리를 가는 지팡이) 등

4) 희곡 : 장진영『바리공주』,『설문대할망』,『마고할미』 등


## 5. '바리공주'의 문학사적 의의

* 한국 서사문학에서 여성 수난담은 중요한 위치를 차지하고 있다. 주인공이 여성이기 때문에 겪는 여러 가지 고난이 문제를 야기시키고 이러한 문제의 극복 과정이 내용 전개의 중요한 축을 이룬다.

* 여성중심의 가치관을 내세우고 있는 것은 분명 현실에 존재하고 있는 남성 중심의 사고관에 대한 반발이다. 이와 함께 바리공주가 죽은 아버

지를 살려내고 있는 것은 사람의 생명이 유한하고 재생될 수 없다는 사고관에 대한 반발이다. 따라서 '바리공주'의 주제는 남성중심과 죽음의식에 대한 반발로 볼 수 있다. 한계점은 유교의 가치덕목인 효를 표면에 내세우고야 가능했다는 점이다. '바리공주'에서 재생에 대한 기원은 망자의 극락왕생과 저승 천도로 바뀌 표현된다.

* '바리공주'는 신모(神母)로서의 모습을 보여주어 주목된다. 신모의 모습은 건국신화에서 찾을 수 있다.[단군신화의 웅녀(熊女), 주몽신화의 유화(柳花), 선도산신모―박혁거세와 알영의 모, 정견모주―가야산신(수로의 모), 고려의 호경설화―후대적인 변용, 무조신화―바리공주, 당금애기, 제주도 '세경본풀이'의 자청비―신성혼, 지신(地神), 수신(水神), 산신(山神), 곡신(穀神), 농경신(農耕神)의 모습이 겹쳐 있다.] 오늘날의 마을신앙(신당, 서낭당, 국사당, 장승 신앙 등)에도 신모의 흔적이 있다.(강릉 대관령 국사여서낭신 설화―강릉에 살던 정씨집 딸이 호랑이에게 잡혀가 국사여서낭이 됨, 안인진 해랑당 설화―해랑이라는 기생이 바다에 빠져 죽은 다음부터 고기가 안 잡혀서 그녀를 위해 당을 짓고 남근(男根)을 바쳐옴. 단양의 죽령산신―행인들을 괴롭히는 산적들을 토벌한 노고(老姑)를 기리는 산신당, 제주도 영등굿의 주신으로 바람신인 영등할머니, 도서지방의 거인설화로서 마고할미 또는 선문대할망 등에도 신모의 자취가 남아 있다.4) 여성이 주인공이라는 점과 여성이 과업을 해결해서 신직을 부여받는다는 점이 신모신화의 핵심이라면 그런 모습이 가장 잘 나타난 것이 '바리공주'이다.

---

4) 강진옥, "마고할미설화에 나타난 여성신 관념", 한국민속학 25, 민속학회, 1993.

제4장

# 당곰애기(당금아기, 제석본풀이)*

집집마다 삼신이 있어서 애기를 태어나게 해 주는데, 아주 먼 옛날, 삼신도 없을 때는 사람이 아직 세상에 태어나지 않았다. 원래 삼한[1] 시준[2] (世尊)님네는 하늘 위에 있는 천국에서 살았는데, 글 한자를 잘못 지어서 개축년 칠월 보름날에 지상으로 정배되어 개비랑국(迦毗羅國) 정반왕(淨飯王) 씨의 마야부인(摩耶夫人)에게 잉태되어 사월 초파일날에 옆구리로 탄생했다. 석가여래 시준님은 세상에 태어난 육년 만에 설산중(雪山中)에 들어가서 나무 열매를 따 먹으면서 육 년 공부를 하여 불도(佛道)를 마련하고, 지장보살(地藏菩薩)님네는 꽃을 마련하고, 삼한 시준님네[3]는 자손을 불어나게 해주는 삼신을 마련한다. 삼한 시준님이 인간의 자손들을 세

---

\* 이 신화는 인간 탄생 신화로 강릉 지방을 비롯한 동해한 지역에서 굿할 때 기자(祈子)와 풍요를 위해서 무당이 부르는 무가인 '시준굿'이다. 이 자료는 김 태곤, 앞의 책('강릉지역무가 시준굿'－사화선 창), 196~237쪽을 참고한 것이다.

1) 문맥상으로 보아 '삼한'은 애를 태어나게 해준다는 '삼신(三神)'으로 보인다.
2) '시준'은 석가세존(釋迦世尊)에서 세존의 와음(訛音)으로 보인다.
3) 이 경우의 '삼한 시준님'은 '삼신'과 '세존'의 복합인데, 삼신 쪽에 비중을 두어야 문맥이 통한다.

상에 태어나게 하고 그 자손들에게 명과 복을 주기 위해 세상으로 내려온다. …(앞부분의 요약)…

삼한 시준님이 스님이 되어 내려오는데 풍신 좋고 인물 좋은 데다 백팔 염주는 목에 걸고 시나 단주는 팔에 걸고, 설흔 대자 홑장삼에 쉬흔 대자는 겹장삼에, 한 자 한 치 홑고깔에 두 자 두 치 겹고깔에 가사를 두른 데다 진홍 띠를 눌러 매고 구리 백동 달은 장도를 고름에다 차고 호산반죽 열두 마디에 쇠고리를 길게 달아서 처절거리고 내려온다. 스님이 이렇게 호사 롭게 꾸미고 갈지 자 걸음으로 느릿느릿 좁은 길을 걸어 내려가는데 한 곳을 당도하여, 서울 사는 월자 양반⁴⁾을 만났는데, 이 양반은 구식이 가득 차서 중만 보면 말을 놓는다.

"여봐라, 중아."

"예."

그 월자 양반은 다시 묻는다.

"어디 사는 중이기로 인사 없이 지나가느냐?"

"소승은 유점사⁵⁾에 사옵는데 우리 절을 일으키려 하니 백미쌀이 모자라 서 동냥가는 길이옵니다."

"옳다, 중아 내 알았다. 너 등에 진 것이 무엇이냐?"

스님이 짚었던 철죽장을 들어 서편을 가리키며 대답한다.

"서녁서 밑에 나무 목 하니 밤 율(栗)자가 분명하오."

"밤을 졌으면 몇 개를 졌나?"

---

4) 월자양반은 왈자양반(曰子兩班)의 와음(訛音). 왈자는 왈패(曰牌)로 불량자. 왈자양 반은 언행이 점잖치 못한 양반이란 뜻.
5) 뒤 문답에서 스님이 황룡사에 산다고 한 것을 보면 여기서의 유점사는 맞지 않아 황룡사의 착오가 아닌가 생각된다.

"팔팔이 육십사니 예순네 낱을 걸머졌소."

"옳다, 중아 내 알았다. 느에 성명은 무엇인가?"

"소승의 성명은 갓머리 밑에 나무 목하니 송나라 송(宋)자, 불체 불(佛)자, 통할 통(通)자, 송불통(宋佛通)이라 합니다."

"옳다 중아, 내 알았다. 느에 절 이름은 무엇인가?"

"소승의 절 이름은 초도 밑에 한일하고, 한일 밑에는 밭전하고, 밭전 밑에는 여덟 팔하니 누를 황(黃)자, 설립 밑에 달월하고, 달월 변에 점복하고, 점복 안에는 몸기하고, 몸기 안에는 삼점하니 미리용(龍)자, 흙토 밑에 다 마디촌 하니 절사(寺)자로 황룡사(黃龍寺)입니다."

"옳다 중아, 내 알았다. 느에 어디 가는 길이냐?"

"소승은 개골산의 나무를 베어서 금강산에다 실어 올려, 높은 데는 법당 짓고 낮은 데는 암자 짓고, 암자 밖에는 동구 짓고, 동구 안에는 큰절 짓고 나서, 그 절 짓던 삼 년 만에 법당을 수리하려고 서천서역(西天西域) 당곰 애기 집에 재미(齋米) 동냥을 가는 길이옵니다."

스님은 얼마를 또 가다, 한곳을 당도해 서천서역으로 들어가 당곰애기 집에 이른다.

당곰애기 집은 담장이 높고 대문이 열두 대문이나 되어 나는 새와 기는 짐승인 쥐도 들어갈 수 없이 굳게 잠긴 집이었다. 그러나, 스님이 개문경(開門經)을 외우니 열두 대문의 굳게 잠긴 문들이 모두 왈그렁철그렁 열린다. 당곰애기는 열두 대문이 일시에 열리니 이상히 여겨 종에게 밖을 살펴 보라 한다.

"앞문에 옥단춘아, 뒷문에 명산군아, 이곳 서천서역국은 나는 새와 기는 쥐도 못 들어오는 곳인데, 밖에서 스님의 목소리가 나니 어떤 스님인가 잠시 밖을 살펴보아라."

앞문은 옥단춘이와 뒷문에 명산군이가 쑥 밖으로 나가 보니 스님 하나가 재미 동냥을 달라고 염불을 외고 있다. 당곰애기는 원같이 넓은 방 안에서 공비단에 수를 놓다가 스님이 왔단 말을 듣고 궁금증이 나서 문종이에 침을 발라 손가락을 뚫어 구멍을 내고서 밖을 내다보다가 스님의 눈을 마주쳤다. 그러자, 스님이

"여보, 아가씨요, 소승이 아가씨께 문안 왔습니다. 재미 동냥을 왔습니다. 어서 시주를 주옵소서."

하니, 당곰애기는 공비단에 수를 놓다가 오리만큼 던져 놓고서 스님을 보려고 나가려는데 몸치장을 놀랍게 한다. 구름 같은 머리를 중얼개로 설서리 갈라내어 동백기름으로 광을 내서 느짓느짓 늦게 땋고 궁초댕기를 물려 뒤에는 죽절비녀, 앞에는 금봉채(金鳳釵)라. 귀에는 월계화, 입에는 반학주, 손에는 옥진화요. 무명주 고두바지에 새명주 단속곳에 대왕대당 벽치마에다 외무지개로 성을 둘러서 쌍무지개에다 끈을 달아서 명주 고름을 달아매고, 발에는 가죽신에다 삼선 버선에다 맵시 있게 잡아매고, 은조롱 놋조롱 오롱조롱이 잡아매고 문을 열고서 썩 나서니, 저 스님이 당곰아가씨를 보고 좋아라고 싱글벙글 웃으면서

"아가씨요, 어서 시주를 주소서."

하니, 당곰아가씨가

"여보시오, 스님요. 아버지는 천하공사 가구, 어머니는 지하공사 가구, 아홉 형제 오라바니는 말공사·글공사·천기 바둑 공부를 가구, 구 년 치수를 가서 없습니다. 그래 곳간마다 잠긴 문을 어느 누구가 열어 준단 말이오."

하니, 스님이 짚었던 철장으로 천하를 겨누고 왼발로 땅을 세 번 구르니 열두 대문 곳간 문이 왈그렁 열린다. 당곰애기가 스님보고 말한다.

"여보, 스님요, 아버지 자시던 백미쌀을 서 말 서 되 서 홉을 떠다가 시주를 할까요?"

"그 쌀은 땀내 나서 못 받겠소."

"그러면 어마님 자시던 백미쌀을 서 되 서 홉을 떠다가 시주를 할까요?"

"그 쌀은 비린내 나서 소승은 못 받겠습니다."

"그러면 아홉 형제 오라바니 자시던 쌀을 시주를 할까요?"

"그 쌀은 인내 나구 부정해서 소승은 못 받겠습니다. 그러니 아가씨 자시던 백미쌀로 소승게다 서 말 서 되 서 홉만 시주 하시면 소승이 받어서 우리 절에 올려가 부처님께 고양마지를 올릴 테니 어서 시주를 주옵소서."

이 말을 듣고 당곰애기는 곧 열두 대문 잠겼던 곳간을 죄 열어 놓고 제가 먹는 쌀독에 쳐진 왕거미줄을 한 껍데기 걷어내어 천하에 던지니 흰구름이 되어 올라가고, 두 껍데기를 걷어내어서 또 천하에 던지니 누른 구름이 되어 올라간다. 세 껍데기를 걷어 내어 천상으로 던지니 푸른 구름이 되어 올라가면서 청룡 황룡이 네 구비를 치더니 하늘로 치닫는다. 그런 다음에 당곰애기가 맨 밑의 밑쌀로 서 말 서 되 서홉을 떠다가 스님께 시주하려고 문 밖으로 나서니, 스님은 네 귀 난 자루를 왼편으로 둘러서 오른편으로 밀고, 오른편으로 둘러서 왼편으로 밀어 자루를 벌려 동냥을 받는데, 스님이 당곰애기 모르게 장도칼로 동냥자루 밑을 슬그머니 타 놓으니 당곰애기가 갖다 붓는 시주 쌀 서 말 서 되 서 홉이 모두 땅바닥으로 주루루 새어 왼 마당에 쌀이 흩어진다. 당곰애기가 기가 막혀,

"여보, 스님요, 동냥을 하러 다닐 테거든 밑이나 성한 자루를 가지구

다니시오. 밑 빠진 자루를 가지고 어찌 동냥을 하겠소. 이 딱한 스님요.
이 흩어진 쌀을 어쩌란 말씀이오."

저 스님 하는 말이

"아가씨요, 뒷동산에 올라가서 대봉싸리 열네 낱을 꺾어다가 주워 담아
주옵소서."

당곰애기는 옥단춘이와 명산군이와 함께 싸리로 젓가락질을 해서 쌀을
주워 담으려니 한이 없어서 옥단춘이와 명산군이를 시켜 비로 쌀을 쓸어
모아 치로 까불러 바랑에 담아 주려고 하니, 스님이

"소승은 치 끝도 못 먹고, 비 끝도 못 먹겠소."
하고 거절한다.

"아이고, 여보 스님요, 어쩌잔 말쌈이오."

당곰애기가 스님이 요구하는 대로 흩어진 쌀을 낱낱이 싸리로 젓가락질
해서 주워 담아 주며 스님에게, 날이 저무니 어서 속히 절로 가지고 가서
부처님께 공양하라고 하니, 스님이 의뭉스럽게도

"아가씨요, 집을 두고 날이 저무는데 어디루 가란 말이오. 유수같이 흐
르는 밤에 하룻밤만 유해 갑시다."
하고 사정을 하니 당곰애기는 거절하다가

"아버지 자는 방에 가 주무시오."
하니 스님은 싫다고 해서 어머니 자는 방에 가 자라 하니 그도 싫다고
하여 아홉 형제 오라버니들 자는 방에 가 자라 하니 그 방은 누추하고도
땀내, 인내 나서 못 자겠다고 하며 스님은

"아가씨, 그 말씀 마옵시고, 아가씨 자는 방에서 자겠습니다. 방에 병풍
을 둘러 쳐 놓고, 아가씨는 병풍 안에다가 정화수 세 시끼를 상소반에 떠

바쳐 놓고서, 아가씨는 병풍 안에 자시구, 소승은 병풍 밖에서 잠을 자겠습니다."

하며 굳이 당곰애기 방에서 재워 달라고 떼를 쓴다.

당곰애기는 할 수 없이 제 자는 방에다 병풍을 쳐놓고 잠을 잔다. 당곰애기가 초경에 잠이 들어 이경에 꿈을 꾸는데, 삼경이 되니 스님은 병풍밖에서 개나리 보따리를 베고 자는 척 하며 코를 드르렁 드르렁 골다가눈을 부스스 뜨고 벌떡 일어나 목을 황새처럼 쭉 빼고 병풍 안쪽을 넘겨다본다. 당곰애기는 세상모르고 깊이 잠들었는데, 얼굴은 돋아나는 반달 같이 예쁘고 가슴에 볼록히 솟은 젖통은 백옥 같이 희다. 이런 원 같은 방안에 드러누워 잠든 당곰애기를 보니 스님은 미치고 반해서 환장하는구나. 상사병이 일어나 얼굴이 붉으락거리며 와들와들 떨린다. 스님은 진정할길이 없어 부처님 도술을 부려서 왕거미가 되어 병풍을 굼실굼실 넘어간다. 당곰애기 머리맡에 쪼그리고 앉아 한동안 잠든 당곰애기를 내려다보다가 장삼을 활활 벗어 던지고 염주와 단주도 벗어 던지고 짊어졌던 단봇짐도 벗어 던진다.

스님은 빨가벗은 알몸으로 당곰애기가 자는 이불 속으로 굼실굼실 기어들어 가더니, 당곰애기의 허리를 담뿍 끌어안으니 정신이 아찔해지면서숨이 막힌다. 스님은 견딜 수가 없어 당곰애기의 배 위로 올라가 목을 끌어안고 단숨에 쪽쪽 입을 맞추고는

네 사랑이냐 내 사랑이냐
둥굴둥굴 수박같은 사랑이냐
노리노리 참외같은 사랑이냐

칠년대한 가믄 날에
빗방울같이 담은 사랑아
찬 밤같이두 여문 사랑아.
요렇게 어여쁜 사랑이
어데 다시 있느냐

원 같은 방안에 안고지고 이리저리 굴러다녀도 당곰애기는 깊이 잠들어
서 알지 못 하다가 언뜻 눈을 뜨니 낮에 시주하러 왔던 스님의 모색이
나는구나. 얼굴은 얽고 검은 중이요 두리두리 맺힌 중의 눈은 짬빵구리
눈 같고 몸은 깍지동 같고 한쪽 다리는 도리기둥 같다. 당곰애기는 하도
숨이 답답하여

"스님, 조금만 놓아주면 스님에게 할 말이 있으니 그리 좀 놓아주세요."
하니, 스님이 몸은 뚱뚱하여 도라무꿍꿍 같아도 마음은 삽삽해서 고만 포
시시 풀어준다. 이때 당곰애기가 벌떡 일어나 옆에 벗어 놓은 치마와 저고
리를 주섬주섬 걷어입고 스님을 보고 호령을 한다.

"네 이 천하에 고약한 중아, 양반의 집에 와서 이게 무슨 짓이오! 어서
바삐 썩 물러가시오. 만약에 안 물러간다면 비수로 목을 썩 베겠소."

스님은 깜짝 놀라 발가벗은 채 원같이 넓은 방 한 귀퉁이에 쪼그리고
앉아 있는데 부랄 자지도 탱탱 다 오그라들었구나. 당곰애기는 더욱 기세
가 등등하여 스님의 목에 칼을 겨눈다. 스님은 이제야 속은 줄 알고 옷을
찾는데 워낙 급히 벗어 던진 옷가지여서 바지·저고리·대님이 다 어디 가
서 흩어져 있는지 몰랐다. 스님이 옷가지를 찾으러 발가벗은 채 두 손으로
부삳을 움켜쥐고 그 넓은 방안을 이리 왔다 저리 갔다 하는데 연장망태는

어찌나 큰지 또아리 열두 죽을 걸어도 남을 정도로 크구나. 당곰애기가 그것을 보더니 기절했다. 스님이 이 기회를 놓치지 않고

"아가씨, 아무리 발버둥쳐도 오늘 밤은 독 안에 든 쥐요. 중 맛 보고 조르지나 마시오. 소승은 귀 위의 고깔이 중이지, 귀 밑의 부랄 자지는 절대루 중이 아닙니다. 아가씨, 그러지 말구 어서 일어나 벽장 속에 있는 사주책을 내놓고 살펴보면 중의 가정이 분명할 터이니 어서 사주책이나 내어놓고 보시오."

한다. 당곰애기는 더욱 기가 막혀

"아이구, 이것이 진담이오? 처녀의 몸으로 스님께 희생될 수는 없오." 하며, 일어나서 벽장문을 열고 사주책을 내어 한 장, 두 장, 세 장을 넘기며 살펴보니 중의 가정이 분명하구나.

그 길로 당곰애기는 사주책을 벽장에 던져넣고는 입었던 치마저고리를 휠휠 벗어 내던지고 스님의 품안에 쏙 들어가 잠자리를 같이 했다. 이렇게 얼마를 같이 자고 나서 스님이 당곰애기를 깨워 꿈 이야기를 하자고 한다. 서로 마주 앉아 꿈 이야기를 하는데 스님이 먼저 입을 연다.

"간밤에 꿈을 꾸니 소승의 장삼이 아가씨 허리에 둘러 뵈구, 아가씨 아홉 폭 두리당 치마가 소승의 허리에 둘러 뵙니다."

이 말을 듣고 당곰애기가 자기의 꿈 이야기를 한다.

"스님요, 제 꿈에는 제 오른쪽 어깨에 달이 뜨고, 왼쪽 어깨에는 해가 뜨구, 별 세 낱이 떨어져 제 입으로 들어가고, 구슬 세 개가 떨어져서 제 치마 밑으로 들어가 뵙디다."

당곰애기의 꿈 이야기를 듣고 나서 스님은

"아가씨, 그 꿈은 아들 삼형제 점지할 꿈이오."

하고는 짐을 챙겨 둘러메고 밖으로 나가려고 한 발은 문 안에 또 한 발은 문 밖에 내놓고 갈까 말까 망설인다. 당곰애기는 스님이 가려는 기색을 알아차리고

"스님요, 어디루 간단 말이오. 하루 밤을 자두 만리장성을 쌓는다는데, 나를 두고 어디로 간단 말이오. 못 갑니다 못 갑니다."

하며 스님의 장삼 자락을 단단히 움켜잡고 못 가게 하니, 스님은 도술을 부려 흔적도 없이 사라져 건너 산 고개 마루로 장삼 자락 뒤끝만 펄럭하더니 가물가물 넘어간다. 하도 어이가 없어 당곰애기는 원처럼 넓은 방 안에 혼자 털썩 주저앉아 두 다리를 뻗고 대성통곡한다.

"아이구 아이구 내 팔자, 내 신세야. 금수 옥수 노루개(노리개)[6]는 날마다 알짱거리구 놀더니 어딜 가구 간 곳이 없나."

이렇게 당곰애기가 통곡할 때, 스님은 당곰애기의 모습이 눈에 어리고 그 목소리 귀에 쟁쟁하여 이 십리도 못 가구 삼 십리도 못가서 도로 되돌아가 당곰애기 곁에 인기척도 없이 우뚝 서 있다. 당곰애기가 울다가 곁을 보니 스님이 와서 서 있는 것을 알고 벌떡 일어나 스님의 목을 두 팔로 감아 안고

"어디 갔다 돌아오셨습니까. 어디 갔다 돌아오셨습니까."

하며 좋아라고 이리 뛰고 저리 뛰며 어찌할 바를 모른다.

스님이 당곰애기에게 박씨 세 개를 주며

"소승이 박씨 세 개를 줄 터이니 깊이 간직했다가 소승이 간 지 석 달만에 태기 있어 아들 삼형제 낳거든 이 박씨를 심어 덩굴이 뻗는 대로

---

[6] 남자의 성기를 가리키는 속어로 추측된다.

소승을 찾아 보내주옵소서."

말을 마치자 스님은 또 자취도 없이 사라졌다.

당곰애기는 이런 일이 있은 후 한 달, 두 달, 석 달이 지나니 입덧이 나는 데, 밥에서는 비린내가 나고, 장에서는 날장내가 나고, 물에서는 흙내 나 먹을 수가 없고 그저 시금털털한 개살구, 귤, 살구, 능금, 앵두만 먹고 싶어진다. 열 달이 다 차오니 당곰애기 아랫배는 산처럼 높아 몸을 추스르기가 어렵다.

이때 천하공사 가신 아버지, 지하공사 가신 어머니가 돌아오고, 말공사·글공사 갔던 아홉 형제 오라버니가 돌아오는데 십리 밖에서 방포(放砲) 놓고, 오리 밖에서 방포 놓는구나.

"앞문에 옥단춘아, 뒷문에 명산군아, 아가씨는 어째 배양 못 나왔나?"

"아가씨는 어머님 간 지 석 달 만에 부중병이 들어서 오칸 방문을 못 드나들어 원같이 넓은 방안에 누워 주야로 앓고 있습니다."

"어머님 전에 가서 어서 그 말씀 여쭙고 오너라."

그 길로 옥단춘이와 명산군이가 당곰애기 어머니에게, 당곰애기가 부중병이 들어서 문밖 출입을 못하고 앓는다는 말을 전하자, 당곰애기 어머니는 타고 있던 가마 문을 열어제끼며 버선발로 우루르르 뛰쳐나와 당곰애기 있는 방으로 우루르르 뛰어 들어간다.

"아가 아가 내 딸이야, 금을 준들 너를 사리, 옥을 준들 너를 사리. 쓰지 못할 딸 자식이라두 야를 보니 어쩌면 좋은손가."

하며 당곰애기의 골도 만져 보고, 다리도 문질러 보고, 허리·배도 만져 보고 이리저리 더듬더듬 만져 보니 이쪽 옆구리도 풀쑥 나오고, 저쪽 옆구리도 풀쑥 나오고, 배 한복판도 풀쑥 나오니, 당곰애기 뱃속에 아들 삼형제가 들어서 노느라고 불쑥거려 배가 여기 저기 불쑥거린다. 당곰애기 어머니는 아무래도 내 딸의 배 안에 병 덩어리가 들어서 죽게 되었다며 걱정이 태산같다. 어머니는 당곰애기가 아들 삼형제를 밴 줄은 모르고 병명이나 알려고 궤 문을 열고 돈을 챙겨 하늘로 무지개다리를 놓고 옥녀무당에게 점을 치러 올라간다.

옥녀무당이 점상을 받고 점을 치는데, 육효점(六爻占)을 뽑는다. 산대를 한번 뽑고 삼세 번을 뽑고 나서 옥녀무당이

"아가씨는 삼신이 굽어 봐서 아들 삼형제를 점지하였습니다."

하니 당곰애기 어머니는 어이가 없어,

"하늘에 옥녀무당이 용하다더니 아무 것두 용한 게 없구나!"

하고 고함을 치며 점상을 메때리고 화가 난 채 집으로 내려와 돈 석 냥을 끄내들고 지하에 있는 필녜(필녀)무당 집으로 또 점을 치러 내려간다. 필녜무당도 점반을 놓고 육효점을 뽑더니

"아무래도 아가씨는 삼신이 굽어 봐서 아들 삼형제를 점지했습니다. 오늘 밤 자정이 되면 손자 삼형제를 낳겠습니다."

고 한다. 당곰애기 어머니는 더욱 어처구니가 없어서

"아이구 얄구져라, 얄구져, 지하의 필녜무당두 용타더니 무당은 모두 매 한가지구나, 아이구 얄구져라."

고 하며 점반을 또 메때리고, 그 길로 불통같은 화를 내며 집으로 돌아왔다.

당곰애기 어머니는 집에 돌아왔지만 이 사실을 어느 누구에게도 상의할 데가 없다. 그래도 영감이 만만하여 귀에다 대고 당곰애기의 이야기를 소곤소곤 의논하니, 영감은 귀가 먹어 말귀를 못 알아듣고

"아이구, 이놈의 할멈아. 벌건 대낮에 빨개 벗고 꼭 끌어안구 자잔 말이

냐?"

버럭 소리를 지르니, 당곰애기 어머니는 참말 기가 막혔다. 이러는 사이에 아홉 형제 오라버니들이 눈치챘다.

"양반네 집에 큰일났네. 아이구 남사스럽구 부끄럽기도 짝이 없네. 저년을 당장 작두칼로 목을 쳐서 죽여 버려라."

아홉 형제 오라버니들이 노발대발하며 당곰애기의 삼단 같이 긴 머리채를 손목에다 휘휘 감아서 마당 밖으로 끌어내어 작두판 위에 올려놓고 목을 치려고 망나니를 불러드린다. 양손에 칼을 잡고 당곰애기의 목을 한 번 내려치고, 두 번, 삼세 번을 내리쳤는데도 목은 안 잘라지고 칼날만 뚝 붉어져서 오 리 만큼 나가떨어지고 칼자루는 빠져서 발치에 떨어진다. 그럴 때, 어머니가 당곰애기 목을 아홉 폭 두리당 치마로 푹 싸 덮고 하는 말이

"야들아, 내 말 잠깐 들어봐라. 이름 있는 애기를 칼로 목을 쳐 피를 내어 죽이면 인수 인간에게 해가 많단다. 피를 내어 죽이지 말고, 너희들 아홉 형제 달라들어 당곰애기를 뒷동산 돌함 속에 갖다 넣어 두면 추워두 지가 죽고, 목이 말라두 지가 죽구, 배가 고파두 지가 죽을 터이니 그리 해라."

하니, 어머니의 말을 거역 못해 아홉 형제 오라버니들이 와르르 달려들어 솔개가 병아리 채 가듯 당곰애기를 돌함 속에 가둬 놓고 집을 향해 아홉 형제 오라버니들이 산에서 내려가는데, 청천 하늘에서 난데없이 천둥 벼락을 치며 흙비·돌비가 쏟아지면서 아홉 형제 오라버니들의 발이 땅에 딱 달라붙어 오도 가도 못하고 서 있다.

당곰애기 어머니는 원같이 넓은 방안에 누워 활짝 열린 창 너머로 뒷동

산을 올려다보다가 청천 하늘에 난데없는 천둥 벼락을 치며 흙비·돌비가 쏟아지는 것을 보고, '이제는 천금같은 내 딸이 죽어서 이름있는 자식이 되어 천상으로 올라가느라고 이렇게 비가 오나보다' 하고 '죽어도 자식의 얼굴이나 마지막 한번 보자' 하고 벌떡 일어나 뒷동산으로 올라가는데 울며불며 엎치락뒤치락 곤두박질도 하며 올라간다.

어머니가 돌함 곁에 가서

"아가, 아가, 내 딸이야."

하고, 한 번 불러도 대답이 없고, 두 번 불러도 대답이 없다. 삼세 번을 거듭 부르니 돌함 속에서 모기소리만큼 가냘픈 소리가 나더니 돌함 문이 난데없이 덜커덕 열린다. 당곰애기 어머니가 돌함 속으로 들어가니 당곰 애기가 아들 삼형제를 낳았는데 하늘의 청학 백학 세 마리가 내려와 이 삼형제를 한 날개를 깔고 또 한 날개는 덮어 품어서 추워도 추운 줄을 모르고 더워도 더운 줄을 모른다. 하늘에서 오색구름이 퍼져내려 어린 삼형제의 머리맡에 사방으로 둘러쌌다.

당곰애기 어머니가 당곰애기 얼굴을 쳐다보니 백옥 같이 흰 얼굴에 진주 같은 눈물이 뚝뚝 떨어지면서

"아이구 어머니, 나는 죽겠소."

하며 슬피 운다.

"야 야, 왜 죽는단 말이야."

당곰애기 어머니가 아들 삼형제를 보니 욕심이 상투 끝까지 치받쳐

"아가, 내 딸이야, 어서 애를 삼형제를 업고 집으로 가자."

고 하니, 당곰애기가 하는 말이.

"어머니, 나는 아홉 형제 오라버니 무서워서 집으로 못 가겠습니다."

"야 야, 일 없다. 이제는 영감 대꼭다리 하나란다. 어서 집으로 가서 야들 삼형제를 니 크던 후원 별당 안에 넣어 두고 구무밥7)을 먹여 키우자."

당곰애기 어머니가 재촉하니, 당곰애기는

"어머니요, 집으로 가자 하면 돌함 속에서 애를 낳은 것이 아직 삼일도 안 되었는데 동지섣달 설한풍에 어떻게 애기를 데리고 가겠습니까, 어린 애를 데리고 가자면 배내저고리도 입혀야 되고, 포대기도 사서 입혀야 되고, 미역단이나 사야 되고, 쌀가마나 있어야 되고, 산모 몸조리를 하자면 호박도 한 덩어리 사야 되고, 꿀도 한 되 사야 되고, 보약과 가물치도 몇 마리 사다 먹어야 될 텐데 어디루 그냥 가잔 말입니까?"

그러나 어머니는 외손자 삼형제를 안고 뒷동산에서 집을 향해 내려오며 흥에 겨워 사랑가를 부른다.


둥둥둥 내 손자야

두리둥둥 내 손자야

요리 보아두 내 손자로구나

조리 보아두 내 손자로구나

아장아장 걸어라 뒷맵시를 보세

빵끗 웃어라 입모십 보세

둥둥둥둥 내 손자야

둥둥둥 내 손자야……(중략)


---

7) 구무밥은 구메밥의 와음(訛音). 구메밥은 옥(獄)의 구멍으로 죄수에게 넣어주는 밥.

당곰애기 어머니가 이 애들 삼형제를 데리고 집으로 와서 후원 별당 안에다 넣어 두고 구메밥을 먹여 키우는데, 애들이 어찌 잘 크는지 하루 크는 것이 열흘 크는 것처럼 크고 한 달 크는 것이 일년 크는 것처럼 자라서 잠깐 동안에 일곱 살이 되었다. 이 애들 삼형제가 외할머니와 당곰애기에게 글공부를 시켜 달라고 조른다. 그래서 서당에 보내어 글공부를 시켰다.

삼형제를 글공부를 시키는데 어찌나 총기가 좋았던지 선생님이 하늘 천 따지 하면 삼형제는 벌써 검을 현, 누를 황, 집 우, 집 주, 넓을 홍, 거칠 황, 날 일, 달 월, 찰 영, 기울 칙, 별 진, 잘 숙, 고로 조, 볕 양…… 하고 천자문을 단숨에 주루루 왼다. 함께 공부하는 서당꾼들이 공부를 못해 이 애들 삼형제를 질투한다.

하루는 서당꾼들이 삼형제를 보고 화전놀이를 가자고 꾀어내 가파른 언덕 비탈에다 밀어 죽이려 하다 실패한다. 또 하루는 삼형제를 보고 뱃놀이 가자고 해서 물에 넣어 짓밟아 죽이려고 하니 삼형제가 눈치를 채고

"이놈들아, 우리 삼형제를 왜 죽이려 하느냐?"

하니, 서당꾼들이

"느그 삼형제는 애비 없는 후레자식이 글을 배우면 벼슬이나 할 수 있나. 주임관 나갈나나, 판임관 나갈라나, 금테짜리 되어 나간단 말이냐. 느그 삼형제 글을 배워도 소용없고 쓸 곳이 없다."

하고 설움을 주고 구박을 한다. 아들 삼형제는 그 길로 선생님 앞에 가서 무릎을 꿇고 정히 앉아서

"선생님요, 우리 삼형제는 어째서 우리 아버지를 못 찾겠습니까? 죽어도 글을 아니 배우고 아버지를 찾으러 가겠습니다."

하고 선생님과 작별하고 집으로 돌아와서, 어머니 앞에 무릎을 정히 꿇고

조른다.

"어머니요, 우리 삼형제는 왜 아버지가 없습니까? 죽어도 아버지를 찾아 주시고, 살아도 아버지를 찾아 주시오. 나무를 깎아 세우든지, 돌을 깎아 세우든지, 우리 아버지를 찾아 주시오."

삼형제가 애걸하며 사정을 하니, 당곰애기가 듣다가

"오냐, 그런 것이 아니다. 느그 삼형제 태일 적에 뒷동산에 올라가서 대나무 곁에 앉아 잠시 잠간 소피(소변)를 보았더니 너희 삼형제가 태였던 가 보다. 대나무 곁에 가서 '아버지' 하고 한 번 불러 봐라."

삼형제가 그 길로 대나무 곁에 가서,

"아버지요, 숨 타러 왔습니다. 명 타러 왔습니다. 우리 아버지 여기 계시 거들랑 어서 바삐 나오시오."

하니, 대나무가 말을 한다. 옛날에는 나무도 말을 하고 새 짐승들도 말을 하며 돌도 말을 할 때여서, 대나무들이 사방에서 '아버지'라고 대답하며 나서는데, 그 중에서 제일 큰 장수대나무가 나서며,

"야들아 어찌 내가 너 아버지가 되느냐? 느그 아버지 이승에 오래 오래 사시다가 후생 황천길로 돌아가시면 이 대나무를 베어다가 상장막대기로 짚으라 했지, 내 어찌 느그 아버지가 되느냐, 네 아버지 될 이유가 하나도 없다."

한다. 삼형제가 '어찌하면 좋을까' 망설이고 있는데, 대나무가 다시 말을 한다.

"저 건너 너도밤나무 곁에 가서 다시 '아버지' 하고 불러 봐라."

삼형제가 너도밤나무 곁으로 달려가 모두

"아버지!"

하고 부르니, 너도밤나무들이 사방에서 모두 아버지라고 나선다. 그 중에서 제일 큰 장수 밤나무가 나서더니,

"내가 어찌 느그 아버지 되느냐? 부모가 이생에 오래오래 사시다가 돌아가시면 이 밤나무를 베어다가 신주를 만들어 모시고 위하는 것이지, 내가 어찌 느그 아버지냐?"

부모가 돌아가시면 상장막대 짚는 것과 밤나무로 위패를 만드는 것이다 그때 이 법으로 마련된 것이다.

삼형제는 곧바로 밤나무 밭에서 집으로 달려가 큰아들은 시퍼런 칼을 들고, 둘째 아들은 솔가지에 불을 켜 들고, 셋째 아들은 담보따리 지고

"어머니요. 만약에 우리 아버지를 안 찾아 주시면 우리 삼형제는 우리가 나오던 안태 고향으로 어머니 배를 이 칼로 쭉 잡아 째고 도로 들어가겠습니다."

하니 당곰애기가 깜짝 놀래서 가슴을 탕탕 발을 동동 구르는데 잠시 기억이 난다. 스님이 당곰애기와 밤에 같이 자고 떠나갈 때 박씨 세 개를 준 것이 생각났다.

당곰애기가 박씨 세 개를 꺼내서 아들 삼형제를 앞에 불러 앉혀 놓고 박씨를 받으라 하니 맏아들은 둘째 아들에게 밀고, 둘째 아들은 셋째 아들에게 밀며, 서로 받으려 하지 않는다. 이렇게 서로 박씨 받기를 사양하다가 맏아들이 무슨 생각을 했는지 선뜻 박씨를 받아서 울타리 밑에다 심는다.

하룻밤을 자고 났더니 어제 저녁 때 심은 박이 덩굴을 뻗어 박덩굴이 천 장 만 장 뻗어 있었다. 당곰애기는 스님이 박씨를 주고 떠나면서, 박씨를 심어 덩굴이 뻗거든 그 덩굴만 따라 오면 자기를 만날 수 있다고 한 말을 삼형제에게 전해 주었다.

삼형제는 박덩굴을 따라 아버지를 찾아가는데, 어머니를 가마에 태우고 간다. 맏아들은 어머니가 탄 가마의 앞채를 메고, 둘째 아들은 뒷채를 메고, 막내아들은 담보따리를 둘러메고 간다. 이렇게 어머니와 아들 삼형제가 아버지를 찾아서 박덩굴을 따라가는데, 이곳저곳을 지나 절이 있는 곳이라면 경상도 태백산에 들어가는지, 경주 불국사에 가는지, 평해 월송정을 찾아가는지, 울진 마양사를 찾아가는지, 삼척 죽석루를 찾아가는지, 강릉 경포대를 찾아가는지, 양양 낙산사, 간성 청간정을 찾아가는지, 이곳저곳을 다 둘러 금강산으로 들어간다. 금강산 일만 이천 봉, 팔만 구암자 절을 찾아가서 가마채를 놓고 잠시 쉬는데, 조그마한 상좌 애가 은동아리를 손에 들고 양동이 옆에 끼고 물 뜨러 나왔다가 도로 놓고 들어가며 스님에게 전한다.

"스님 안에 계십니까? 스님 가셨던 데 자취 있어서 보니 뼈 이은 동자애 삼형제가 왔는데, 말도 스님 같고, 입은 입성도 스님 같고, 얼굴 모습도 스님 같습니다. 어서 차리고 바삐 나와 보십시오."

이 말을 듣고 스님이 치장하는데 놀랍게 차린다. 한 자 한 치 홑고깔에 두 자 두 치 겹고깔에 설흔 대 자 홑장삼에 쉰 대 자 겹장삼에 진홍 띠 둘러메고, 오른쪽으로 눕게 천가사(天袈裟), 왼쪽으로 눕게 천가사를 메고, 목에 염주 걸고 시나 단주를 손에 걸고, 가사 책보를 손에 들고 염불하며 내려가는데 가뜩이나 좁은 산길을 갈지자로 걸어간다. 스님이 당곰애기에게로 가까이 가서

"당곰아가씨 오시느라 수고 많았습니다."

하고 인사를 깍듯이 드리니, 삼형제가 모두

"아버지!"

하고 나선다. 그러나 스님은

"야들아, 내가 어찌 느그 아버지냐? 만약에 느그들이 내 자식이 분명하면 느그 삼형제가 종이로 보선을 만들어 신고 저 건너 냇물에 건너갔다 건너왔다 아무리 댕겨도 종이 버선에 물 한 방울도 묻지 않아야 내 자식이 분명하다."

이 말을 듣고 삼형제가 종이로 버선을 만들어 신고 냇물을 건너갔다 건너왔다 해도 종이 버선에 물 한 방울이 묻지 않았다. 삼형제가

"아버지, 이래도 자식이 아닙니까?"

하니, 스님은 여전히

"그래도 내 자식이 아니다. 내 자식이 분명히 되고 싶거들랑 느그 삼형제가 저 건너 시퍼런 소(沼)에 가서 풍덩 빠져서 산 붕어를 잡아다가 몽창몽창 끊어서 회 쳐 먹었다가 도로 토해 내 산 붕어로 한강이 가득 차도록 해야 내 아들이 분명하다."

삼형제는 곧바로 스님의 말과 같이 시퍼런 소에 풍덩 빠져서 산 붕어를 잡아다가 몽창몽창 끊어서 회를 쳐 먹었다가 치굼불 내리굼불 하더니 참말로 산 붕어가 한강수 가득히 차도록 토해낸다.

"아버지, 아버지! 이래도 울 어머니, 울 아버지 분명치 않습니까?"

"그래두 내 자식이 아니다."

"만약에 느그들이 내 자식이라면 느그들 삼형제가 뒷동산에 올라가서 삼 년 묵은 소 뼈따구 주워 내서 산 소로 만들어서 삼형제가 각기 소 하나씩을 거꾸로 타고 들어와야 내 자식이 분명하다."

삼형제는 그 길로 허둥지둥 뒷동산으로 달려가 삼 년 묵은 소뼈를 주워다가 산 소로 만들어서 타고 집으로 찾아가서,

"아버지, 이래두 자식이 아닙니까?"

스님은 그래도 자식이 아니라고 한다. 스님은 다시

"느그 삼형제가 짚을 한 단씩 안고 일시에 뒷동산에 올라가서 짚으로 닭을 만들어 나무 가지에 올려놓고 짚으로 채를 만들어 그 짚닭을 치면 산 닭이 되어 '꼬끼요' 하고 홰를 툭툭 쳐야 내 자식이 분명하다."

삼형제는 그 길로 뒷동산에 올라가 짚으로 닭을 만들어 나무 가지 위에 올려놓고 짚으로 만든 채로 짚닭을 두세 차례 치니 산 닭이 되어 '꼬끼요' 하고 홰를 툭툭 친다. 삼형제는 다시 돌아와

"아버니, 이래두 자식이 아닙니까?"

"응, 그래두 내 자식이 아니다. 느그들이 내 자식이 되려면 내가 뒷동산에 올라가 나무 가지 사이에 새 왕거미줄을 쳐 놓을 테니, 왕거미줄을 타고 삼형제가 일시에 이쪽에서 저쪽으로 왔다 갔다 해도 하나도 떨어지지 않아야 된다."

고 하며, 스님이 뒷동산에 올라가 나무와 나무 사이에 왕거미줄을 그물처럼 쳐 놓는다.

삼형제는 또 뒷동산에 올라가 스님이 쳐 놓은 왕거미줄로 일시에 올라가 이쪽에서 저쪽 끝까지 왔다 갔다 하여 하나도 떨어지지 않고, 거미줄이 하나도 끊어지거나 늘어지지 않았다. 삼형제는 또 스님 앞에 가서

"아버지, 이래두 자식이 아닙니까?"

하니, 스님은

"그래두 내 자식이 분명치 아니하다."

"그러면 어떻게 해야 자식이 됩니까?"

"느그 삼형제가 내 자식이 되려면 동이를 가지고 와서 느그 삼형제가

손을 끊어 혀를 뜯겨 보면 내 자식인지 아닌지 알 수 있다."

삼형제는 즉시 스님의 말대로 동이를 갖다 놓고 칼로 손을 끊어 혀를 뜯기니 피가 안개같이 구름같이 뭉실뭉실 싸여 한군데로 똘똘 뭉친다. 그러자, 스님도 역시 손을 뭉청 끊어서 혀를 뚝뚝 뜯기니 피가 안개같이 구름같이 싸여서 한군데로 똘똘 뭉친다. 스님이 그제서야 무릎을 툭툭 치며

"옳다! 내 자식이 이제는 분명하다."

"아버지, 자식을 찾았으면 우리들 삼형제 이름이나 지어 주시오."

"오냐, 이름을 지어 보자. 맏아들은 가서 대산(태산)이라 하고, 둘째 아들은 한강, 셋째 아들 이름은 평택이라 지어라. 평생을 가도 대산이 무너지고 한강이 잦아지며, 평택의 땅이 꺼질소냐."

"아버지, 그러면 우리들 이름은 지었으니 삼형제 먹고 입게 마련해 주시오."

"오냐, 느그 삼형제 먹고 입게 마련하자. 맏아들은 가서 금강산 신령님이 되고, 둘째 아들은 태백산 문수님(文珠菩薩)되고, 셋째 아들은 대골영(大關嶺)에 국사 나라 당산 서낭님으로 마련하자."

"아버지, 우리들 삼형제 먹고 입고 살게 마련했으니 우리 어머니도 먹고 입고 살게 마련해 주시오."

"느그 어머니 마련하자. 느그 어머니는 부뚜막에 강구나 마련하자."

"아버지요, 강구로 마련하면 무얼 먹고 삽니까?"

"밥 띠기 떨어진 거 먹구 살지."

"아버지, 그러지 마시오."

"그러면 느그 어미 될 거 있다. 진두(진드기)나 되거라."

스님의 말이 떨어지자마자 당곰애기는 진드기가 되어 방 안으로 들어온

다. 이것을 본 삼형제는 당황하여 스님에게 간청한다.

"아버지! 우리들 삼형제를 보더라도 이렇게 하실 수가 있습니까? 그러지 마시오."

"야들아, 그런 것이 아니다. 너그들 삼형제 태일 적에 서천서역국으로 당곰아가씨 집에 가니 어디 잘 곳을 마련해 주는 것이 아니라, 허깐에 자거라, 봉당에 자거라, 뜨락에 자거라, 마당에 자거라, 변소에 자거라 하며 하도 박대하여 그 죗값으로 그랬다."

"아버지, 그래도 그럴 수가 있습니까?"

"오냐, 그러면 느그 어미 될 거 있다. 강릉시민을 위해서 각성 육성바지, 집집마다 가가호호 차례로 아들 낳고 딸 낳게 해주는 삼신할머니로 마련하자."

이렇게 해서 당곰애기는 삼신이 되고, 이 삼신이 사람을 세상에 태어나도록 점지해 주며 어린 아이들이 병 없이 잘 자라나게 돌보아 준다.

### '당곰애기'의 이해

* '시준굿'은 '시중굿', '시존굿', '세존굿' 등으로 불리기도 하며, '시준'이 석가세존의 '세존'으로부터 와전된 것이라는 견해를 보이고 있다. 이 '시준굿'은 삼신의 내력담이다.
* 골매기는 골(谷)을 막아(守護)준다는 뜻에서 온 말로 추정된다. 영동지방의 동해안 지역에 분포되어 있는 부락수호 동신(洞神)신앙에서 동신을 지칭하는 용어이다.
* 성주는 가택(家宅)의 최고신으로 가내의 길흉화복(吉凶禍福) 일체를 관장한다고 믿는다.

* 서낭은 부락에서 공동으로 신앙하는 부락의 수호 동신의 일종이다.
* 당산(堂山)은 동신의 신당이나 신단이 있는 산으로 산 전체가 신성시된다.
* 공수(말미)는 무(巫)에게 신이 내려 신의 말을 무(巫)의 입으로 전하는 말을 가리킨다.
* '당곰애기'는 무속생산신 신화로 '제석본풀이'로도 불리며, 전국에서 전승 되며 채록된 각편은 40여 편이 있다.
* '당곰애기(제석본풀이)'의 기본 단락은 다음과 같다.


① 딸아기의 가족은 모두 볼일을 보러 가고 딸아기만 집에 남는다.

② 중은 시주를 요청하고 딸아기는 중에게 시주를 한다.

③ 중은 딸아기에게 자기를 찾는 방법을 가르쳐 주고 사라진다.

④ 딸아기는 잉태한다.

⑤ 딸아기의 가족들이 귀가하여 잉태한 사실이 드러난다.

⑥ 딸아기는 처형당하게 되었으나 참형은 면한다.

⑦ 딸아기는 중을 찾아간다.

⑧ 중은 아이들의 이름을 짓는다.[8]


이러한 단락들은 각편에 따라 많은 차이가 나타나는데 무가권을 구획할 수 있는 중요한 차이는 '딸아기의 잉태과정과 징치'에서 드러난다. 남한강 이북, 소백산맥 이동 지역인 한반도 동북지역 전승본에서는 스님이 묵어 가기를 요구하고 딸아기의 별당 안에서 잠을 자며 꿈과 해몽을 통하여

---

8) 서대석, 제석본풀이 연구, 한국무가의 연구, 문학사상사, 1980, 41쪽

딸아기의 잉태를 예언하고 사라지고, 남한강 이남과 소백산 이서 지역인 서남지역의 전승본에서는 시주를 하는 과정에서 스님이 딸아기의 손목을 잡든가 쌀 세 알을 먹이고 사라지는 것으로 되어 있다.

딸아기의 징치에도 차이가 있다. 동북지역 전승본에서는 임신한 딸아기를 토굴 속에 감금하고, 서남지역 전승본에서는 임신한 딸아기를 내쫓는 것으로 되어 있다. 토굴에 갇힌 딸아기는 삼형제를 출산하고 아들들을 양육하며 동접들에게 아비없는 자식이라고 기롱을 당한 아들 삼형제가 부친의 근본을 묻자, 아들들을 데리고 스님을 찾아간다는 내용이 이어진다. 그러나 서남지역에서는 임신한 몸으로 추방당한 딸아기가 바로 스님을 찾아가는 것으로 되어 있어 아들이 아버지를 찾아가는 과정은 나타나지 않는다.

'제석본풀이'의 핵심은 한 스님이 고귀한 가문의 딸아기를 찾아와 접촉하고 사라진 후 딸아기는 임신을 하게 되었고, 그로 인해 딸아기는 부모에게 징벌을 당했으나, 딸아기가 낳은 아들 삼형제와 딸아기가 모두 무속의 신이 된다는 것이다. 이러한 공통점은 창세신화(시루말, 천지왕본풀이 등)에서 하늘로부터 하강한 남성신과 지상의 여인이 인연을 맺고, 남성신이 사라진 뒤 여인이 쌍둥이 아들을 낳는다는 것과 다를 것이 없다.[9]

* '제석본풀이'의 여주인공은 '당금아기', '단금각씨', '서장애기', '시준아기', '세주애기', '자지명애기', '당곰애기' 등으로 나타난다. 그런데 양평, 동해안, 평양, 호남지역 등 광범위한 지역에서 '당금애기'로 호칭되고 있다.

---

9) 서대석, 『한국신화의 연구』, 집문당, 2002, 258-259쪽

'당금'은 단+곰으로, '단'은 고구려어에서 마을이나 골짜기를 뜻하는 말이다. '곰'은 고어에서 신(神)을 의미한다. 즉 촌신(村神)이나 곡신(谷神)을 가리킨다.

* 제석신의 제석은 제석천이라는 불교의 신에서 유래한 것이지만, 그 기능이 무속의 제석신에게도 그대로 이어진다고 보기는 어렵다. 제석굿이 불교를 포교하거나 불승의 행적을 찬양하는 굿거리가 아니고, 농경과 관계가 있기 때문이다. 민속에서 '제석단지', '시준단지', '삼신단지'를 모시는 습속을 고려하면 제석신은 농경의 곡신으로 모셔진 것을 알 수 있다. 인간의 출생이나 농경의 풍요를 관장하는 것이 제석신의 기능이다. 당금아기는 당금뜰을 관장하는 촌락 공동체의 여신이다. 여성의 몸은 아기를 임신하고 출산한다는 점에서 식물의 씨앗을 품었다가 싹을 트게 하고 자라게 하여 결실을 맺는 대지(大地)와 같은 성격을 갖는다. 신석기 시대에 농경이 시작되면서 곡물을 자라게 하는 대지는 아기를 출산하는 여성에 비의되었고, 인간의 출산과 곡물의 생산이 유추되어 농업생산신 신화가 형성되었을 것이다.

## 제5장

# 성주본가(황우양 씨)*

초년에는 초년성주, 이년에는 이년성주

십년에는 대도감, 독성주[1] 마누라[2]

성주님 본풀이를 외야들이랴[3] 하옵고자

---

* 아카마쓰 지죠(赤松智城)와 아키바 다카시(秋葉隆)가 공동으로 편찬한 『조선무속(朝鮮巫俗)의 연구(硏究)』 상(上)에 수록된 「성주본가」(제보자 : 경기도 고양군(高陽郡) 용인면(龍仁面) 아현리(阿峴里), 이성녀(李姓女) 무녀)이다. 성조신은 민간에서 그 집의 주인 남자를 보호하는 신으로 믿어지기 때문에 집의 주재신(主宰神)이라고 할 수 있고, 대청의 대들보 위에나 상기둥에 모셔지는 것이 보통이다. 집을 새로 지어 입주할 때에는 이 신을 위한 성대한 의례가 있으며, 안택을 할 때에는 이 성주풀이를 구연하는 것으로 알려져 있다. 이밖에 동래본 「성주풀이」도 있는데, 이것과는 주인공의 이름도 다르고 사건 전개도 전혀 다르다. 다 같은 성조신의 내력담이지만, 그 계통이 완전히 다른 것이다. 동래본이 성조의 시련과 극복과정을 통해 자기 성숙이 강조되어 있다면, 이 본은 악인의 내침으로 파괴된 한 가정을 황우양씨 부부가 합심하여 다시 복원하는 과정을 통한 투쟁이 강조되어 있다. 이하의 자료는 서대석의 『한국의 신화』(집문당, 1997, 125~146쪽)의 것을 참고로 정리하였다.
1) 독성조(纛成造). 깃발을 세운 성조신. 성조대에 오시는 성조신. 경기도 지역의 무당들은 성주굿을 할 때에 종이로 만든 술을 단 성주대를 만들어 제물로 바친 쌀 위에 꽂아놓고 굿을 한다.(서대석 · 박경신, 『안성무가(安城巫歌)』, 서울:집문당, 1990. 273쪽 참조).
2) 무가에서의 '마누라'는 반드시 '여자'를 뜻하는 것은 아님. '으뜸 가는 신. 가장 큰 신'이라는 의미인 경우가 더 많음.

촛불영등, 말에말양,4) 명전5)나젼,6) 산닭 밧처놋코7)

성주님 본푸리를 외야서 들임니다.

성주님의 본은 텬하궁이 본이라.

텬하궁 텬대목신, 지하궁 지탈부인

백년가약 믹진후에,8) 석달에 피를모고

다섯달 반짐 바더, 륙칠삭 되어갈졔

활부졍 불시9)하고, 석부졍 부좌10)하고,

이불쳥 음셩11)하고, 목불식 안식12)하고,

침식에 변화업시 십삭이 당도하야

옥엽태아13) 나아노니,14) 저 아기의 거동봐라.

얼골은 관옥15)이요, 풍채는 두목16)이라 // 말삼17)은 소진18)이라.

---

3) 외워 드리려고.
4) 말쇠에다 그득히 담은 양식. 제석굿이나 성주굿을 할 때에는 따로 쌀 한 말씩을 담아 올려놓고 굿을 하는 경우가 많음.
5) 명전(命錢). 오래 살게 해 달라는 뜻으로 올리는 돈.
6) 나전. 나이전. 오래 살게 해 달라는 뜻으로 올리는 돈.
7) 받쳐 놓고.
8) 맺은 후에.
9) '할부정불식'(割不正不食)의 와음. 태교(胎教)의 한 가지임. 자른 것이 반듯하지 않으면 그 음식을 먹지 않음. 『논어』(論語) 향당편(鄉黨篇)에서 공자(孔子)의 일상생활을 설명하는 내용들 가운데 들어 있는 구절임.
10) 석부정부좌(席不正不坐). 태교(胎教)의 한 가지. 자리가 바르지 않으면 앉지를 않고. 『논어』(論語) 향당편(鄉黨篇)에서 공자(孔子)의 일상생활을 설명하는 내용들 가운데 들어 있는 구절.
11) 이불청음성(耳不聽淫聲). 역시 태교(胎教)의 한 가지. 귀로 음란(淫亂)한 소리를 듣지 아니함.
12) '목불시악색'(目不視惡色)의 와음. 역시 태교(胎教)의 한 가지로, 눈으로 나쁜 색깔을 보지 않음.
13) 옥엽태아(玉葉胎兒). 귀한 자식.
14) 낳아 놓으니.
15) 관옥(冠玉). 남자의 얼굴이 예쁜 것을 가리키는 말.

남게도<sup>19)</sup> 눈을 쓰고, 돌에도 눈을 써서,

상통천문<sup>20)</sup> 하달지리,<sup>21)</sup> 륙도삼략<sup>22)</sup> 구궁팔괘<sup>23)</sup>

둔갑 쟝신<sup>24)</sup>들을 임의용지<sup>25)</sup> 하올적에,

텬하궁 일천란간<sup>26)</sup> 루각<sup>27)</sup>에

난데업는 쇠동풍<sup>28)</sup>이 싣임업시 불어와서,

동으로 기우러저 남으로 파국<sup>29)</sup>하고 // 패성쥬<sup>30)</sup> 되엿스나,

셩쥬목안 일울자가<sup>31)</sup> 텬하궁에도 업고,

디하궁당<sup>32)</sup> 황산밋<sup>33)</sup> 황우양씨 쑌이로다.

---

16) 두목(杜牧: 803-852). 자(字)는 목지(牧之). 중국 당(唐)나라 말기의 시인. 시풍은 호방하면서도 아름다운 것으로 알려져 있음. 두보(杜甫)를 '대두(大杜)라고 하는 데 비해 '소두'(小杜)라고도 함.
17) 말삼. 말씀. 말. 말솜씨.
18) 소진(蘇秦). 중국(中國) 전국시대의 유명한 변설가(辨說家)로 합종책(合從策)을 주장하였음.
19) 나무에도.
20) 상통천문(上通天文). 위로 천문에 능통함.
21) 하달지리(下達地理). 아래로 땅의 이치를 앎.
22) 육도삼략(六韜三略). 중국(中國) 병법(兵法)의 고전(古典). 태공망(太公望)의 찬(撰)이라고 알려져 있는 '육도'(六韜)와 황석공(黃石公)의 찬(撰)이라고 알려져 있는 '삼략'(三略)을 합한 책.
23) 구궁팔괘(九宮八卦). '구궁(九宮)과 '팔괘'(八卦)를 함께 말하는 것으로 구성(九星)을 오행(五行)과 팔괘(八卦)의 방위(方位)에 맞추어 길흉(吉凶)과 화복(禍福)을 점치는 일.'
24) 둔갑장신(遁甲藏身). 둔갑의 술법으로 남에게 보이지 않게 몸을 감춤.
25) 임의용지(任意用之). 뜻대로 그것을 씀. 마음대로 부림.
26) 일천난간(一千欄干). 천 개의 난간.
27) 누각(樓閣).
28) 새동풍. 샛바람. 동풍(東風).
29) 패국(敗局). 쇠폐한 국면. 황폐한 형편.
30) 패성주. 성조신이 없어지게 됨. 집을 수호할 수호신이 없어짐.
31) 이룰 자가. 이룰 사람이.
32) 지하궁 땅. 지하궁의 땅에.
33) 황산 밑. 황산 아래. 황산 아래에 사는.

채사34)를 불너들여, 특패자35) 내여주며,

황우양씨 성화36) 참너허라.37)

추상갓치38) 분부허니, 저 채사 거동보소.

산수털39) 벙거지40)에 올을정자41) 쩍 붓치고42)

삼승43)쾌자44) 남전대씌,45) 흉 눌너46) 질끈믹고47)

삼승버선 통힝전48)에, 육라경치49) 들메이고50)

---

34) 채사. 차사(差使). 중요한 임무를 위하여 파견하는 관리.

35) 특패자(特牌子). 특별한 패자(牌子). 특별한 패지(牌旨). '패자'는 지위가 높은 사람이 낮은 사람에게 공식으로 주는 글발.

36) 성화(星火). 여기서는 '상화 같이'의 뜻임. 본래 '성화'는 운성이 떨어질 때의 불빛을 말하나, 전이되어 '운성(隕星)'이 떨어지듯 매우 급박한 상황'의 비유적인 뜻으로 사용됨. 여기서는 '급히. 바삐'의 뜻.

37) 참내(參內)하라. 왕궁에 들어와 임금을 뵈라.

38) 추상(秋霜)같이. 서릿발같이.

39) 산수털[山獸毛]. 산짐승의 털. 산짐승의 털로 만든.

40) 벙거지. 털로 검고 두껍게 만든 갓처럼 쓰는 물건. 처음에는 군인(軍人)이나 하례(下隸)들만 썼으나, 뒤에는 여정(輿丁)·혼여군(婚輿軍)·상여군(喪輿軍)·교군(轎軍) 등이 썼음.

41) 옳을 정자(正字). '바를 정자'의 잘못임.

42) 떡 붙이고. 떠억 붙이고.

43) 삼승(三升). 석새 굵기의 베. 석새 굵기의 베로 만든. '-승(升)은 베[布]의 굵기를 나타내는 말.

44) 쾌자(快子). 옛 전복(戰服)의 한 가지. 등솔을 길게 째고 소매는 없음. 근래에는 복건과 함께 명절이나 돌날에 아이들이 주로 입음. 굿을 할 때 무녀들이 가장 많이 착용하는 옷이기도 함.

45) 남전대띠. 남색으로 된, 전대처럼 한쪽 어깨에서 반대편 허리쪽으로 매는 띠. 무당들이 쾌자를 입고 굿을 할 때에는 이렇게 가슴띠를 매고 함. 관중들이 굿의 진행 중에 무당에게 돈을 주고자 할 때에는 앞으로 나와서 이 가슴띠에다 돈을 꽂아주게 됨.

46) 흉중(胸中) 눌러. 가슴 중간을 눌러. 가슴 중간쯤으로 이 띠가 지나가기 때문에 이렇게 말한 것임.

47) 질끈 매고. 질끈 묶고.

48) 통행전. 통으로 된 행전(行纏). '행전'은 바지·고의를 입을 때 정강이에 꿰어서 무릎 아래에 매는 물건.

49) 육라경치. 문맥상으로 '육모 방망이'를 말한 것으로 판단됨. '육모 방망이'는 여섯 모가

별불갓치[51] 날여와서,[52] 첫번 잡으려 달여드나 // 엄장[53]이 커서 못잡고,

두번 잡으려 들엇스나 또 잡지를 못하야서, // 길가에 우둑히[54] 서 잇스니,

황우양집 주왕하라버지,[55] 어느궁 채사이냐 물으니,

텬하궁 채사 일너니, 텬하궁 일천난간 누각집이

쇠동풍에 쓸어저서, 픠국 픠셩주 되여

만조빅관 공론하고, 황우양씨 잡어오라 허나 // 엄장이 커서 못잡나이다.

그러면 릭일[56] 편명시에,[57] 칙간[58]에 나가거든 // 줄로 올가[59] 잡어가라.

채사가 그말 듯고, 저진[60] 담안에 홀로 서서

나올ᄯᅢ를 기다리니, 그잇흔날[61] 편명시에

칙간에 나갈ᄯᅢ에 달녀들어 잡어묵고

특패자를 내주니, 황우양씨 할일업서,[62]

염라국의 디부왕도 패자긔약 못하엿스나

쓰든 구연장[63]도 업스니 // 석달 말미[64] 달나허니

---

난 방망이로 조선 시대에 포졸(捕卒)들이 들고 다니던 것.

50) 들 메이고. 들처메고. 어깨에다 메고.

51) 별불같이. 성화(星火)같이. '성화(星火)'는 운성(隕星) 곧 살별.

52) 내려와서.

53) 엄장. 겉모양이 드러나게 어울리는 큰 덩치. 여기서는 황우양 씨의 덩치가 컸다는 말.

54) 우두커니. 멍하니.

55) 조왕 할아버지. 대개의 경우 조왕신은 할머니로 되어 있고 논리적으로도 그것이 타당함. 따라서 이 단어는 '조왕 할머니'의 잘못으로 볼 수도 있음.

56) 내일(來日).

57) 평명시(平明時). 평명 때에. 해가 돋을 무렵에.

58) 칙간[厠間]. 화장실.

59) 옭아.

60) 젖은. 습기가 많은.

61) 그 이튿날.

62) 하릴없어. 어쩔 수 없어.

63) 구연장. 옛날에 쓰던 연장.

멀다허고 아니주고, 사흘말미64) 주고가니

황우양씨 긔가막혀, 근심으로 지내시며

잘잣든65) 메66)도 아니잣고,67) 수심으로 지내실계

황우양씨 부인 말이 // 대감은 무슨일로 식음을 전폐하심니가?

황우양씨 일론68) 말이 // 부인은 눈도 귀도 업나이가?

텬하궁 일쳔란간 누각집이 쇠동풍에 쓸어저서

픽국 픠성쥬 되엿스나 // 셩쥬 일욱할이69) 업서

패자 노와70) 잡혓스니

씨든71) 구연장도 업고, 한벌 의복도 업사오니

엇지하면 조흐릿가? 부인이 일온 말슴

대감의 궁량72)으로 그만일에73) // 식음을 전폐하심니가?

아모 걱정 마옵시고, 진지나 잡수시오.

황우양 잠들여 놋코, 소지74)한쟝 지여닉여 // 텬하궁에 치첫드니75)

가로쇠76) 닷말, 놋쇠 닷말, 편쇠77) 닷말 // 열닷말을 나리시고

---

64) 말미. 휴가(休暇). 시간적 여유.
65) 잘 잡숫던. 잘 먹던.
66) 메. '밥'의 높임말. 대개는 제사(祭祀)에 올리는 밥을 일컫는 말.
67) 아니 잡숫고.
68) 이른. 말한.
69) 이룩할 이. 이룩할 사람이.
70) 놓아.
71) 쓰던. 사용하던.
72) 국량(局量). 도량과 재주.
73) 그만한 일에. 그런 정도의 일에.
74) 소지(燒紙). 신령 앞에서, 비는 뜻으로 얇은 종이를 불살라 공중으로 올리는 일. 이 종이가 잘 타서 높이 올라가면 신명이 그 제사를 즐겨 받은 것으로 인식함.
75) 올렸더니.
76) 가루쇠. 가루로 된 철(鐵).
77) 편쇠[片鐵]. 쇳조각. 조각 난 쇠.

대산에 대풀무, 소산에 소풀무, 대독쇡[78] 소독쇡

대톱 소톱, 자귀[79] 먹통[80] 대피,[81] 먹자[82] 만들어 놋코

사  의복 버선 신발, 모든 범절 다헌 후에

서산나귀[83] 솔질하야, 반부담[84] 실녀놋코[85]

대감님 일어나소, 째늣고 시느저[86] 가니 // 어서 급히 쳐나소서.

황우양씨 쌈싹놀나, 일어나 자세본즉[87]

치힝제구[88] 분명허다 // 시급히 길써날졔

말은 가자 굽[89]을 치고 // 님은 잡고 락루헌다.[90]

황우양 부인 허는 말이

가시는 로중에[91] 누가 뭇든지, 말대척[92]을 마옵소서.

만일 대척을 하옵시면, 사랑허는 나의 쳐를

남을 주는 것이오니, 부대 대척 마옵소서.

황우양씨 작별허고, 채를 들어 한번치니

---

78) 대도끼. 큰 도끼.
79) 자귀. 나무를 깎아 다듬는 연장의 하나.
80) 먹통. 목공이나 석공들이 곧은 금을 긋는 데에 사용하는 도구.
81) 대패. 나무를 곱게 밀어 깎는 연장의 한 가지.
82) 먹자. 목수들이 나무에 먹으로 금을 그을 때에 사용하는 자. 쇠로 된 것으로 기역(ㄱ)
    자 모양을 하고 있고 짧은 쪽에 눈금이 그려져 있음.
83) 서산나귀. 중국에서 나는 나귀의 한 가지. 보통 나귀보다 큼.
84) 반부담(半負擔). 부담농(負擔籠). 옷이나 책 같은 것들을 담아 말 등에 싣는 농짝.
85) 실려 놓고. 실어 놓고.
86) 시(時) 늦어. 시(時)가 늦어.
87) 자세히 본즉. 자세히 보니.
88) 치행제구(治行諸具). 길 떠날 때에 차리는 모든 준비물.
89) 굽. 말굽.
90) 낙루(落淚)한다. 눈물을 흘린다.
91) 노중에. 길에서.
92) 말대척. 말대답. 말상대.

닷는말 살갓하야, 황산뜰 눈썔93)에 지나

소진쓸에 다달으니, 소진쓸의 소진랑이

비루94)먹은 말에다가 // 좀먹은 안장 지여타고

소진뜰로 날여오며, 황우양 보고 허는 말이

거기 가는 양반 뉘라시요?

한번 물어 대척업고, 두 번 물어 대척 안허니

일부러 좃차가며95) // 애비업는 후레자식이라 하니

황우양씨 속으로, 부인 말대로 하얏드니

고욕96)이 자심타97) 하고, 돌아서서 허는 말이

먼길가는 사람보고, 말허자 허는 자도

이비업는 후레자식이라. 계는 뉘라 하오?

나만 황산밋헤 사는 황우양씨라 하오.

계는 뉘라 하오? // 소진쓸 소진랑이라 하오.

계는 어듸 가오? 텬하궁에서 불너서, 성쥬일욱 하러가오.

디하궁 돌번 삼년98) 조악돌99) 삼년

석삼년100) 싸러가오.101) 소진랑이 허는 말이 // 사각102)이나 보시엿소?

---

93) 눈결. 눈 한 번 깜짝 하는 사이.
94) 비루. 개·나귀·말 등의 피부에 생기는 병. 온몸에 점점 번지며 털이 빠짐.
95) 쫓아가며. 뒤따라가며.
96) 고욕(苦辱). 고통과 욕됨. 문맥상으로 보면 곤욕(困辱)의 와음으로 볼 수도 있음.
97) 자심하다. 매우 심하다.
98) 자신의 차례가 돌아와, 돌을 삼년간 쌓는 일의 뜻.
99) 조약돌.
100) 삼년씩 세 번. 곧 구년(九年)을 말함.
101) 쌓으러 가오.
102) 사각. 사성(莎城). 풍수지리설(風水地理說)에서 사용하는 용어. 묏자리의 뒤꼭지에서 작은 맥이 혈(穴)의 가장자리를 에워싼 두둑.

줌사각[103)에 집을 지면,[104) 뉘에[105) 사각이라.

뉘에가 집을지면 죽는 법이라.

방소[106)는 일쳘녹[107) 이안손,[108) 삼식신[109) 사승픠[110)

오귀[111) 육갑[112) 칠칠귀[113) 방이 되니

그대 가는자최 잇서도, 오는자최 업슬이라.

황우양씨 허는 말이, 엇지하면 좃소릿가?

옷박굼을 하옵시다.

황우양씨와 소진랑이 의복을 밧구어 입고

황우양씨는 텬하궁에[114)

소진랑은 황우양의 부인이

인물이 일색이란 말을 듯고, 황산쓸로 날여갈졔,

이ᄯ대에 황우양 부인이 심신이 산란하야서

뒷동산에 곳노리 입노리,[115) 화류구경을 나갈졔

옥단춘이 단단춘이, 밀한임 썰한임[116)

---

103) 잠(蠶)사각. 누에 사각.
104) 지으면.
105) 뉘에. '누에'[蠶]에 해당하는 방언.
106) 방소(方所). 방향.
107) '일천록'(一天祿)의 와음.
108) 이안손(二眼損).
109) 삼식신(三食神).
110) '사징파'(四徵破)의 와음.
111) 오귀(五鬼).
112) '육합식'(六合食)의 와음.
113) '칠진귀'(七進鬼)의 와음. '일쳘녹'부터 여기까지는 민속(民俗)에서 말하는 구궁(九宮)의 일부임.
114) 뒤에 '올라가고' 정도의 말이 생략된 것.
115) 잎놀이. 앞의 '꽃놀이'에 짝을 맞춘 것임.
116) 밀하님 썰하님. '밀'과 '썰'은 '밀물. 썰물' 할 때의 '밀'과 '썰'로 '진(進). 퇴(退)'의 뜻임.

앞서거니 뒤서거니, 뒷동산에 올나갈계

도화만발 홍산[117]이요, 리화만발 빅산[118]이라.

황금갓흔 쇠꼬리는 양류간[119]에 노릭하고

빅설갓흔 흰나뷔는 솟사이에 왕릭 헌다.

이리저리 건일면서, 봄경식을 완상트니[120]

담박게 말굽소릭 요란하고, 원앙소릭[121] 들니우니

저기오는 저구낭이[122] 도적사람이 분명하니 // 어서 밧비 들어가자.

문직이는 문을 닷고, 쇠직이[123]는 쇠를 채라.

발영업시[124] 문을 열면 // 대감마님 힝차후에, 군법으로 참하리라.

과연 문열어라 하며

어룬이 나갓다 돌아오면, 닷친 문도 열거든

엇지하야 열인 문을 도루 닷침은 무슨 일이냐?

황우양 부인 허는 말이 // 우리 대감님은 엊그제 가섯는데

이제 올리 만무허니, 쌀이 도라가시요.

소진랑이 한참 싱각다가, 입엇든 속젹삼 버서

쉰길 담넘어로 던지며, 이걸보고 열어 주시요.

---

    따라서 이 구절은 '앞뒤 하녀'의 뜻으로 이해됨.

117) 도화만발홍산(桃花滿發紅山). 복사꽃이 만발하니 산이 붉음.

118) 이화만발백산(李花滿發白山). 오얏꽃이 만발하니 산이 흼.

119) 양류간(楊柳間). 버드나무 사이.

120) 완상하더니. 즐겁게 구경하더니.

121) 워낭소리. 워낭의 소리. '워낭'은 마소의 턱 아래에 늘어뜨린 쇠고리 혹은 마소의 귀에서 턱 밑으로 늘여 단 방울.

122) 저 군왕(君王)이. 저 남자가.

123) 쇠지기. 열쇠를 관리하는 하인.

124) 발령(發令) 없이. 명령을 발함이 없이. 명령이 없는데도.

부인이 격삼을 집어보니, 바누질은 내솜씨나

쌈늬가 달낫스니, 어서 밧비 돌아가소.

소진랑의 거동 보소.

안녀자가 다든 문을 대장부가 못열손야?

졔귀125)야 졔귀야라고, 삼세번을 불으드니

제쇠업는126) 대문중문 소리업시 열이더라.

집안으로 달녀들며, 한손에는 칼을 들고 // 한손으로 멱127)을 들고

네 아모리 난다 긴다 할지라도

바람가비128)라 비상텬129)하며 // 두더지라 땅속으로 들어갈가?

황우양씨 첩의 부인130) 매게 잡힌 쉥이되고

개게 물닌 닭이로다. 할수업시 쇠를내여 // 소진랑 보고 허는말이

신졍131)도 좃커니와 구졍좃차132) 이즐손가?

해가 저서 밤이 되면, 시아버님 친기133)오니

제사나 지내인 뒤에, 자리동품134) 하옵시다.

대장부의 쳐가살이 귀향살이 갓사옵고,

---

125) 졔귀(諸鬼). 모든 귀신.
126) 제 쇠 없는. 자기 열쇠가 없는. 열쇠가 없이.
127) 멱, 목의 앞부분. 여기서는 단순히 '목'으로 보면 되겠음. 이 '목'은 황우양 씨 부인의 '목'을 말한 것임.
128) 바람가비. 바람개비. 아이들이 장난감으로 가지고 노는 바람개비로 볼 수도 있겠으나, 여기서는 '쏙독새'로 보는 것이 더 타당할 듯 함. '쏙독새'는 쏙독새과에 속하는 새로 '바람개비'라고도 불림.
129) 비상천(飛上天). 하늘로 날아오름.
130) 여기서는 단순히 '황우양 씨의 부인'이라는 뜻임.
131) 신정(新情). 새로 든 정. 여기서는 '새 남자와 맺은 정'의 뜻임.
132) 구정(舊情)조차. 옛 정조차. 옛 남자와의 정분까지.
133) 친기(親忌). 부모의 제사.
134) 자리동품. 남녀가 잠자리를 같이 함.

여자의 싀집살이 원살이135)와 갓사오니 // 그대 궁을 가사이다.

부인 말이 올타허고, 부정지속136) 수습하야 // 소진뜰로 날여갈졔

부인이 입고잇든 명쥬한삼137) 소믹띄여138)

음양지139) 쟝가락140)을 입으로 싀믈어서 // 류혈로 글을 쓰되

죽어서 오시거든, 황천으로 만나보고

살어서 오시거든, 소진뜰로 오옵소서.

만단사연 적은후에, 상주춧돌 밋헤 넛코 // 소진뜰로 날여갈졔

부인이 또 한쇠를 생각하야, 방소이나141) 보옵시다.

일텬록 이안손 삼식신 사승패

오귀 륙갑시 칠칠귀 방위 신이라.

나의 몸에 일곱귀신이 지졉하야142) 잇스오니

긔똥밭에 지함143)파고, 구메밥144) 삼년 먹은 후에 // 자리동품 하옵시다.

만일 내몸을 허락허면, 삼족을 멸허기는 컨양145)

구족146)이 멸시할 것이니, 구메밥 삼년 멕여달나.

---

135) 원(員)살이. 원님 벼슬에 있는 일.
136) 부정지속(釜鼎之屬). 솥 따위의 살림살이 도구들.
137) 명주 한삼. 명주베로 만든 한삼(汗衫). '한삼'은 손을 감추기 위하여, 두루마기나 여자의 저고리 소매 끝에 흰 헝겊으로 길게 대는 덧소매. 여기서는 '명주베로 만든 속적삼' 정도의 뜻.
138) 소매 떼어. 소매를 떼어.
139) 음양지(陰陽指).
140) 장가락. 가운뎃손가락.
141) 방소나. 방향이나.
142) 지접(止接)하여. 한 때 거접(居接)하여. 잠시 몸을 의탁하여 거주(居住)함. 여기서는 '귀신이 붙었다'는 말임.
143) 지함. 땅을 팜. '땅굴' 정도로 이해하면 됨.
144) 구멍으로 넣어 주는 밥.
145) 멸(滅)하기는커녕. 여기서는 '멸(滅)하는 정도가 아니라'의 뜻임.
146) 구족(九族). ① 고조(高祖)로부터 현손(玄孫)까지의 직계친(直系親)을 중심으로 하

그걸낭은 그리 하소.

가뚱밧헤 지함파고, 구메밥을 먹을적에

황우양씨 괴상헌 꿈을꾸고, 심사가 산란하야지믜

여기 문복147) 잇는야 허니, 십리박게 잇나이다.

생금 서되 갓다주며, 문복하야 달나 허니 // 저 판수148) 거동 보소.

옥두리반149) 내여놋코, 대모150)산통151) 흔들면서

고축사152) 하되, 텬하언재153) 하며, 디하언재154) 하나니155)

춘추 믹일 통스언,156) 여텬디로 획기덕157) 하고

여일월로 획기명158)하고, 여사시로 획기길흉159) 하나니

---

여, 방계친(傍系親)으로 고조의 사대손(四代孫)되는 형제 · 종형제(從兄弟) · 재종
형제(再從兄弟) · 삼종 형제(三從兄弟)를 포함하는 동족(同族) ② 부족(父族) 넷 ·
모족(母族) 셋 · 처족(妻族)둘을 함께 일컫는 말, 여기서는 ②의 뜻에 더 가까움.
147) 문복(問卜). 여기서는 '문복자(問卜者)'의 뜻임. 점쟁이.
148) 판수. 점치는 것을 업으로 하는 소경.
149) 옥두리반. 옥도리판. 옥으로 만든 둥그런 상(床). '점상(占床)'을 말한 것임.
150) 대모(玳瑁). 대모갑(玳瑁甲). '대모'(玳瑁)는 거북과(科)에 속하는 바다 거북의 한 종
류. 등껍데기를 '대모'(玳瑁) 혹은 '대모갑'(玳瑁甲)이라고 하며 공예품 · 장식품 등에
귀중하게 쓰임.
151) 산통(算筒). 장님이 점을 칠 때에 쓰는 산가지를 넣는 통.
152) 고축사(告祝詞). 고축(告祝). 고하여 아룀. 하소연하여 빎.
153) 천하언재(天何言哉). 하늘이 무엇을 말씀하시더냐?『논어』(論語)『양화』(陽貨) 편에
'하늘이 무엇을 말씀하시더냐? 사시가 운행되며 만물이 생겨난다. 하늘이 무엇을 말
씀하시더냐?(天何言哉 四時行焉 百物生焉 天何言哉)라는 구절이 있음. 또한 『맹자
』(孟子) 만장장구 상(萬章句上)에는 '하늘은 말이 없으시다. 오직 행동과 사실로
서 보여 주실 따름이다'(天不言 以行與事示之而已矣)라는 구절이 있음.
154) 지하언재(地何言哉). 땅이 무슨 말을 하리요.
155) '-리요'라고 토(吐)를 다는 것이 맞음. 이 행은 점을 칠 때 사용하는 말임.
156) 춘추매일통사언(春秋每日通事焉). 언제나 일을 통할 분이다. 천지는 말을 통해서
뜻을 보이는 것이 아니라 일을 통해서 뜻을 나타낸다는 말임.
157) 여천지획기덕(與天地劃其德). 천지로써 그 덕을 나눔.
158) 여일월획기명(與日月劃其明). 일월로 그 밝음을 나눔.
159) 여사시획기길흉(與四時劃其吉凶). 네 계절로 그 길흉을 나눔.

대셩인 복희160) 신롱161) 황뎨,162) 구텬 텬왕163) 문왕164)

귀곡선싱165) 손빈선싱,166) 곽각선싱167) 리슌풍168)

소강졀169) 팔팔 육십사괘,170) 소불난등171)하야

길즉172) 길신173)이 융셩하고, 흉즉 흉신이 복챵174)하야

---

160) 복희. 복희씨(伏羲氏). 중국(中國) 고대(古代)의 제왕(帝王). 삼황오제(三皇五帝)의
수위(首位)를 차지하며 팔괘(八卦)를 처음으로 만들고 그물을 만들어 어렵(漁獵)의
방법을 가르쳤다고 전함.
161) 신농. 신농씨(神農氏). 반인반수(半人半獸)였다고 알려져 있는 고대(古代) 중국(中
國)의 전설상(傳說上)의 왕. 영농(營農)과 약초(藥草)의 신(神)으로 알려져 있음.
162) 황제(黃帝). 고대(古代) 중국(中國)의 전설상(傳說上)의 왕. 복희씨(伏羲氏)·신농
씨(神農氏)와 함께 삼황(三皇)이라 일컬어짐. 기원전 2700년경 천하(天下)를 통일하
여 문자(文字)·수레·배 등을 만들고, 도량형(度量衡)·역법(曆法)·음악(音樂)·
잠업(蠶業) 등 많은 문물제도(文物制度)를 확립하여, 인류에게 문화생활을 가져다
준 최초의 제왕(帝王)으로 숭앙됨.
163) 구천천왕(九天天王). 구천(九天)을 관장하는 하늘의 신. '구천'(九天)은 대지를 중심
으로 그 주위를 회전한다고 가정한 아홉 개의 천체를 가리키는 불교 용어.
164) 문왕(文王). 중국 주나라 무왕(武王)의 아버지.
165) 귀곡선생(鬼谷先生). 귀곡자(鬼谷子). 중국 전국시대(戰國時代)의 종횡가(縱橫家).
소진(蘇秦)과 장의(張儀)의 스승으로 알려져 있음.
166) 손빈선생(孫臏先生). 손빈. 중국 전국시대(戰國時代) 제(齊)나라의 병법가(兵法家).
손무(孫武)의 후손. 기원전 367년경 위(魏)나라 군사를 계릉(桂陵)에서 대파하고 기
원전 353년 조(趙)나라를 도와 위나라 군사를 재차 하남(河南) 대량(大樑)에서 격파
하여 병법가로 명성이 높았음.
167) 곽각선생. '곽곽선생'(郭郭先生)의 와음. 대개의 무당들은 '곽곽선생'이라고 지칭함.
'곽곽'은 '곽박'(郭璞)의 와음. '곽박'(郭璞)은 중국 동진(東晉)의 학자. 『산해경』(山海
經)과 『수경』(水經) 등을 지었으며, 경학(經學)과 역수(易數)에 능했다고 함. 무당들
에게는 정확한 점괘를 내게 해 주는 신적인 존재로 인식되고 있으며, 국사당(國師堂)
의 무신도(巫神圖)에도 이 곽곽선생이 있음.
168) 이순풍(李淳風). 중국 당나라 사람으로 보천(步天), 역산(曆算)에 능하여 갑자원력
(甲子元曆)을 지어 올렸다고 알려져 있음. 무가에서는 '곽곽선생'과 함께 신통한 점
괘를 내어주는 신적인 존재로 인식되고 있음.
169) 소강절(邵康節: 1011~1077). 중국 송나라 때의 유학자. 이름은 옹(擁). 자는 요부(堯
夫). 시호는 강절(康節). 도가서(道家書)인 선천상수(先天象數)의 학을 배웠고 신비
적인 수리학설을 세웠음.
170) 팔팔육십사괘(八八六十四卦).
171) 소불난등(疎不難等). 뜻이 통하여 어렵지 않음.

일결에175) 몡판ᄒ소서.176)

썰썩쏘다 내던지니, 질산177)이 지는구나.

또한번 내던지니, 모듬산178)이 지는구나.

도제179) 이졈 못하겟소.

뭇자는 문복이요, 아자는 천문이라 // 아는대로 일너주오.

그대집 터는 쑥밧 되고 // 부인은 남의 궁에 시집 갓스니

어서 급히 가서 보오 // 황우양씨 긔가막혀 시급히 밧비나와

속히 일을 하려하고, 삼년할걸 일년하고

일년할걸 한달하고, 한달할 걸 하루하야

밧비밧비 날여와서, 살든집에 와서보니

집터는 쑥밧이 되어, 주추ㅅ돌만 남어잇고

길어먹든 우물에는 청잇세가 세여잇고

길아래 댕댕이180)가 길우로 새덧스니

황우양씨 탄식하며, 하날을 우러러 통곡하고

상주추돌을 베고, 기진하야 잠들을졔

태빅산 갈마귀가 차돌도 돌도 못어더 먹고

---

172) 길즉(吉則). 길한 즉. 길하면. 좋은 일이면.
173) 길신(吉神). 길한 신. 좋은 신.
174) 복창. 명령에 따름.
175) 일결에. 한번에. 한꺼번에.
176) 명판(明判)하소서. 밝게 판결하소서. 여기서는 '확실한 점괘가 나오게 하소서'의 뜻.
177) 질산. 흩은 산. 산가지가 흩어져서 점괘가 잘 나오지 않는 상태.
178) 모듬산. 산가지가 모아지는 점괘.
179) 도저히.
180) 댕댕이. 댕댕이 덩굴. 새모래덩굴과에 속하는 낙엽 활엽 만초. 덩굴과 뿌리는 '목방기'(木防己)라 하여 이뇨제(利尿劑)로 쓰고 덩굴은 바구니 재료용임.

갈곡질곡 울고 가며 // 하석필181)이라 울고가니

황우양씨 샴쌱놀나 일어나며

날어가는 저 갈마귀, 날 비하야182) 울고가나?

하자183)는 아릭하ㅅ자가 분명하고 // 석자는 돌석자 분명허다.

돌밋헤 무엇이 잇나보다.

주초ㅅ돌을 들고보니, 부인의 한삼 들엇거라.

자세히 펼쳐보니, 유혈로 글을 썻스되

죽어서 오시거든. 황천으로 만나보고

살어서 오시거든, 소진뜰로 보옵시다 // 만단설화 하엿거라.

황우양씨 혈서보고, 성화갓치 날여가서

청다락184) 우물가에 로송나무 우에 안저

부인에게 꿈자리를 어질업게 하얏드니

부인이 짐작허고, 은동이 머리에 이고

우물가에 나가안져, 물한번을 둘너뜬이

황우양씨 그림쟈가 물가운데 빗치거라.

황우양씨 부인 이론말이

죽엇거든 울어 날이시고 // 살엇거든 우서 나리소서.

황우양씨 깃거하야, 허허웃고 나려오며

그사이를 못참어서, 남의 처가 되엿는가?

부인이 이론말이, 내 무엇이라 하옵쇠사?

---

181) 하석필(下石筆). 문맥상으로 해석하면 '돌 아래에 편지가 있다'의 뜻.
182) 나를 비유하여. 나를 빗대어.
183) 하자(下字). '하'라는 글자.
184) 청다락. 푸른 다락. 푸른색으로 지붕을 얹은 다락.

뭇는말 대답하야, 나싸지 고싱 하얏스나

그놈과 오날싸지 상관업시 피하야 왓소오니

원슈갑고 갓치가서, 질거웁게 사옵시다.

황우양씨 요술불여, 청싀홍싀 몸이되여

부인의 아홉폭치마 폭폭이 쌔여185) 들어가서

대직새186) 소직새 내여들고

소진랑의 졍수리 가죽 발꿈치로 붓처놋코

삼만육천 일신수족 용수업시187) 하야놋코

물푸레 회차리188)로 사정업시 싸리이니

소진랑이 혼겁하야,189) 고두박비190) 허는말이

아모죄도 업소옵고, 깃쏭밧헤 지함파고

구메밥 잠년191)간을 멕인죄 밧게 업소오니

목숨이나 살여쥬오. 황우양씨 이론말이

너를 피를내여 죽일 것이로되

국공192)의 자손이라. 그는 그리 못할망졍

돌함속에 가두어서 // 물한목음 못먹게 하야놋코

녜집 혼솔193)들은 거리거리 성왕194)되여

---

185) 싸여.
186) 대(大)집게. 큰 집게.
187) 용수(用手) 없이. 수단을 부릴 방법이 없이.
188) 회차리. '회초리'에 해당하는 방언.
189) 혼겁(魂怯)하여. 혼이 빠지도록 겁을 내어.
190) 고두백배(叩頭百拜). 머리를 조아리며 백 번이나 절을 함.
191) '삼년'(三年)의 오식(誤植).
192) 국공(國公). 고려 때의 다섯 작위(爵位)의 첫째.
193) 혼솔(渾率). 혼가(渾家). 한 집안의 온 식구.

올나가는 쟝군들[195] 나려오는 힝인들의

침이나 바더 먹게 말연허고

닭이 짐싱들은 뒷동산에 치처놋코[196]

쒱비닭이[197] 사심[198] 되어 // 총으로 탕탕 노와먹게 말연하고

황우양씨 양위부처 황산쓸로 올나와서 // 그날밤 유경할졔[199]

억새 덕새[200] 이곳잡어 저곳매고 // 저곳잡어 이곳매고

아홉폭 쥬리치마 좌우로 휘쟝치고 // 그날밤을 유경할졔

부인은 그동안에 무슨 지조를 비웟소?

대감님 쎠나가신 후로, 눈물로 세월을 보늬옵다.

소지한쟝 지여써서, 텬하궁에 올넛드니 // 이기누에[201] 한졉시라.

열흘밤 멕여 잠지이고, 섭헤다[202] 올넛드니

청싞곳치[203] 빅싞곳치 황싞곳치 닷말이라.

거린대[204] 압헤 놋코 // 한번잡어 늬외치니, 나그네명지 것명지[205]

두번잡어 늬외치니, 쥬인네 명지 속명지

쉰대쟈 마흔대쟈 나가지고[206] // 대감님 일습[207]한벌 지여놋코

---

194) '성황'(城隍)의 와음. 서낭. 부락 수호신(守護神)의 하나.
195) 장군. 시장에 모여드는 장사치들. 시장을 보러 가는 사람들.
196) 쫓아 올려 보내어 놓고. 쫓아 올려 보내어서.
197) 꿩과 비둘기.
198) '사슴'에 해당하는 방언.
199) 유경(留經)할 때에. 머물러 시간을 보낼 적에. 머물러 밤을 보낼 적에.
200) 앞의 '억새'에 운을 맞춘 것임.
201) 애기 누에. 누에 새끼.
202) 섶에다. '섶'은 누에가 올라가 고치를 짓도록 마련해 놓은 짚이나 잎나무.
203) 청색 고치. 푸른색의 누에고치.
204) 거린대. 베를 짜는 기계. 베틀.
205) 겉명주.
206) 날아 가지고. '날다'는 '피륙이나 돗자리 같은 것을 짜려고 틀에 날을 걸어 벌리다'의

동챵문을 열고보니 // 졈심골이208)가 왓다갓다 하옵듸다.209)

그직조가 무던하오?210) 황우양씨 이론말이

우리직조 그러허나, 사후에 죽어지면

물술211)이나 어더먹고, 쳔추만년 가드리도

축원덕담 바더먹게, 나는 셩쥬되고

부인은 지신되여, 방방212) 면면촌촌213)

집집마다 셩쥬되고 지신 되엿슬졔

아모동214) 아모가쥼 셩쥬지신 되엿는대

셩쥬님 위하실여 하옵고

시루머리 독반215) 별머리216) 위셩,217) 쟌상거완218) 명젼219)나젼220)

로보시221) 산닭 모고리222) 밧쳐놋코

<hr />

뜻임. '베를 짜서'로 볼 수도 있음.
207) 일습(一襲). 옷 한 벌.
208) 졈심고리. 점심을 담은 고리. '고리'는 껍질을 벗기어 말린 고리버들로 만든 그릇.
209) 이 부분은 황우양 씨 부인이 하루 아침나절에 명주베를 짜서 옷 한 벌을 지을 수 있었다는 말.
210) 보통입니까? '대단하지 않습니까?'의 뜻임.
211) 물술. 무술. 현주(玄酒). 술 대신에 제사에 쓰는 냉수.
212) 방방곡곡.
213) 면면촌촌(面面村村). 면마다 촌마다.
214) 아무 동[某洞]. 어느 동네. 이 '아모'는 실제 굿을 할 때에는 그 굿을 하는 마을에 따라 다르게 불리게 됨.
215) 시루머리 독반. 따로 차린 떡시루.
216) 별머리. (성주를 위하는 뜻으로) 특별히 마련한 소머리.
217) 위셩. 떠받들어 모심.
218) 쟌상거완(盞床巨碗). 잔과 상과 큰 주발.
219) 명젼(命錢). 오래 살게 해 달라는 뜻으로 올리는 돈.
220) 나젼. 나이젼. 오래 살게 해 달라는 뜻으로 올리는 돈.
221) 아마도 '너붓이'일 것으로 판단됨. 너부죽이. 널다랗게.
222) 아마도 '목 오리' 였을 것으로 판단됨. 목을 잘라.

위성하고 대하오니, 정성으로 감하시고[223]

만사망[224] 덕사망[225]을 나리시고

아모 가중은 이러니 저러니 할지라도

위대헌[226] 가중은 일년 열두달 // 과년[227] 열석달이 지나가도

삼재[228]팔란수[229] 다 익운을 천리밧게 소멸하고

만스순성[230] 대통운[231] 하고

맘먹엇든 일을낭은 뜻과갓치 되게 점지하고

셩쥬님이 불안허면, 지신님이 안존허고

지신님이 불안허면, 셩쥬님이 안위안정 하시고

대쥬님이 불안허면, 계쥬님이 안위안정 하시고

셩쥬님도 가왕이요, 지신님도 가왕이요

대쥬님도 가왕이요, 계쥬님[232]도 가왕이라

네 가왕이 합이[233]되야 // 한나무 긋이[234] 눌낙일낙[235] 하고

---

223) 감시하고. 운감하시고. '운감'은 제사에 차려 놓은 음식을 귀신이 맛봄.
224) 만사망. 온갖 사망. '사망'은 장사에서 이익을 많이 보는 운수.
225) 덕(德)사망. 앞의 '만사망'에 운을 맞춘 것임. 굳이 해석을 하자면 '많은 덕'의 뜻임.
226) 우대(優待)한. 신을 모셔 잘 위한 (가정). 곧 '이 제의를 거행한 (이 가정)'을 말함.
227) 과년(過年). 음력으로 윤년(閏年)을 말함. 음력에서는 3년에 한 번씩 윤달이 든다.
228) 삼재(三災). 사람의 태어난 해의 간지(干支)에 맞추어 한 해의 운수(運數)를 점치는
    방법 가운데 하나. 띠만 알면 판별이 가능하기 때문에 가장 단순한 것이라고 할 수 있고
    그만큼 널리 알려져 있기 때문에 민간(民間)에서는 일차적으로 꺼리는 대상이 됨.
229) 팔난수(八難數). 여덟 가지의 재난을 만나는 운수. '팔난'은 배고픔·목마름·추위·
    더위·물·불·칼·병란(兵亂)의 여덟 가지의 재난.
230) 만사순성(萬事順成). 온갖 일이 순조롭게 이루어짐.
231) 대통운(大通運). 운수 대통.
232) 계주. 무당이 굿을 하는 집의 주인 여자를 일컫는 말.
233) 합의(合意).
234) 끝이.
235) 누울락 일어나락.

이 만신[236) 놀고간 뒤에는 // 선삼일 복을 쥬고, 후삼일은 명을 주어 칠비동산[237)에 만만슈[238) 노적[239)이 나리여 줍소서.

## 성주본가의 이해

\* 성주풀이는 성주굿에서 불리는 무속신화이다. 성주굿은 성주신을 제향 하는 굿거리이고, 성주는 가옥의 신으로 가족원의 재수와 화복을 관장하 는 기능이 있다. 가정의 신은 남신인 성주신과 여신인 터주신, 그리고 조상신이 있다. 성주신과 터주신은 부부신으로서 한 가정의 행복을 관장 한다. 두 가지 유형이 전승되는데, 경기도 남부지역에서 전승되는 황우 양씨 이야기인 '성주본가'와 경남 동래지방에서 전승되는 '성조신가'가 있다. 두 가지 모두 가택신인 성조신의 내력을 이야기한 것으로, 부부 사이의 이별과 해후를 노래하고 있다는 공통점이 있다. 그러나 구체적인 내용은 많은 차이가 있어서 문학적 관점에서 상이한 서사유형으로 본다. 참고로'성조풀이'는 "솔씨의 파종→연장의 제조→가옥의 축조→성조신 으로 좌정→부인의 소박→성조의 귀양살이→성조의 귀환→5남5녀의 출 산"등을 핵심 내용으로 한다.

\* '성주본가'의 서사단락

1) 남주인공의 혈통과 탄생과정(천신인 부친과 지신인 모친 사이에서 황우양씨가 탄생한다. - 천부지모 사이에서 탄생)

---

236) 만신. 무당을 일컫는 용어의 하나.
237) 칠비동산. 칠보(七寶). 칠보로 장식한 동산. '칠보'(七寶)는 일곱 가지의 보배.
238) 만만수. 많고 많은.
239) 노적(露積). 밖에 쌓아 놓은 곡식.

2) 남주인공의 능력(남주인공은 외모가 아름답고 재능이 뛰어났다. - 아름다운 외모와 뛰어난 재능)

3) 천하궁에서 황우양씨 호출(천상에서 성주를 이룩하려고 황우양씨에게 차사를 보낸다. - 천상으로부터 차사 파견)

4) 남주인공의 저항(천하궁 차사는 황우양씨의 위엄에 눌렸으나 주왕신의 도움으로 명령을 전달한다. - 주왕신의 도움으로 천하궁의 명령 전달)

5) 여주인공의 목수 연장 마련(부인은 남편에게 연장과 의복을 만들어준다. - 부인의 도움으로 치행의 채비를 갖춤)

6) 부인의 당부(부인은 도중에 만나는 사람과 대화를 하지 말라고 부탁한다. - 부인의 대화 금지 당부)

7) 소진랑과의 대화(황우양씨는 소진랑과 대화하고 소진랑과 의복을 바꿔 입는다. - 부인의 당부 위반)

8) 소진랑이 황우양씨의 부인을 겁박(소진랑이 황우양씨 부인을 겁박하여 소진뜰로 내려온다. - 소진랑의 황우양씨 부인 납치)

9) 황우양씨 부인이 구메밥 3년을 먹으며 소진랑과의 결연을 연기하다. (혼례의 지연)

10) 황우양씨가 천하궁에서 흉몽을 꾸고 문복하다.(몽조로 부인이 납치된 사실을 앎)

11) 황우양씨는 부인의 혈서를 보고 소진뜰로 부인을 찾아간다.(부인과의 재회)

12) 황우양씨가 소진랑을 징치한다.(부인의 도움으로 소진랑을 징치하여 서낭으로 만든다. - 소진랑의 징치)

13) 황우양씨는 다시 황산뜰로 와서 성주가 되고 부인은 지신이 된다.(신

으로 좌정)

* '성주본가' 서사의 핵심은 황우양씨 부부의 분리와 재결합의 과정이다. 1)황우양씨의 탄생, 2)황우양씨의 결혼(부부, 가정의 탄생), 3)황우양씨의 천하궁행(부부 분리), 4)소진랑과의 대화(금기 위반-틈입자의 출현), 5)소진랑의 내습(부인 납치), 6)부인의 지혜로 정절 수호(구메밥 먹음-고난), 7)황우양씨의 귀환과 소진랑의 징치(부인 구출), 8)부부의 재회와 신으로 좌정 등으로 나타난다. 이러한 핵심 단락의 서사구조는 부부로 이루어진 단란한 가정이 천하궁의 강압적인 요구로 인하여 남편의 출행으로 부부가 분리되고, 부인이 혼자 남은 가정에 침입자가 나타나 부인을 납치함으로써 가정이 파괴되었다가 남편이 귀환하여 부인을 구출하여 본래의 가정을 회복한다는 내용이다.

'성주본가'는 부부가 중심인 가정의 행복과 시련을 보여주는 이야기이다. 이 신화에 등장하는 황우양씨 부부는 이상적인 부부상으로서 부부의 정이 어떠한 것이며, 남편과 아내가 지켜야 할 도리가 무엇인지를 극명하게 보여준다. 황우양씨는 외모가 아름다울 뿐 아니라, 가장으로서 위엄과 능력을 갖춘 인물로 설정되어 있다. 또한 천하궁에까지 알려진 목수로서 그의 명성은 그가 가정의 행복을 위하여 일하는 능력을 충분히 갖추고 있음을 말해준다. 여기에 그의 부인은 더 한층 완벽한 여성으로 그려지고 있다. 아름다운 용모, 예지 능력, 지혜와 재능, 그리고 투철한 정절의식까지 겸비한 인물이다. 가장 이상적인 아내는 남편을 편안하게 해주면서 남편의 고민을 해결해 주는 여인, 황우양씨의 부인은 바로 그러한 여인이다. '성주본가'는 사랑으로 결합된 부부의 사랑 중심의 가정

이야기라고 할 수 있다. 이 신화는 한 여성과 두 남성의 삼각관계를 보여
준다는 점에서 사랑이야기의 기본 모형을 제시한 것이다.

제6장

# 칠성풀이(줄포)*

    옛날에 공자님도 이구산에 빌어서 낳고, 맹자님도 이구산에 빌어서 낳고, 효자 유충렬도 남악산에 빌어서 낳고, 어사인 이도령도 정화수를 떠놓고 정성을 들여 낳아서 전라도 어사를 하였다고 한다. 천하궁에 칠성님이 살았는데 열일곱이었고 지하궁의 옥녀부인은 열여섯이었다. 옥녀부인이 한 번은 칠성님께 청혼을 하였는데 칠성님이 전혀 무관심하였다. 두 번, 세 번을 청혼하니 이것도 연분이라 생각하여 허락을 하였다.

    사주단자(四柱單子)를 보내고 택일을 하여 칠성님이 장가를 가게 되었는데, 호사롭게 차려입고 오른쪽에는 큰 양산을 세우고, 왼쪽에는 큰 장대를 세우고 무지개를 다리 놓아서 호기 있게 신부 집으로 행차하였다. 신부의 집에 도착하여 주참청(駐站廳)에 잠시 머물다가 대례청을 바라보니 대

---

  * 「칠성풀이」는 관북관서·호남제주도 등지에서 전승되는 무속신화로, 수명장수 관련 신화이다. 내용은 전실의 소박과 전실 아들과 후실부인과의 갈등을 중심으로 가정 내에서의 부부관계와 부모 자식관계의 문제를 다루고 있다. 여기에서는 임석재(任晳宰) 선생이 조사하여 「줄포무악(茁浦巫樂)」에 수록한 호남지역본을 이야기의 줄거리를 중심으로 요약하여 소개한다. 이하 서대석의 『한국의 신화』(집문당, 1997, 269~276쪽)를 참고하였다.

례청이 화려하게 준비되어 있었다. 병풍을 좌우에 둘러쳐 놓았고, 차일을 쳐놓고, 온갖 화초를 꽂아놓고, 암탉과 장닭을 잡아서 쌍을 맞추어 상을 차려놓았다. 신부 역시 호사롭게 차려입고 있었다. 칠성님이 대례청에 도착하여 인연주(因緣酒)를 부어 놓고 합환주(合歡酒)를 마신 후에 잘 꾸며 놓은 방안으로 들어가서 옥녀 부인과 인연을 맺었다.

그런데 결혼 후 10년이 지나도록 자식이 없었다. 하루는 칠성님이 옥녀 부인에게 하는 말이 "부인, 다른 사람은 내 나이에 아들 낳고 딸 낳아서 잘 기르는데 우리는 아직 자식이 없으니, 우리도 공을 들여서 자손을 낳아 봅시다." 하였다. 이에 부부가 부처님께 시주하고, 후원에 칠성당을 만들어 놓고 석 달 열흘 동안 지성으로 공을 들였다. 그러고 나니 하루는 밤에 상서로운 꿈을 꾸게 되었다. 발 아래로 별이 일곱 개가 떨어져서, 그것을 치마 앞에 놓고 보려고 하니 꿈에서 깨어나게 된 것이다. 그리고 그 달 보름부터 태기가 있었고 열 달을 다 채운 후에 출산의 기미가 있었다. 삼신할머니께 순산하기를 정성스럽게 빌고 난 다음 얼음에 배 밀 듯이 애기를 낳고 보니 아들이었다. 아이가 나온 후에 태(胎)가 나오기를 기다리고 있는데 애기가 또 나왔다. 또 아들이었다. 이렇게 넷, 다섯, 여섯, 일곱, 일곱 아기를 계속해서 낳았다.

"여봐라, 하인아, 칠성님께 자손 다 낳았다고 여쭈어라." 하는 말을 밖에서 칠성님이 듣고는 "아들을 낳았느냐?" 하고 물으니 "아들을 낳았습니다." 하고 답했다. 칠성님이 좋아하며 사주를 적어 보려고 숯과 종이를 들고 산모의 방 안으로 바삐 들어와서 보니 산모까지 여덟 명이 옹기종기 누워 있었다. 칠성님이 이를 보고 뒤로 물러서며 하는 말이 "아이고, 옥녀부인, 미물 짐승도 새끼는 둘도 많다고 하는데 하물며 사람이 한 탯줄 안에서 일곱 자손을 낳으니 이게 웬 말이요? 나는 저 자손을 젖 없어서 못 키우겠고, 밥 없어서 못 키우겠소." 하였다. 칠성님은 그 자리에서 소박을 주고 천하궁에 올라가서 후실 장가를 가버렸다.

'하루아침에 남편과 이별하고 아버지 없는 자식을 어떻게 키울 수 있단 말인가.' 옥녀부인은 이렇게 생각하고 용왕의 밥이나 되라고 바다에다 아이들을 내다버릴 생각으로 영청수로 찾아갔다. 그런데 갑자기 하늘이 진동하면서 자기를 부르는 소리가 들렸다. "여보시오, 옥녀부인, 그 자손은 하늘이 보내서 낳은 자손입니다. 물에 넣어도 죽지 않고, 불에 넣어도 죽지 않고, 저절로 클 자손입니다. 여기다가 내던지면 당신은 앉은뱅이가 될 것이니 어서 빨리 돌아가서 밤에는 죽을 쑤어 세 숟가락씩만 먹이고 낮에는 일곱 번씩만 젖을 먹이면 하루가 다르게 자라날 자손들입니다." 이 말을 듣고 옥녀부인이 발길을 되돌려 집으로 돌아와서 청사 이불에 검은 모래로 베개를 만들어 이리저리 뉘여 놓고 밤이면 죽을 쑤어 세 숟가락을 주고 낮이면 다른 사람에게 젖을 동냥하여 일곱 번을 먹이니 아이들이 저절로 하루가 다르게 쑥쑥 자라났다.

그럭저럭 십오 년이 흘러서 아이들이 모두 열다섯 살이 되었다. 하루는 아이들이 모두 모여서 어머니께 말하기를 "어머니, 우리가 글공부를 아니 하면 상놈이 되기 쉽습니다. 글공부나 시켜 주십시오." 하였다. 이에 옥녀부인이 아이들을 서당에 입학시켜서 글공부를 시켰다.

어느 해 봄이 되었는데 하루는 서당 선생님이 산수구경 나가시고 안 계시는데 서당 아이가 일곱 아이들에게 '애비 없는 호로 자식'이라고 놀려댔다. 일곱 아이들이 깜짝 놀라 울고불고 집으로 돌아와서 "아이고, 어머니. 아버지가 돌아가셨으면 무덤이라도 알려주시고, 살아 계시면 간 곳이나 가르쳐 주십시오." 하였다. 이에 어머니가 대답하기를, "여봐라, 일곱 아기야. 이제 와서 너희들을 어떻게 속이겠느냐. 너희 아버지께서는 한 배에 칠형제를 낳았다고 어이없고 무섭다고 천하궁으로 올라가셔서 후실 장가를 가셨단다." 하였다. 아이들이 "어머니, 저희들은 아버지를 찾아가 겠습니다." 하니, 어머니가 바지도 일곱 개, 웃옷도 일곱 개를 준비하고 버선과 신발도 일곱 개를 마련하여 주니 아이들이 떠났다. 점점 멀어져 가는 아이들을 바라보면서, 남편 잃고 자손마저 잃은 옥녀부인이 기가 막혀 통곡을 하였다.

일곱 아이들은 천하궁에 올라가서 "여보시오. 지하궁으로 장가를 가셨다가 천하궁에 다시 와서 후실 장가를 가신 댁이 어디에 있습니까?' 하고 물었다. "저기 청기와 집이 바로 그분의 집입니다." 일곱형제가 청기와 집에 당도하여 문전에서 바라보니, 네 귀에 풍경을 달아서 바람이 살짝 불면 쟁그렁 치는 소리가 들리는, 길한 터에 지은 큰 집에서 칠성님이 세월 가는 줄을 모르고 살고 있었다. "아버지 문안드립니다." 하고 일곱 형제가 인사를 하니, 칠성님이 듣고는 "날아가는 새도 못 날아들고, 기는 벌레도 못 기어 들어오는데 여기가 어디라고 너희들이 찾아왔느냐? 사람이냐 귀신이냐? 사람 같으면 들어서고 잡귀 같으면 물러가라." 하였다. 일곱 아이들이 안으로 들어간다. "아버지, 문안드립니다. 저희 일곱 형제는 아버지가 안 계셨어도 이렇게 장성하였습니다." 하였다. "아이고, 내 자손들아. 너희들이 나를 찾아왔구나." 하며 칠성님이 기쁘게 맞아주었다.

하루는 일곱 아기를 일일이 앉혀놓고 계모가 하는 말이 "독서당을 차려 줄까? 글공부를 시켜줄까? 진사급제를 시켜줄까? 내가 난 자손이라도 너희들보다 더 예쁘지는 않을 것이다." 하였다. "어머니. 독서당을 차려주십시오." 독서당을 차려놓고 칠성님이 일곱 아기의 글공부를 시키는데 글공부가 아주 좋았다. 그래서 칠성님은 글공부에만 정신이 팔려서 살림에는 전혀 신경을 쓰지 않게 되었다.

계모가 적적하고 한심하여 하루는 혼자 생각하기를 "전실 자손 때문에 살림이 모두 거덜나고 남편과의 인연도 끊어지겠구나. 이 자손들을 어떻게 해버릴까?" 하였다. 계모가 드디어는 울화병이 나서 밤낮으로 앓게 되었다. "아이고 아이고 내 신세야. 전실이 앓고 있다면 점이라도 쳐서 살릴 테지만 내가 이렇게 앓아 누워있으니 본체만체하는구나. 후실은 쓸데없구나." 사랑에 있던 칠성님이 이 말을 듣고 깜짝 놀라 안으로 들어와서 "여보시오 부인, 어디가 아프십니까? 약방에도 사람을 보내보고 점도 쳐서 고쳐봅시다." 하였다.

칠성님이 점을 보러 가기 위해서 복채를 준비하는 동안에 계모가 지름길로 점쟁이에게 찾아갔다. "여봐라, 점쟁이. 거기에 있느냐?" "거기 누가 나를 찾소?" "내가 왔노라." 점쟁이가 문을 열고 계모를 맞아들여 앉혀놓고, "무슨 일로 찾아오셨소?" 하고 물었다. 계모가 하는 말이 "칠성님이 점을 보러 오시거든 다른 말은 하지 말고, 경(經)을 읽어도 소용없고, 굿을 하여도 소용없고, 약을 써도 소용이 없다 하여라. 동쪽 인간 일곱이 들어와서 병이 났으니 일곱 애기의 창자를 먹여야 병이 낫는다고만 하여 두어라." 하였다. 이 말을 듣더니 문복쟁이가 하는 말이 "아이고 나는 그 점 못 치겠소. 일곱 목숨을 죽여서 무슨 벌을 받으려고 그런 말씀을 하시는 겁니까?" 하였다. "노비 전답 나누어 가지세. 내 살림을 자네를 주겠네." 계모가 이렇게 말하고서 머리에 찌르고 있던 봉황 비녀와 손에 끼고 있던 금반지, 옥반지를 빼어 주었다.

계모가 나간 후에 칠성님이 도착하였다. 경황없이 들어오더니만 "점쟁이 거기에 있느냐?" 하였다. "거기 누가 나를 찾소?" 하니 "나의 부인이 병이 나서 점을 치러 왔노라."고 답하였다. 문복쟁이가 문을 열고 나가서 칠성님을 영접하여 안으로 들어왔다. 점쟁이가 점상을 놓고 산통(算筒)을 굴려서 점을 치고 난 다음에 하는 말이 "아이고 이 점은 못 하겠소." 하였다. 이 말 듣고 칠성님이 "점이 나오는 대로 말해주소." 하였다. 점쟁이가 산통을 다시 굴려서 점을 보더니 "아이고 동쪽 인간 일곱이 들어와서 병이 났습니다. 경을 읽어도 소용없고 굿을 해도 소용없고, 약을 써도 소용없습니다. 일곱 애기의 창자를 삭혀서 먹이면 병이 낫게 될 것입니다. 이 자손들은 이름만 있는 자손이기 때문에 다 죽이면 다시 한 탯줄에서 삼정승할 삼형제가 태어날 것입니다." 하였다. 이 말을 듣고 칠성님이 점쟁이의 집을 나오면서 "아이고 어떻게 할거나. 신선같은 나의 자손 일곱 형제를 어떻게 하면 좋을까" 하면서 서럽게 통곡을 하였다.

이때, 일곱 애기들은 하루 공부를 마치고 저녁밥을 먹고 난 후에 날이 저물도록 아버지가 돌아오시지 않자, "아버지가 아직까지 돌아오시지 않으니 우리 일곱 형제가 배웅을 나가자." 하고 이리저리 아버지를 찾아 나섰다. 한 곳에 도착하니 아버지 우는 소리가 처량하게 들렸다. "동생들아, 아버지가 우신다. 어서 빨리 가보자." 하고서 소리나는 데를 찾아 가보니 칠성님이 넋을 잃고 울고 있었다. "아버님, 어서 집으로 가시지요." 칠성님이 일곱 애기를 앞세우고 집으로 돌아가는데, 일곱 애기가 물었다. "아버지, 점괘가 어떻게 나왔습니까? 어머니가 돌아가신다고 하던가요?" "일곱 애기야, 너의 어머니가 죽는다고 했다면 어찌 내가 원통하리……." 하면서 점괘 이야기를 다 해 주었다.

일곱 애기가 가던 길을 멈추어 서서, "아버지, 부모님은 한 번 가면 다시 못 오지만 자손은 낳으면 되지 않습니까? 저희들의 창자를 잡수게 하여 어머니를 살립시다. 걱정하지 마시고 집으로 가시지요." 하고 아버지를 모시고 산을 넘어서 집으로 돌아가는데 한 모퉁이를 지나자 사슴이 갑자기 나타나서 앞을 가로막고 서 있었다. 칠성님이 하는 말이 "여봐라, 사슴아. 대장부가 큰일을 보러 가는데 길을 막지 말고 아래로 비켜 서거라." 하였다. 그래도 사슴이 꼿꼿이 서서 가는 길을 막으면서 하는 말이 "여보시오, 칠성님. 저 자손을 낳으려고 온갖 공을 다 드렸는데 이제 와서 죽인다니 웬 말입니까? 저 자손들을 낳아놓으니, 칠성님이 그 자리에서 소박을 주고 천하궁으로 올라가 후실 장가를 가버렸고, 일곱 자손들도 아버지를 찾아간다고 떠나간 후에 나는 남편 잃고 자손마저도 잃고 홀홀단신 외로이 살다가 내 자손들 살리려고 이렇게 산중의 사슴이 되었습니다." 하였다. 사슴이 일곱 애기를 불러서 뒤로 물러나라 하니 일곱 애기가 갑자기 간 곳 없이 사라져서 보이지 않았다. 그리고 사슴이 창자 일곱 개를 내어서 주면서 "앞문으로 이 창자를 들여 넣고 계모가 어떻게 하는지를 뒷문으로 엿보십시오." 하였다.

칠성님이 창자 일곱을 손에 들고 집에 돌아와서 앞문으로 들여놓고 뒷문으로 가서 엿보니, 계모가 일곱 창자를 손에 들고 살짝 입술에다 묻힌 후에 헛간에다가 버리면서 하는 말이 "일곱 애기 너희들은 불쌍하다. 만약 일곱 애기를 내가 낳게 되면 그때는 잘 먹이고 잘 입히리라." 하였다.

육일이 지난 후에 계모는 병이 다 나았다. "나의 목숨을 살리려고 일곱 목숨이 죽었으니 일곱 애기 씻김굿이나 해 주어야겠다."고 생각하고 온갖 음식을 장만해서 씻김 잔치를 하였다. 이때 한 나무꾼이 지게를 지고 산중으로 가다가 혼자서 하는 말이 "일곱 애기 불쌍하다. 이제 죽어서 이 산중에 묻혔구나. 너희 집에서 너희들의 어머니가 병이 다 나아서 씻김 잔치를 한단다. 넋이라도 어서 가거라." 하였다. 일곱 애기가 이 말을 듣고, "형제들아, 어머니가 나으셨단다. 우리 어서 어머니를 뵈러 가자" 하고서 허둥지둥 집으로 향하였다.

일곱 형제가 집에 도착하여 대문을 들어서면서 "우리 아버지 어머니를 뵈러 왔다." 하니 문간의 하인이 이를 보고 주문(呪文)을 외웠다. "귀신이면 물러가고 사람이면 들어오라." 일곱 애기가 대문을 들어서서 "어머니 아버지 문안드립니다." 하니 "이미 죽은 자식이 이게 어떻게 된 일인가? 나는 너희 같은 자손이 없다." 하였다. 이에 일곱 형제들이 다시 "아이고, 아버지 어머니 문안드립니다." 하였다. "여봐라, 일곱 애기야. 너희들이 귀신이냐, 사람이냐?" "사람이라서 여기에 왔습니다." 하니 "너희가 나의 자식이라면 나가서 큰 나막신을 신고 흔적 없이 집으로 들어와 봐라" 하였다. 일곱 애기가 나가서 큰 나막신을 신고 흔적 없이 집으로 들어서자 "아이고, 너희들은 귀신이다. 귀신이 해를 끼치려고 한다." 하였다. "아버지, 손가락을 잘라서 피를 모아 확인해 보시지요." 하고는 많은 사람들이 지켜보는 가운데 쟁반에다가 물을 떠놓고 그 위에 손을 베어서 피를 떨어뜨렸다. 칠성님의 피는 뼈가 되고 일곱 애기의 피는 살이 되어서 엉기면서 모여들었다. 이때, 계모가 나오더니 "나도 해보겠다." 하면서 손을 베어 피를 떨어뜨리니 물 위의 기름과 같이 둥실 떠 있었다. 그제야 칠성님이 달려들어 일곱 애기의 목을 안으면서 "아이고, 나의 자손들아. 갑자기 간 곳 없이 사라져서 귀신이 된 줄 알았더니 이렇게 살아 있었구나." 하였다. 그리고 계모를 바라보면서 "요망하고 방자한 저 년을 당장 밖으로 내어놓고 활로 쏘아 죽여라." 하였다. 일곱 애기가 "아이고, 아버지. 그래도 어머니인데 어떻게 활로 쏘아 죽이겠습니까." 하였다. 그러자 칠성님이 달려들어 이리저리 엎어 치니, 계모가 살모사가 되었다가 개구리로 되었다가 두더지로 되었다. "천상에서 큰 죄를 지었으니 어떻게 해를 보고 살 수 있겠느냐. 하늘을 볼 수 없게 두더지가 되어라." 하니 갑자기 사라져버렸다.

그제서야 칠성님이 "여봐라 일곱 애기들아. 너희들의 친어머니를 찾아가자. 남편 잃고 자식 잃고 홀홀단신 외롭게 지내는 너희 친어머니를 찾아가자." 하고는 지하로 내려와서 옛 살던 집을 바라보니 앞벽은 헐어져 있고 뒷벽은 무너져 있고 마당은 쑥대밭이 되어 있었다. 지나는 사람에게 물었다. "여보시오. 여기에서 살던 부인은 어디로 갔습니까?" "남편 잃고 자손 잃고 서럽게 울다가 이 연못에 빠진 지가 석 달 열흘이 되었습니다." 일곱 애기 이 말을 듣고 눈물을 흘리며 어머니를 부르면서 연못 안으로 들어갔다. 연못물도 사실을 알아차렸는지 점점 말라 갔다. 어머니를 다시 부르니 연못물이 한층 더 말라 갔고 세 번째 어머니를 부르니 연못물이 완전히 말라버리고 연못의 청지기가 나타났다. "어떤 사람인데 여기에 왔느냐?" 하고 물으니 "우리 아버지께서 지하로 장가를 들었다가 저희 칠형제를 낳으시고 천하궁으로 올라가셔서 후실 장가를 가셨는데 우리가 아버지를 다시 찾아서 모시고 왔습니다." 하니 그제서야 들어오라고 하였다.

일곱 애기가 꽃을 손에 들고 가서 어머니의 시체에 꽂으니 뼈가 돋아나고 살이 돋아나고 숨이 다시 되살아났다. "아이고 어머니, 살아 생전에 한이 되었던 아버지를 모시고 왔습니다." 하니 어머니가 "아이고 내 아들아. 너희들은 하늘이 낸 효자들이다. 너희 칠형제가 아버지를 모시고 왔구나." 하였다. 그리고 연못 밖으로 나와서 천하궁으로 올라갔다.

칠성님이 일곱 애기를 불러 앉히고 "여봐라, 일곱 애기야 너희들은 무엇이 소원이냐?" 하고 물었다. "아버지와 어머니가 같이 살지 못한 것이 한이었는데 이제 다시 만나 사시게 되었으니 이제 아무런 소원도 없습니다. 저희는 이제 칠성으로 가겠습니다." 하였다. 이에 칠성님이 "북두칠성에 가거라. 남두칠성에 가거라. 서두칠성에 가거라. 동두칠성에 가거라." 하여 칠성으로 보내놓고 칠성님과 옥녀부인은 견우성과 직녀성이 되었다.

### 칠성풀이의 이해

* '칠성풀이'는 지역에 따라 무가의 명칭이 다르다. 관북지방에서는 '살풀이', 관서지방에서는 '성신굿', 호남지역에서는 '칠성풀이', 제주도에서는 '문전풀이'로 불린다. 문학적인 측면에서 이들은 하나의 서사유형으로 파악된다. 지역에 따라 세부적인 내용은 다소 차이가 있으나, 전처 소생의 아들들이 후처의 모해를 받아서 죽게 되었지만 천우신조로 살아나 후처의 악행을 응징하고 위기를 모면한다는 이야기이다. '칠성풀이'는 가정을 배경으로 계모와 전실 아들 사이의 갈등으로 전개되는 무속신화이다. 요약해 보면 혼례→아들의 출산→모친의 소박(모친의 죽음)→부친의 재혼→계모의 위해→아들의 위기 모면→계모의 징치→신으로 좌정 등의 내용이다. '칠성풀이'는 가정의 탄생 및 가정의 시련과 극복과정을 보여주는 가정신화로서 가족원 간의 관계를 통해 가장 원초적이고 기본적인 인간관계의 문제를 제기한 무속신화로서 주목된다.

* 호남지역 전승본 '칠성풀이'의 서사단락
  1) 칠성님과 매화부인이 혼례를 한다.(혼례)

2) 부부 사이에 혈육이 없어 기자치성을 드린다.(기자치성)

3) 신비한 태몽을 꾼다.(태몽)

4) 매화부인은 한꺼번에 7형제를 낳는다.(7형제의 출생)

5) 칠성님은 7형제 출산을 알고 매화부인을 소박한다.(부인 소박)

6) 칠성님은 옥녀부인에게 후실 장가를 간다.(부친 재혼)

7) 매화부인은 소박을 맞고 7형제를 물에 띄워 버리려고 한다.(기아)

8) 초월적 존재의 훈계에 의해 아들들을 다시 양육한다.(구출 양육)

9) 7형제는 서당에서 동접들에게 '아비없는 자식'이라는 놀림을 당하고 모친에게 아버지 있는 곳을 묻는다.(부친 탐색)

10) 매화부인은 아들들에게 아버지 있는 곳을 가르쳐준다.

11) 7형제는 천상으로 아버지를 찾아간다.(부친 방문)

12) 칠성님이 여러 가지 친자 확인 시험을 한다.(친자 확인)

13) 칠성님이 전실 아들만 돌보자 옥녀부인이 7형제를 모해하려고 꾀병을 앓는다.

14) 후실부인은 문복장이를 매수하여 '7형제의 간을 먹어야 낫는다'고 말하게 한다.

15) 칠성님은 7형제를 죽여서 후실부인의 병을 고치려고 한다.(부친의 아들 살해 기도)

16) 금사슴이 후실부인의 음모를 폭로하고 자기의 간으로 7형제를 구출한다.(짐승의 희생)

17) 금사슴의 간으로 후실부인은 병이 나았다고 하고 잔치를 한다.

18) 7형제가 잔치에 참석하자 후실부인의 병이 재발한다.

19) 후실부인과 7형제는 칼자루와 칼날을 물고 하늘의 심판을 받는다.(신

의 심판)

20) 후실부인은 죽어서 짐승이 된다.(계모의 징치)

21) 아들 7형제는 칠성님을 모시고 고향으로 돌아와 연당에 빠져 죽은 모친을 살려낸다.(모친의 회생)

22) 아들들은 칠성신이 된다.(신성의 획득)

제7장

# 장자풀이(사마장자와 우마장자 – 줄포)*

    옛날에 사마장자와 우마장자가 살았는데 우마장자는 가난해서 아침에 벌어서 아침을 먹고, 저녁에 벌어서 저녁을 먹을 정도였다. 그런데도 아침나절에 동냥을 하여다가 선조께 제사를 지내고 부모님께도 효도하고, 형제 사이에도 우애가 좋고, 삼사촌이 화목하게 잘 지내며 동네 사람들에게도 아주 잘해서 모든 사람들의 칭찬을 받았다. 한편 사마장자는 부자인데도 부모님께 불효하고 형제간에도 화목하지 못하고 동네에서도 인심을 얻지 못하였다. 또 마음씨도 좋지 못하고 말씨도 나빴다. 죄도 많이 지었

---

  * 호남지역에서 전승되는 무속신화 「장자풀이」는 대명신화(代命神話)로 호남의 씻김굿에서 부른다. '장자의 며느리가 저승사자에게 주식을 대접하고 장자의 수명을 연장한다'는 내용으로 무속의 내세관을 잘 보여 주는 신화이다. 사마장자가 악인의 전형으로 나타나며, 중을 학대하는 화소가 있고, 며느리가 시아버지 몰래 시주를 하는 것은 '장자못 전설' 계통의 삽화와 유사하다. 특히 며느리가 매우 현명하여 그 역할이 크게 부각되어 나타난 것과 저승차사들이 사마장자 대신 그의 말을 잡아간 것이 이 본의 내용상 특징이라고 할 수 있다. 원래는 임석재(任晳宰) 선생이 조사하여 『줄포무악(茁浦巫樂)』에 수록된 것(박소녀 무녀 구연본)을 이야기의 줄거리가 잘 드러나도록 산문으로 고친 것이다. 이하의 자료는 서대석의 『한국의 신화』(집문당, 1997, 277~283쪽)의 것을 참고하였다.

는데 사마장자가 지은 죄를 보면 다음과 같다. 벼는 썩어서 두엄이 되게 하고, 쌀은 썩어서 재가 되게 하고, 돈은 녹이 슬게 하고, 옷은 썩어서 거름이 되게 하고, 곡식을 빌려 줄 때는 작은 말로 주어서 큰 말로 받아들이고, 적은 되로 주고 큰되로 받아들이며, 처갓집에 돈을 빌려주어도 장리로 받아들였다. 또 옹기전에다가 말을 달리고, 비단전에다가 물총을 놓으며, 우는 애기는 집어 뜯으며, 똥 싸는 애기는 주저앉히고, 새끼 밴 개는 발로 툭 차고, 말 밥 안 주고도 주었다고 핑계대고, 걸인이 오면 식은 밥뎅이 여기저기 던져주었다. 중이 동냥을 오면 보리 거두어들일 때에는 까끄라기를 던져주고, 벼를 거두어들일 때에는 나락 쭉정이를 던져주고, 호박에다가 말뚝을 박고, 남의 유부녀를 음해하고, 새벽에 물동이를 이고 가는 사람은 젖통을 잡고 입을 맞추었다.

하루는 사마장자의 조상들이 배가 고프고 목이 말라서 하소연을 하러 저승의 시왕(十王)에게 갔다. "하소연하러 왔습니다. 사마장자네 집이 부자되었는데, 조상에는 정성이 없어서 배도 고프고, 목도 마르고, 옷도 없어서 하소연하러 왔습니다." 하였다. 저승의 시왕이 "그러면 원하는 것이 무엇이오?" 하고 물으니, "배가 고프니 밥을 주고, 옷이 없으니 옷을 주고, 돈이 없으니 돈을 주십시오." 하고 대답했다. 저승의 시왕이 중을 내보내서 사자를 불렀는데, 저승사자인 해원맥이, 그리고 이승의 사자인 이덕춘이, 부왕의 사자인 강림도령이었다. 세 명의 사자를 불러놓고 저승 시왕이 하는 말이, "앉아서 듣는 말과 서서 보는 것은 다르니 직접 가서 보고 오라." 하였다.

중을 먼저 내보냈다. 장삼을 입고 고깔을 쓰고 긴 염주는 목에 걸고 짧은 염주는 팔에 걸고 지팡이를 짚고 목탁을 두드리며 정월 초사흗날 사마장자의 집으로 들어섰다. "이 댁 사마장자가 부자 되었다는 말을 듣고 무너진 절을 세우려고 시주 왔습니다." 하였다. 사마장자가 시주하라는 말을 듣고 창문을 와르르 열면서 "어떤 놈이냐? 정월 초사흗날부터 시주하라는 놈이 어떤 놈이냐? 꿈에 중만 보아도 재수가 없는데 어떤 놈이 내 문전에 찾아왔느냐?" 하고 말했다. "중이 왔습니다. 절이 무너져서 절을 다시 세우려고 시주 왔습니다." 사마장자가 하인을 불러서 말하기를 "저 중 잡아서 볼기를 치고, 이쪽저쪽 뺨을 때려라. 그리고 거름도 아깝다마는 두엄이나 바리때에 담아주어라." 하였다. 중이 하는 말이 "거름을 주는 것도 아깝다면 장자님네 거름이나 하시오." 하고 바리때를 엎어서 쏟아놓았다.

사마장자의 며느리가 이를 보고 뛰어 나와서 "아버님, 중에게 동냥은 후하게 주지 못하나마 이러면 되겠습니까? 많이 주어야 한 말이고, 적게 주면 다섯 되인데 왜 이러십니까?"라고 말하고서 옆에 있는 방으로 들어가서 명주 한 필과 쌀 서 말 서 되를 가지고 나왔다. "여보시오, 대사님. 우리 시아버지가 그전에는 그런 일이 없었는데 요즘에는 마음이 변하셔서 그러니 이해하십시오. 이것도 적지만 이 쌀 서 말은 불기(佛器)를 만들어 부처님 전에 공양하시고, 서 되는 초와 종이를 사서 우리 아버지 신수 좋고 기운 좋으라고 축원하여 주십시오. 그리고 명주 한 필은 장삼 지어 입으십시오." 하였다. 이 말을 듣고 중이 하는 말이 "사마장자 집에는 착한 사람이 없는 줄 알았는데 그렇지 않군요. 사마장자의 죄목으로 보아서 이 집을 전부 늪으로 만들어 사마장자를 잡아가려고 했는데 군자 같은 사마장자의 며느리가 있었군요. 나를 따라가는 것이 어떻겠습니까?" 하였다. 사마장자의 며느리가 하는 말이 "중이면 절에서 부처님 전에 공이나 드리고 시주 받아 먹어야지, 남의 유부녀를 데려가려 하느냐. 여자가 어떻게 두 남편을 섬길 수 있겠느냐? 말도 안 되는 소리이니 그런 말은 입밖에도 내지 말고 어서 돌아가서 우리 아버지 신수 좋게 축원이나 해 주게." 하였다.

중이 저승 시왕에게 돌아가서 하는 말이 "앉아서 듣던 말과 서서 보는 것이 같습니다." 하였다. 저승 시왕이 "그러면 정월 대보름날 꿈에 현몽이나 넣어주어라."하고 명하였다. 정월 대보름이 돌아오니 사마장자가 하는 말이 "오늘은 일년 농사 잘 되게 농사꿈이나 꾸어보자." 하였다. 저녁에 되자 원앙침으로 베개를 높게 돋아 베고 촛불을 밝혀놓고 잠을 자는데 비몽사몽간에 꿈을 꾸었다. 뒷동산의 은행나무가 세 도막으로 부러져서 사마장자의 방문 앞에 놓여 있었다. 사마장자가 번쩍 깨어보니 꿈이었다. 또 꿈을 한 번 더 꾸었는데, 천하궁의 까마귀는 지하궁으로 울고 가고, 지하궁의 까마귀는 천하궁으로 울고 가는 꿈이었다.

사마장자가 일어나서 옆방의 아들과 뜰에서 노닐고 있는 막내딸과 뒷방의 부인에게 해몽을 하여 달라고 하니 아들이 하는 말이 "아버지 벼슬할 꿈입니다." 하고, 막내딸 하는 말이 "아버지 진사 급제하실 꿈입니다." 하고 부인이 하는 말이 "음식 대접 받을 꿈입니다." 하였다. 사마장자가 이 말을 듣고 하는 말이 "그 참 해몽 한번 잘도 하는구나." 하였다. 이때 며느리가 달려와서 "아버님 꿈 해몽을 제가 해드리겠습니다. 아버님 젊어서 못한 벼슬을 이제 와서 한다는 것도 말이 안 되고, 젊어서 글공부 못했는데 이제 와서 진사 급제한다는 것도, 그리고 인심이 후하지 못했는데 음식 대접을 받는다는 것도 전부 말이 되지 않습니다. 뒷동산의 은행나무가 세 도막으로 부러져서 방문 앞에 바로 놓여 보이는 것은, 한 도막은 제사상을 짜라는 뜻이고, 한 도막은 관을 짜라는 것이고, 또 한 도막은 상여를 짜라는 뜻입니다. 내가 이 집에 시집을 와서 삼십 년을 지냈는데, 개한테 물

한 방울 부어 주는 일이 없고, 걸인에게 밥 한 덩어리를 주는 일도 못 봤습니다. 내가 친정에서 클 때에는 정월이면 거리 산제 등 온갖 제를 다 모시고, 액막이를 하고, 조상님께 제사를 지내고, 사람들이 오면 밥도 주고 쌀도 주고 돈도 주고 옷도 주고, 걸인이 오면 밥을 따뜻하게 챙겨 주었습니다. 간장을 빌리러 오면 간장에다 썩은 물을 섞어서 주는 일도 없고, 쌀을 빌리러 오면 흰 모래 흰 싸라기를 섞어 주는 일도 없고, 된장을 빌리러 오면 흙덩이를 박아서 주는 일도 없고, 김치를 빌리러 오면 우거지를 걷어 내지 않고 주는 일도 없었습니다. 그러나 아버지는 그렇게 하셨으니 지은 죄가 많습니다. 재물을 두었다가 누구에게 주시려고 합니까? 절반은 귀신한테 주고 절반만 자손한테 주어도 먹고 쓰고 남을 것이니 지으신 죄나 풀어버리시지요." 하였다.

사마장자 이 말을 듣고 화를 내며 "어허, 그년 괘씸하다. 남의 자식이라서 해몽도 흉측하게 하는구나. 에라 이년 당장 쫓아내라." 하였다. 며느리가 친정으로 쫓겨 시집을 나오다가 사흘만 숨어 있다가 어떤 일이 벌어지는지 보겠다고 방에 들어가서 숨어 있었다.

결국 사흘이 못 가서 사마장자가 병이 났다. 온몸이 쑤시고 저리는데 사마장자가 정신이 없었다. 이때 사마장자가 하는 말이 "허허 이게 웬일이냐? 내가 이제 죽게 되다니 이게 웬 말이냐?" 하면서 며느리를 데려오라고 하였다. 방에 숨어 있던 며느리가 나와서 "이번에 귀신을 풀어먹이시지요. 우선 저 건너에 소강절한테 가서 점이나 보고 오십시오." 하였다. 사마장자가 쌀 서 되를 가지고 소강절을 찾아갔다. 소강절이 사마장자가 오는 것을 보고 하는 말이 "이게 웬일이오. 내가 여기에서 백 칠십 년을 살았어도 사마장자의 돈이 무엇인지 쌀이 무엇인지 몰랐는데 이게 웬일이오."

하였다. 사마장자가 하는 말이 "점이나 자세히 보아주시오." 하였다. 소강절이 화초석을 깔아 놓고 나주 칠반을 내어 놓고 점을 보았다. 소강절이 하는 말이 "여보시오, 장자님. 장자님네 집이 큰일났습니다. 장자님네의 집주가 움직이고 터주가 움직이고 성주가 움직이고 조상님도 움직여서 장자님 먹던 수저가 세 동강으로 부러지고 쓰던 갓이 벗겨져 보이고 입던 옷이 벗어져 불에 타고 있는 것이 보이고 삼간초당이 딴 살림 차려 나가 보이고 지붕 위에 기가 꽂혀 있는 것이 보이고 마당 가운데 샘이 파져 있는 것이 보입니다." 하였다. 사마장자가 "맞는 소리네." 하였다. "뒷동산 은행나무가 세 도막으로 부러져서 마당 가운데에 놓여 있는 것이 보입니다." "그것도 맞는 소리네." "어서 빨리 돌아가셔서 곡간을 다 털어서 굶주리는 동네 사람들에게 나누어 주고 음식을 장만해서 돈 삼백 냥과 함께 물 좋고 산 좋고 정자 좋은 곳으로 가지고 가서 무당 부르고 광대 불러다가 사흘 밤낮으로 횡수(橫數)막이 굿을 하시오. 그러다가 혹시 저승사자가 나타나서 '이게 뉘 음식이냐' 물으면 동네에서 모은 음식이라 하고, 음식을 다 먹고 난 뒤에 빌어보시오. 그러면 사마장자가 살 수 있는 길이 있을 것이오." 하였다.

사마장자가 이 말을 듣고 바삐 집으로 와서 곡간을 다 털어서 굶주리는 사람들에게 나누어 준다고 해도 동네 사람들이 '장자네 집에서 곡식을 가져다가 먹으면 삼대가 빌어먹는다' 하면서 오지 않았다. 이 때 며느리가 쌓아놓은 곡식 위에 올라가서 하는 말이 "여보시오, 동네 어른들. 나는 동네 사람한테 못되게 한 일이 없습니다. 내가 드릴 테니 받아 가시오." 하였다. 그제서야 동네 사람들이 곡식을 받아 갔다. 또 음식을 장만해서 돈 삼백 냥과 함께 물 좋고 산 좋고 정자 좋은 곳으로 가지고 가서 사흘

밤낮 굿을 하였다.

　한편 저승에서 사자 셋이 나오는데, 저승사자 해원맥이는 쇠망치를 들쳐 메었고, 이승사자 이덕춘이는 쇠줄을 들고 있었고, 부왕의 사자인 강님 도령은 쇠망치를 들쳐 메고 있었다. 한 사자가 "어허 이 길목에서 배가 고파서 못 가겠다." 하니 또 한 사자가 하는 말이 "이럴 때에 밥 한 그릇 물 한 그릇만 놓아 주면 사마장자 죄를 면하게 해줄 텐데." 하였다. 다른 사자가 하는 말이 "이놈아 밤말은 쥐가 듣고 낮말은 새가 듣는단다. 괜한 소리 말고 어서 빨리 가자." 하였다. 그러자 갑자기 굿 소리가 요란하게 들리고 음식 냄새가 진동을 했다. 사자 셋이 배도 고프고 목도 말라서 "이게 뉘 음식이냐?"물으니 엎드려 있던 사마장자가 일어나서 "이것은 동네 사람들이 모은 음식입니다." 하였다. 사자들이 이 말을 듣고 상에 가득 차린 귀하고 맛있는 음식을 먹었다. 사마장자가 다시 나와 하는 말이 "비나이다 비나이다. 이 음식은 사마장자가 차린 음식입니다." 사자 셋이 이 말을 듣고 "이게 웬 말이냐? 우리는 동네 사람들이 모은 음식이라고 해서 먹었지 사마장자의 음식이라고 했으면 먹지 않았을 것인데……. 이제 먹어버렸으니 이를 어찌 한단 말인가? 그러면 이 동네에서 사마장자와 한 날 한 시에 난 사람이 있느냐?" 하고 물었다. "예, 우마장자라는 사람이 있습니다."

　사자 셋이 이 말을 듣고 우마장자를 잡으러 우마장자의 집으로 갔다. 우마장자의 문전에 도착하여 "우마장자야!" 하고 부르니 지신이 막았다. 두 번째 부르니 문전신이 호령하고 삽살개도 짖으면서 막았다. 할수없이 사자 셋이 다시 사마장자의 집으로 돌아왔다. 사마장자의 며느리가 지키고 있다가 하는 말이 "여보시오 사자님들, 우마장자 집에 간 일은 어떻게 되었습니까?" "아이고, 말도 마시오. 문전신이 호령하고 삽살개가 짖어대고, 지신이 호령하면서 막아서 들어가지고 못 하고 돌아왔소." "그럴 것이오. 우마장자는 인심이 후해서 조상님도 받들고 지신도 받들고 성주도 받드니 어떻게 들어가겠습니까? 그러면 우리 집에서 대신해서 다른 것을 잡아가는 것이 어떻겠습니까?" "대신도 좋소." 하니 사마장자의 며느리가 하는 말이 "우리 아버님이 타고 다니시던 백마를 잡아가시오. 그리고 저승에 가서 '사마장자가 죄를 어찌나 많이 지었던지 산 채로 말이 되어서, 이 말을 끌고 오느라 늦었다'고 말하십시오." 하였다. 그리고 며느리가 마구간으로 들어가서 말에게 "말아, 말 못 하는 짐승이라도 내 말을 들어보아라. 우리 시아버지가 사셔야지 돌아가시면 되겠느냐? 아버지가 타고 다니시는 말이니 네가 우리 아버지 대신으로 가거라."라고 말하고 방으로 들어가서 시아버지 쓰던 갓, 망건과 입던 두루마기, 바지, 저고리를 가지고 나와서 말에게 입혔다. 이에 사자들이 백마를 끌고 저승으로 들어갔다.

저승에서 문서를 담당하는 최판관이 "어찌 이제 오느냐?" 하고 호령하니 사자 셋이 대답하기를 "사마장자가 죄를 너무 많이 지어서 산 채로 말이 되어 있어서 그 말을 끌고 오느라고 이렇게 늦었습니다." 하였다. 저승의 시왕이 이 말을 듣고 "그놈의 목에는 큰 칼을 씌우고 손에는 쇠고랑을 채우고 발에는 족쇄를 신기고 머리에는 투구 철갑을 씌워서 죽여라."라고 명하였다. 저승사자들이 명을 받고 말에 쇠고랑을 채우고 큰 칼을 씌우고 큰 철갑을 씌우고 족쇄를 신기어 잡아 죽이려고 하니 말이 가만히 있지 않고 말을 한다. "사마장자 이놈아! 내가 무슨 죄로 이런 고초를 당해야 한단 말이냐? 나는 십 리만 갈라고 해도 너를 내 등에 태우고, 오 리만 갈라고 해도 내 등에 태우고 네 발에 흙 하나 묻지 않게 해 주었는데, 너의 죄를 집어쓰고 이런 고초를 당하니 어서 빨리 나를 구해 달라." 말이 밤낮으로 슬프게 울었다.

이때 사마장자는 꿈자리가 좋지 못하여 소강절을 찾아가서 점을 보았다. 소강절이 하는 말이 "죄 없는 말이 장자를 대신하여 죽으러 갔으니 얼마나 슬피 울면서 죄인을 원망하겠소. 말 씻김굿을 닷새만 하여 주면 말이 다시 사람으로 환생할 것이니 그때는 원수가 은인이 될 것이오." 하였다. 사마장자가 돌아와서 말 씻김굿을 닷새 동안 하였다. 첫 날 굿을 하니 말의 머리에서 철갑이 벗겨지고, 둘째 날 굿을 하니 목에서 큰 칼이 벗겨지고, 셋째 날 씻김굿에 몸에서 금사망이 벗겨지고, 네 번째 씻김굿에 손에서 고랑이 풀어지고, 다섯 번째 씻김굿에서 발에서 족쇄가 벗겨졌다. 그리고 말이 사람이 되어서 다시 환생하게 되었다.

### 장자풀이의 이해

* '장자풀이'는 호남지역에서 전승되는 무속신화의 명칭인데, 핵심적인 신화소인 '저승사자를 잘 대접하여 수명을 연장한다'는 내용은 함흥의 '혼쉬굿', '황천혼시'나 제주도의 '맹감본'과도 같은 서사유형으로 볼 수 있다. 호남지역의 각편들은 대체로 사마장자가 수명을 연장하는 데 성공하는 유형과 실패하는 유형의 두 가지로 나누어지고, 두 유형의 신화적 의미도 달라진다. 인색한 사마장자가 개과천선하여 재물을 흩어 기민을 구제하고 조상을 잘 받들고 저승사자를 후하게 대접하여 오래 살게 되었다는 유형은 아무리 죄를 많이 지은 사람이라도 신을 잘 받들고 굿을 잘 하면 죽음까지도 모면할 수 있다는 무속적 사고를 반영하고 있다. 반면에 사마장자가 결국에는 징치되고 만다는 유형은 악한 인간이 신의

징벌을 받게 되어 일시적으로는 재물을 써서 모면할 수는 있으나, 끝내 신을 속일 수는 없고 죗값을 치러야 한다는 의미를 담고 있다. 이중에 어느 유형이 무속적 사고와 더욱 긴밀하게 연결되는가는 쉽게 판정하기 어렵다.

* 줄포 김씨본의 서사단락

1) 우마장자, 사마장자, 제석장자 세 명의 장자가 살고 있었다.

2) 우마장자는 효성있고 우애있는 반면, 사마장자는 인색하고 불효하고 악행을 많이 했다.

3) 조상들이 배가 고파서 염라대왕에게 등장가서 사마장자의 죄목을 고한다.

4) 염라대왕이 사실 여부를 알고자 사자를 사마장자 집에 보낸다.

5) 사마장자는 시주를 달라는 사자를 매질하고 소두엄을 바릿대에 담아준다.

6) 사마장자의 며느리가 쌀과 돈과 백목을 가지고 중을 따라가서 시아버지의 용서를 빈다.

7) 중이 며느리에게 함께 가자고 하나, 며느리는 오히려 중을 꾸짖는다.

8) 중은 염라대왕에게 사실을 고하고, 염라대왕은 사마장자의 꿈자리를 어지럽힌다.

9) 사마장자의 꿈에 대해서 며느리는 아버님이 돌아가실 꿈이라고 하여, 친정으로 쫓아낸다.

10) 며느리는 시집에 숨어서 지켜보고, 사마장자는 병이 들어 소강절에게 문복을 한다.

11) 소강절은 사마장자에게 죽을 것이라며, 재산을 나눠주고 저승사자를 대접하는 굿판을 벌이라고 한다.

12) 사자들이 배가 고파서 굿하는 자리에 찾아오자, 굿하는 사람의 이름을 알려주지 않고 대접한다.

13) 사자들이 대접을 받고 사마장자의 집에 찾아가니, 장자는 자신의 음식을 받아먹었다며 살려 달라고 한다.

14) 사자들은 '너와 한 날 한 시에 태어난 사람이 없느냐'고 하니, 우마장자라고 한다.

15) 사자들이 우마장자를 부르니, 성주 조상이 보호해서 돌아와 다시 사마장자를 잡으러 갔으나, 며느리가 시아버지가 타던 말을 대신 잡아가 달라고 한다.

16) 사자들은 말에게 사마장자의 의관을 입혀 저승으로 잡아간다.

17) 말이 너무 원통하여 사마장자를 원망하고 그의 꿈자리를 어지럽힌다.

18) 사마장자는 며느리에게 문복을 시키고 말씻김굿을 한다.

19) 닷새를 굿을 하자, 말이 허물을 벗고 인도환생한다.

한국신화와 문화

제8장

# 제주도 무속신화

〈제주도 무속신화 개관〉

한반도의 신화, 특히 문헌신화는 건국신화 위주이고, 여타의 신화는 미미한 데 비해서 제주에는 다양한 신화가 남아있다. 구비신화의 전승이 제주에서 왕성한 이유는 무엇인가. 그것은 제주도의 공동체적 삶 속에 무속이 뿌리 깊게 남아 있기 때문이다. 고대에서 중세로의 시대적 전환 속에서 정치적 중심부와 그 입김이 미치는 지역은 불교·유교 등 중세 보편주의 문화의 영향을 입게 된 데 반해, 탐라는 섬이라는 지정학적 특성 때문에 그 영향력이 미미하였다고 볼 수 있다. 그리하여 탐라는 부족공동체의 고유성을 강하게 지키며 당본풀이를 유지할 수 있었고, 중세사회로의 전환 속에서도 고대 자기중심주의의 정통을 오랜 동안 유지할 수 있었을 것이다. 따라서 무속이 배척당하기보다는 무속 안에 유교의 불교를 포용하는 변화가 일어났다고 할 수 있다.[1]

제주도는 섬이라는 특수성 때문에 역사적·문화적으로 무속신앙과 뱀

---

1) 허남춘, 「제주도본풀이와 주변신화」, 제주대탐라문화연구소, 2011, 23-24쪽

신앙이 강하게 남아 있는 지역이다. 특히 뱀신을 인격화하여 대개 여신으로, 그리고 '할망(할머니)'으로 모셔 받들어지고 있다. 제주의 굿은 마을의 안녕을 비는 본향당제나 심방(巫覡)의 개인적인 신굿(심방이 되는 굿) 등이 주를 이룬다. 본향당을 비롯한 여러 당신(堂神)들은 현재에도 신앙되는 활동신(活動神)으로 강림신(降臨神), 용출신(湧出神), 원정신(遠征神), 외래신(外來神), 씨조신(氏祖神) 유형 등이 있다. 오늘날 제주의 500여 자연부락에 300여 군데나 되는 크고 작은 신당(神堂)이 있고, 그 신격(神格)은 18,000 신이나 된다고 한다.

신격의 내력(本)을 이야기하는 '본풀이'는 무속신화로서 일반신 본풀이와 당신 본풀이, 씨조신 본풀이 등으로 나눌 수 있으나, 실제로는 복잡하고 다양한 형태로 구송(口誦)되고 있다. 제주도의 무속사회에서는 마을마다 본향당을 비롯한 그밖의 신당들이 많이 있는데, 각 신당마다에는 특성이 있어서 마을의 신앙민(단골)을 보호해 주고 있는 것으로 믿는다. 그러나 다른 마을 당신의 어떠한 특수한 기능이 필요할 때에는 서슴지 않고 찾아가 구원을 받는다. 이처럼 제주도는 무속신화가 삶의 현장에 살아 숨쉬는 고장이다. 지금까지 제주도 무가인 본풀이는 500여 편이 채록되어 있고,[2] 현재에도 제주대학교 「탐라문화연구소」를 중심으로 채록과 연구가 계속되고 있는 실정이다.

* 본풀이 : 본(本, 本來, 本初, 本原, 根本 등으로 신의 내력)+풀이(풀다의 명사, 解說, 解明, 解釋 등)='신의 본원과 내력의 해석, 설명'－서사무가,

---

2) 진성기, 『남국의 무가』, 제주민속연구소, 1960

신화, 구비서사시, 무속신화

* 분류 : 1) 일반신본풀이(天地, 日月, 山海, 生死, 질병, 농경, 어로, 수렵, 빈부 등 자연현상이나 인문현상을 차지하여 지배하는 일반적인 신들의 내력담) 2) 당신본풀이(각 마을의 수호신인 당신의 내력담) 3) 조상신본풀이(일월조상—한 집안 내지 일족의 수호신의 내력담)

1) 일반신본풀이 : 천지왕본풀이(대별왕—저승 차지, 소별왕—이승 차지), 초공본풀이(초공, 본맹두, 신맹두, 삼맹두—무조[巫祖]), 이공본풀이(이공, 할락궁이—서천꽃밭감관), 삼공본풀이(삼공, 감은장아기—전상 차지), 삼승할망본풀이(삼승할망—산육신[産育神], 구천왕활망—유아사령[幼兒死靈] 차지, 대별상마누라—마마신), 차사본풀이(강림—차사), 지장본풀이(지장애기), 사만이본풀이(사만이—명부사자[冥府使者]), 세경본풀이(자청비—농신[農神]), 문전본풀이(녹디셍인—문신[門神], 남선비—정주목·정낭의 신, 여산부인—조왕신, 노일제대귀일의 딸—측신[廁神]), 칠성본풀이(칠성—사신[蛇神, 富神]), 세민황제본풀이(세민황제), 원천강본풀이(원천강) 등이 있다.

2) 당신본풀이 : 신의 계보나 신명, 신의 직능 정도가 간단히 나열된 유형이 많고 신화 구조를 이룬 것은 그다지 많지 않다. 1992년 조사로 제주도내의 행정리는 215개이고, 자연부락은 545개를 헤아린다고 한다. 따라서 당신본풀이도 자연부락 수만큼이나 많다. 송당본풀이(금백주, 소천국—구좌면 송당리), 괴내깃당본풀이(괴내깃도한집—구좌면 김녕리), 칠성당본풀이(관청할망—서귀포읍 서귀리) 등이 있다.

3) 조상신본풀이 : 조상신본풀이는 그 집안의 단골심방이 아니면 모르기 때

문에 조사가 어렵다. 구실할망본풀이(나주 김씨 집안) 등을 들 수 있다.

* 본풀이의 내용 : 주신(主神)의 관장사항의 지배 유래를 설명하는 것－주테마, 권선징악－부테마①양반에 대한 조소와 반항의식－세경본풀이, 초공본풀이 등, ②효행을 권장하는 것－삼공본풀이의 감은장아기 등 당산본풀이, ③계모의 비행을 징계하는 것－문전본풀이, ④정절을 권장하는 것－이공본풀이, 당산본풀이의 여신들, ⑤자유연애－세경본풀이의 ㅈ청비, ⑥숭불사상 및 숭무사상의 고취－멩감본풀이의 ㅅ만이, 칠성본풀이 등. 본풀이의 내용은 선(善)의 사회와 악(惡)의 사회, 두 개 사회의 갈등이요 그 해결이다. 사회적 대립은 양반과 상인, 장자(長者)와 노복, 부와 자, 계모와 계자, 악신과 선신 등의 대립에서 항상 선한 주인공이 승리한다. 이러한 선악의 갈등과 해결은 서민사회의 소박한 이상의 실현인 동시에 그들의 도덕률의 표현이기도 하다. 주인공들은 거의가 죄를 범하여 부모에게서 추방당한다. 그 죄목은 불효죄가 으뜸이다. 아버지의 수염을 뽑은 죄, 어머니의 젖꼭지를 뜯은 죄 등이 젖먹이 때의 죄이며, 조금 자라나면 존장의 말이나 부모의 말에 대꾸한 죄 또는 잘살게 된 것이 부모덕이 아니라고 말한 죄 등으로 추방된다. 또 처녀가 잉태되어 추방되기도 한다. 어찌 보면 이러한 범죄는 죄 아닌 죄들이다. 불가피한 일이요 정당한 일인데도 가혹하게 추방하여 버린다. 죄 아닌 죄를 징벌하는 것은 악이다.

이렇게 보면 제주도의 본풀이는 당시의 도덕률에 대한 서민들의 반항의식의 표현이라고 할 수도 있다. 대개의 경우는 추방시킨 부모의 사후 책임을 밝히지 않고 숨겨버리지만, 삼공본풀이나 송당계본풀이 등은 부모를 찾아 어두운 눈을 뜨게 하고 잘 봉양하며 치제하는 효성을 그리고 있다. 범죄와 도덕적 해결이라는 면에서 모든 선악의 대립은 서민들의 소박한 윤리관에 의하여 해결하여 놓은 것이 본풀이라고 할 수 있다. 서민사회의 현실적 불만과 이상과 도덕을 종교적 신앙에 결부시켜 이야기해 놓은 것이 바로 본풀이이다.[3]

다음에 모두 10편의 제주도 본풀이를 소개하기로 한다.

### 1) 천지왕본풀이[4]

태초, 천지가 혼합되어 있었는데, 갑자년 갑자월 갑자일 갑자시(甲子年 甲子月 甲子日 甲子時)에 하늘의 머리가 자방(子方)으로 열리고, 을축년 을축월 을축일 을축시(乙丑年 乙丑月 乙丑日 乙丑時)에 땅의 머리가 축방(丑方)으로 열리고, 인방(寅方)으로 사람이 태어나 천지는 개벽했다. 그 모습은 천지가 캄캄하여 한 덩어리가 되었던 것이 시루떡의 징처럼 금이 가서 떨어지는 것이다. 그래서 하늘로는 청이슬이 내리고 땅으로는 흑이슬이 솟아나 서로 합수(合水)가 되어 만물이 생겨났다.

---

3) 현용준, 『무속신화와 문헌신화』, 집문당, 1992, 64쪽.
4) 초감제 첫머리의 "베포도업침", 베포도업침은 세상이 이루어진 내력을 풀이하는 절차이다. 자연의 내력을 가창하는 것을 '베포친다' 하고, 인간의 내력을 가창하는 것을 '도업친다'고 해서 합하여 '베포도업침'이라 한다. 천지혼합의 상태에서 천지가 개벽하고, 땅과 하늘이 갈리고, 일월성신이 생기고, 산수가 생성되고, 신과 인간의 세계가 열린 내력을 차례로 풀어간다. 특히 일월의 내력을 풀이할 때는 '천지왕본풀이'를 구연한다. 〈초감제〉는 창세신을 모시는 굿거리이고, 큰 굿의 제차 중에서 제일 먼저 행해진다. 제주도에서만 창세신화의 전승이 활발한 이유가 여기에 있다. "천지왕본풀이"는 제주도에서 전도적인 분포를 보인다. 첫머리에 소개한 함경남도의 "창세가", "셍굿", 경기도의 "시루말" 등도 비슷한 내용의 창세신화이다.

먼저 별이 생기고 아직 해가 아니 생겼을 때, 천황(天皇)닭이 목을 들고, 지황(地皇)닭이 날개를 치고, 인황(人皇)닭이 꼬리를 치니 먼동이 트고 해가 솟아나 천지가 밝아졌는데, 해와 달이 두 개씩 나타났다. 그래서 낮에는 온 백성이 더워 죽게 되고, 밤에는 추워서 죽게 될 지경이었다.

어느 날, 하늘의 천지왕이 수명장자를 벌주기 위하여 지상에 내려왔다가 총맹부인(혹은 바구왕의 딸이라 하기도 하고, 바지왕이라 하기도 한다.5))과 동침하고 돌아갔는데, 부인은 대별왕과 소별왕 형제를 낳았다. 성장한 형제가 후에 아버지를 찾아가니, 아버지는 형인 대별왕에게 이승을, 아우인 소별왕에게 저승을 차지하도록 하였다. 그러나 욕심 센 소별왕은 이승이 탐나서 형에게 수수께끼, 꽃 가꾸기 등 경쟁을 하여 이기는 자가 이승을 차지하자고 제안하고, 속임수로 이겨서 이승을 차지하게 되었다. 소별왕이 이승에 오고 보니, 이승엔 해도 둘, 달도 둘이 뜨고, 초목금수(草木禽獸)가 다 말을 하고, 인간의 불화·도둑·간음이 성행하고, 사람 불러 귀신이 대답하고 귀신 불러 사람이 대답하는 판이었다. 할 수 없이 소별왕은 형에게 이 혼란을 바로잡아 주도록 부탁하니, 형은 천근 활에 천근 살을 가지고 해 하나 달 하나씩을 쏘아 없애고, 송피(松皮)가루 닷 말 닷 되를 뿌려서 금수초목(禽獸草木)의 말을 못하게 하고, 귀신과 인간은 저울로 달아서 백 근이 넘는 것은 인간으로, 못한 것은 귀신으로 보내어 구별지어 주었다. 그러나 자잘한 질서는 바로잡아 주지 않았기 때문에 인간의 불화·도둑·간음 등 죄악은 오늘도 남아 있는 것이다."〈북제주군 조천면 조천리 남무(男巫) 정주병 제보6)〉

---

5) 진성기, 『남국의 무가』, 1968, 292쪽. 赤松智城·秋葉隆, 『조선무속의 연구(상권)』, 1937, 369쪽.

① 천지개벽(天地開闢)[7]

태초 이전에는 천지가 혼합하여 하늘과 땅의 구별이 없는 채 어둠의
혼돈상태였다. 이런 혼돈에서 하늘과 땅이 갈라져서 천지가 개벽하게 되
었는데, 하늘에서 아침 이슬이 내리고 땅에서는 물 이슬이 솟아나서 음양
이 상통하여 개벽이 시작되었다. 그래서, 하늘은 갑자년 갑자월 갑자일
갑자시에 자방(子方)으로 열리고, 땅은 을축년 을축월 을축일 을축시에
축방(丑方)으로 열리고, 사람은 병자년 병자월 병자일 병자시에 자방(子
方)으로 열렸다. 그 후로 하늘은 점점 맑아져 청색을 드리웠는데, 하늘
위에도 세 하늘, 땅 위에도 세 하늘, 지하에도 세 하늘, 이렇게 삼십삼천으
로 갈라지고, 땅은 애초의 백사지땅에서 산이 생기고, 그 산에서 물이 나와
초목이 움트게 되었다.

이때 세상에서는 해도 없고 달도 없어 낮과 밤 모두 캄캄한 어둠뿐이므
로 인간은 동서남북을 구별 못하고 있었다. 그러던 중 남방국 일월궁에서
앞이마와 뒷이마에 눈이 둘씩 달린 청의동자가 솟아났다. 이에 하늘 옥황
으로부터 두 수문장이 내려와서 청의동자 앞이마의 눈을 둘 취하여 동방
섭제 땅에서 하늘에 축수하니 해가 둘이 돋게 되고, 뒷이마의 눈을 둘 취하
여 서방섭제 땅에서 축수하니 달이 둘 돋게 되어 세상이 비로소 밝게 되었
다. 그러나, 해와 달이 모두 두 개씩이라 낮에는 햇빛이 너무 강해 사람들
이 타서 죽고, 밤에는 달빛이 너무 강해 사람들이 얼어 죽어 사람들은 도저
히 살 수 없는 지경에 이르렀다.

---

6) 현용준, 『제주도무속자료사전』, 신구문화사, 1980, 33~42쪽.
7) 김태곤 외, 앞의 책, 207~209쪽, 이 신화는 개벽 신화로 제주도에서 굿할 때 맨 먼저
세상이 생겨나게 된 근원을 아뢰기 위해서 심방(巫)이 부르는 무가인 '초감제'이다.
앞의 것과는 각편의 관계이지만, 보다 오래 전에 채록된 것으로 참고가 된다.

이때 천지왕(天地王)이 이 세상에 강림하여 바지왕과 배필을 맺어 살고 있다가 하늘로 다시 올라갔는데, 바지왕은 잉태를 해서 대별왕과 소별왕 두 아들을 낳았다. 대별왕, 소별왕이 무럭무럭 자라 십오 세가 되자 어머니에게 물었다.

"저희 아버지는 어디에 계신 누구신지요?"

"너희 아버지는 하늘에 계신 천지왕이시다."

"혹시 아버지는 저희들에게 증표를 남기지 않았습니까?"

"물론 남기셨지. 용을 새긴 얼레 빗(櫛) 한 짝과 붓 한 짝, 실 한 발, 박 씨 세 알이 증표란다."

"그러면 그것을 가지고 어떻게 하라고 하셨는지요?"

"정월 첫 해일(初亥日)에 박씨를 심어 두면 하늘로 줄이 뻗쳐오를 테니 그때 너희들을 올려 보내라고 하시더라."

이 말을 듣고 대별왕, 소별왕은 어머니께 증표를 받고서, 정월 첫 해일에 박씨를 심으니 과연 순이 나서 줄기 두 개가 하늘까지 뻗쳤다. 대별왕과 소별왕은 그 줄기를 타고 하늘로 올라가 천지왕을 만날 수 있었다.

천지왕은 대별왕, 소별왕의 주소와 성명을 묻고는 증표를 보니 자기의 자식이 분명하므로 반갑게 맞이하고서 인간 세상이 어떻게 돌아가고 있는지 물었다. 그러자 대별왕, 소별왕은

"인간 세상에는 해도 둘, 달도 둘이라 일광에는 사람이 타 죽고 월광에는 사람이 얼어 죽고 있습니다."

하고 아뢰었다. 이 말을 들은 천지왕은 그들에게 천 근량의 무쇠활과 화살을 둘 내어 주고는 명했다.

"이것으로 해도 한 개 쏘고, 달도 한 개 쏘아라."

대별왕, 소별왕은 천지왕의 명령에 따라 인간 세상으로 다시 내려왔다. 그러고서 대별왕은 앞에 오는 해는 놔두고 뒤에 오는 해를 쏘아서 동해에 돋아 오르는 샛별 등의 별들을 만들었고, 소별왕은 앞에 오는 달은 놔두고 뒤에 오는 달을 쏘아서 서해에 돋아 오르는 용성(龍星) 등의 별들을 만들었다. 이렇게 해서 하늘에는 해도 하나 달도 하나가 되고 이십팔 숙(宿)의 별자리가 생겨나게 되었다.

그리고, 천황씨·지황씨·인황씨·수인씨·태호씨·신농씨·복희씨 등의 성인들이 나와 인간 세상의 문물제도를 마련하여 살 수 있게 해 주었다. 이후로 인간들의 세상이 번성해져 나라와 고을·마을로 갈리어 잘 살게 되었다.

이런 연후에 하늘은 천주왕, 땅은 박에왕, 저승은 대별왕, 이승은 소별왕, 옥황은 옥황상제가 각기 차지해서 다스리고 인간 세상은 인왕상제, 산은 산신백관, 물은 사해 용왕신이 차지해서 다스렸으며, 인간을 태어나게 하는 것은 천왕불도, 지왕불도, 인왕불도의 삼불도 삼신이 맡아서 다스리게 되었다.[8]

### 2) 초공본풀이[9]

동해용왕 따님아기가 여러 가지 죄를 지어 15세가 되자, 용왕은 딸을

---

8) 적송지성·추엽륭, 『조선무속의 연구』, 대판옥호서점, 1937.
9) 초공본풀이는 무조신의 내력을 담은 신화이다. 보통 수소미[首小巫]가 맡는다. 송낙을 쓰고 퀘지띠[쾌자띠]를 어깨에 두른 채 장구를 받아 앉아 진행한다. 무조신의 내력담이면서 굿의 규범을 담은 본풀이이기에 다른 어떤 본풀이보다 먼저 구연해야 한다. 자지멩왕아기씨가 주자선생의 주술로 잉태하여 낳은 삼멩두가 삼시왕이 되고 이들이 다시 유정승따님에게 신병을 앓게 하여 최초의 무당을 만든 내력을 길게 풀이한다. 신메움과 주잔넘김 대목에 무업과 관련된 신과 심방들의 조상, 선배 영혼을 아는 대로 거명하면서 대우하는 것이 특징이다. 또한 본풀이를 구연하는 도중에 주자선생이 자지멩왕아기씨가 갇힌 살창을 열고 나중에 다시 닫는 대목에 이르면 요령을 흔드는 것이 특징이다.

죽이려 했다. 어머니는 어떻게 해서라도 딸을 살리려고 궁리한 끝에 딸을 석함(石函)에 담아 바다에 띄워 버리자고 남편에게 제안했다. 딸을 이 세상의 산신(産神)으로 보내어 먹고 살도록 하자는 내심이었다.

급히 석함이 만들어지고 딸은 바다에 띄워지게 되었다. 어머니는 딸에게 임신시키는 방법을 가르쳐주고, 분만시키는 방법을 미쳐 일러주기 전에 석함은 바다에 띄워져버렸다.

석함은 인간세계에 닿고, 자식이 없는 임박사에게 발견되어 열려졌다. 동해용왕 따님아기는 임박사 부인에게 잉태를 주기로 하여 영접되었다. 잉태된 아기는 배 속에서 날로 자라 열 달이 넘어가니, 분만시키는 방법을 모르는 것이 큰 낭패였다. 동해용왕 따님아기는 급한 김에 임부의 겨드랑이를 잘라 아기를 꺼내려 했다.

모자가 다 죽게 됨을 안 임박사는 옥황상제에게 호소했다. 상제는 '맹진국 따님아기'를 선발하여 산신(産神)으로 내려보냈다. 맹진국 따님아기는 도중에 동해용왕 따님아기를 만나고 서로 산신(産神)임을 주장하여 다투기 시작했다. 다투어도 끝이 없겠으므로 두 처녀는 옥황상제에게 올라가 판결을 받기로 했다.

상제는 두 처녀에게 꽃을 심게 하고 꽃을 많이 번성시키는 자는 산신(産神)이 되라고 했다. 맹진국 따님아기의 꽃이 크게 번성하므로 상제는 맹진국 따님아기에게 산신(産神)의 역을 부여하고, 동해용왕 따님아기에게는 저승에 가서 아이의 영혼을 차지하는 '구삼승'이 되라고 하명했다.

경쟁에 진 동해용왕 따님아기는 화가 나서 맹진국 따님아기의 꽃을 한 가지 꺾어 가지는 것이다. "왜 남의 꽃을 꺾는 것이냐?" "네가 낳아 놓은 아이에게 병을 주어 잡아가겠노라." "네 맘대로 못한다. 좋은 마음 먹자."

이렇게 논쟁을 하고 두 처녀는 각각 이승과 저승으로 갈라섰다. 이래서 맹진국 따님아기는 산신(産神, 삼승할망)이 되어 서천 꽃밭의 생불꽃, 환생꽃을 차지하고, 이 꽃으로 분주히 돌아다니며 포태를 주어 기르고, 동해용왕 따님아기는 아이들에게 병을 주어 죽게 하고, 저승에서 그 사령(死靈)을 차지하게 된 것이다. 이런데서 맹진국 따님아기를 〈삼승할망〉 〈생불할망〉 〈인간 할망〉 〈이승 할망〉 등이라 하고, 동해용왕 따님아기를 〈구삼승할망〉 〈구천왕할망〉 〈저승할망〉 등이라 부르는 것이다.[10]

### 3) 이공본풀이[11]

옛날에 김진국과 원진국이라는 사람이 살고 있었다. 김진국은 가난하고 원진국은 부자였는데 둘 다 자식이 없어서 근심하고 있었다. 하루는 동계남상주절의 대사가 시주를 받으러 와서, "소승 인사 올립니다." 하고 절을 하니, "어느 절 어떠한 중입니까?" 하고 물었다. "동계남상주절의 대사인데 시주를 받으러 왔습니다." 하였다. 시주를 내주고, "주역을 가지고 있습니까?" 하니 "예, 있습니다." 하였다. "그러하면 우리가 자식이 없어서 근심이 되니 사주팔자나 보아주십시오." 했다. "소승의 절에 공양을 드리면 자식을 볼 것입니다. 백 근의 황금을 가지고 공양을 드리러 오십시오." 하고 떠났다. 원진국과 김진국은 서로 친한 사이여서 함께 공양을 드리기

---

10) 현용준, 『제주도신화』, 서문당문고 219, 서문당, 1976, 25~35쪽. 이 신화는 이에 이어서 산신(産神)과 두신(痘神)의 갈등도 나온다.

11) 「이공본풀이」는 제주도에서 전승되는 무속신화로, 불전설화인 「안락국태자경」(安樂國太子經)을 수용한 것이다. 이 자료는 아카마쓰 지죠(적송지성, 赤松智城)와 아키바 다카시(추엽융, 秋葉隆)의 『조선 무속의 연구』 상(上)에 수록된 자료를 스토리 중심으로 고쳐 쓴 것이다. 이하는 서대석의 『한국의 신화』(집문당, 1997, 299~304쪽)의 것을 옮겨 실었다.

로 약속하였다. 그러나 김진국은 가난하여 황금을 준비 못하고 좋은 쌀을 깨끗이 씻어서 이슬을 맞혀서 정성껏 공양을 드리니 원진국은 딸을 낳고 김진국은 아들을 낳았다.

십오 세 때에 둘을 결혼시키니 일 년이 못 되어서 옥황상제로부터 편지가 왔는데, '김진국 생원은 꽃감관[花監官]을 하라.'는 내용이었다. 김생원이 서천 꽃밭의 꽃감관으로 갈 때에 원진국 따님되는 부인이 말하기를, "까마귀도 부부가 있고 짐승도 부부가 있는데 나만 홀로 두고 어찌 혼자 갑니까?" 하였다. 이에 김생원이 동행하자 하여 옥황 사자와 세 명이 서천 꽃밭으로 향하여 떠났다. 가는 길이 멀고 험해서 가도 가도 끝이 없었다. 결국 김생원의 부인이 발병이 나서 움직이지 못하니 산중에서 유숙을 하기로 하였다. 산중에서 자다가 날이 밝아 오자 개와 닭이 우는 소리가 들렸다. 지나가는 사람에게 "개와 닭이 우는 곳이 어디입니까?" 하고 물으니 김장자 집의 개와 닭이라 하였다. 부인이 김생원께 말하기를, "저는 서천 꽃밭에 가기도 어렵고 집에 돌아가기도 어려우니 여기에서 김장자 집에 종으로나 팔아 두고 가십시오." 했다. 김생원이 말하기를 "어떻게 이럴 수 있겠는가? 그러나 죽는 것보다 사는 것이 더 나으니 알아서 하시오." 하였다. 결국 종으로 팔기로 하고 김장자와 의논하니 김장자가 종을 사는 게 좋은지 어떤지를 딸 삼형제에게 물었다. 장녀와 둘째 딸은 '종을 사지 말라'고 했으나 셋째 딸이 '종을 사도 좋다'고 하여 종문서를 만들었다. 그리고 '원진국 부인은 부엌으로 들어가라' 하고 김생원은 사랑으로 부르니 김생원이 말하기를, "이곳 풍속은 모르나 우리 풍속은 종과 한 집에서 이별을 할 때는 한 방에서 말하고 한 방에서 먹고 한다." 하였다. 김장자가 그렇게 하라고 하여, 원진국 부인이 김생원 있는 방으로 왔다. 원진국 부인이 말하기를 "복중에 있는 태아를 장차 어찌하면 좋겠습니까?" 하니 김생원이 하는 말이 "딸을 낳거든 할락덕이라 이름을 짓고, 아들을 낳거든 할락궁이라 이름을 지으라." 하며 징표로 참실 한 꾸러미와 빗을 한 짝 주고 떠났다.

주인 김장자가 움막을 짓고 원진국 부인을 종으로 기르는데, 하룻밤은 김장자가 찾아와서 배필로 삼기 위해 동침을 하려 했다. "복중에 있는 태아가 나서 빨리 자라 노래하고 죽마(竹馬)를 타고 긴 장대를 짊어질 수 있어서 밭을 갈 때가 되면 허락하겠소." 하니 할수없이 장자가 돌아갔다.

얼마 후에 아이가 태어나고 점점 커서 밭을 갈게 되니, 김장자가 다시 와서 전에 약속대로 배필을 하자 하니, "이 무지한 장자님아. 주인과 노비는 부자(父子)와 같은데 어찌 배필을 할 수 있으리요?" 하였다. 장자가 분하게 여겨서 "너를 죽이겠다." 하고 돌아가서 자객을 시켜서 죽이고자 하였다. 이에 막내딸이 하는 말이 "그 종을 죽이면 도리어 해로우니 힘든 일을 많이 시키는 것이 좋겠습니다. 할락궁에게는 낮에는 나무 오십 바리, 밤에는 새끼 오십 발을 꼬게 하고 어미 종에게는 하루 종일 물명주 다섯 동, 광명주 다섯 동을 만들라고 하시지요." 했다. 김장자가 막내딸의 말대로 두 모자에게 나무와 새끼와 명주를 해 오라고 했다.

그런데 할락궁이가 나무 한 바리를 해서 소 한 마리에 실어놓으면 소 오십 마리에 나무 오십 바리가 되고, 새끼 한 동을 꼬아놓으면 오십 동이 되고, 명주도 한 필을 짜면 다섯 필씩 되어서 힘든 일을 다 해 놓았다. 이에 장자가 더 괴롭게 해야겠다고 생각하여 좁씨 한 섬을 주며 깊은 산중에 들어가 나무를 베어서 밭을 만들고 이 씨를 하루에 다 뿌리고 오라고 했다. 깊은 산중에 가서 나무를 베고 밭을 만들려고 하는데 갑자기 큰 멧

돼지가 나와 나무를 베고 밭을 갈아주어서 씨를 뿌리고 돌아왔다. 장자가 하는 말이 오늘은 씨 뿌리기에 좋지 않은 날이니 좁씨를 다시 주워 오라 했다. 할락궁이 조 밭에 가서 보니 개미 떼가 모여들어서 한 곳에 좁씨를 모아 두었다. 기뻐하며 모아놓은 좁씨를 가지고 오니, 장자가 하는 말이 "좁씨를 세어보니 씨 한 개가 부족하다. 다시 가서 찾아오라." 하였다. 할락궁이 할수없이 문 밖으로 나가는데 왕개미가 좁씨 한 알을 물고 와 있었다. 가지고 가서 김장자에게 주고 소 오십 마리를 몰고 나무를 하러 산으로 갔다.

세 명의 신선이 바둑을 두다가 나무하러 가는 할락궁이를 불러서 말하기를, "오늘 백록 사슴을 보게 될 것이니 집으로 끌고 가서 매어두었다가 도망하거든 사슴을 찾는다는 핑계로 아버지를 찾으러 가라." 하였다. 소 오십 마리에 나무 오십 바리를 싣고 돌아오는 길에 사슴이 보이니 둘러 타고 집에 돌아왔다. 장자가 사슴을 보고 깜짝 놀라며 할락궁이에게 하루 동안은 쉬고 일하라고 하였다. 이때 할락궁이가 어머니한테 가서 아버지 간 곳을 물으니, "너 아버지는 서천 꽃감관 김생원이다."고 답했다. "징표가 무엇입니까?" 하니 참실과 빗을 내어 주었다. 할락궁이가 어머니께 "소금 닷 되에 밀가루 닷 되를 섞어서 범벅을 하여주십시오." 해서 봇짐에 넣어 둘러메고 아버지를 찾으러 천릿길을 떠났다.

장자가 할락궁이가 없어진 것을 알고 천리동이 개를 시켜서 잡아오라 하니, 천리동이 개가 가서 할락궁이를 잡아오려 했다. "너나 나나 생명이 있는 자이니 물고 가지 않아도 가겠다." 하고 "범벅이나 먹어라." 하니 천리동이 개가 범벅을 먹고 너무 짜서 천리수(水)를 먹으러 가버리니, 그 틈에 할락궁이는 만 리를 갔다. 그때 장자가 만리동이 개를 보내고 할락궁이를 잡아오라 하니, 만리동이 개가 가서 할락궁이 물어 오려고 했다. "범벅이나 먹어라." 하고 내어 주니 먹고 목이 짜서, 만리수(水) 먹으러 가버리니 그 틈에 할락궁이는 억만리 길을 갔다.

그때 헌 집 고치는 곳이 있어서 그곳에서 묻기를 "서천 꽃밭을 어디로 갑니까?" 하니 "여기서 우리와 같이 삼 년을 일하면 알려주리라." 하였다. 삼 년을 있은 후에 다시 물으니 "가다 보면 얕은 물이 있고 깊은 물이 있으니 넘어가라." 하였다. 가다가 그 물을 넘어가니 까마귀 일곱 마리가 울었다. "너희들 어찌하여 우느냐?" 하니 "칠성왕 까마귀입니다."고 답했다. "너희들 무엇을 먹고 사는가?" 하니 "벌레를 먹고 삽니다." 하였다. 그래서 벌레를 잡아서 주고 서천 꽃밭 가는 길을 물으니, "가다 보면 신녀(神女) 세 사람이 울고 있을 터이니, 물어보라." 하거늘 정말로 가다 보니 세 신녀가 울고 있었다. "어떤 신녀가 길에서 우느냐?" 물으니 "우리는 옥황 신녀인데 죄를 지어 벌어진 동이에 물을 이어 오라 하니 못 이어가서 울고 있습니다." 하니 할락궁이 마(麻)의 줄기와 칡덩굴을 걷어다가 얽어 메고 송진으로 막아서 물을 길어 주고 서천 꽃밭을 물으니 같이 가다가 "여기가 서천 꽃밭입니다." 하고 가버렸다.

꽃밭에서는 여자아이들이 와서 꽃에 물을 주고 있어서 여자아이에게 꽃감관이 있는 곳을 물으니 꽃감관이 나왔다. "너는 어떤 인간이냐? 어찌하여 여기에 왔느냐?" 물으니 "아버지 꽃감관 김생원을 찾으러 왔습니다." 하였다. "그러면 어머니는 누구냐?" "원장 부인입니다." "징표는 무엇이냐?" "네, 여기에 있습니다." 하고 내어놓으니 아들이 분명하다. 김생원이 반갑기도 하고 놀랍기도 하여 "네가 올 때 구경한 일을 말하라." 하니, 올 때 사실을 모두 말하였다. 이에 김생원이 말하기를 "얕은 물과 깊은 물은 너의 어머니가 죽어서 원한 깊은 눈물이다. 네가 여기에 찾아올 때 네가 없어지니 장자가 네 어머니를 죽였다." 하니 할락궁이 이 말을 듣고 슬프고 분하였다. 원수 갚을 길을 생각하다가 "이 꽃은 무슨 꽃입니까?" 하고 아버지에게 물으니 "이 꽃은 사람 죽이고 살리는 꽃이다." 하였다. 꽃사령에게 꽃을 일일이 가르쳐 달라 하여 환생꽃, 웃음 웃는 꽃, 싸움하는 꽃, 살인하는 꽃 등을 일일이 꺾어놓았다.

아버지에게 "세상으로 나갔다가 다시 오겠습니다." 하고 출발하여 주인 장자 집에 도착하였다. 장자가 하는 말이 "네가 백록 사슴 잡아온다 하고 수년을 돌아오지 아니하니 너 같은 놈은 죽이리라." 하였다. 할락궁이 하는 말이 "백록 사슴 찾아오려 하는 것이 서천 꽃밭까지 갔습니다. 가서 보니 한 번 보면 천 년 살고 두 번 보면 만 년 사는 꽃이 있어 그것을 구하여 왔습니다." 하였다. "그러하면 그 꽃을 내여 보이라." 하니 "장자님 일가친척 모두 모이면 구경시켜 드리겠습니다." 하였다. 일가친척 모인 후에 웃음꽃을 내놓으니 사람마다 웃음을 참지 못하였다. 또 싸움꽃을 내놓으니 서로서로 싸움을 하고, 살인하는 꽃을 내놓으니, 모두 죽었다. 막내딸만 다시 살려내서 "우리 어머니 죽은 시체 어디 있느냐?" 물으니 "청대[靑竹]밭 속에 있습니다." 하거늘 청대밭 속에 가 보니 죽은 뼈만 남아 있었다. 그리고 시체의 이마에서는 동백나무가 나 있고 배에는 오동나무가 나 있었다. 할락궁이가 시체에 뼈 오를 꽃을 놓으니 뼈가 서로 붙었고, 고기 오를 꽃을 놓으니 살이 차츰 붙었다. 피 생기는 꽃, 오장 육부 생기는 꽃을 놓고 옥황상제께 기도한 후에 나무 회초리로 세 번 치니 깜짝 놀라며 어머니가 환생하게 되었다. 어머니가 "가련한 나의 아들아, 이게 어찌된 일이냐?" 하고 물으니 상세히 다 설명하고 나서 "어머니 죽은 시체 이마에서 동백나무가 나고 배에서 오동나무가 나옴은 무슨 까닭입니까?" 하고 물으니, "나의 이마의 동백나무는 열매로 기름을 짜서 세상의 여자들 머리에 바르게 하고, 애절하게 죽은 내 배의 오동나무는 끊어다 어머니가 돌아가신 아들의 상장(喪杖)으로 쓰게 하려는 것이었다." 하였다.

할락궁이가 어머님을 모시고 서천 꽃밭에 가니 아버지가 기특하다 칭찬하였다. "나는 살아서 서천 꽃밭 대왕이 되고 너는 꽃감관이 되라. 그래서 생불(生佛)꽃, 환생꽃, 유을꽃을 차지하여 십오 세 전에 죽은 혼은 이 꽃밭으로 올라가게 하자." 하였다. 생불꽃, 유을꽃은 아기 못 낳는 사람, 오래 살기를 바라는 사람들이 기도하는 꽃이다.

### 4) 삼공본풀이(감은장 아기)[12]

옛날에 한림수사[翰林首座]는 윗 상실에 살았고 구에궁전(宮殿)의 너설 부인은 아래 상실에 살았다.

한 해는 흉년이 들어서 거리에서 걸식을 하다가 서로 만나 인연을 맺고 부부가 되어 아이를 얻었는데, 큰딸은 인장 아기이고 둘째 딸은 놋장 아기이고 막내딸은 감은장 아기이다. 막내딸을 낳은 후에 부자가 되어 부부가 세 딸을 불러놓고, "너희들은 누구 덕으로 사느냐?" 물었다. 큰딸과 둘째 딸은 대답하기를 "부모 덕으로 삽니다." 하니 기특하다고 칭찬하였다. 그런데 셋째 딸은 대답하기를 "첫째 덕은 하느님 덕이요, 둘째 덕은 따님 덕이요, 셋째 덕은 부모님 덕이요, 넷째 덕은 배 아래의 선금[立線][13]덕입

---

12) 「삼공본풀이(감은장 아기)」는 제주도에서 전승되는 무속신화인데, '여인발복설화'(내 복에 산다) 유형을 수용하고 있다. 이것은 아카마쓰 지죠와 아키바 다카시의 『조선무속의 연구』 상(上)에 수록된 자료를 스토리 중심으로 고친 것이다. 이하는 서대석의 『한국의 신화』(집문당, 1997, 305~307쪽)의 것을 옮겨 실었다.

니다." 하였다. 이에 부부가 요망스러운 년이라 하고 검은 암소에 의복 행장을 실어놓고 계집 하나 붙여서 쫓아내 버렸다.

문 밖으로 나가다가 차마 떠나기 어려운 듯이 서서 부모님 거동을 살폈다. 부모님도 미안하여, 큰딸을 불러서 하는 말이, "문 밖에 나가서 막내 아기 거동 봐라. 정말로 가고 있는가 보고 와서 말해 달라." 했다. 큰딸 아기가 나가더니 막내 아기를 보고하는 말이 "어서 속히 도망가라. 너를 죽이러 나오려 한다." 하였다. 큰딸 아기의 나쁜 마음이 미워서 막내딸이 도술을 부려서 지네로 만들었다. 또 부부가 둘째 딸을 불러서 하는 말이 "문 밖에 나가서 막내 아기 거동 봐라. 정말로 가고 있는가 보고 와서 말해 달라." 했다. 둘째 딸 아기가 하는 말이 "부모님이 너를 죽이려 나오려 하시니, 어서 속히 도망가라." 하니 막내 아기 생각에 둘째 아기 나쁜 마음이 미워서 말똥버섯으로 만들어버렸다. 그리고 가루 한 줌을 뿌려서 부모님 눈을 멀게 하고 사방의 신장(神將)을 불러내어서 이 집을 망하게 하였다.

막내딸 아기가 나가다가 마(麻)를 캐고 있는 총각 둘을 보고 하녀를 시켜서 "인간 사는 곳이 어디 있느냐?"고 물으니 "별 고약한 년 처음 본다."고 욕설만 하였다. 할수없이 다시 가다가 보니 마를 캐는 또 다른 총각이 다시 보여서 "인간 사는 곳이 어디 있느냐?"고 물으니 친절히 대답하는 말이 "이 아랫녘에 가면 초막살이 늙은 할머니가 사는 곳이 있습니다." 하였다. 거기를 찾아가서 "오늘밤 유숙하고 가겠습니다." 하니, 할머니가 하는 말이 "초막살이 집이 좁고 사람이 많이 있어서 유숙하기 곤란하오나, 어서 자고 가십시오." 하였다.

---

13) 배꼽에서 성기 쪽을 향해 세로로 그어진 금.

그래서 그날 밤 유숙하게 되었는데 마를 캐러 갔던 아들 형제가 돌아와서 하는 말이 "먹을 것도 없고 집도 좁은데 쓸데없이 손님을 재운다." 하며 어머니 앞에서 원망하는 말을 하였다. 그리고 마를 삶아서 잔등은 떼어서 자기들이 먹고 목은 어머니를 먹이고 꼬리는 손님을 주었다. 참 고약한 인간이라고 생각하고 있을 때, 막내아들이 마를 캐고 와서 "어떤 손님 들었습니까?' 물으니 어머니 말씀이 "길 가다가 날이 저물어 들어 온 손님이다." 하니 "잘 유숙케 하였습니다." 하였다. 그리고 마를 삶아서 잔등은 어머니께 드리고, 목은 손님께 드리고 꼬리는 자기가 먹으니 그 마음씨 고운 것을 칭찬하고 아기씨가 직접 밥을 지어서 주인에게 모두 대접하였다. 그날 밤에 막내아들을 불러서 깨끗이 목욕시키고 의복 한 벌 내서 입히고 부부의 인연을 맺어서 사니 큰아들과 둘째 아들은 '우리도 저런 각시나 얻어 살아보았으면' 하고 매우 부러워했다. 하루는 막내아들이 마를 팔러 밖에 나가니 마를 파는 곳마다 황금이 가득가득 하여 일시에 엄청난 부자가 되었다.

아기씨가 부모를 만나고 싶은 마음이 간절하여 "필경 걸식하러 돌아다니실 것이니 걸인 잔치나 하리라." 생각하고 연 석 달에 걸쳐서 걸인 잔치를 하였다. 하루는 맹인이 된 두 노인이 들어왔는데 자세히 살펴보니 분명히 아기씨의 부모였다. 한쪽으로 인도하여 두었다가 밤이 되어서 사랑으로 청하여 앉히고 전후 사정을 모두 말하였다. "제가 막내 아기 감은장 아기입니다." 하니, "이게 무슨 말이냐, 어느 게 내 딸이냐." 하고 깜짝 놀라할 때, 맹인이 된 부모의 눈이 번쩍 뜨여 서로 서로 기뻐하였다. 아기씨하는 말이 "인장 아기와 놋장 아기 두 형님은 마음이 나빠서 죄를 받아, 큰형은 지네로 환생하고 둘째 형은 말똥버섯으로 환생하였습니다. 저는 원래 전생을 맡아서 인간 세상에 나왔으니 부모님이 부자로 살게 된 것도 제가 있었기 때문이었습니다." 하였다. 부모가 하는 말이 "전생은 어떤 것이냐?" 하니 "전생은 다름이 아니오라, 인간 세상 장사하는 것도 전생이요, 목수일도 전생이요, 농사짓는 것도 전생이요, 술 먹는 것도 전생이요, 담배 먹는 것도 전생이요, 노름 하는 것도 전생이요, 밥 먹는 것도 전생이요, 인간살이 모든 일이 전생입니다." 하였다.

### 5) 세경본풀이(자청비와 문도령)[14]

세경의 할아버지는 동해바다 김진국(金鎭國) 노불(老佛)이고, 할머니는 서해바다 조진국(曺鎭國) 노불(老佛)이었다. 또한 그의 아버지는 김진국의 수영대장(水營大將)이었고 그의 어머니는 하늘 제석궁의 외동딸이었다. 안세경은 자청비이고 바깥세경은 문도령이다.

김진국 대감은 부유하였지만 슬하에 자식이 없는 것이 커다란 근심이었다. 그러던 중 하루는 동네에서 가장 가난한 집에서 큰 웃음소리가 들려서 하인에게 그 이유를 알아보게 하였다. 하인이 가서 보고 와 말하기를 어린 아이가 노는 모습을 보고 그렇게 즐거워한다는 것이었다. 그 말을 듣고 김진국은 아무리 많은 금, 은을 가졌어도 웃음이 나오지 않던 것을 떠올리며 긴 한숨을 내쉬었다. "세상에서 가장 소중한 것은 사람이다. 우리도 자식이 있었으면 오죽 좋겠느냐?"

이렇게 근심만 쌓여 가던 차에 하루는 동계남무상주사(東溪南無上主寺)에서 한 스님이 찾아왔다. 김진국이 방문한 이유를 물으니 스님이 말했

---

14) 「세경본풀이」는 제주도에서만 전승되는 '농경신 신화'이다. 자청비와 문도령의 애정담의 성격을 띠고 있으며, 남녀의 결연 과정에서 특히 여성의 수난과정이 상세하게 나타난다. 이 자료는 현용준의 『제주도무속자료사전』에 수록된 자료를 고쳐 쓴 것이다.

다. "사람으로 태어나 부귀를 이루었으니 이제는 부처께 공양하고 불공을 드리심이 어떠한지요?" 김진국은 스님을 방으로 들어오라 하고 방석을 내주었다. 스님이 앉자 김진국도 따라 앉았다. "스님이면 으레 주역을 갖고 다닌다 하던데 가지고 계신지요?" "네, 가지고 있습니다." "우리는 부자로 살고 있지만 자식이 없어서 걱정입니다. 우리에게도 자식이 있겠습니까?" 스님이 주역을 꺼내어 곧 점괘를 알아보았다. "절에 수륙공양(水陸供養)을 드리면 아들을 얻겠습니다." 이 말을 듣고 김진국은 크게 기뻐하였다. "어떻게 공양을 드리면 되겠습니까?" "쌀 한 섬과 입고 다니던 상의(上衣), 은 백 냥을 절에 시주하시면 될 것입니다." 스님이 돌아가자, 김진국은 쌀 한 섬과 입던 옷, 은 백 냥을 검은 암소에 실어 상주사로 향했다.

상주사를 향해 길을 가는데 어떤 스님이 난데없이 인사를 하였다. "스님은 누구신지요?" "네, 소승은 서계남무백금사(西溪南無白金寺)에서 왔습니다." "무슨 이유로 이곳에 나오셨는지요?" "소승이 오행팔괘를 살펴보니 대감님이 동계남무사에 공양가시는 것 같아 찾아왔습니다. 하지만 동계남무사에는 신령이 없고 우리 절에는 신령이 있습니다. 우리 절에 공양을 하시면 좋겠습니다." 김진국이 그 스님의 말을 듣고 서계남무사로 가서 부처님을 향하여 네 번 절을 하고 공양을 하고 나니 서계남무사의 스님이 말하였다. "집에 돌아가시면 곧 꿈을 꾸시게 될 것입니다."

한편 동계남무사 스님은 자기 절에 공양을 드린다고 해 놓고서 서계남무사에 공양을 한 김진국을 괘씸히 여겨 그 집의 하녀인 정수덕의 몸에 환생을 주자고 조화를 부렸다. 하루는 김진국이 청감주(淸甘酒)에 호박나물 안주를 먹는 꿈을 꾸었다. 해몽하는 사람을 불러 해몽을 해 보라 하니 여자아이가 생길 꿈이라 하였다. 때마침 정수덕이도 꿈을 꾸었다하여 어떤 꿈을 꾸었는지를 물었다. "소녀는 소주에 제육 안주를 먹는 꿈을 꾸었습니다." 해몽하는 사람이 말하기를, "남자 아이를 낳을 것입니다." 하였다.

그로부터 삼 년 후, 김진국은 여자아이를 낳고 이름을 자청비라 하였다. 때마침 같은 해 같은 달에 정수덕도 남자아이를 낳고 그의 이름을 정수남이라 지었다. 자청비는 아버지의 무릎 위에서 여섯 살까지 길러지고 일곱 살 때부터 글공부를 시작하여 열다섯 살 때에는 별충당(別忠堂)을 짓고 하녀인 정수덕과 함께 살게 되었다.

하루는 정수덕이가 밥상을 들고 들어가는데 자청비가 정수덕이의 손이 어여쁜 이유를 물으니 정수덕이가 답하기를, "빨래를 하면 손이 자연 어여쁘게 됩니다." 하였다. 이에 자청비도 빨래를 하겠다고 하여 정수덕에게 빨래를 들게 하고 영방축(營防築)이라는 연못으로 가서 빨래를 하였다.

그러던 중에 하늘 옥황의 문관선인 문도령이 동개남무의 주청당에 공부하러 가는 도중에 영방축 연못을 지나게 되었는데 미인이 빨래를 하는 것을 발견하고 마음이 자연 미인에게 쏠리게 되었다. 물을 청하니 물을 세 번 휘젓고는 바가지에 물을 떠서 버드나무 잎을 넣어서 주었다. 문도령이 책망하면서 말하기를 "그녀는 어여쁘기는 하나 마음씨가 고약하다." 하였다. 자청비가 답하기를 "도련님 모르는 말 마십시오. 먼 길 걷는 사람이 목이 마를 때, 급하게 물을 먹다가 체하면 약도 없는 법입니다." 하고는, 묻기를 "도령님은 어느 곳으로 가십니까?" 하였다. "네, 저는 동개남무의 주청당에 글공부를 하러 가는 길입니다. 당신은 어디에 사십니까?" "네, 저는 인간 김진국의 딸 자청비입니다. 저희 오빠가 주청당에 글공부를 하러 가고 싶어도 친구가 없어서 못 가고 있습니다. 동행하는 것이 어떻겠습니까?" 하니 "예, 좋습니다. 속히 준비하고 오라고 하십시오." 하였다. "그러시면 여기에서 좀 기다려 주십시오." 하고, 빨래하던 의복을 주섬주섬 집어서 집으로 돌아갔다. 그리고 부모님께 공부하러 가겠다고 하니 승낙하여 주었다. 자기 방으로 들어가서 여복을 벗고 남복으로 갈아입어서 간단히 준비를 하고 문도령과 함께 떠났다. 같이 가다가 통성명을 하니 문도령과 같은 해 같은 날에 태어났다는 것을 알게 되었다.

공부를 하면서도 함께 같은 방에서 잤는데, 중간에 은대야에 냉수를 가득 떠놓고, 금비녀를 걸쳐놓았다. 약 삼 년을 공부하여 자청비가 집으로 돌아가겠다고 하니 문도령도 역시 돌아가겠다고 하였다. 같이 동행하여 돌아오는 도중에 영방축 연못에 도착하니, 문도령이 목욕이나 하고 작별하자고 하였다. 목욕을 하는 중에 자청비가 나뭇잎에 "삼 년 같이 공부하면서도 남자인지 여자인지 구별을 못하는군요."라고 써서 물 위에 떠내려보내니 문도령이 그것을 보고 급히 나와 보았으나 자청비는 이미 떠나버리고 없었다. 문도령이 급히 자청비의 뒤를 쫓아가 보니 자청비가 잔디 위에 앉아 있었다. 문도령이 손목을 잡고 자기가 지금껏 몰라본 것을 사과하고 자청비와 같이 김진국 집을 향하여 갔다.

자청비는 부모에게 인사를 드리고 "하늘 옥황의 문씨(文氏)가 동계남무의 주청당에서 저와 같이 공부하다가 이제 집으로 돌아가는데 도중에 병이 나서 며칠 머물러 가겠다고 합니다. 지금 문밖에서 기다리고 있습니다." 하였다. 하녀 정수덕이를 시켜서 나이가 열다섯을 넘었는지를 물으니 아직 넘지 않았다고 해서 안사랑으로 인도하였다. 문도령은 약 삼 개월간 자청비와 함께 지내다가 하루는 이제 집으로 돌아가겠다고 하였다. 그리고 배씨를 하나 주면서 이것을 심어서 과일이 열리면 그때는 돌아오겠다고 하고 하늘 옥황으로 갔다.

자청비는 문도령을 보내고 하루하루 수심에 차서 지내고 있는데 하루는 부엌에 나가 보니 정수남이가 낮잠을 자고 있었다. "너는 밤낮 잠만 자고 일을 안 하는데 무엇 때문이냐?" 하고 물으니 정수남이 하는 말이 "아홉 마리의 말과 아홉 마리의 소를 주면 나무를 해 오겠습니다." 하였다. 정수남이의 말대로 준비를 해서 주니 정수남이 말과 소 열 여덟 마리를 끌고 산으로 올라갔다. 조금 가다가 보니 지겨워서 버드나무 가지에 말과 소를 매어 두고 낮잠을 잤다. 깨어나서 보니 말과 소들이 모두 배고프고 목이 말라 죽어 있었다. 할수없이 도끼로 가죽을 벗기고, 나무를 모아다가 불을 피워서 열 여덟 마리의 고기를 다 먹어버렸다.

그리고 소와 말가죽을 짊어지고 돌아오는 도중에 연못에서 오리가 놀고 있는 것을 보고, "저 놈을 잡아가면 자청비에게 욕을 얻어먹지 않을 수도 있겠구나." 생각하였다. 그래서 도끼를 들고 겨냥해서 던지니 도끼만 물속에 빠져버리고 오리는 날아가 버렸다. 정수남이 도끼를 찾으려고 옷을 벗어두고 물속으로 들어가서 온갖 노력을 다하였으나 찾지 못하였다. 물에서 나와 보니 소와 말가죽, 그리고 벗어놓은 옷이 없어져 버렸다. 할수없이 밤까지 기다려서 숨어서 집으로 돌아가는데 자청비에게 들켜버렸다. 자청비가 자초지종을 물으니 "나무하려고 산에 올라가 보니 문도령이 선녀 삼백 명과 제자 삼천 명을 데리고 꽃구경하면서 재미있게 놀고 있어서 그것을 보느라고 소와 말을 다 죽이고 의복도 잃어버렸습니다." 하였다.

자청비가 "그러면 문도령이 노는 곳을 지금 찾아갈 수 있겠느냐?" 하고 물으니 정수남이 "당장에 가르쳐 드리겠습니다." 하였다. 자청비는 부모님께 가서 꽃구경을 가겠다고 하니 부모가 꾸짖으며 허락하지 않았다. 그러나 자기 방으로 돌아와서 꽃구경 갈 준비를 하고, 정수남이를 데리고 산을 향하여 말을 타고 떠나버렸다. 가도 가도 끝이 없는 험한 산이었지만, 문도령을 만날 수 있다는 생각에서 모든 어려움을 참았다. 그러다가 목이 말라 물을 먹고 싶다고 정수남이에게 말을 하니, "여기에서는 물을 먹고자 하면 옷을 벗고 엎드려서 먹어야 합니다." 하였다. 자청비는 하는 수 없이 옷을 벗고 물을 먹었는데 돌아보니 옷이 없어져버렸다. 정수남이가 옷을 숨겨두고 자청비의 모습을 만족스러운 듯이 바라보고 있었다. 자청비가 정수남에게 의복을 찾아내라고 하니, "입을 맞추면 옷을 찾아드리겠습니다." 하였다. 자청비가 기가 막혀 "정수남아, 내 입을 맞추는 것보다 아버지의 담뱃대를 무는 것이 더 낫지 않겠느냐?" 하니 "그러면 젖이나 만져봅시다." 하였다. "젖보다는 집에 가서 연적(硯滴)을 만져보아라." "그러거든 같이 누워봅시다." "그것보다는 집에 가서 비단 이불에 원앙베개를 베고 누워보아라." 이러는 사이에 해는 벌써 서산에 지고 캄캄해졌다.

자청비는 정수남에게 속은 것을 깨닫고 "정수남아, 움집이나 하나 지어서 누웠다가 가자." 하였다. 정수남은 너무 좋아서 재빨리 움집을 만들었다. 자청비는 계략을 세우고 "정수남아, 구멍이 너무 많아서 잘 수가 없다. 구멍을 막아라." 하였다. 정수남이가 돌아다니면서 구멍을 하나씩 막으면 자청비는 다른 곳에 구멍을 뚫었다. 이렇게 하여 밤은 가고 날이 밝아오니 정수남이가 화를 내면서 자청비를 해치려고 하였다. 자청비가 할수없이 정수남이를 보고 "머리에 있는 이를 잡아주겠으니 내 무릎에 누워라." 하였다. 정수남이 좋아하며 자청비의 무릎에 누웠다. 정수남이 잠을 제대로 못 자서 금방 잠이 들어 코를 골아 댔다. 이때, 자청비가 칼을 들고 정수남이의 귀를 향하여 한 번 찌르니 붉은 피를 흘리면서 죽었다. 이때 정수남이의 오른쪽 귀에서 뻐꾸기가 날아가고 왼쪽구이에서 부엉이가 날아갔다.

자청비가 말을 타고 집으로 돌아와서 "하인 정수남이가 행동이 부정하여 죽였습니다."라고 부모님께 말하니 부모가 크게 화를 내면서, "하인을 살려내고 너 가고 싶은 곳으로 가거라." 하였다. 자청비가 자기 방으로 돌아와서 남복으로 갈아입고 말을 타고 정처없이 집을 떠났다. 가는 도중에 어린아이 둘이 부엉이를 잡아서 서로 가지려고 다투고 있는 것을 보았다. 이들에게 털가죽을 두 개 주고 부엉이를 얻어서 왼쪽 귀에서 오른쪽 귀로 화살촉을 박아서 사라대왕(娑羅大王) 김정신의 집에 던져두었다. 그리고 앞문으로 들어가서 주인을 부르니 하인이 나와서 무슨 일로 왔느냐고 물었다. "내가 지금 활을 쏘아서 왼쪽 귀에서 오른쪽 귀로 화살이 통하여 부엉이를 잡았는데 이 집 후원에 떨어진 듯하기에 찾으러 왔습니다." 하였다. 주인과 하인이 이 말을 듣고 찾아보니 정말로 화살을 맞고 떨어진 부엉이가 있었다. 주인이 크게 놀라며 자청비를 불러서, "자기 집에서 요즘 밤중에 요망스런 새가 울어서 후원의 화초가 다 시들어 가니 그 새를 잡아달라."고 청하였다. 자청비가 며칠 밤 동안 힘들여서 그 새를 잡아주니 사라대왕이 자기의 딸과 결혼하여 주기를 청하였다. "공부를 다하고 결혼하겠습니다." 하고는 다른 사람 몰래 장검(長劍)을 마루밑에 숨겨두고 후원으로 하인을 데리고 가서 화초를 구경하면서 인간환생화(花)를 얻고 작별하였다.

정수남이 죽은 곳에 가서 환생화를 놓고 정수남이를 다시 살려서 부모님께 바치니, "딸 자식이 너무도 하구나. 자식이라고 할 수 없으니 집에 있지 말고 어서 나가라." 하였다. 자청비는 부모의 명이기에 거역하지 못하고 눈물을 하염없이 흘리며 정처없이 집을 떠났다. 한참을 가다가 어떤 할머니가 비단을 짜고 있는 것을 구경하고 있으니, 그 노인이 묻기를 "누가 그렇게 구경을 하고 있습니까?" 하였다. 자청비가 답하기를 "저는 부모도 없는 걸인입니다. 함께 살게 하여주시면 좋겠습니다." 하였다. 그 노인역시 자식이 없어서 좋다고 하고, "나는 하늘 옥황에 죄를 지어서 매일비단을 짜서 문도령 댁으로 보내니 너는 나 대신 비단을 짜주고 같이 있자."고 하였다. 자청비가 그날부터 비단을 짜기 시작하여 문도령 댁으로보냈다. 문도령이 보기에 이전의 비단보다 잘 짜는 것 같아서 노인에게누가 짰느냐고 물으니 "나의 딸 자청비가 짰습니다." 하였다.

문도령이 자청비를 만나보고 싶어서 날짜를 정하여 가겠노라고 하였다. 노인이 귀가하여 자청비에게 "문도령이 너를 보러 오겠다고 하였으니, 네가 문도령 마음에만 들면 나도 죄 사함을 받고 하늘에 가게 되고 너도귀한 몸이 되니 좋은 일이 아니냐."라고 말하였다. 그런데 오겠다고 하는날짜가 되었는데도 아무런 소식 없이 문도령이 오지 않았다. 마음을 진정시키기 위해서 바느질을 하고 있는데 밤중에 누가 손가락으로 문에 구멍을 내려고 하였다. 자청비가 바늘로 그 손가락을 찌르니 "나에게 피를 보고 돌아가게 하는구나. 얼굴은 곱지만 마음씨는 고약하구나." 하는 소리가들렸다. 자청비가 문을 열고 보니 아무도 보이지 않았다. 다음날 노인이묻기를 "어젯밤에 문도령이 안 왔더냐?" 하니 "아무런 사람도 오지 않았습니다." 하였다. "그러면 아무런 인기척도 없었느냐?" 하고 물으니 사실대로말을 했다. 노인이 크게 화를 내면서 문도령이 오신 것이라고 하였다. 노인이 고약한 계집이라고 하면서 쫓아내버렸다.

자청비는 자기의 신세를 한탄하며 자기가 전생에 지은 죄를 용서받고, 문도령과 만나게 해 달라고 기도할 생각으로 머리를 깎고 중이 되기 위해산으로 향하였다. 산으로 가는 도중에 어느 연못가에 당도하니 세 명의 선녀가 울고 있었다. 그 이유를 물으니 자기네들은 하늘 옥황께 죄를 지어서 인간 세상에 내려와 터진 물동이로 연못의 물을 다 퍼내고 오라는 명령을 받고 내려왔다고 했다. "어찌 터진 물동이로 연못의 물을 다 퍼내겠습니까?" 하니 자청비가 하늘을 향하여 기도했다. 이윽고 터진 구멍이 막아지고 그 못의 물을 다 퍼내게 되었다. 선녀 삼인이 감사하다고 하고 자청비에게 여기까지 오게 된 내력을 물었다. 자청비는 자신의 내력을 이야기하고 문도령을 만나려고 이렇게 다닌다고 하였다. 선녀들이 하는 말이 "당신에게 은혜를 입었으니 보답하는 뜻으로 당신을 하늘 위로 데려다 주겠습니다." 하고 함께 천상으로 올라갔다.

선녀들은 문도령의 집을 가르쳐주고 사라졌다. 자청비는 문도령의 집 주위를 배회하다가 밤이 되어서 담에 기대어 있었다. 이때, 문도령은 삼천 제자들과 달을 보면서, "달이 곱기는 하나, 인간 세상의 자청비만큼 곱겠는가?" 하였다. 이에 자청비도 "달이 곱기는 하나, 하늘 옥황 문도령만큼 곱겠는가?" 하였다. 이 말을 듣고 문도령이 밖으로 나와서 보니, 꿈에도 그리던 자청비였다. 서로 즐거워하면서 집으로 들어가서 함께 먹고 자고 하는데 문도령의 부모에게 발각되고 말았다. 문도령이 부모님께 애걸을 하여 부부가 되었다.

그런데 이전에 문도령과 약혼한 여자가 있었는데 이 소식을 전해 듣고 자살을 하였다. 이 때문에 문도령의 부모가 자청비를 미워하여 어떤 잘못이라도 저지르면 쫓아내기로 하였다. 마침 그때, 대국의 천자가 외적과 싸움을 하는데 싸움의 형세가 매우 불리하여 하늘의 옥황께 원병을 요구하였고, 문도령이 도원수가 되어서 출전하게 되었다. 이에 자청비가 남편을 대신해서 출전하겠다고 하여 시부모님께 말을 하니 좋다고 하였다. 그리고 문도령에게 사라대왕의 딸과 약혼해 둔 사실을 이야기하고 혹시 그 사람들이 인정하지 않으면 마루 밑에 장검을 두었다고 하면 맞이하여 줄 것이니, 그곳에 가서 편안히 살고 있으라고 하고 출전하였다. 인간 대 국으로 내려가서 싸움을 평정하고 대국의 천자가 승전하게 하여 주었다. 대국 천자가 감사하다고 하고 이를 하늘의 옥황께 보고하였다.

자청비도 다시 하늘로 올라가서 문도령에게 죽지 않고 살아 왔으니 이 제 돌아오라고 전갈을 보냈다. 이에 사라대왕의 딸은 이번에 가면 돌아오 지 않을 것이라고 생각하고 문도령에게 말을 거꾸로 타게 하여서 돌려보 냈다. 자청비가 생각하기를 "오죽 나를 보고 싶지 않았으면 등을 지고 오 겠는가?" 하여 남편과 이별하고 옥황께 나아가 절을 하니, 옥황께서 승전 을 칭찬하고 땅의 반과 물의 반을 갈라 주었다. 그리고 오곡 씨를 주면서 "인간 세상에 내려가서 세경을 맡아 하며 살라." 하였다. 자청비는 하늘의 옥황을 하직하고 인간 세상에 내려와서 정수남이에게 오곡을 심게 하고 소와 말을 지키도록 하였다. 이때, 메밀씨가 없어서 다시 하늘 옥황께 가 서 메밀씨를 얻어 심게 하니 메밀이 다른 곡식보다 제일 늦게 자라게 되어 지금도 다른 곡식보다 늦게 되었다.

### 6) 괴네깃당본풀이(괴네깃도)[15)]

이 고장 당신(堂神)의 원조(元祖) 소천국에게는 아들이 열여덟이 있었

---

[15)] 「괴네깃당본풀이」는 영웅신화의 골격을 갖추고 있는 제주도 김녕리의 당신화이다. 주인공 괴네깃도는 소천국과 백주님 부처 사이에서 태어난 인물로 날 때부터 천하장 사였다. '부친에게 버림을 받고 용왕국에 들어가서 용왕의 딸을 아내로 맞고, 강남 천자국에 가서 때마침 침략한 북적을 싸워 물리치고 귀국한다'는 영웅의 무용담이 주된 내용이다. 제주도에서만 전승된다는 한계가 있으나 한국의 귀중한 영웅신화 자 료이다. 뱀신앙과도 관련이 있는 이 자료는 진성기의 『남국의 전설』(일지사, 1970, 69~74쪽)에서 전재한 것이다.

는데, 태자는 그의 열여섯째의 아들이었다.

어느 날 태자는 농사가 천하의 대본이라, 교래리 히비기 골왓이라는, 좁씨도 아홉 섬, 피씨도 아홉 섬 도합 열여덟 섬을 갈 수 있는 넓이의 밭에 점심을 차려놓고 밭갈이를 하러 갔다. 밭을 가는데 때마침 삼배절 중이 삼신산을 돌아보고 내려오다가 시장하여, 밭가는 태자더러 밥이나 좀 주면 먹고 시장기나 면해 가겠노라고 하였다. 점심밥을 내주니 중은 제반(除飯) 삼 술을 걷어먹고 지나갔다.

점심때가 되어 태자는 점심밥을 먹자고 가만히 생각해보니, 중이 먹던 음식이라 차마 먹을 수가 없었다. 그래서 밭갈던 소를 때려잡아 썩은 나무 불에 새비나무 적(炙)꼬치로 고기를 꿰어 구워서 소 한 마리를 다 먹어치웠다. 이젠 밭을 갈아야 하는데 소가 없다. 그래서 하는 수 없이 쟁기의 손잡이를 배때기에 대고, 소 없이 그 밭을 다 갈고 집으로 돌아왔다.

먼저 태자는 어머님께 그러한 사실을 아뢰니, 어머니는 양반의 집에 장새(掌璽) 국새(國璽)가 가까운데, 국간(國間)에 변이 나겠다고 노발대발하고, 또 아버지는 아버지대로 양반의 집에 정거(停擧)가 분명하다고 큰 야단이 났다. 그래서 결국 무쇠장이를 청해다가 무쇠 상자를 짜 놓고 그 속에 태자를 앉혀서 서른 여덟이나 되는 자물쇠를 채워서 바다 속으로 띄워버렸다.

무쇠 상자는 파도에 떠밀려 다니다가 용왕 황제국[龍宮]에 들어가 흑산호 윗가지에 걸렸다. 그래서 태자는 상자 속에서 낮에는 옥통소를 불고, 밤에는 연불[神火]을 켜고 하였다. 그것을 본 용왕은 무슨 조화 같다고 깜짝 놀랐다. 그래서 용왕은 큰딸과 둘째딸을 시켜서 그 상자를 내려다가 열도록 하였으나, 끄떡도 않았다. 그래서 결국 작은딸을 시켰더니 수월하게 내리고 단번에 열어젖혔다. 보니, 그 속에는 뜻밖에도 옥같이 생긴 선비가 들어있는 것이 아닌가!

용왕은 그 선비보고 물었다.

"어느 지방에 삽니까?"

태자는 대답했다.

"제주도에 사오."

"어찌하여 여기까지 왔습니까?"

"강남 천자국에 변란이 일어, 이를 평정하러 장수로 가오."

가만히 보니 천하의 명장임이 분명하였다. 용왕은 첫눈에 사위로 삼아 볼 마음이 들었다. 그래서 "큰딸의 방으로 들어가십시오." 하였으나. 거들떠보지도 않고, 또 "둘째딸 방으로 드십시오." 해도 쳐다보지도 않았다. 결국 셋째딸의 방으로 드십사고 해서야, 서른 여덟 이빠디(이빨)로 허우덩싹 웃으며 방안으로 들어갔다.

용왕국의 제삼 공주는 분수 외의 새 신랑을 맞은 터이라, 안성 놋기(鍮器)에 토용칠판(統營漆盤)에 나는 듯이 상을 차려 기는 듯이 상을 들고 들어갔다. 그러나 태자는 눈도 거들떠보지 않는다. 공주는 이유를 묻지 않을 수 없었다.

"어째서 이 진지상을 아니 받으십니까?"

태자가 대답했다.

"우리가 아무리 소국에 산들 이걸 먹고 살겠느냐? 우리는 밥도 장군, 떡도 장군, 고기도 장군, 술도 장군 이렇게 먹고 산다."

공주는 부왕에게 이런 태자의 뜻을 전했다. 그러자, 용왕은 그런들 사위 하나쯤이야 요구대로 못해 줄게 무언가고 하며, 잘 차려주라는 분부를 내렸다. 이리하여 용왕국에서는 태자의 말대로, 또 요구대로 잘 차려주기 시작하였다. 그렇게 해서 석 달 열흘 백일 하루만에 보니, 용왕국의 동창고 서창고가 다 비어 들기 시작하였다. 이러다가는 용왕국이 오래 못가 망하고야 말 형편이었다. 용왕국이 망하게 그대로 내버려둘 수는 없는 것이다. 그래서 용왕은 작은딸을 불러서 말했다.

"너로 하여 얻은 시름이니, 네 남편을 데리고 어서 마음대로 아무데나 떠나거라."

태자와 공주는 시폭걸리 배(작고 빠른 배)를 둘러타고 강남 천자국에 들어갔다. 가고보니 아닌 게 아니라 변란이 일어, 머리 아홉 돋은 장수의 목을 베어 던지고 세변을 막았다. 강남 천자국에서는 그의 무공을 높이 치하한 다음, 무슨 벼슬을 하겠는가고 물었다. 그러자 태자는

"나는 대대로 벼슬 소임을 하는 사람이니 그걸랑 그만두고, 제주도 땅과 물과 국을 한 쪽씩 베어 주시오."

하고 말하였다. 강남 천자국에서는 그의 요구대로 모두 들어주었다. 태자는 용왕 패도선을 둘러타고 제주도로 향했다. 제주도 종달리 수푸니개에 배를 대고 내렸다. 태자는 먼저 어머니가 보고 싶어 알송당으로 들어갔다. 그러자, 어머니는 자식이라도 어른이 되어 찾아왔으니 무섭고 놀라서 당 오름 중턱으로 그만 도망가 버렸다. 다음에 아버지를 뵙고자 윗송당으로 향하자, 아버지도 역시 겁이 나서 고부니 마루로 도망쳐 버렸다.

부모가 자식에 대한 사랑이 저렇게 없는데, 자식인들 부모에 대한 효심이 있겠는가 하고, 태자는 생각했다. 이리하여 태자는 한라산 백록담으로 올라가, 거기서 용왕국의 공주를 대부인으로 삼고, 또 한라산 오백장군의 외딸아기를 소부인으로 정하여 살림을 시작하였다.

어느 날 태자는 적적해서 바둑과 장기를 두며 소일하노라니까, 김녕 큰 한당집은 자식이 없어서, 소천국에게 가 사정 이야기를 하고 승낙을 받아, 양자법으로 태자를 아들로 데리러 왔다. 그리하여 태자는 큰한당집과 같이 한라산에서 내려오기 시작하였다. 처음에 한라산에서 태역장오리로, 오백장군으로, 다리콧으로, 돌타리로, 김녕으로…이렇게 내려왔다. 그래서 고살미라는 입산봉으로 와서 앉았으나, 어느 누가 물 한 모금 먹어라 자시라 해서 대접해 주는 이가 없었다.

그래서 태자는 조화를 부려서 철을 당겨 김녕에만 구시월이 당하도록 하였다. 그러자, 풍성한 농작물에 갑자기 풍우대작(風雨大作)하고 판흉년 이 들게 되었다. 뜻밖에 돌연히 당하는 일이라 부락민들은 서로가 어떠한 일인가고 하여 원집에서 칠일 간 회의를 열었다. 여러 가지로 옥신각신 끝에 결국 입산봉에는 전에 없던 무서운 임신이 나와 앉아서 그러한 조화 를 부리는 것으로 생각하게 되어 그 임신을 잘 대접하여야만 이 공사가 절판이 나서 온 마을이 편안하겠다는 데에 뜻을 모았다. 이리하여 마을 사람들은 심방을 청해다가 굿을 하고, 태자에게 어디 좋은 곳으로 가 좌정 하시면 웃어른으로 대접하겠다고 하였다.

태자는 좌정지를 찾아 맨 먼저 바닷가로 내려갔으나, 거기에는 도깨비 들이 어지럽혀서 못 있겠다고 하였다. 그래서 다음에는 윗 동산 폭나무 밑으로 하여 괴네기 굴속으로 들어가 소리엉에 가 좌정하였다.

그래서 태자는 지금까지도 제를 받고 있다. 그런데 그 제물에 있어서는 부락민으로 하여금 소를 잡아오게 하면 없는 백성에 큰 부담이 되어 걱정 이 많겠다고 해서, 돼지를 잡아오라고 하였다. 그러나 그 돼지를 잡는 데 있어서는 삼 년 일체로 한 마리씩 차리되, 백근이 찬 놈으로 상을 차리라고 하였다. 그래서 이 뱀굴에 좌정한 괴네깃도인 태자의 제사는 돼지를 잡아 올리기 때문에 한편 돗제(豚祭)라고 일컬어지고 있다.(구좌면 김녕리 김 명월 제보, 1959년 2월)

## 괴네깃당본풀이의 이해

* 〈괴네깃당본풀이〉의 구성

   1) 송당에서 솟아난 '소천국'과 강남천자국에서 솟아난 '백줏도'가 아들 7형제를 낳고 산다.

   2) 여섯째 아들이 복중에 있을 대 백줏도의 권유로 농사를 짓다가 소를 잡아먹고 이혼한다.

   3) 6남 '괴네깃도'(本神)가 부친을 찾아가 무릎 위에서 재롱을 피우다 불효하다 하여 석갑(石匣)에 담겨 유배된다.

   4) 괴네깃도는 동해용왕국에 표착하여 용왕국 셋째 딸과 혼인한다.

   5) 식성이 과대하여 부부는 용왕국에서 쫓겨나 강남천자국에 표착한다.

   6) 마침 북적(北賊)의 병란이 일어나므로 용맹히 이를 정벌하고 귀향 한다.

   7) 죽으라고 띄워버린 아들이 살아 돌아옴에 겁이 난 부모신은 도망가 다 죽으니, 당신으로 모셔 지성한다.

   8) 그는 자신의 좌정지를 찾아 단골을 정하고 사제를 받아 당신이 된다.

* 1), 2)는 신격 해설을 위한 계보를 설화화한 것, 3)~7)은 좌정 경위 해설 을 위한 행각의 설화화이며, 8)은 사제 연원 해설을 위한 좌정, 단골, 제일 등의 서술이다. 신의 위대성은 용왕국 공주와의 혼인담, 강남천자 국의 북적토벌담에서 구상화하고 제수는 용왕국에서의 식성(매일 소,

돼지를 잡아먹음) 등의 서술로 구상화시켰다.

## 7) 차사본풀이[16]

동정국의 범을황제 아들이 구형제가 있었는데 위로 삼형제가 죽고, 끝으로 삼형제가 죽어서 가운데 삼형제만 있었다. 이 삼형제가 하루는 밖에 나가서 놀고 있는데 대사(大師)가 지나가다가 하는 말이 "그 아이들 단명하겠다." 하니 즉시 아이들이 부왕(父王)께 달려가서 이 말을 전하였다. 부왕께서 대사를 불러오라 해서 "네가 무엇이라고 말을 하였느냐?" 하고 물으니 "정말로, 이 아이들이 귀하기는 하나 단명하겠습니다. 다만 은물장사, 놋기장사, 비단장사나 하여 인간 세상에 나아가서 고생을 하면 오래 살겠습니다." 하였다. "단, 인간세상에 나아가도 과양상이 집에 들어가면 좋지 못하니 들어가지 않는 것이 좋습니다." 하니 부왕께서 "그렇게 하겠습니다." 하였다.

큰아들은 은물장사, 둘째아들은 놋기장사, 막내아들은 비단장사를 하기로 서로 약속하여 행상(行商)을 차리고 인간 땅 주년국[籌寧國] 연못가에 가서 잠시 앉아 놀고 있었다. 그때, 과양상이 말에게 물을 먹이러 그곳에 왔다. "어떤 도령님입니까?" 물으니, "우리는 동정국 범을 황제의 아들인데 인간세상에 장사차 왔노라." 하니 "그러면 저의 집에 머물렀다가 가시면 어떻습니까?" 권고하니 "그리합시다." 하고 과양상이 집에 들었다. 과양상

---

16) 「차사본풀이」는 저승차사 강임의 이야기로, 제주도에서만 전승되는 무속신화이다. 그러나 '이승의 영특한 아전이 원님이 해결하지 못하는 송사를 염라왕을 청하여 해결하고 저승사자로 간다'는 설화는 본토에서도 전승된다. 무속신화의 생사관을 잘 보여주는 신화로서, 이 자료는 아카마쓰 지죠와 아키바 다카시의 『조선무속의 연구』 상(上)에 수록된 자료를 고쳐 쓴 것이다. 이하는 서대석의 『한국의 신화』(집문당, 1997, 319~323쪽)의 것을 옮겨 실었다.

이 약술을 한없이 권하여 삼형제가 취하니 가만히 죽여서 재물은 취하고 죽은 몸은 연못 속에 던져버렸다.

하루는 연못에 가서 가만히 보니 난데없이 세 송이의 고운 꽃이 피어 있었다. 욕심 많은 과양상이 그 꽃을 꺾어다가 문전(門前)에 달아 두었더니 문전을 출입할 때마다 그 꽃에 머리를 부딪쳤다. "이상한 꽃이로구나." 하고 꽃을 떼어서 불을 붙여버렸다. 다음날 아침에 청태산(靑苔山) 할망이 과양상이 집에 불을 담으러 왔다가 화로(火爐)에 가보니 불은 없고 구슬이 세 개 있으니 이상하다고 생각하고 과양상에게 말했다. 욕심 많은 과양상이 "아이고, 이것은 내 구슬입니다." 하고 구슬이 아주 고와서 입에 물고 있으니 구슬 셋이 입 속으로 들어가 버렸다.

그 후 과양상이 배가 점점 불러 열 달 후에 삼형제를 낳았다. 삼형제를 고이 길러서 글공부를 시킨 후에 15세가 되니 과거 보러 가게 하였다. 삼형제가 모두 과거에서 장원급제를 하여 한림학사가 되어 어룡마(御龍馬)를 타고 집으로 돌아왔다. 과양상이 집에서 무척 기뻐하며 잔치를 베풀었는데 그날 밤을 새고 나니 삼형제가 갑자기 모두 죽어 있었다. 과양상이 원통하고 슬퍼서 김치 고을의 김치 원님에게 억울함을 하소연하는 글을 올리고 사건을 처리하여 달라고 하였다. 삼형제의 시체는 장례를 치르고 백일 동안 계속 김치 원님에게 글을 올리니 소지(疏紙)가 아홉 상자 반이나 되었다고 한다.

김치 원님이 어떻게 처리할 길이 없어서 답답해 하는데 과양상이 날마다, "한 고을의 수령이 사건을 하나 제대로 처리 못하느냐."면서 김치 원님을 욕하고 다녔다. 김치 원님은 '욕을 얻어먹는 것이 분하여 세상을 떠나서 죽은 뒤에 이 일을 처리하리라'고 생각하고 죽으려 하였다. 이에 통인(通

引)이 만류하면서 하는 말이 "도사령(都使令) 강임에게 명을 하여서 염라대왕을 잡아오라고 하십시오. 그래서 염라대왕 보고 이 사건을 처리하라고 하면 일이 잘될 것이니 죽지 마십시오." 하였다. 김치 원님이 생각하기를 '강임이 아무리 영리한들 어떻게 염라대왕을 잡아올 수 있을까?' 하였지만 어떻게 할 방법이 없어서 할수 없이 강임을 불러들였다. 강임에게 추상(秋霜)같이 호령을 하는 말이 "네가 염라대왕을 잡아오너라. 만약 잡아오지 못하면 너를 죽이겠다." 하였다. 강임이 "네, 분부대로 하겠습니다." 대답하고 집으로 돌아와서 생각해 보니 염라대왕 잡아올 길이 없었다.

이에 차라리 자결하여 죽으려고 하는데 그때 큰부인이 하는 말이 "염라대왕 잡아오기가 어렵지 않으니 죽지 마십시오." 하였다. 그리고 백미(白米)를 삼십 번 곱게 찧어서 흰 시루떡을 세 편(片) 하였다. 한 편은 조왕님께 올리고, 후원에 단을 쌓아서 또 한 편을 놓고 기도하고, 마지막 한 편은 강임을 주면서 하는 말이 "이 떡을 가지고 발 가는 대로 한없이 가시면 될 것입니다." 하였다.

강임이 행장을 둘러메고 발 가는 대로 한없이 가다보니 한 노파가 앞에서 가고 있는데 뒤에서 아무리 쫓아가도 따라잡을 수가 없었다. 이상히 생각하여 노파를 불러도 대답이 없었다. 더욱 이상히 생각하여 계속 쫓아가 보니, 노파가 한 동산에 가서 한숨을 길게 쉬면서 앉아 있었다. 가서 절을 하니 노파가 하는 말이 "나는 너의 집 조왕할망신이다. 네 처의 정성이 하도 지극하여서 너의 길을 인도하고자 왔노라." 하고 떡을 내어놓으며 맛을 보라고 하니, 분명 자기 부인이 한 떡이었다. 그제서야 알아보고 다시 절을 하면서 염라국 가는 길을 물으니 "네가 이 길로 가다가 보면 연못이 있을 것이다. 그 못가에 가서 목욕재계를 하고 정성을 다하여 향을 피

우고 이 떡을 놓고 기도를 드리면 삼신선(三神仙)이 내려올 것이다. 그
다음은 스스로 알 수 있을 것이다." 하고는 갑자기 사라져 버렸다.

강임이 더욱 이상하게 생각하고는 한없이 가다가 보니 연못이 과연 있
었다. 목욕재계하고 정성을 다하여 삼신전에 기도하였다. 삼신선이 옥황
으로부터 내려오시다가 '참 인적도 고요하다' 하며 못가에 와서 강임이 기
도하는 정성을 보고 감동하여 제물을 먹었다. "너는 어떤 인간이냐?" 물으
니 "네, 저는 염라국으로 들어가려는 사람입니다. 그런데 길을 몰라서 여
기에 이렇게 있으니 길을 인도하여 주십시오." 하였다. 한참을 생각하다가
청부채, 금부채, 홍쇠줄을 내어주며 하는 말이 "가다가 어려운 일이 있으면
사용하라. 그러면 염라국에 갈 방법이 있을 것이다." 하였다. 감사의 인사
로 재배하고 나니 갑자기 사라져 버렸다.

청부채와 금부채와 홍쇠줄을 둘러메고 가다 보니 안개가 끼어서 동서남
북을 분간할 수 없었다. 이에 청부채를 내던지니 안개가 걷히고 길이 뚜렷
하게 보였다. 또 한참을 가다 보니 길이 아득해서 어느 쪽으로 가야 할지
분간을 할 수 없었다. 금부채를 내던지니 길이 분명하게 보였다. 또 가다
보니 저승차사 이원잡(李源雜)이 큰 방울을 달고, 서책을 품에 품고, 관장
패(官長牌)를 옆에 차고, 차사기(差使旗)를 손에 들고, 천천히 걸어오고
있었다. "여보시오, 차사. 말 좀 물읍시다." 하였다. 이원잡이 돌아보고 "그
럽시다. 누구시오?" 하니 "나는 이승차사 강임이오." 하였다. "나는 저승차
사 이원잡이오." 서로 통성명을 한 후에 가지고 있던 음식을 서로 교환하
여 먹었다. 저승차사 보고 "당신은 어디로 가는 길입니까?" 하니 "나는 이
승의 죄 지은 인간들을 잡으러 갑니다." 하였다. 헤어지면서 "염라대왕을
어떻게 하면 뵐 수 있습니까?" 하고 물으니 "여기에 있으면 내일 염라대왕

이 오실 것입니다." 하였다.

다음날 아침에 과연 염라대왕이 가마를 타고 나타났다. "이승차사 강임이 염라대왕을 잡으러 왔습니다." 하고 소리를 치고 가마를 잡고 흔드니 염라대왕이 화를 내며 하는 말이 "고약하다. 나를 잡아 갈 자가 어디에 있단 말이냐? 저 강임이를 잡아라." 하였다. 천지가 요동하고 세상이 캄캄하여 사방을 분간할 수 없어서 무섭기 한이 없었다. 강임이가 가만히 정신을 차려서 생각해 보니 "이렇게 해도 죽고, 저렇게 해도 죽을 것이니, 차라리 용맹을 다해서 싸우다가 죽자." 하고는 삼신 할망으로부터 얻은 홍쇠줄을 던지며 "저승을 관장하는 것이나, 이승을 관장하는 것이나 똑같다. 아무리 저승을 관장하는 자라도 이승을 관장하는 사람의 명령은 들어야 한다." 하였다. 염라대왕이 강임의 용맹함을 칭찬하면서 "그러면 내가 가겠다. 그런데 방금 인간세상의 유승상의 딸이 기도를 드리며 나를 청하고 있으니 거기를 먼저 간 후에 동행하겠다." 하였다. 강임차사가 "저도 동행하겠습니다." 하여 함께 유승상 집의 기도하는 곳에 가보니 딸이 정성을 다하여 기도하고 있었다. 염라대왕이 하는 말이 "네가 먼저 가 있으면, 나도 내일 가겠다." 하니, 강임이 먼저 떠났다.

강임이가 먼저 도착하여 김치 원님께 인사하고 "내일 염라대왕이 올 것입니다." 하니 "이놈 허튼 소리하지 말라." 하며 강임이를 옥에 가두었다. 다음날이 되어서 천지가 요동하고 사방에서 번개가 치며 캄캄해지더니 염라대왕의 일행이 들어왔다. 이에 김치 원님이 깜짝 놀라서 기둥으로 변신하여 숨어버렸다. 염라대황이 노하여서 그 기둥을 베어버려라 하니 김치 원님은 할수없이 변신하여 나왔다. "저런 졸부가 나를 불렀느냐?" 하고 꾸짖으며 "무슨 일로 나를 불렀느냐?"고 물었다. 전후의 사실을 자세하게 아뢰니 "그렇구나. 나는 이미 다 알고 있었다." 하였다. 그리고 명하기를 "연못의 물을 퍼내어라." 해 놓고, 과양상을 데리고 못가로 갔다. 물을 다 퍼내니 삼형제의 시체가 있거늘 "너의 죄를 지금도 모르겠느냐?" 하고 다그치니 과양상이 사실을 말하지 않을 수 없었다. "너의 자식 무덤으로 가보자." 하여 가서 무덤을 파 보니, 사람 시체는 없고 허수아비가 있었다. "네가 저 삼형제를 죽이니 혼이 환생하여 너를 놀래고자 한 것이다." 하며 삼형제를 다시 환생하게 하여 부모 계시는 곳으로 보내고 과양상은 형구(形具)를 걸어서 죽였다. 염라대왕이 강림차사가 매우 영리하고 용맹하다고 하여 저승차사로 데리고 간다고 하고는 강임의 혼을 빼어 가서 염라국의 차사로 썼다고 한다.

### 8) 생불할망본풀이[17]

삼신의 할아버지는 천왕보살이고, 삼신의 할머니는 지왕보살이다. 삼신의 아버지는 세계대왕이고 삼신의 어머니는 명진국의 따님이다.

생불할망이 일곱 살이 되던 해의 정월 일일 인시에 옥황으로부터 인간 세상에서 생불을 하라는 명령을 받고 내려오는데, 사람이 죽는다고 슬퍼하는 곳이 있었다. 아기를 낳지 못하여 죽으려 하는 모습을 보고 생불을 주어 아이를 낳게 하였다. 은가위로 탯줄을 자르고 참실로 잘 매어서 따뜻한 물에 목욕시키고 유모를 불러서 젖을 먹이고 산모에게는 미역국을 먹

---

17) 「생불할망본풀이」는 제주도 삼신신화로서 인간의 출산을 관장하는 무속신의 신화이다. 불교의 영향을 받아 신의 명칭이 '보살'·'생불' 등으로 나타나고 있으나 무속적 본질은 변함이 없다. 여기에 수록하는 자료는 아카마쓰 지죠와 아키바 다카시가 지은 『조선무속의 연구』상(上)의 「명진국생불할망본푸리」를 번역하기 좋도록 스토리 중심으로 고쳐 쓴 것이다. 이하는 서대석의 『한국의 신화』(집문당, 1997, 327~329쪽)의 것을 옮겨 실었다.

였다. 삼일 후에 산모를 쑥물에 목욕시키고 태를 태우고 아기에게 배냇옷을 입혔다. 아기가 칠 일 만에 앉고, 백 일 만에 엎드리고 할 때에 구(舊) 삼신할망이 와서, "내가 생불하여 놓은 애기를 어떤 여자가 와서 생불을 하였느냐?" 하며 삼신할망을 때리거늘 삼신할망이 얻어맞고 옥황상제에게 호소하였다. 옥황상제가 이상하게 생각하여 황건역사(黃巾力士), 중원차사(中原差使), 철망차사(鐵網差使)를 보내어 구 삼신할망을 잡아다가 "너는 어떤 여자인데 삼신할망을 때렸느냐?" 하고 물으니 다음과 같이 답했다.

"저는 동해의 용궁 동정국 딸인데 한 살 때에 어머니 젖가슴을 때린 죄, 두 살 때에 아버지 수염을 뽑은 죄, 세 살 때에 곡물을 흐트린 죄, 네 살 때에 종자(種子)를 뽑은 죄, 다섯 살 때에 종자에 돌을 얹은 죄, 여섯 살 때에 부모님께 말대답 한 죄, 일곱 살 때에 동네 어른에게 욕한 죄, 여덟 살 때에 밭의 울타리를 무너뜨린 죄, 아홉 살 때에 말 알아듣지 못하는 짐승을 때린 죄, 이렇게 죄가 모두 아홉 가지나 되었습니다. 부왕(父王)이 '너의 죄를 용서하지 못하겠다' 하여 벌을 주어, 무쇠철갑 속에 집어넣고 동해 용궁 동정국의 딸이라 글을 적어서 바다에 띄워버렸습니다. 바다 속에서 삼 년, 바닷물 위에서 삼 년이 흐른 뒤에 남해 용궁의 신하인 은박사 은빙서 씨가 발견해서 열어 보니 입에 야광주를 문 아기가 살아 있었다고 합니다. '너는 누구냐' 물으니 부왕에게 벌을 받아서 물 속에서 삼 년, 물 위에서 삼 년을 보냈다는 등 기나긴 이야기를 하였습니다. 이에 은빙서 씨가 '죄를 용서받기 위해서는 인간세상에서 생불을 하라' 하고 내어보내니 인간의 생불을 합니다."

옥황이 들으시고 "너도 범인은 아니다." 하시고 삼신할망과 구 삼신할망을 위하여 각각 은대야에 꽃 둘을 심으시고, '이 꽃이 번성하는 대로 생불하라' 하였다. 구 삼신할망 몫의 꽃은 처음에는 꽃이 성하다가 시들어 버리고, 삼신할망 몫의 꽃은 처음에는 연약하다가 나중에는 성하여 사만 오천육백 가지의 꽃이 번성하니 구 삼신할망에게는 염라국에 가서 죽은 어린아이를 차지하라 하고 삼신할망에게는 인간의 생불을 하라 하였다. 구 삼신할망이 옥황께 애원하여 말하기를 "인간 생불을 하라고 하면 열심히 하겠습니다." 하였으나 옥황상제가 들어주지 않고 염라국으로 보내버렸다. "삼신할망은 극락세계의 불법당에 올라가서 삼층 누각에 풍경 달고 살아라." 하고 명령하니 내려와서 유리로 성을 짓고 무쇠로 탑을 만들고 옥으로 창을 달고 살면서 위로는 천문(天文)을 통(通)하고 아래로는 지리(地理)에 달(達)하였다. 그리고 온갖 종류의 여러 보살들을 거느리고 살았다.

하루는 천보살이 말하기를 "춘하추동이 따뜻한 극락땅이 있습니다." 하였다. 삼신할망이 모든 보살을 거느리고 그곳으로 찾아가 보니 극락땅이 분명하였다. 잡풀을 꺾어버린 후에 좋은 돌로 대(臺)를 닦고 서천 꽃밭을 설치하려고 하는데 꽃씨가 없어서 지부왕(地府王)과 의논하니 옥황에 있다 하였다. 옥황에서 꽃씨를 얻어서 삼월 삼종일에 오색꽃을 오방(五方)에 심는데, 동쪽에 청색, 서쪽에 백색, 남쪽에 적색, 북쪽에 흑색, 중앙에 황색을 심었다. 동에는 청재목이 나고, 서에는 백재목이 나고, 남에는 적재목, 북에는 흑재목, 중앙에는 황재목이 나니 동쪽의 청목 푸른 꽃은 남중(南衆)보살을 생불시키고, 서쪽의 흰꽃은 여중(女衆)보살을 생불시키고, 남쪽의 붉은 꽃은 장명(長命)하도록 생불시키고, 북쪽의 검은 꽃은 단명(短命)하도록 생불시키고, 천지 중앙의 누런 꽃은 만과출신(萬科出身)하도록 생불시켜서 그 꽃을 받아 생불한 인간은 출신하였다.

꽃이 번성한 대로 인간에게 생불을 주다가, 집으로 돌아가면 꽃을 꺾어 가는 자가 있어서 옥황께 꽃감관을 청원하였다. 지부왕을 불러서 적당한 인간이 있느냐고 물으니 "지금 인간세계에 동계남상주절에서 수륙공양(水陸供養)을 들여서 태어난 김정국의 아들이 있는데 세상에 나온 후에 조금도 죄를 지은 일이 없고 행실도 얌전하오니, 적당한 인물이라고 생각됩니다." 하였다. 즉시 김정국 아들을 불러서 꽃감관을 시켰다고 한다.

### 9) 서귀포본향당본풀이(바람운과 고산국)[18]

제주땅 설마국(雪馬國)에 일문관 바람운님(風神)이 솟아났다. 그는 주먹상투를 틀고 망건을 썼으며 그 위에다 일문대단(日紋大緞)으로 안을 댄 산짐승의 털로 만든 전립을 썼다. 그 전립은 대공단(大公緞)을 매고 왕구슬이 주렁주렁 달려있는 밀화(蜜花) 끝을 띠었는데 보기에도 찬란했다. 그의 옷치장은 동방사주(東方紗綢) 바지에 북방사주 저고리를 입고 봉황 눈을 뜨고 있는 모습은 참으로 위풍이 당당했다.

일문관 바람운님은 삼각 수염에 붕어눈을 부릅뜨고 활을 쏘는 재주 또한 놀라웠다. 화살 하나를 쏘면 삼천 군병이 솟아나고 또 하나를 쏘면 삼천 군병이 사라지는 재주였다. 위로는 천문(天文)에 통하고 아래로는 지리(地理)에 통하니 그 재주를 비길만한 사람이 없었다.

어느 날 일문관 바람운님은 산 넘고 바다 건너 만리 밖에 고산국이라는 미인이 있다는 소문을 들었다. 만나보고 싶은 생각이 든 바람운님은 청구

---

18) 이 신화는 당신 신화(堂神神話)로 제주도에서 굿할 때 부르는 서귀포 서귀본향당의 당신의 내력을 밝히는 무가 '서귀본향당본풀이'이다. 이 자료는 김태곤 외, 앞의 책, 236~243쪽의 것을 옮긴 것이다.

름(靑雲)을 타고 순식간에 그곳으로 갔다.

과연 아름다운 미녀가 있어서 날아오는 바람운님에게 인사를 청해 묻는다.

"어디서 오는 손입니까?"

"제주 한라산 설매국에서 솟아난 일문관 바람운입니다."

"내 이름은 고산국입니다."

인사를 마친 후에 서로 얼굴을 보니 그지없는 미남 미녀여서 서로 반해버렸다.

"당신을 동경하여 먼 길을 생각 아니 하고 이렇게 찾아왔소."

바람운님이 황홀한 표정으로 말했다.

"간밤에 꿈이 묘하더니 오늘 당신을 만나려는 징조였나 보오."

마음이 통한 두 사람은 부부의 인연을 맺어 이삼일이 꿈같이 흘러갔다.

그런데, 한 미녀가 뜻밖에 또 나타났다. 그 여자는 고산국보다도 몇 배나 더 훌륭한 절색의 미녀였다.

"저 사람은 누구요?"

하고 바람운님이 물으니 고산국은

"나의 동생이오."

하고 대답한다.

바람운님과 고산국의 동생은 서로 인사를 나누었다. 그리고는 서로 사이좋게 지냈다. 겉으로는 서로 예의를 지키며 처제와 형부로 행동했으나 속마음은 그렇지 못했다. 그때부터 일문관 바람운님의 마음은 괴로웠다. 이삼 일의 행복은 사라지고 가슴에는 어두움뿐이었다. 일순간이라도 고산국의 동생을 잊을 수가 없었다. 용맹한 영웅의 기세는 어디로 사라져버리고 못보면 그립고 만나면 괴로워 심신이 불안하며 고산국의 앞에서는 큰 죄인이나 된 듯이 무서워서 어쩔 줄을 몰랐다.

고산국의 동생 역시 그러했다. 혼자 속으로 일문관 바람운님을 사랑할 뿐, 겉으로 표현을 할 수가 없어 괴로운 마음은 일문관과 다를 바가 없었다. 그러나, 그 여자는 일문관의 괴로움을 몰랐고 일문관은 그 여자의 괴로움을 역시 몰랐다. 그들은 그리워하면서도 서로 만날 때마다 안색은 불안하고 나중에는 냉정하게 대하기만 했다. 날이 갈수록 가슴속의 괴로움은 깊어만 갔다.

이렇게 이십여 일이 지나자 일문관은 마지막 결심을 하였다. 달 밝은 밤 삼경을 틈타서 고산국의 동생을 만난 일문관은 그의 손목을 덥석 잡았다. 그러나, 일문관은 하려는 말은 입 앞에서 아니 나오고 굵은 눈물만 뚝뚝 떨어진다. 고산국 동생의 얼굴에서도 눈물이 줄줄 흘렀다. 소리쳐 울지 못하자 가슴 속은 더욱 답답하기만 했다. 드디어 두 사람은 수십 일 후에 도망을 가기로 약속했다. 어두운 밤을 틈타 청구름을 타고서 제주도 영산(靈山)으로 달아나버렸다.

아침에 고산국이 깨고 보니 일문관의 기척이 없었다. 늦잠을 자는가하여 방문을 열어 보아도 없고 서늘한 바람을 쐬러 갔나 해서 후원에 가보아도 없었다. 더욱 이상한 것은 일문관의 행장이 보이지 않는 것이었다.

고산국은 하도 답답해서 고산국의 소식을 들을까 하여 동생을 찾아갔으나 동생도 집에 없었다. 동생의 행장도 보이지 않자 고산국은 의심이 더럭 났다. 비록 일문관에는 못 미치지만 고산국 역시 신인이라 일문관과 동생의 행각을 짐작할 수 있었다. 고산국은 마지막 방법으로 명천(明天)에 기도를 한 후, 영기(令旗)를 내어 들으니 깃발은 역풍(逆風)을 거슬러 한라산을 향해 세차게 펄럭이며 간다. 고산국이 나부끼는 깃발을 따라가니 제주도 한라 영산이었다. 과연 동생과 일문관이 도망하여 부부의 인연을 맺고 첫사랑에 빠져 있었다. 분기가 충천(衝天)한 고산국은 날카로운 화살을 쏘아 둘을 단숨에 죽이려고 했다. 고산국의 동생은 얼른 도술을 부려 안개를 가득 피웠다. 안개가 짙어 먹장 같은 밤이 되자 고산국은 정신이 아득했다. 하나님께 몇 번이나 축도를 드리고 도술을 부렸지만 동생의 도술을 당할 수가 없어 검은 안개를 헤칠 길이 없었다. 그래서 고산국은 동생에게

"이 잔악하고 몰인정한 년아, 내가 아무리 너를 죽이러 왔지만 너를 죽이겠으며 설혹 내가 너를 죽이려 했던들 죽을죄를 짊어진 네년이 형을 이런 함정에 빠지게 해 말려 죽일 수가 있느냐. 죄송하지도 않느냐. 그러나 이 악녀야. 나는 너를 차마 못 죽이겠구나. 우리 서로가 해하지 말기로 하자. 이 안개를 거두어라."

고 하며 화해를 청했다. 그랬더니 일문관은 향나무 가지를 꺾어다가 층암 절벽에 꽂았다. 그러자 그것은 커다란 닭이 되어 소리 높여 울고, 그 닭의 울음소리가 나자 밤이 새면서 동쪽에 고운 달이 솟아올라 사방을 구별할 수 있었다.

노한 고산국이 소리쳤다.

"이 죽일 년아! 잡을 년아! 도마 위에 찍을 놈아! 금수같은 바람운아! 내가 처음 생각에는 너희들을 모조리 죽여도 분이 풀리지 않을 것 같더니 차마 그럴 수는 없구나. 그러나, 마녀야 너는 내 동생이 아니다. 성을 갈아서 지(池)라고 하련다. 나는 내가 살던 고향으로 가려 하나 남이 부끄럽고 하니 발 가는대로 가련다. 너는 너 갈 데로 가거라. 나는 나 갈 데로 어디든지 가리라."

고산국은 이리하여 모든 인연을 끊고 한라산을 내려갔다. 바람운과 지산국(고산국의 동생)은 한라산 백록담에서 놀다가 좌정(坐定)할 곳을 찾기로 했다. 그들은 천리경(千里鏡) 걸렁쇠(磁石)를 놓아보니 웃당 근처가 좋을 것 같아 거기를 찾아가 보니 합당치 못하여 다시 쇠를 놓아 보았다. 그랬더니 미자산(米子山) 봉우리가 적당하여 그곳에 좌정한 후 백차일(白遮日)을 쳤다.

이때, 상서동(上西洞)에 김봉태란 사람이 있었는데 그는 지달피(地獺皮) 웃옷에 산달피(山獺皮) 신에 황구피(黃狗皮) 두루마기를 입은 채, 말을 타고 개를 데리고 사냥을 나오고 있었다. 김봉태가 하탑(下塔) 위에 올라서서 보니 산 위에 흰 차일이 쳐있다.

"흰 차일은 신선이나 신인이 아니면 칠 수 없는데 수상하구나."
생각하며 그는 다시 중탑(中塔)에 올라서서 보아도 그 백차일은 그냥 있고 상탑(上塔)에 올라서서 봐도 그 백차일은 역시 그냥 있다. 신선이라고 생각을 한 김봉태는 가까이 다가가 합장하고 절을 했다.

"너는 어떠한 인간이냐?"
일문관 바람운님이 물었다.

"김봉태라 합니다."

"무슨 일로 나왔느냐?"

"사냥하러 나왔습니다. 어떠한 신위(神位)이오니까?"

"나는 설매국에서 솟아난 일문관 바람운이고, 저 사람은 홍토 나라 홍토 천리, 비를 내리게 하는 지산국이니라."

"어쩐 일로 이런 곳에 내려오셨습니까?"

"옥황상제 분부 받아 인간계에 인물 구경 왔노라."

"예. 그러하오니까."

"너는 우리에게 속한 인간이니 우리 길을 인도하여라."

"예, 황송하오이다."

"여기서 제일 가까이 보이는 곳은 어떤 마을이냐?"

"그곳은 웃서귀가 됩니다."

"저 아래 것은?"

"하서귀입니다."

"또 저 서편 것은?"

"그것은 서홍리(西洪里)가 됩니다."

"그러면 웃서귀로 인도하여라."

이렇게 해서 일문관 바람운과 지산국이 웃서귀에 도달하여 보니 좌정할 곳이 적당치 않아 김봉태에게

"너희 집에 가서 석 달 열흘간 유(留)하는 게 어떠냐?"

고 하니 김봉태는

"대단히 황송하오나 인간의 집은 몹시나 누추하옵니다. 먼지내가 나고 연기내가 나고 화식내가 나고 인간내가 나고 하여 신위가 머무르기에는 너무나 죄송하겠사옵니다."

고 했다.

"그래도 괜찮다. 네 집으로 가자."

김봉태는 할 수 없이 일문관 바람운과 지산국을 자기 집을 모셔야만 했다. 그러나, 생각을 해보니 차마 동거할 수가 없었다. 상당의 나무를 베어다가 급히 조그마한 집을 지었다.

"죄송하오나 임시로 여기 계시옵소서."

일문관 바람운과 지산국 두 신은 그 집에서 석 달 열흘을 있었는데, 말 탄 인간을 보기 싫고 개 짐승이 보기가 싫어져 떠나기로 했다.

"우리가 너에게 폐를 많이 끼쳐서 미안하다. 몇 달 후에 소식이 있을 것이니 그리 알고 있어라."

김봉태에게 작별 인사를 한 이들 두 신은 먹고흘이라는 동굴에 가서 좌정했다. 하지만 그곳 역시 좌정할 곳이 못 되었다. 곁에 흐르는 시냇물 소리가 시끄럽고 울창한 수풀이 적막해서 싫었다. 두 신은 새로운 좌정지를 상의했다.

"우리가 고산국과 불화하여 이렇게 갈렸는데 한 번 만나봄이 좋겠소. 한 번 만난 후에 좌정처를 정하는 것이 좋겠소."

고산국은 한라산을 떠난 후 서홍리에 좌정하여 인간을 맡아보는 신이 되었는데, 이들 두 신은 고산국에게 통지하여 시머리멧돌이라는 곳에서 만나기로 했다. 정한 날, 정한 곳에서 서로 만나니 그때까지 고산국은 화를 풀지 않고

"어찌하여 다시 만나자고 나를 불렀오!"

하고 원망한다.

"언제까지나 이렇게 불편하게 지내는 것보다는 우리가 원만하게 상의하여 땅 차지와 인물 차지를 정하는 것이 서로를 위해서도 좋을 것 아닌가?"

일문관이 말하자,

"한번 인연을 끊어버렸는데 원만이 무엇이며 상의가 무엇이요?"

하고 고산국이 톡 쏘자 일문관 바람운은 사정했다. 하지만 고산국은 막무가내였다. 자꾸 조르자 고산국은 성을 내며 '뿡게'를 날렸더니 그것은 날아서 학담에 이르렀다. 일문관 바람운이 활을 쏘니 그것은 문섬(蚊島) 한가

운데에 이르렀다.

"나는 학담을 경계로 하여 서홍골을 차지할테니 당신네는 문섬 이북 아랫 서귀를 차지하시오. 다만 서홍리 사람이 동홍리 사람과 혼인 못하고 동홍리 인간이 서홍리 인간과 혼인 못 하고, 또 동홍리 당지기가 서홍리에 못가고 서홍리 당지기가 동홍리에 못 갈테니 그리 아시오!"

하고 말을 마친 고산국은 서홍리(西洪里)로 들어가 버렸다.

바람운이 쇠(指南石)를 놓아보니 하서귀의 신목(神木) 가지에 좌정하는 것이 좋을 것 같아, 내려와서 하서귀 신목 가지에 좌정했다. 좌정은 했지만 어느 인간 하나 찾아와 제사를 지내 주지 않았다. 화가 난 바람운은 웃서귀(上西歸) 오가(吳家) 종손을 병에 걸리게 하여 목숨을 위태롭게 하였다.

"지금 우리가 신목 가지에 와 있는데 본 체 만 체 모른 체 하니 괘씸하기 짝이 없어 그런 병을 주었노라."

고 역정을 냈다. 오가네서는 하서귀로 내려가 송씨네 집에 이 모든 사실을 말하니, 송씨네가 솔선하여 위, 아랫서귀 마을 사람들을 모두 모이게 하여 당집을 짓기로 합의했다. 그래서, 동네사람들은 나무를 많이 베어다가 좋고 큰 당집을 지었다. 그리고는, 당을 맡아서 돌볼 당지기를 정한 후 서울에 올라가 월광단(月光段), 일광단, 공단(貢緞), 비단, 대단, 초록명주, 은가락지, 금가락지, 왕구슬, 밀화끈을 사다가 큰 상을 차려 올렸다. 정월 초하룻날에는 과세문안대제(過歲文案大祭), 이월 십오일에는 용신맞이제, 칠월 십삼일에는 마불님제(魔拂大祭), 십일월 일일에는 생신제(生日祭)를 지내자 마을이 평안해졌다.

김봉태는 바람운과 지산국을 처음에 모신 공인(功人)이기에 불려가 두

신의 부하가 되어 제사일을 맡아보게 되었다. 그리하여, 두 신은 위·아래 서귀의 본향신이 되어 좌정하게 되었다.

먼저부터 좌정하고 있던 수진포의 금상황제부인이 웃서귀포를 바라보니 어떤 모르는 신이 좌정하고 있어서 괴이하게 여긴 부인은 가서 물어보았다.

"어떤 신위요?"

"바람운과 지산국이요."

"무슨 일로 이곳에 오셨습니까?"

"위, 아래 서귀포 사람 다스리러 왔습니다."

"내가 아래 서귀포를 다스리고 있습니다."

"아차, 실수하였습니다. 당신이 계신 줄 알았으면 우리가 이러지를 않았을 텐데 몰랐습니다. 미안합니다."

바람운과 지산국은 얼른 용서를 구했다. 그러자, 황제부인은 웃으며 더욱 친절히 대해 준다.

"나는 힘이 약하므로 동서로 오는 위험을 막을 수 없고 동서의 인물을 다스릴 수가 없습니다. 당신들이 위, 아래 서귀포를 다스리면 나는 용궁을 맡아서 가는 배, 오는 배, 가는 비바리(海女), 오는 비바리, 가는 잠수, 오는 잠수, 가는 손님, 오는 손님 맡아서 다스리겠습니다."

하고, 황제부인은 용궁으로 들어갔다. 이렇게 해서 일문관과 지산국은 위, 아래 서귀포를 다스리며 사람들로부터 제사를 받으며 살게 되었다.[19]

---

19) 적송지성·추엽융, 『조선무속의 연구』, 대판옥호서점, 1937.

## 10) 설문대 할망

① 500 장군의 어머니 설문대할망은 굉장히 키가 클 뿐만 아니라 힘도 세었다. 흙을 파서 삽으로 일곱 번 떠 던진 것이 한라산이 되었으며, 도내(島內) 여러 곳의 산들은 다 할머니가 신고 있던 나막신에서 떨어진 한 덩이의 흙들이다. 그리고 오백 형제나 되는 많은 아들을 거느리고 살았다. 그런데 이 할머니의 아들에 대해서는 이러한 이야기가 있다.

흉년이 든 어느 해, 아들들이 도둑질하러 다 나가버렸다. 아버지[20]는 아들들이 돌아오면 먹이려고 죽을 쑤다가 잘못하여 그 커다란 가마솥에 빠지고 말았다. 아들들은 그런 줄도 모르고, 돌아오자마자 죽을 퍼 먹기 시작하였다. 여느 때 없이 죽 맛이 참으로 좋았다. 그런데 맨 나중에 들어온 아들은 이상하게 여겼다. 죽 맛이 갑자기 좋아질 리가 없었기 때문이다. 그는 국자로 죽 솥을 휘저었다. 뭔가 국자 끝에 걸리었다. 뼈다귀였다. 계속해서 휘저었다. 그러자 사람의 두개골같이 보이는 뼈가 나왔다. 그리고 보니, 아버지가 보이질 않았다. 아버지가 죽을 휘젓다가 빠져 죽었음이 틀림없었다. 그래, 그들은 날이면 날마다 멀리서 아버지를 그리며 울다보니 화석으로 굳어져버렸다.

그리하여 남편과 또 그 많은 아들들을 잃어버린 설문대할망은 홀몸이 되었다. 이제 갈 데도 올 데도 없는 단신이라 만단수심을 다 잊어버리고자 나다녔다.

할머니가 한라산을 베개 삼고 누우면, 발끝은 바닷물에 잠기어 물장구를 쳤다. 그리고 빨래를 할 때만 하여도 한 쪽 발은 한라산, 또 한 쪽은

---

20) 어머니로 되어 있는 각편도 있다.

관탈섬을 디디었다. 그리고 서귀포와 법환리의 앞바다에 있는 섶섬에는 커다란 구멍이 두 개 뚫려 있는데, 이것은 이 할머니가 누울 때 잘못 발을 뻗쳐 생긴 것이라 한다.

그런데 이 할머니는 늘 도민들에게 명주 백동(1동은 50필)을 모아 속옷을 한 벌만 만들어 준다면, 본토에까지 걸어서 다닐 수 있도록 다리를 만들어 주마고 하였다. 이 말을 들은 도민들은 모을 수 있는 데까지 모았으나 꼭 한 동이 모자랐다. 육지와의 다리는 실현되지 못하였지만 조천리에 있는 엉장매코지는 이 할머니가 놓으려던 다리의 흔적이며, 신촌리의 암석에 있는 큰 발자국은 그때의 자취라고 한다.

이 할머니는 자신의 키가 큰 것을 늘 자랑하였다. 그래서 용연물(제주시 용담동 해변에 있음)이 깊다길래 들어섰더니 발등에 겨우 닿았으며, 홍릿물(서귀읍 서홍리에 있음)은 무릎까지 올라왔다. 그러나 한라산의 물장오리물은 밑이 없는 연못이라 나오려는 순간, 그만 빠져 죽고 말았다 한다. (안덕면 화순리 문인길 제보, 1958년 8월)[21]

② 선문대할망[22]

* 할머니는 키가 너무 커 놓으니 옷을 제대로 입을 수가 없었다. 그래서 속옷을 한 벌만 만들어 주면 육지까지 다리를 놓아주겠다고 했다. 속옷 한 벌 만드는 데에는 명주 100통(1통은 50필)이 든다. 제주 백성들이 있는 힘을 다하여 명주를 모았으나 99통밖에 아니 되었다. 그래서 속옷은 만들지 못하고, 할머니는 다리를 조금 놓아가다가 중단하여 버렸다. 그

21) 진성기, 『남국의 전설』, 일지사, 1970, 105~106쪽
22) 이하는 현용준, 『제주도 전설』, 서문문고 220, 서문당, 1976, 27~32쪽에서 옮긴 것이다.

자취가 조천면 조천리·신촌리 등 앞바다에 있다 한다. 바다에 흘러 뻗어간 여(바위 줄기, 암초의 일종)가 바로 그것이라는 것이다.

* 선문대할망은 키가 큰 것이 자랑거리였다. 할머니는 제주도 안에 있는 깊은 물들이 자기의 키보다 깊은 것이 있는가를 시험해 보려 하였다. 제주시 용담동(龍潭洞)에 있는 용소(龍淵)가 깊다는 말을 듣고 들어서 보니 물이 발등에 닿았고, 서귀읍 서홍리에 있는 홍리물이 깊다 해서 들어서 보니 무릎까지 닿았다. 이렇게 물마다 깊이를 시험해 돌아다니다가 마지막에 한라산에 있는 물장오리에 들어섰더니, 그만 풍덩 빠져 죽어버렸다는 것이다. 물장오리가 밑이 터져 한정없이 깊은 물임을 미처 몰랐기 때문이다.

* 옛날 선문대할망이라는 할머니가 있었다. 할머니는 한라산을 엉덩이로 깔아 앉고, 한쪽 다리는 관탈에 놓고, 또 한쪽 다리는 서귀읍 앞바다의 지귀섬(또는 대정읍 앞바다의 마라도)에 놓고 해서, 성산봉을 구시통(바래 바구니)으로 삼고, 소섬(牛島)은 팡돌(빨랫돌)로 삼아 빨래를 했다. (성산면 시흥리 양기빈 제공, 1975. 2. 28)

* 제주도의 많은 오름(小火山)들은 할머니가 삽으로 흙을 날라 가면서 한 줌씩 집어 놓은 것이라 한다. 구좌면 의 드랑쉬(目郎崇)는 산봉우리가 움푹 패어져 있는데, 이것은 할머니가 흙을 집어놓고 보니 너무 많아 보여서 주먹으로 봉우리를 탁 쳐 버렸더니 움푹 패어진 것이라 한다.

* 성산면 성산리 일출봉에는 많은 기암(奇巖)이 있는데, 그 중에 높이 솟은 바위에 다시 큰 바위를 얹어 놓은 듯한 기암이 있다. 이 바위는 설명두할망이 길쌈을 할 때에 접시불(또는 솔불)을 켰던 등잔이라 한다. 처음은 위에 다시 바위를 올려놓지 않았는데, 불을 켜 보니 등잔이 얕으므로

다시 바위를 하나 올려놓아 등잔을 높인 것이라 한다. 등잔으로 썼다 해서 등경돌(燈檠石)이라 한다.

* 본래 성산리 앞바다에 있는 소섬(牛島)은 따로 떨어진 섬이 아니었다. 옛날 설명두할망이 한쪽 발은 성산면 오조리의 식산봉에 디디고, 한쪽 발은 성산면 성산리 일출봉에 디디고 오줌을 쌌다. 그 오줌 줄기의 힘이 어떻게 세었던지 육지가 패어지며 오줌이 장강수(長江水)가 되어 흘러 나갔고, 육지 한 조각이 동강이 나서 섬이 되었다. 이 섬이 바로 소섬이다. 그때 흘러나간 오줌이 지금의 성산과 소섬 사이의 바닷물인데, 그 오줌줄기의 힘이 하도 세었기 때문에 깊이 패어서, 지금 고래·물개 따위가 사는 깊은 바다가 되었고, 그때 세차게 오줌이 흘러가던 흔적으로 지금도 이 바다는 조류가 세어서 파선하는 일이 많다. 여기에서 배가 깨어지면 조류에 휩쓸려 내려가서 그 형체를 찾을 수가 없다. 일설에는 이 할머니가 성산 일출봉과 성산면 시흥리 바닷가의 브름알선돌이라는 바위를 디디고 앉아 오줌을 누었다고 하기도 한다.

### 설문대할망의 이해

* '설문대할망' 이야기는 제주의 한라산과 오름이 형성된 배경을 말해주는 설화이다. 제주의 전도에 걸쳐 전승되고 있으며, 다양한 이야기 구성을 지니고 있고, 여러 가지 증거물이 남아 있어 과거와 현재를 연결시켜 주는 이야기다. 천지창조 뒤에 나타나는 지형 형성의 신화로 볼 수 있으며, 남성신화가 나타나기 전의 여성신화이다. 대단한 생산력을 지닌 여성신으로서의 설문대할망은 제주의 생명력을 상징적으로 보여준다.

　　'설문대할망' 설화는 거녀(巨女)의 이미지를 지닌 여성신의 에피소드로 구성되어 있다. 잘 알려진 것으로는 우선 설문대할망이 앞치마에 흙을 퍼 담아 나르다가 구멍이 뚫어진 곳에서 흙이 새어나와 그것들이 360여 개의 오름이 되었고, 마지막 흙을 날라다 부은 곳이 한라산이 되었다는 이야기다. 다음으로 설문대할망이 500명의 아들을 낳았는데, 그들을 먹이기 위해 죽을 쑤다가 빠져 죽었고, 어머니의 고기를 먹은 아들들은 모두 죽어 한라산 영실의 500 장군 바위가 되었다는 창조성과 다산성을 지닌 이야기다. 그리고 거구인 할머니가 배가 고파 하르방으로 하여금 짐승몰이를 시키고 자신은 음부를 벌리고 있으니, 그 속으로 사슴 10마리와 멧돼지 7마리가 들어가 그것으로 포식하였다거나, 하르방이 고기를 몰고 할망은 음부로 고기를 잡아먹었다는 대식성과 다산성을 드러내는 이야기이기도 하다.

제주의 지형을 형성한 여신 설문대할망은 죽음으로 끝나고 이에 관한 이야기는 전설로만 전한다. 신화적 상상력은 대부분 제거되었고, 신의 내력을 풀어내는 방대한 제주 서사무가 속에 설문대할망에 대한 이야기는 현재 서귀포시 표선면 표선리 당개 포구에 있는 해신당의 당신으로 제주도 내에서 유일하게 모셔지고 있는 정도이다.[23] 대지신으로서의 여성, 그리고 땅과 관련된 설문대할망의 기억은 매우 중요하다. 우리는 땅, 물, 달, 농경, 여성 등에 관련된 신화 상징체계의 의미를 중시해야 한다.[24]

---

23) 조현설, 『마고할미 신화연구』, 민속원, 2013, 119-122쪽.
24) 허남춘, 『제주도본풀이와 주변신화』, 제주대탐라문화연구소, 2011, 146-147쪽

## 참고문헌

1. 자료

김태곤, 『한국무가집 1~3』, 집문당, 1971~8.

김태곤 외, 『한국의 신화』, 시인사, 1988.

적송지성(赤松智城, 아카마쓰 지죠)・추엽융(秋葉隆, 아키바 다카시), 『조선무속의 연구』 상(上), 대판옥호서점, 1937.

서대석, 『한국의 신화』, 집문당, 1997.

손진태, 『조선신가유편』, 향토연구사, 1930.


2. 단행본

권태효, 『한국 구전신화의 세계』, 지식산업사, 2005.

김열규, 『한국민속과 문학연구』, 일조각, 1975.

_____, 『한국의 신화』, 일조각, 1976.

김열규 외, 『한국의 무속문화』, 박이정, 1998.

김태곤, 『한국무속연구』, 집문당, 1981.

서대석, 『한국무가의 연구』, 문학사상사, 1980.

_____, 『한국신화의 연구』, 집문당, 2002.

손진태, 『조선민족설화의 연구』, 을유문화사, 1947.

이경덕, 『한국신화의 이해』, 가디언, 2015.

조현설, 『마고할미 신화연구』, 민속원, 2013.

진성기, 『남국의 신화』, 아림출판사, 1964.

_____, 『남국의 무가』, 제주민속문화연구소, 제주민속총서 4, 1968.

_____, 『남국의 전설』, 일지사, 1970.

_____, 『탐라의 신화』, 평범사, 1980.

_____, 『남국의 무속』, 형설출판사, 1987.

최남선, 『조선의 신화와 설화』, 홍성사, 1983.

허남춘, 『제주도 본풀이와 주변 신화』, 제주대학교 탐라문화연구소, 2011.

현용준, 『제주도의 신화』, 서문문고 219, 서문당, 1976.

_____, 『제주도 전설』, 서문문고 220, 서문당, 1976.

현용준・현길언・김영돈, 『제주설화집성』, 제주대 탐라문화연구소, 탐라문화총서 2, 1985.

홍태한, 『한국서사무가 연구』, 민속원, 2002.

황패강, 『한국신화의 연구』, 새문사, 2006.

저자 **이 병 찬**(李秉讚, Lee Byoung-Chan)

　　충남 보령(대천) 출생
　　성균관대학교 국어국문학과 졸업
　　성균관대학교 대학원 문학박사
　　도남국문학상 수상(제26회, 2013)
　　대진대학교 한국어문학부 교수(현)
　　ybcm@daejin.ac.kr

주요논저
　　저서로는『포천의 설화』(공저, 포천문화원, 2000),『동야휘집 연구』(보고사, 2005),『고전
문학교육의 이해와 실제』(박이정, 2012),『포천의 설화와 문학』(도서출판 문현, 2013),『'마
흘'과 '양골'에서 포천까지』(공저, 도서출판 문현, 2013), 기타 논문은 고소설, 설화 관련 논문
등이 다수 있다.

# 한국신화와 문화

초판인쇄　2016년 11월 10일
초판발행　2016년 11월 17일

저　　　자　이병찬
책임편집　이신
발 행 인　윤석현
등록번호　제2009-11호
발 행 처　도서출판 박문사
　　　　　address: 서울시 도봉구 우이천로 353 성주빌딩 3F
　　　　　Tel: (02) 992-3253(대)　　Fax: (02) 991-1285
　　　　　Email: bakmunsa@daum.net　　Web: http://jnc.jncbms.co.kr

ISBN 979-11-87425-14-4 93210　　　　　정가 20,000원